21 世纪高等院校创新课程规划教材

金融学概论

毛愫璜　编著

中国财经出版传媒集团

经济科学出版社
Economic Science Press

·北京·

图书在版编目（CIP）数据

金融学概论 / 毛愫璜编著 . -- 北京：经济科学出
版社，2024.8
21 世纪高等院校创新课程规划教材
ISBN 978 - 7 - 5218 - 5935 - 5

Ⅰ.①金…　Ⅱ.①毛…　Ⅲ.①金融学 - 高等学校 - 教
材　Ⅳ.①F830

中国国家版本馆 CIP 数据核字（2024）第 106519 号

责任编辑：周胜婷
责任校对：隗立娜　杨　海
责任印制：张佳裕

金融学概论

毛愫璜　编著

经济科学出版社出版、发行　新华书店经销
社址：北京市海淀区阜成路甲 28 号　邮编：100142
总编部电话：010 - 88191217　发行部电话：010 - 88191522

网址：www. esp. com. cn

电子邮箱：esp@ esp. com. cn

天猫网店：经济科学出版社旗舰店

网址：http: //jjkxcbs. tmall. com

固安华明印业有限公司印装

787 × 1092　16 开　19 印张　440000 字
2024 年 8 月第 1 版　2024 年 8 月第 1 次印刷
ISBN 978 - 7 - 5218 - 5935 - 5　定价：59.00 元
（图书出现印装问题，本社负责调换。电话：010 - 88191545）
（版权所有　侵权必究　打击盗版　举报热线：010 - 88191661
QQ：2242791300　营销中心电话：010 - 88191537
电子邮箱：dbts@ esp. com. cn）

前言
QIANYAN

　　作为教育部规定经济类学生必修的核心课程之一，金融学是一门研究金融领域各要素及其基本关系与运行规律的学科，是经济类各专业学习的基础，具有很强的实践性和应用性。《金融学概论》自2006年6月首次出版以来，受到了用书院校师生的广泛好评。本书的内容框架依据教育部审定的基本教学大纲，仍采用学生易于接受的逻辑顺序，即以货币和信用理论为基础，以市场经济体系下金融的整体运行为主线展开。

　　同时，随着社会经济的迅速发展，诸多领域正经历着一场持久而深入的变化与转型。为及时反映我国金融改革与实践的最新情况，帮助读者在理解金融学内在原理与规律基础上更好地把握中国式现代化下的金融新征程，本书将党的二十大精神和金融业政策、法规的最新变化及时反映到教材中，以利于读者跟上经济金融的发展潮流。另外，本次修订还根据读者的反馈意见，进一步完善教材相关内容，使教材的结构更合理、知识更准确、内容更实用。

　　本书在编写和修订中参考借鉴了国内外同行的很多文献，在此表示衷心的感谢，若有遗漏，则致以诚挚的歉意。另外，由于现代金融学的理论与实践发展迅速，加上编著者水平有限，本书可能存在缺点与遗漏，殷切希望用书院校师生以及其他读者提出宝贵意见。

　　最后，谨对在本书的编写、出版、使用过程中给予帮助的各位朋友表示深深的感谢！

毛慊璜

2024年6月

目录
MULU

第一章　金融概述

本章提要

金融是现代经济的核心。简单地说，"金"是资金，"融"是融通，"金融"是社会资金融通的总称，是在货币运动和信用活动两者长期相互渗透基础上形成的一个新范畴。

按性质和功能不同，金融业可划分为银行业、证券业、保险业、租赁业和信托业等主要类型。

金融体系是各种金融要素的总和及各要素间相互关联与配合的动态系统，主要由货币制度所规范的货币流通、金融机构体系、金融市场、金融工具、金融制度及调控机制五个基本要素构成。

金融是经济顺畅运行的润滑剂。经济发展决定金融的发展水平，同时，金融在服务于经济过程中又反作用于经济，影响着经济发展的速度和结构，发挥着双刃剑作用。

1978年中国金融改革开始启动，至今大致经历了金融体系恢复、现代金融体系初步形成及治理整顿、深化改革等阶段。

第一节　金融及其涵盖的范围

在货币信用高度发达的现代市场经济中，金融活动与经济运行相互交融，联系密切。无论是个人、企业，还是单位、政府，都得与金融打交道，金融已渗透到人们生活的方方面面，成为社会经济生活中必不可少的部分，可以说，没有金融，就不可能有现代的经济生活。因此，本节作为金融学的开篇，首先就要明确金融及其涵盖的范围。

一、金融的含义

什么是金融？作为经济学中的重要概念，在学习之前先来看一个小场景：有一个游客路过一个小镇想住下。他来到一家旅店准备先看下房间，但旅店老板说必须先给 1000 元押金才行，于是游客给了店主 1000 元押金。待游客去看房间时，旅店老板赶紧拿着这 1000 元押金支付了他欠屠户的肉钱，而屠夫立即拿着这 1000 元去养猪农民那里还了买猪钱，猪农马上去还了饲料商的饲料款，租住旅店的饲料商则立马还了房租钱，1000 元钱又回到了旅店老板手里。这时看完房的游客表示没有适合他需要的房间，就拿钱走了，但这几个人互欠的债务都还清了。可见，"金融"作为"金"与"融"组合而成的一个词语，"金"可指资金，"融"可指融通，"金融"就是以货币为对象，以信用为主要形式所进行的货币收支、资金融通活动，简称资金融通。

◆ 补充阅读材料

"金融"在中国并非古已有之。古有"金"，有"融"，但两者在一起复合使用的历史却非常短，在《康熙字典》及它之前的工具书中，都未见"金融"连在一起的词。最早列入"金融"条目的工具书是 1908 年开始编纂、1915 年出版的《辞源》和 1905 年即已酝酿编纂、1937 年开始刊行的《辞海》。[①] 其中，《辞源》(1937 年普及本第 11 版) 中的"金融"释文是："今谓金钱之融通状态曰金融，旧称银根。各种银行、票号、钱庄，曰金融机构"。《辞海》1936 年版"金融"词条的释文是"谓资金融通之形态也，旧称银根"。从 20 世纪初编纂的工具书中基本可以判断，"金融"一词大致 19 世纪末开始在我国逐步定型并在当时的经济活动中被认可使用。

进入 21 世纪，科学技术的不断发展促进了"金融"的智能化与信息化，人们在日常的消费购物、转账汇款、按揭购房等活动中频繁地使用各种金融工具；各种票据、有价证券等也都以信用货币形式存在并借助于金融市场进行融通；而银行、证券、保险、信托、租赁等金融机构更是作为资金融通的主渠道，为现代社会经济运行提供了必不可少的金融服务。因此，在《中国金融百科全书》中，"金融"词条的注释是："货币流通和信用活动以及与之相关的经济活动的总称"，从而进一步体现了信用货币制度下货币资金融通与信用活动的密切关系。

二、金融范畴的形成

金融范畴的形成与货币、信用的发展是密不可分的。

信用与货币是两个不同的经济范畴，信用是以偿还为条件的价值单方面转移，是不同所有者相互之间进行财富余缺调剂的一种形式。而货币则是从商品中分离出来固定地充当一般等价物的商品，发挥价值尺度和流通手段职能，具有衡量和媒介商品所有者之间进行

[①] 黄达. 金融、金融学及其学科建设 [J]. 当代经济科学, 2001 (4)：1-11.

商品交换的能力。因此，信用活动与货币流通联系紧密并构成金融活动，是经历了一个由相互独立发展到密切联系，再融为一体的演进过程，如图1-1所示。

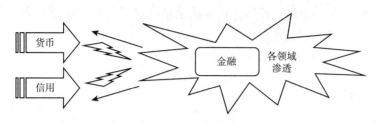

图1-1 金融范畴的演进

首先，在商品货币发展的初期，货币是以实物或金属货币的形态存在，其铸造权通常是由政府所垄断，它不依赖于信用的创造。而在自然经济占优势的条件下，信用则是因财富所有权的不转移而产生的调剂需要，即资金盈余者将钱直接借给资金短缺者，融资形式是高利贷。信用以实物借贷和货币借贷两种形式并存。所以，在相当长的一段时间里，信用与货币流通之间的联系只涉及信用活动与货币流通的一部分，货币范畴的发展与信用范畴的发展保持着相互独立的状态，而连接两者的金融尚处于萌芽状态。

其次，随着社会生产力的日益提高，信用和货币的关系开始密切起来。当资本主义经济发展起来后，现代银行产生了。银行券开始代替金属货币执行流通手段和支付手段职能，货币的运动越来越多地建立在信用的基础上。从借贷形式的发展中可以看到，虽然实物借贷是最原始的借贷形式，但货币借贷的出现扩大了信用的范围和规模，可以想象，如果没有货币借贷形式，很多信用活动实际上是不可能发生的。特别是在普遍实行不兑现信用货币制度的条件下，流通中货币数量的变化是通过银行信用的扩张或紧缩来调节的，而货币的运动则与信用关系中债权、债务的转移和消长相结合，信用与货币的关系于是不可分割地联系在一起，整个货币制度就建立在信用制度之上。所以，当货币和信用相互渗透并结合到一起时，就形成了新的范畴——金融，表现形式则是作为融资中介的银行业及其相应的活动。

最后，伴随着新范畴的逐步形成过程，金融同时也向更广阔的领域扩展，逐步覆盖投资、保险、信托、租赁等多个方面。而扩展的金融范畴又使信用关系不再仅仅表现为简单的银行借贷关系，还包括其他许多债权债务关系和所有权关系，使得市场经济中的金融活动日益丰富多彩，品种更加健全。

总之，社会变迁与经济发展促使金融范畴处于一个不断演进的过程，顺应这一客观规律来理解，则金融范畴的内容可以包含融通资金、金融资源、金融机构、金融工具、金融市场等一切与货币信用相关的经济要素、活动及关系。当然，这也易于大家对金融有一个多元化的认识与理解。

三、金融活动的分类

金融内涵与范畴的持续演进，也推动着金融活动的不断扩展。按不同标准，金融活动可划分为不同的类型。按金融活动的运行机制不同，可划分为微观金融与宏观金融；按金融活动资金运行方式不同，可划分为直接金融与间接金融；按金融活动是否为政府参与，可划分为官方金融与民间金融；按金融活动的地理范围不同，可划分为国内金融与国际金融；等等。目前，世界各国基本上都是按性质与功能的不同，将金融活动划分为银行业、证券业、保险业、信托业和租赁业等主要类型。

（一）银行业

纵观金融发展历史，最早从事金融交易的中介机构是银行，其前身为货币经营业。作为经营货币和信用业务的金融机构，银行主要通过发行信用货币、管理货币流通、调剂资金供求、办理货币存贷与结算等活动来充当货币信用的中介人。银行是现代金融业的主体，是国民经济运转的中心枢纽。

（二）证券业

当商品经济发展到一定阶段，金融交易中的相当部分就表现为各类证券的发行与买卖。所谓证券，是指经政府有关部门批准发行和流通的股票、债券、投资基金等有价凭证。证券交易具有直接融资的特点，投资者通过证券市场直接参与实体经济中的投资形成决策。证券机构是指从事证券业务的机构，包括证券公司、证券交易所、证券登记结算公司、证券投资咨询公司、投资基金管理公司、证券评估公司等。它们在证券市场各司其职，共同支撑证券市场的日常运作。

证券业作为整个金融产业的一个组成部分，在历史上一直扮演着推动金融产业发展的角色，随着证券业在整个金融产业中地位与作用的日益重要，证券业的发展空间也在不断扩大。

（三）保险业

风险，是未来的一种不确定性，而社会与经济生活的日趋复杂，使各种意外及不幸事件随时都可能发生，从而客观上要求建立专业的机构来集中管理风险，并对意外风险和伤害产生的损失进行补偿，于是，保险业应运而生。保险是指投保人根据合同约定，向保险人支付保险费，保险人对于合同约定可能发生的事故因其发生而造成的财产损失承担赔偿保险金责任，或者当被保险人死亡、伤残和达到合同约定的年龄、期限时承担给付保险金责任的行为，其具有分散风险、补偿损失的作用。特别是在现代经济社会，随着保险行业价值的不断体现，这一"经济减震器"与"社会稳定器"功能愈加彰显。

（四）信托与租赁业

信托是一项古老的业务，是委托人基于对受托人的信任，将其财产权委托给受托人，由受托人按委托人的意愿以自己的名义，为受益人的利益或者特定目的进行管理或者处分的行为。在各种理财产品风起云涌的今天，信托以其特有的优势在理财市场中异军突起，越来越受到特定投资人群的关注。

租赁是出租人将租赁物交付承租人使用，承租人支付租金并获得一段时间内使用该物品权利的一种行为，也是一项古老的经济业务。由于其业态的多样化，人们往往搞不清楚租赁到底是什么，以为只能解决生活中的一些不便。其实租赁的功能远不止这些，它不仅在生活上，而且在工作和事业方面都能给人们带来更大的好处，如融资租赁。现代租赁业在发达国家被视为"朝阳产业"，已成为与银行信贷、证券投资并驾齐驱的三大金融工具之一，在各国的国民经济和市场体系中扮演了重要角色。

关于银行业、证券业、保险业、信托与租赁业的具体内容，本教材将在第五章金融机构中进行相应介绍。

小贴士

金融产业简称金融业，是指以经营金融商品和服务为手段、以追求利润为目标、以市场运作为基础的一个特殊行业，主要包括银行业、证券业、保险业、信托业和租赁业等，具有指标性、垄断性、高风险性和高负债性的特点。按一般产业分类方法，金融业属于第三产业，即服务业范围。

四、金融体系

纵观金融范畴的形成与发展，从初期简单的货币经营业到涵盖直接、间接融资的银行、证券、保险、租赁和信托等业务，金融是以各市场经济主体的投融资行为为基础，由资金融通的工具、机构、市场和制度等构成的一个有机系统。简言之，金融体系是各种金融要素的总和及各要素间相互关联与配合的动态系统。

在现代社会，尽管不同国家因经济制度不同而有不同的金融体系表现形态，但其基本构成要素大体上是一致的，主要包括五方面的要素。

（一）由货币制度所规范的货币流通

货币制度是国家以法律形式确定货币发行与流通的准则与规范，包括规定币材、货币单位、主币与辅币、有限与无限法偿、铸造与发行、准备制度等六方面。不同货币制度下货币流通的方式是不同的，具体表现为货币材料的不同、货币单位的不同、货币种类的不同以及发行、支付和清算等诸多方面的不同。关于这方面的具体内容，本教材将在第二章货币与货币制度中详细介绍。

（二）金融机构体系

金融机构体系（或金融组织体系）是一个主权国家里存在的各种金融机构及彼此间形成的运行机制，是现代金融活动的基本载体。作为金融活动中的重要参与者和中介人，它通过提供各种金融产品和金融服务来满足社会经济发展各部门的融资需求，最终促进储蓄向生产性投资的转化。各国的金融机构体系虽各有特点，但在种类和构成上基本相同，一般来说，一国金融机构体系主要由管理性金融机构、商业经营性金融机构和政策性金融机构三大类构成，也可按是否以吸收存款为主要资金来源划分为银行性金融机构和非银行性金融机构。本教材将在第五章金融机构的内容中详细介绍。

（三）金融市场

金融市场是资金供求双方借助金融工具（有价证券）进行各种货币资金交易活动的市场，是各种融资市场的总称。金融市场通常由市场主体（参与者）、市场客体（金融工具）、市场媒体（组织方式）、市场交易价格和市场监管五要素构成。作为一国市场体系的重要组成部分，一个完善的金融市场除了具有聚集资金的基本功能之外，还具有高效率配置资源、体现政府政策意图及优化产业结构等方面的功能。本教材将在第六章金融市场与金融交易中详细介绍。

（四）金融工具

金融工具是在信用活动中产生的、能够证明资金供求双方权利义务关系并据以进行货币资金交易的一种合法凭证，其本质可以理解为一种信用转让。一般来说，金融工具必须同时具备规范化的书面格式、广泛的社会可接受性或可转让性、具有法律效力这三个基本要素才有效。在经济金融发达的现代社会，金融工具的种类日益增多，划分标准形形色色，其中按照与实际信用活动是否直接相关将金融工具分为原生（或称基础性）金融工具和衍生金融工具最为普遍。本教材将在第六章金融市场与金融交易中详细介绍。

> **小思考**
>
> 请问金融工具就是金融资产吗？
>
> 答：不一定。关于金融资产与金融工具的关系可以这样理解：习惯上，金融工具经常被称为金融资产，但严格说来，这两个概念是有区别的。虽然所有的金融工具对持有者来说都是金融资产，但抛开持有者，孤立地看金融工具，它们便不能称为金融资产。如对个人持有者来说，一般所持有的金融工具都是金融资产，但企业就不一定，如企业发行的股票、债券是金融工具，但却属于企业的负债，不能称之为金融资产。

（五）金融制度及调控机制

在市场经济体系中，随着经济、金融活动的日益复杂化，完全让市场上"看不见的手"进行调控是不够的，需要国家运用"看得见的手"进行管理和调节。金融风险无处不在，且每一环节都与社会公众利益息息相关，由此，国家对金融运行过程的管理及在金融领域进行政策性调节也就成为金融体系一个必不可少的内容。国家对金融运行过程的管理涉及金融活动的方方面面，主要由货币制度、信用制度、汇率制度、利率制度、金融机构制度、金融市场制度以及金融监管等一系列的制度构成，并体现为国家的各种法律法规及条例、行业公会的规定、约定俗成的惯例，等等。关于这方面的内容，本教材将在第七～九章中详细介绍。

第二节　金融与经济发展

一、金融与经济运行

经济生活是人类赖以生存和发展的物质基础。社会发展初期，首先是产品交换成了人类生存和进步中必不可少的经济活动，随后，货币作为商品交换的媒介而产生，并在经济运行中发挥价值尺度、支付手段和储藏手段等职能。作为一种借贷行为，信用是不同所有者之间调剂资金余缺的有效形式，信用的产生促进了货币形式与商品流通的发展。最后，当货币运动和信用活动不可分割地联系在一起时，就产生了金融。所以，现代市场经济从本质上讲就是一种发达的货币信用经济或金融经济，它的运行表现为价值流导向实物流，货币资金运动导向物质资源运动。金融运行正常有效，说明货币资金的筹集、融通和使用充分，社会资源配置合理，对一国国民经济走向良性循环发挥的作用也就更为显著。

为更清楚地反映金融与经济运行关系，以下通过图示来比较说明。

图1-2中，假设经济中只存在企业部门和居民部门。在两部门经济运行中，居民不从事生产，但掌握着生产所必需的生产要素，包括原始生产要素（如土地、劳动力等）及由这些原始生产要素生产出来的资本货物（如建筑厂房、机器设备等）；而企业部门负责从居民那里购得生产要素进行生产，其生产出来的产品（包括消费品与服务等）提供给居民，这就是未纳入金融因素时的经济运行。图1-2的外圈代表实物运行，内圈代表货币运行，资金流动与物质资源运行处于均衡。

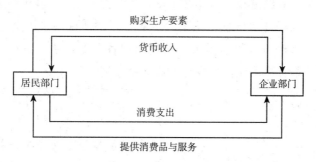

图1-2　未纳入金融因素时的经济运行

但任何一国经济中不可能没有储蓄与投资，因为它意味着经济的增长，所以，现在将储蓄、投资等金融因素纳入。图1－3中，假设居民没有将全部的货币收入用于购买企业部门生产的产品，其结果就是在居民手中积累了一定数量货币的同时企业部门也将积存一定数量的产品存货，如果不对这部分储蓄资金加以利用，企业部门会因销售收入的减少而减少产量及裁减人员，反过来又影响到居民收入。因此，为了使经济正常运转，必须将居民的储蓄转化为企业部门的投资，这种转化便需要金融因素的介入。如图1－3所示，可以通过金融中介机构进行间接融资或在金融市场进行直接融资两种方式进行，金融成为经济顺畅运行的润滑剂。

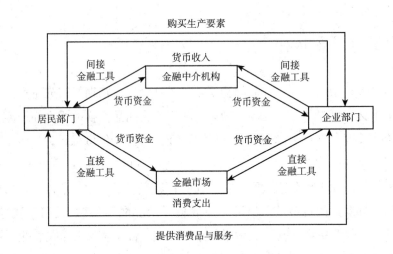

图1－3　纳入金融因素时的经济运行

金融对经济的作用不仅仅表现于上述的中介作用，金融还是现代经济中调节宏观经济的重要杠杆。在现代经济生活中，货币资金作为重要的经济资源和财富，成为沟通整个社会经济生活的命脉和媒介。现代一切经济活动几乎都离不开货币资金运动。从国内看，金融连接着各部门、各行业、各单位的生产经营，联系每个社会成员和千家万户，能够深入、全面地反映各企事业单位的经济活动，成为国家管理、监督和调控国民经济运行的重要杠杆和手段；从国际看，金融促进了世界各国间的政治经济文化交往，成为引进外资、实现国际贸易、加强国际经济技术合作必不可缺的纽带。

可见，金融与国家经济运行息息相关，金融业兴，则百业兴；金融业衰，则百业衰。一国政府只有根据宏观经济政策的需求，通过运用各种金融手段适时调节经济发展的规模、速度和结构，才能促进国家经济安全、高效地发展。

◆ **补充阅读材料**

经济商品化、经济货币化与经济金融化的发展趋势可以反映金融在经济运行中的地位、作用及职能发挥状况。经济商品化，是指社会发展到一定阶段后人们将非商品转化为商品的一个过程。经济货币化，是指一国国民经济中用货币购买的商品和劳务占其全部产出的比重及其变化过程。货币化程度的提高不是无限度的，因为无论经济发展到什么程度，总有一部分为自己消费而生产的产品或服务是非货币化的，所以，货币化比率的极限值最高是1，但通常只是趋向于1。当经济货币化向纵深推进时，则进入经济金融化阶段。所谓经济金融化，是指全部经济活动总量中使用金融工具的比重。金融化程度越高，表明金融在经济中的地位越重要，作用力越大，但同时也可能导致金融对经济发展的不良影响和副作用的概率增加。

二、金融与经济发展的关系

金融不仅对经济具有中介和调节作用，而且还是现代经济的核心。那么，在现代市场经济中，金融与经济到底谁是主、谁是从呢？

（一）经济发展决定金融

在金融与经济的基本关系上，首先必须明确的是经济发展决定金融。虽然金融具有满足经济发展需要的资金聚集与配置、风险分散与转移、宏观经济反映与调控等功能，并在保障社会经济顺利运行中发挥了卓有成效的作用，但作为现代市场经济的第三产业，金融仍居于从属地位，绝不能凌驾于经济发展之上。经济发展对金融起决定性作用主要表现在两方面。

首先，金融作为依附于商品经济的一种产业，是随着商品经济的发展而产生与发展的。马克思的货币起源学说告诉我们，货币是价值形态、商品生产和商品交换发展的必然产物，信用也是随着私有制的产生而在商品经济的发展中逐步完善的。只有在以交换为基本关系的商品经济中，才存在为完成交换任务而提供的劳动服务，才需要货币这样的一般等价物来体现等价交换原则，才能出现许多专门经营货币信用业务的金融机构，也才能出现多种多样的金融工具以解决交换中存在的盈余部门与短缺部门的资金调剂、债权债务的频繁变动以及清算支付等困难。因此，金融作为依附于商品经济的一种产业，商品经济越发展，则金融也越发达。

其次，因对金融的需求不同，商品经济的不同发展阶段决定了金融发展的结构、规模和阶段。（1）从经济发展结构看，主要表现为宏观经济的部门结构决定金融结构。例如，在一些发展中国家，现代经济部门与传统经济部门并存的二元经济结构决定了其二元金融结构。（2）从经济发展规模看，一定时期的货币供给量主要受制于当期的商品可供量。马克思认为，一定时期内执行流通手段的货币必要量主要取决于商品价格总额和货币流通速度，其理论意义就在于反映了商品流通决定货币流通这一基本原理，经济规模大，则可供商品总量也大，相应的金融规模如发行量、机构设置和从业人员等方面的需求也会增大。① （3）从经济发展阶段看，在经济发展的低级阶段，简单的金融活动就能解决货币流通、资金融通和支付清算等交换中存在的基本问题，而当金融发展到高级阶段，则会产生许多复杂的新需求，这时只有通过金融创新，提供现代化的新工具和新交易才能满足社会所需要的各种金融产品与服务；与此同时，金融管理当局也必须不断完善其宏观调控手段和金融监管体系，才能保持金融、经济运作的安全与稳定。

小思考

什么是二元金融结构？

答：二元金融结构主要是指发展中国家现代化金融机构与传统金融机构并存的格局。现代化金融机构是指以现代化管理方式经营的银行与非银行金融机构，他们有雄厚的资金实力和先进的技术设备，主要集中在经济和交通发达的大城市里营业。传统金融机构是指以传统方式经营的钱庄、当铺之类的小金融机构，主要分布在广大的农村和经济落后或偏远的小城镇。

（二）金融对经济发展的反作用

随着经济的不断发展，金融在经济中的作用也日益增大。对经济发展的作用主要体现在积极的推动作用和消极的不良影响两方面。

首先，金融在经济发展中的积极推动作用日益增大，突出表现为：（1）通过自身的运作为经济发展服务，如提供货币以促进商品生产和流通、提供信用以促进资金融通和利用、提供各种金融服务以便利经济运作，等等。（2）促进储蓄向投资转化，如通过吸收存款、发行有价证券等融资手段为经济发展组织资金来源，并通过发放贷款、贴现票据等手段使储蓄资金顺利地转化为投资。（3）节约交易成本，如通过金融中介机构的经营运作，可以促进资金融通，合理配置资源，在提高融资效率的同时降低了融资风险，有效地节约了社会交易成本。（4）金融业自身的产值增长对经济发展具有直接贡献。如随着现代市场经济的发展，金融业的产值大幅增加，使其在国内生产总值所占的比重也不断提高，从而直接为一国的经济发展作出贡献。

其次，现代金融业在推动经济快速发展的同时，对经济可能产生的不良影响也在增大。（1）在不兑现的信用货币制度下，由于在技术上纸币具有无限发行的可能性，且纸币自身没有价值，不具备自动调节货币量的功能，这就产生了货币供给的无限性和市场货币容纳的有限性之间的矛盾。一旦人们的认识发生偏差或操作失误，在发行货币时就可能因金融总量的失控出现通货膨胀、信用膨胀，进而导致社会总供求的失衡，危害经济的发展。（2）金融业本身是一个高风险的行业，高负债经营决定了金融业容易破

---

① 马克思. 资本论（第一卷）[M]. 上海：上海三联书店，2009.

产的特征，即金融脆弱性。所以金融业一旦经营不善，极易使金融风险加大，破坏经济发展的稳定性和安全性，引发金融、经济危机。（3）近年来，金融创新产品层出不穷，拉大了虚拟资本与真实资本的差距，易滋生金融泡沫，增大投资风险，对经济发展也有很大的破坏性。

小贴士

　　金融脆弱性又称"金融内在脆弱性"，早期主要是指高负债经营的行业特点决定了金融业更易失败的本性。目前已延伸至一种趋于高风险的状态，泛指所有金融领域中可能存在的风险积聚，包括信贷融资和金融市场融资等。

　　总之，金融是现代经济的核心。经济决定金融，经济的发展水平决定金融的发展水平，但是，金融在服务于经济的过程中，又反作用于经济，影响着经济发展的速度和结构。所以，当代各国都十分重视金融宏观调控和金融监管，力图通过有效的宏观调控手段及外部监管、内部自律等手段实现金融总量与经济总量的均衡，控制金融风险，保持金融健康运行，实现经济持续、稳定和协调的发展。

◆ 补充阅读材料

　　关于金融与经济发展关系，20世纪70年代的美国经济学家罗纳得·麦金农与爱德华·肖在研究发展中国家货币金融发展特征的基础上，提出了"金融压制论"① 与"金融深化论"②，从而肯定了金融对一国经济发展有着不可或缺的作用。

　　麦金农和肖认为：在现代社会经济中，金融与经济发展之间存在着互为影响的关系。当金融业能够有效地动员和配置社会资金促进经济发展，而经济的发展也加大了对金融的需求并刺激金融业发展时，金融与经济发展之间就可能形成一种相互促进、相互推动的良性循环状态，即是"金融深化"。反之，因政府对金融业实行过度干预与管制、限制，造成金融业的落后和缺乏效率，阻碍了经济发展，而经济的呆滞反过来又制约金融业的发展，金融与经济发展之间就会陷入一种相互掣肘、双双落后的恶性循环状态，即是"金融压制"。解除金融压制是发展中国家繁荣金融、发展经济的必要条件，由此，20世纪后期许多发展中国家开始推动以经济发展为目标的金融改革。

---

① 麦金农. 经济发展中的货币与资本 [M]. 上海：上海三联书店，1997.
② 肖. 经济发展中的金融深化 [M]. 北京：中国社会科学出版社，1989.

三、中国的金融改革实践

(一) 我国金融改革的历史背景

新中国成立以后,我国实行的是高度统一的计划经济体制。与之相对应,金融体制也实行了高度集中的"大一统"模式。这个模式的基本特征是:中国人民银行是全国唯一一家办理各项银行业务的金融机构,集中央银行和商业银行功能于一身。在当时"大财政、小银行"的计划体制下,银行只是财政的附属,缺乏独立性和自我发展空间。

党的十一届三中全会以后,我国开始了大规模的经济体制改革。为适应新的市场经济发展模式,打破计划经济下的种种限制和束缚,中国金融改革也随着1978年的经济改革而逐步推展开来。

(二) 我国金融改革历程

我国金融改革主要围绕金融组织体系与机构的演变、金融市场的发展、金融调控政策与监管措施的完善以及对外开放与交流等诸方面进行,大致来看,中国金融改革的实践历程大致经历了三个阶段。

1. 金融体系恢复时期(1978~1983年)

为适应我国即将进行的经济体制改革需要,1979年2月,我国恢复了中国农业银行,规定由其负责管理和经营农业资金;同年3月,中国银行从中国人民银行中分离出来,作为外汇专业银行负责处理外汇资金经营及对外金融业务;1979年8月建设银行从财政部分设出来,试行基建投资"拨改贷",专门负责管理基本建设资金,并于1983年开始经营一般银行业务;1980年,第一家城市信用社在河北省挂牌营业;1981年,中国投资银行成立⋯⋯可见这一阶段的金融改革主要是突破长期存在的"大一统"金融体系,恢复和建立分工明确、独立经营的专业银行。表1-1是我国四家国有专业银行恢复或成立时间及其股份制公司挂牌时间。

表1-1　　　　　　　　四家银行恢复或成立时间及股份制公司挂牌时间

银行名称	改革开放后银行恢复或成立时间	股份制公司挂牌时间
中国银行	1979年3月	2004年8月26日
中国农业银行	1979年2月	2004年9月21日
中国工商银行	1984年1月	2005年10月28日
中国建设银行	1979年8月	2009年1月15日

资料来源:笔者根据中国银行、中国农业银行、中国工商银行、中国建设银行四大银行的网站资料整理而得。

2. 现代金融体系初具规模（1984～1993年）

随着经济改革的不断深入，为更有效地支持大规模的经济建设和社会发展，进一步完善中国金融体系，1983年9月，国务院决定中国人民银行专门行使中央银行职能，同时专设中国工商银行，承办原来中国人民银行负责的信贷及城镇储蓄业务。1984年1月1日，中国工商银行总行正式成立并对外营业。

这一时期，金融机构的多样化发展令人瞩目。1986年，重新组建中国第一家股份制商业银行——交通银行；1987年，第一家由企业集团发起设立的银行——中信实业银行宣告成立；同年，第一家以地方金融机构和企业共同出资的区域性商业银行——深圳发展银行开始营业。随后，一些规模中等、产权多样的商业银行如广东发展银行、招商银行、福建兴业银行等相继开业；农村信用社的数目迅速增长；还批准并设立了一些非银行金融机构，如中国人民保险公司、光大金融公司、财务公司、信托投资公司，等等。与此同时，银行业进一步实施对外开放，允许外国金融机构设立驻华办事处，使我国的金融机构体系从封闭走向开放。通过以上改革，我国开始形成以中国人民银行为核心，以四大国有专业银行为主体，各种金融机构并存和分工协作的金融机构体系。

在此期间，我国还加快了货币市场与资本市场的改革步伐。货币市场的发展主要表现在以下两方面。一是以票据发行、承兑、贴现和再贴现为内容的多层次票据市场开始启动。1979年我国开始大力推行商业票据；1984年中国人民银行颁布了《商业汇票承兑、贴现暂行办法》，并从1985年4月开始，在全国范围内全面推行商业票据承兑贴现业务；1986年，中国人民银行允许专业银行以贴现形式买进未到期票据，正式开办了商业票据再贴现业务，从而标志着票据承兑贴现市场的初步形成。二是同业拆借市场的形成与发展。1985年，随着"实贷实存"信贷资金管理体制的实行，国家开始允许并提倡金融机构之间以有偿方式相互融通资金；1986年，国务院颁布《中华人民共和国银行管理暂行条例》，明确规定"专业银行之间的资金可以互相拆借"政策，更是促进了拆借业务在全国的迅猛发展，为后来我国同业拆借市场的成立打下了良好的基础。另外，在这一阶段，国债回购业务和大额可转让定期存单也开始出现，进一步壮大了发展中的货币市场。

资本市场方面，1984年9月第一家股份有限公司——天桥百货股份有限公司在北京成立；同年11月，中国第一股——上海飞乐音响股份有限公司向社会公开发行股票；1985年1月，上海延中实业股份有限公司成立，并全部以股票形式向社会筹资。随后，在政府的引导下，全国其他一些城市也相继发行了股票。1986年8月，为解决当地法人股、内部职工股等的交易流通问题，沈阳信托投资公司面向社会开办了第一家证券交易市场。9月，新中国第一家代理和转让股票的证券公司——中国工商银行上海信托投资公司静安证券业务部宣告营业。不久，财政部在全国61个大中城市进行股票、债券转让市场的试点，到1990年，全国证券场外交易市场基本形成。1990年11月，上海证券交易所宣告成立，并于当年12月19日正式营业；1991年4月，深圳证券交易所也宣告成立。两家证券交易所的成立，标志着我国证券市场由分散的场外交易进入集中的场内交易。1991年7月，上海证券交易所开始向社会公布上海股市 8 种股票的价格变动指数，以反映上海证券交易所开业以后上海股市价格的总体走势，为投资者入市及从事研究提供了重要依据。金融市场的建设与发展也对金融监管体系提出了新要求，1992 年 10 月，国务院证券委员会和中国证券监督管理委员会成立（1998 年 4 月两者合并），开始对证券业实行专业化监管。

综上所述，在社会发展与经济体制改革背景下，多样化金融机构体系的建立与市场化资金配置机制的探索标志着中国正逐步从高度集中的计划金融调控体系向市场化调控方向转变，也为以后金融改革的深化打下了良好的基础。

3. 治理整顿与深化改革（1994 年至今）

1992 年，党的十四大确立了建设社会主义市场经济体制的改革目标。为适应社会主义市场经济新体制的需要，更好地发挥金融在国民经济中的宏观调控和优化资源配置作用，1994 年，国务院决定进一步深化金融体制改革。这一阶段的改革目标是：建立适应社会主义市场经济发展需要的以中央银行为领导、政策性金融和商业性金融相分离、以国有独资商业银行为主体、多种金融机构并存的现代金融体系。主要表现在以下几方面。

（1）分业监管格局的形成。1995 年 3 月国家正式颁布《中华人民共和国中国人民银行法》，确定中国人民银行为我国的中央银行，不再对非金融部门发放贷款，以促进货币政策真正走向间接调控。随后，与中国人民银行相关的一些监督管理职能归属也不断发生变化。1998 年 4 月，中国证监会（与中国证券委合并）成立，专司原来由中国人民银行监管的全国证券、期货市场监管职能。1998 年 11 月，中国保险业监督管理委员会成立，负责监管全国商业保险市场。2003 年 4 月，中国银行业监督管理委员会成立，统一监管银行、金融资产管理公司、信托投资公司等金融机构，形成"一行三会"监管格局。自此，中国"分业经营、分业管理"的制度框架最终确立。

（2）金融机构改革的深化。首先，实施政策性金融与商业性金融的分离。1994 年成立了国家开发银行、中国进出口银行和中国农业发展银行三家政策性银行，将原来由国家四大专业银行承担办理的政策性金融业务进行剥离，推动四大银行按商业银行的规范要求进行股份制改革（见表 1-1）。1999 年陆续成立了信达、华融、长城、东方四家金融资产管理公司，专门接受和处理建行、工行、农行、中行四家国有金融机构的不良资产。2004 年 12 月开始，我国政府共动用 1050 亿美元的外汇储备，分别向中国建设银行（225 亿美元）、中国银行（225 亿美元）、中国工商银行（300 亿美元）和中国农业银行（300 亿美元）注资，促进四大行资本重组与成功上市。[①] 随后，我国保险、证券等机构也踏上了上市之旅。其次，大力发展各类型金融机构，不断推进金融业的对外开放。1995 年组建我国第一家民营商业银行——中国民生银行，突破国有银行的垄断局面；1998 年，在清理、整顿和规范的基础上，将一直处于市场边缘的城市信用社改名为城市商业银行，随后，中国各主要城市掀起了一轮建设地方商业银行的浪潮；在这轮改革中，作为资本市场主要中介

---

① 资料来源：笔者根据中国人民银行网站（http://www.pbc.gov.cn/）相关信息整理而得。

机构的证券公司、证券投资基金等非银行性金融机构也相继设立并得到快速发展；2001 年 12 月中国加入世界贸易组织（WTO）后，对外开放步伐进一步加快，允许更多的外资金融机构进入中国市场。2014 年我国开始试点由民营资本发起设立的民营银行，这对于启动民间资本、推进银行业准入的市场化标准、完善中国金融机构体系都具有非常重要的意义。表 1－2 为我国首批试点的五家民营银行基本概况。

表 1－2　　　　　　　　　我国首批试点五家民营银行基本概况

银行名称	成立时间	注册资本与基本股权结构	服务特色
深圳前海微众银行	2014 年 12 月	注册资本 42 亿元人民币（开业时 30 亿元），主要股东为腾讯、百业源投资和立业集团等企业	"纯互联网"银行，不设物理网点，重点服务小微用户
上海华瑞银行	2015 年 2 月	注册资本 30 亿元人民币，主要股东为上海均瑶集团、上海美特斯邦威等 10 家企业	走"互联网＋银行"发展途径，有实体网点，始于上海自由贸易试验区，着力满足跨境业务需求
温州民商银行	2015 年 3 月	注册资本 20 亿元人民币，由正泰集团、浙江华峰氨纶等 13 家温州本土民营企业共同发起	主要定位温州区域，为小微企业、个体工商户、县域"三农"提供高效和差异化的普惠金融服务
天津金城银行	2015 年 4 月	注册资本 30 亿元人民币，主要股东为天津华北集团、麦购（天津）集团等 14 家民营企业	始于天津自由贸易试验区，设有实体网点，主要定位于"公存公贷"，通过优化资产负债结构做"轻资本"银行
浙江网商银行	2015 年 6 月	注册资本 65.714 亿元人民币（开业时 40 亿元）。主要股东为浙江蚂蚁小微金融服务集团、上海复星工业技术发展有限公司、万向三农集团等企业	"纯互联网"银行，不设物理网点，专注电商和农村市场，重点服务个人消费者和小微用户

资料来源：笔者根据国家金融监督管理总局官网所属深圳监管局、上海监管局、天津监管局和浙江监管局相关公告信息整理而得。

（3）宏观调控与管理方式的变革。中央银行单独设立以后，我国的金融管理从过去的计划管理向宏观调控转变，体现在货币政策的操作方面，由最初中央银行使用行政管理手段为主转向运用存款准备金、公开市场操作、再贴现等货币政策工具进行间接手段调控，逐步建立和完善了市场经济条件下中央银行的宏观调控方式与体系。

（4）金融市场发展的稳步推进。首先，货币市场方面。1996 年 4 月，全国统一的银行间同业拆借市场交易网络系统正式运行，同业拆借市场利率（chibor）形成，实现了同业拆借利率的市场化，标志着中国同业拆借市场进入一个崭新的发展时期。1996 年《中华人民共和国票据法》正式实施，为票据行为规范提供了法律保证，进一步促进了商业票据贴现和再贴现市场的发展。1997年6月，银行间债券回购业务的正式展开，为中央银行开展以债券买卖为主的公开市场业务，以及商业银行运用证券资产，灵活调节资金头寸，减少金融风险创造了良好的条件。2007年1月，中国人民银行推出了上海银行间同业拆放利率（shibor），目前该拆放利率已成为我国货币市场基准利率的标杆，在反映市场资金供求状况、提供金融产品定价参考标准、完善货币政策传导机制等方面发挥了积极作用。其次，资本市场方面。随着长期金融工具的丰富与完善，我国建立了以股票、债券、基金等为主要品种的一级、二级市场。2005年5月，我国股票市场启动"股权分置"改革并取得决定性进展，极大地促进了中国资本市场的发展。与此同时，我国证券经营机构也经历了再一次重整，经过注资、重组、上市等多重渠道，证券经营机构的整体实力大大加强；特别是近些年，随着保险资金、社会保障资金、私募基金、证券投资基金的渐次进入，机构投资者逐渐成为中国证券市场中最活跃的中坚力量。为增强我国资本市场的综合实力，加强内地与香港、全球资本市场的联系，2014年11月以后逐步推出了"沪港通""深港通""沪伦通"，这些双向开放探索是扩大中国资本市场与世界互联互通的一项重要举措。此外，2002年成立的上海黄金交易所则标志着我国黄金市场的发展。

（5）利率市场化进程加快。在国内信贷市场，从1998年开始，我国逐步扩大贷款利率浮动幅度，同时简化贷款利率种类。1999年对保险公司大额定期存款实行协议利率；2002年扩大农村信用社利率改革试点范围，赋予农村信用社更大幅度调整利率的权利；2004年扩大金融机构存贷款利率浮动区间，金融机构贷款利率过渡到"上限放开、下限管理"阶段，人民币存款利率则实现了"放开下限、管住上限"既定目标，有力地推进了金融机构经营管理水平的提高。2015年5月，《存款保险条例》在我国正式实施，从而为银行机构破产及进一步推进利率市场化提供了制度基础。在境内外币利率方面，2000年9月放开外币贷款利率和大额外币存款利率，规定300万美元以上的大额外币存款利率可由金融机构与客户协商确定，并报中央银行备案。2003年11月，对美元、日元、港币、欧元小额存款利率实行上限管理，各商业银行可根据国际金融市场利率变化，在不超过上限的前提下自主确定。

（6）外汇管理体制改革与人民币可兑换进程的全面推进。从1994年开始，我国进行了新一轮外汇管理体制改革，主要包括：在将人民币官方汇率与外汇调剂市场汇率并轨的基础上，建立了以市场供求为基础的、单一的、有管理的浮动汇率制度；取消各类外汇留成、上缴和额度管理制度，实行银行结售汇制度，并于1996年实现经常项目下人民币的自由兑换；同时，为配合加入世贸组织进程及适应经济发展需要，我国对外汇管理法律法规进行了全面清理，并按照世贸组织要求废止和修改了部分法规，制定出台了《中华人民共和国外汇管理条例》《银行外汇业务管理规定》《境内外汇账户管理规定》等一系列新的外汇管理政策法规，为中国金融业与全球经济、金融体系接轨创造了有利条件。2005年7月，进一步推进汇率形成机制改革，实行以市场供求为基础、参考一篮子货币进行调节、有管理的浮动汇率制。2009年4月，上海、广州、深圳、珠海、东莞等城市被批准开展跨境贸易结算人民币试点，为人民币迈向国际化走出了关键一步，大大提升了人民币的国际地位。2015 年 8 月，形成"收盘汇率 + 一篮子货币汇率变化"的人民币兑美元汇率中间价机制，加大了市场供求对汇率形成的基础性作用，在充分考虑各方承受能力的前提下极大地满足了市场对资源配置的内在要求。

综上，经过几十年的改革实践，中国金融业在规模、结构、功能、竞争力和国际影响力等方面都发生了翻天覆地的变化。2022 年 10 月，党的二十大明确提出"以中国式现代化全面推进中华民族伟大复兴"。金融是现代经济的血液，金融业必将在构建中国经济发展新格局、推进中国式现代化新征程中肩负着时代所赋予的新使命。

小贴士

中国式现代化是中国共产党领导的社会主义现代化。既有各国现代化的共同特征，更有基于自己国情的中国特色。中国式现代化是人口规模巨大的现代化，是全体人民共同富裕的现代化，是物质文明和精神文明相协调的现代化，是人与自然和谐共生的现代化，是走和平发展道路的现代化。

基本训练

一、名词解释

金融　金融体系

二、填空题

1. 当_____和_____相互渗透并结合到一起时，就形成了新的范畴——金融。

2. 按性质和功能的不同，通常将金融活动划分为_____业、_____业、_____业、租赁业和信托业等主要类型。

3. 金融体系主要由货币制度所规范的货币流通、_____、_____、_____和_____五个基本要素构成。

4. 在发达国家，_____被视为"朝阳产业"，成为与银行信贷、证券并驾齐驱的三大金融工具之一。

5. 我国金融改革前的"大一统"模式基本特征是：_____是全国唯一一家办理各项银行业务的金融机构，集中央银行和商业银行功能于一身。

6. 金融发展程度越高，金融作用力会_____。

7. 1990 年 11 月，我国的第一家证券交易所_____宣告成立。

三、单项选择题

1. 经济发展对金融起（　　）作用。

A. 推动　　　　　B. 决定性　　　　　C. 不确定　　　　　D. 一定的

2. 金融压制表现为金融与经济发展形成一种（　　）。

A. 良性循环　　　B. 恶性循环　　　　C. 无序　　　　　　D. 频繁变动

3. 按（　　）划分，金融活动可分为银行业、证券业、保险业、租赁业和信托业等主要类型。

A. 运行机制　　　　　　　　　　B. 是否接受政府监管

C. 方式　　　　　　　　　　　　D. 按性质与功能

4. 为配合四大银行进行股份制改革，1994年我国成立了三家政策性银行。请问以下（　　）家不属于政策性银行？

A. 国家开发银行　　　　　　　　B. 中国进出口银行

C. 深圳发展银行　　　　　　　　D. 中国农业发展银行

5. 1995年我国组建的第一家民营商业银行是（　　）。

A. 中国民生银行　　　　　　　　B. 深圳发展银行

C. 中信实业银行　　　　　　　　D. 福建兴业银行

四、多项选择题

1. 按性质和功能的不同，一般将金融活动划分为（　　）。

A. 银行业　　　B. 租赁业　　　C. 证券业　　　D. 信托业

E. 保险业

2. 金融体系是指各种金融要素的总和及其动态关联系统，主要由（　　）几个基本要素构成。

A. 金融机构体系　　　　　　　　B. 货币制度所规范的货币流通

C. 金融市场　　　　　　　　　　D. 金融工具

E. 金融制度及调控机制

3. 按运行机制划分，金融活动可分为（　　）。

A. 微观金融　　　B. 宏观金融　　　C. 直接金融　　　D. 间接金融

4. "一行三会"是（　　）的简称，作为最高金融管理机构，它们构成了我国"分业监管"的最初框架。

A. 银监会　　　B. 保监会　　　C. 证监会　　　D. 财政部

E. 中国人民银行

5. 2014年我国首批试点五家民营银行中，（　　）没有物理网点、属于"纯互联网"银行。

A. 深圳前海微众银行　　　　　B. 上海华瑞银行

C. 温州民商银行　　　　　　　D. 天津金城银行

E. 浙江网商银行

五、判断并改正

1. 货币化程度的提高不是无限度的，通常只是趋于 1。

2. 现代金融业的发展在有力地推动经济发展的同时，出现不良影响和副作用的可能性也越来越大。

3. 金融已成为现代经济的核心，所以，现代经济也正逐步转化为金融经济。

4. 深圳发展银行组建于 1995 年，是我国第一家民营商业银行，它突破了国有银行的垄断局面。

5. 金融与经济发展的关系可以这样理解：金融在整体经济中一直居于主导地位，它可以凌驾于经济发展之上。

6. 我国目前金融管理制度采取的是"分业经营、分业管理"框架。

7. 财富就是货币。

六、简答题

1. 如何理解金融的范畴？

2. 现代金融体系由哪些基本要素构成？

3. 简述金融与经济发展的辩证关系。

第二章　货币与货币制度

本章提要

古今中外关于货币的起源有种种不同观点，马克思用劳动价值理论提出了货币产生的客观必然性，进而从本质上阐明了货币的起源。

货币是固定地充当一般等价物的特殊商品，具有价值尺度、流通手段、贮藏手段、支付手段和世界货币的职能。

流动性是货币层次划分的标准和依据，国际货币基金组织一般将货币层次划分为 M_0、M_1 和 M_2。因金融制度和金融产品的差异，各国货币层次划分的具体内容也有所不同。

迄今为止，货币形式大致经历了"实物货币—金属货币—信用货币"这一演变过程。

货币制度是一个国家或地区以法律形式确定货币发行与流通的准则和规范，包括币材、货币单位、主币与辅币、铸造发行与准备制度等基本内容。

近代货币制度演变主要经历了"银本位制—金银复本位制—金本位制—不兑现的信用货币制度"这一过程。

第一节　货币的起源与发展

从人类发展的历史来看，货币已经存在几千年了。现实生活中，一方面，人们从不同途径获得货币收入，例如，工人、公务员有工资、奖金、津贴等收入；农民有销售农产品及外出务工等收入；个体经营者有销售产品的收入；老年人有保险金、退休金等社会保障福利收入；学生则有奖学金、助学金等收入。另一方面，人们所需的各种商品与服务，也都需要用货币去购买或通过支付货币来获得。除了个人，企业与企业之间的经济交往、企业与政府的经济交往、企业与政府的日常运行以及国家间的经济交往同样离不开货币。美国经济学家萨缪尔森在其名著《经济学》有关货币的章节中，引用了金·哈伯特的一句名言："在一万人中只有一人懂得通货问题，而我们每天都碰到它。"可见，货币已经融入整个社会的经济运行并影响着人们日常生活的方方面面，人们对它的存在已习以为常。那么，货币是怎么产生的呢？

一、货币的起源

现代社会的货币一般都以纸币的形式出现。但事实上，对于货币最原始的起源需要从实物货币中进行探寻。为什么这么说呢？从历史资料的记载中可以发现，货币的出现最早是和交换联系在一起的，许多动物（如牛、羊）和物品（如海贝、布帛、象牙、可可豆）等都通过交换充当过货币。古今中外很多的思想家、经济学家都看到了货币与交换的联系，并沿着这条路径进行分析，其中，马克思用完整的劳动价值论为人们揭开了货币的"千古之谜"。

在批判和继承资产阶级古典政治经济学有关货币理论的基础上，马克思对商品交换发展的整个过程从历史与逻辑的角度进行科学分析，说明货币是从商品世界中分离出来，固定地充当一般等价物的特殊商品。这种特殊商品体现了商品生产者之间进行的产品交换关系，而这种关系又是建立在劳动价值论的基础上，它表明货币与商品的交换是等同的价值交换。①

马克思认为：在商品交换中，人们必须衡量商品的价值，而商品价值的实体——凝聚在商品中的一般人类劳动是看不见、摸不到的，商品的价值只有通过交换才能获得实实在在的外在价值形式，这种价值表现形式随着商品交换的不断发展而演变成货币，这一过程大致经历了下面四个阶段。②

（一）简单的或偶尔的价值形式

在原始社会中，为了生存，人们结合成许许多多的共同体，并在共同体内共同劳动、共同消费。当时，既不存在商品，也不存在货币，人们的生活只是为了满足自己的基本生存问题。到了原始社会的末期，由于社会生产力的不断发展，出现了社会分工，使人们有了一部分劳动剩余产品，于是部落与部落之间出现了个别的、偶然的商品交换。这种交换是以物易物的直接交换，它使一种商品的价值直接被另一种商品的使用价值表现出来。如：

1 只羊 = 2 把石斧

说明 1 只羊与 2 把石斧相交换，羊的价值通过石斧表现出来，它表示在 1 只羊饲养和 2 把石斧的生产上，耗费了同样多的一般人类劳动。通过交换，看不见摸不着的价值才获得了实实在在的外在表现形式，产品因为交换转化成了商品。但由于当时生产力水平低

①② 马克思. 资本论（第一卷）［M］. 上海：上海三联书店，2009.

下，可用来交换的剩余产品还不多，这只是一种偶尔的交换行为，如羊的价值只是偶尔地通过石斧表现出来。所以，马克思把这一阶段称为简单的或偶尔的价值形式。[①]

◆ **补充阅读材料**

在社会分工条件下，每个生产者只能从事某种特定的具体劳动，生产一种或几种特定的产品，这样，对整个社会来说，每个社会生产者所生产的产品也就成为整个社会必需产品的一个组成部分，整个社会的需要就是由所有生产者生产的各种产品来满足，从这个意义上说，每个生产者的劳动都是整个社会所需要的劳动，是社会劳动的一部分。由于存在着私有制，劳动成了每个生产者的私事，每个生产者生产什么、生产多少和怎样生产都由生产者自己决定，生产出来的产品也归生产者私人所有，所以，生产者的劳动又直接表现为私人劳动。可见，生产者的劳动具有私人劳动和社会劳动的双重属性，私人劳动如何转化为社会劳动是问题的关键，这就是商品的内在矛盾。要解决这样的矛盾，唯一的办法就是交换，这就涉及交换产品即商品的价值。一般来说，每种商品首先是一种有用物，具有某种有用性，如衣服可以御寒、粮食可以充饥等，我们将商品的这种有用性称为商品的使用价值；世界上有许许多多的商品，使用价值千差万别，无法比较，但所有商品都具有某种共性的东西，即都凝聚着人类的一般劳动，我们将这种共性称为商品的价值。

（二）扩大的价值形式

随着社会分工和私有制的产生，用于交换的物品越来越多，交换的范围也在不断扩大，一种商品不再偶尔地同另一种商品交换，而是经常地同许多商品相交换。如：

$$1\text{ 只羊}=\begin{cases}2\text{ 把石斧}\\3\text{ 斤小麦}\\4\text{ 斤茶叶}\\\cdots\cdots\end{cases}$$

说明1只羊可以与2把石斧相交换，也可以与3斤小麦或者4斤茶叶等相交换。这时，羊的价值不再是偶尔地体现在2把石斧上，而是经常地体现在许多与之相交换的商品上，如3斤小麦、4斤茶叶等，有多少种商品与之相交换，就会有相应多的价值表现形式。所以，马克思把这一阶段称为扩大的价值形式。

在这一阶段，由于生产力的发展使可交换的商品越来越多，直接物物交换的缺陷渐渐地被暴露出来，如：交换成功的前提条件是达到交换双方的需求巧合、时间巧合和空间巧

---

① 马克思. 资本论（第一卷）［M］. 上海：上海三联书店，2009.

合，商品所有者要想在市场上找到一个能同时满足双方需求的交易对象变得越来越困难，这样，迫使人们不得不采取迂回的方式来达到自己的目的。

（三）一般价值形式

这是一个突破阶段。在众多参与交换的商品中，人们慢慢发现，为了顺利实现换取自己所需商品的目的，可以先将自己的商品换成一种市场上经常出现并为大多数人所乐于接受的商品，然后再用这种商品去换取自己需要的商品。这里，假设大多数人乐意接受的商品是羊，则：

$$\left.\begin{array}{l} 2 \text{ 把石斧} \\ 3 \text{ 斤小麦} \\ 4 \text{ 斤茶叶} \\ \cdots\cdots \end{array}\right\} = 1 \text{ 只羊}$$

说明人们先把自己的 2 把石斧换成 1 只羊，然后再用 1 只羊去交换自己所需要的 3 斤小麦，或者 4 斤茶叶，这样，1 只羊就从普通商品中分离出来，成为其他商品的价值表现，起到了交换媒介的作用。这种商品被称为一般等价物。与此相适应，原来的以物易物交换转变为商品流通，商品的价值表现形式发生了本质变化。即不是一种商品的价值经常地表现在其他许多商品上，而是许多商品的价值共同表现在充当一般等价物的商品上，马克思把这一阶段称为一般价值形式。

（四）货币价值形式

历史上不同时期、不同地区充当一般等价物的商品是不同的。随着商品生产与交换的发展，当一般价值形式下充当一般等价物的商品经过长期的选择被固定时，货币就产生了。这时，一般价值形式就过渡到了货币价值形式。由于黄金等金属物品具有价值大、体积小、易分割、质地均匀、不易腐烂等特点，所以具有充当货币的先天优势。如：

$$\left.\begin{array}{l} 1 \text{ 只羊} \\ 2 \text{ 把石斧} \\ 3 \text{ 斤小麦} \\ 4 \text{ 斤茶叶} \\ \cdots\cdots \end{array}\right\} = 1 \text{ 克黄金}$$

从以上商品价值形态的演变过程中可知，货币是商品经济发展的必然产物，没有商品经济的地方，就没有货币现象。货币产生以后，直接的物物交换就转变为以货币为媒介的商品流通，在方便商品交换的同时，大大地促进了商品经济的发展，但这也为日后经济危机的产生创造了条件。

小思考

在日常生活中，我们经常会听到"某某人很富，很有钱"这类话，请问货币就是财富吗？

答：货币与财富是不同的概念。一般财富由实物资产和金融资产两部分组成。实物资产由房屋、汽车等不动产组成，而金融资产由货币（现金和存款等）、有价证券等构成。所以，货币只是人们财富中的一部分，对某些人来说甚至是很小的一部分。

二、货币形态

货币形态也称货币形式，是指用什么材料或物品来充当货币。迄今为止，世界各国货币形态的发展基本经历了实物货币——金属货币——信用货币这几个阶段，这既是货币顺应社会生产发展、商品流通扩大、经济生活丰富和社会全面进步过程的真实写照，也是货币自身形式由低级走向高级不断演变的历史记录，如图2－1所示。需要注意的是，这几个阶段之间并无严格的界限，如中国唐代就曾有以布帛作为币材的同时流通铜铸币，即实物货币和金属货币同时存在。

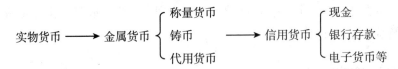

图2－1　货币形态的演进

小贴士

币材即充当货币的材料和物品。一般充当货币材料要求具有以下特点：一是价值较高，用少量的货币就可以完成大量的交易；二是易于分割，即货币材料可以自由分割，分割后不减少其价值，可以为价值量不等的商品交换服务；三是易于保存，不会在保存过程中因变质等因素减少价值；四是体积小，便于携带，可以在较大范围内媒介商品流通。

（一）实物货币

将自然界存在的某种物品或人们生产的某种商品来充当货币，就是实物货币。作为人类历史上最古老的货币，早期的实物货币一般都由普通的、大家乐于接受的商品来充当。在人类历史上，许多商品如贝壳、丝绸、牲畜、象牙等均充当过货币，它们基本保持原来的自然商品形态，自身也能代表财富充当交换媒介。贝币是我国早期使用时间较长、影响较大的实物货币，这从当今很多与财富有关的汉字如货、财、贸、贷、贫、贱、赋等均带有"贝"字偏旁中可见一斑。

在一般价值形式转化为货币形式后，有一个漫长的实物货币形式占主导地位时期。但由于这些实物货币大多体积笨重、形体不一，不易分割、保存和携带，价值不稳定（如易腐烂、磨损），所以不是理想的交易媒介。随着社会经济的发展，黄金这类价值大、体积小、易分割、携带方便的金属材料被人们逐步接受。

（二）金属货币

金属货币是指以金、银、铜等金属作为材料的货币。它具有币值稳定、价值较高、易于分割、易于保存和携带等优势，比实物货币更适宜于充当货币。中国从殷商时代就开始使用金属货币，是世界上最早使用金属货币的国家。

金属货币主要包括称量货币和铸币两种形式。称量货币是指以金属块状形式流通的金属货币，它在使用时每次都要称重量，鉴定成色，很不方便。如白银是中国历史上使用较典型的称量货币，一般以两为计量单位，以银锭为主要形式，银锭分为 4 种形式：元宝（每枚重约 50 两）、中锭、小锭（1 ~ 5 两）、碎银（1 两以下）。相对于称量货币使用时的种种不便，铸币则是铸成一定形状并由国家印记证明其重量和成色的金属货币。中国历史上铸币的最初形态有贝币、刀币等，最后逐步过渡统一到圆形，因为圆形便于携带，不易磨损。铸币的出现大大地便利了商品交易。

> **小贴士**
>
> "秦半两"是秦朝货币，铜铸，以"圆形方孔"为货币造型，按秦制规定 1 两为 24 铢，半两为 12 铢，约为今之 7.8 克，半两实为重量单位，因钱币上有文字"半两"，所以称"秦半两"，流通时间长达 130 年左右。公元前 210 年，秦始皇统一六国后颁布了中国最早的货币法"以秦币同天下之币"，规定以"外圆内方"的"秦半两"为全国通行货币，从而成为我国最早的统一货币。同时，"秦半两"也结束了我国古代货币形状各异、重量悬殊的杂乱状态，其"圆形方孔"象征着古代天圆地方的宇宙观，从而成为中国古代货币的基本造型，贯穿两千多年的中国封建社会，一直沿用到清朝。
>
> 资料来源：赵乾坤. 秦半两钱初探［J］. 湖南人文科技学院学报，2012（4）：17－20。

（三）代用货币

代用货币是作为实物货币特别是金银等贵金属货币的替代品而出现的，其一般形态是标明一定面额的纸制凭证。这种纸制的代用货币虽然自身价值低于货币价值，但由于它们有十足的金银等贵金属作保证，持币者可以随时将纸币兑换为金属货币，因此在当时的市面上被人们普遍接受。

代用货币主要有三类：一是国家发行流通的纸制货币符号。中国在北宋时期就开始使用世界上最早的纸币——交子，并与金属货币一起流通。二是商人发行的兑换券。如人们为了安全、保险，将其持有的贵金属存放于专门经营货币的商人那里，该商人向客户开出相应的保管凭证，这就是典型的代用纸币，它与金属货币保持一种随时可兑换的状态。三是银行凭借自己信誉发行的银行券，可以代替金属货币流通。可见，由于代用货币的使用效力与金属货币完全相同，且印刷纸币的成本大大低于金属货币的铸造，更易携带与运输，有利于商品经济的发展，所以代用货币也在货币史上持续了较长时间。

（四）信用货币

信用货币是以信用活动为基础产生的、能够发挥货币作用的现代货币形态，是代用货币进一步发展的产物。20 世纪 30 年代初，由于资本主义经济矛盾的激化及战争影响，金币自由铸造和流通的基础遭到破坏，各国政府纷纷放弃金属货币制度，所发行的纸币再也不能兑换金属货币，信用货币便应运而生。目前，世界各国基本上都采用这一货币形态。

信用货币的主要形式有现金、存款货币、电子货币等。现金即通常所说的现钞，有纸币与硬币，主要用于居民个人以及企业单位日常经济生活中小额商品的零星购买与支付。存款货币是指能够发挥货币作用的银行存款，主要服务于企业单位之间的经济往来以及税款上缴等活动。电子货币是通过电子网络进行存储或支付的数据，而这些数据的取得基于持有人的现金或存款，如各种类型的信用卡、储值卡、电子钱包，等等。随着经济的发展，信用货币正从现金、支票等有形形式向无形的电子货币形式发展，一些技术发达国家已普遍采用电子资金转移系统，通过计算机自动划拨账款，自动清算。作为现代经济发展和金融业技术创新的成果，电子货币具有方便、准确、安全、节能等优点，代表着未来信用货币形式的发展趋势。

> **小思考**
>
> 为纪念传统文化和一些具有历史意义的事件，中国人民银行每年都会发行一些纪念币，这些纪念币可以当钱花吗？
>
> 答：《中华人民共和国人民币管理条例》第十八条规定，中国人民银行可以根据需要发行纪念币。纪念币是具有特定主题的限量发行的人民币，包括普通纪念币和贵金属纪念币。从该规定可看出，纪念币是法币，和普通货币同样具有法律效力。具体来说，纪念币中的普通纪念币可以当钱花，具有和人民币等额的流通价值。但是贵金属纪念币不能流通，因为其面额只是法定货币资格的体现，价值远大于面值。总之，不论是哪一类纪念品，一般在国内钱币市场上的价格都超过其面值，且未来可能还有增值的潜力，所以拿来当钱花并不合算。

（五）数字货币

近年来，以大数据为基础的虚拟现实（VR）与增强现实（AR）技术快速发展，在催化、加剧社会经济复杂性的同时，与数字经济相适应的数字货币也应运而生。数字货币简写为 DC（digital currency），是指通过运用数字技术，对货币进行数字化处理，形成一种替代各种货币形式的交易媒介（替代货币）。作为实体货币的衍生物，数字货币主要由数据码和标识码组成，具有交易成本低、交易速度快、高度匿名性等特点。随着技术对货币演化的影响进一步深入，数字货币正成为连接实体经济与虚拟经济的重要纽带。

小贴士

数字人民币（按国际使用惯例暂定字母缩写为"e‑CNY"）是由中国人民银行发行，由国家信用背书、有法偿能力、用于替代现金的数字形式的法定货币。它由我国央行指定商业银行等机构在数字货币支付系统（Digital Currency Electronic Payment）参与运营，并向公众兑换。目前，数字人民币已在我国多个城市推广并使用，主要定位于 M_0，也就是流通中的现钞和硬币，用于满足公众对数字形态货币的需求，助力普惠金融。

第二节　货币的职能

分工意味着交换，但物物交换不如货币交换有效率，所以，作为一般等价物，马克思认为货币具有五种职能，它们的表述和顺序排列是：价值尺度、流通手段、贮藏手段、支付手段和世界货币。

一、价值尺度

货币在衡量并表现商品价值量的大小时，执行着价值尺度职能。货币为什么能成为价值尺度？从上一节货币的产生可以知道，货币自身有价值，与其他商品一样，是人类劳动的结晶，所以在量上能与其他商品相交换。货币通过与商品交换，把货币的价值表现为一定的货币量，这个货币量就是商品的价格。因此，价格是商品价值的货币表现，在货币价值不变的情况下，商品价值量大，表现的货币量就多；反之，就少。由于各种商品的价值量不同，表现为货币的各种数量也不同，要发挥货币价值尺度职能，就必须比较货币的不同数量，因此需要人为地规定一个单位，这种规定的货币单位及其等份称作价格标准。货币在发挥价值尺度职能时，仅仅是将不同商品的价值表现为同名的量（观念上的货币），并不需要现实的货币。如一只真皮包的价格是 1000 元，一只仿真皮包的价格是 100 元，这时只要在这两只皮包旁放置价格标签就行了，而不需要放置相应数量的货币。

二、流通手段

流通手段职能是指货币在商品流通过程中发挥着交换媒介作用。货币的出现改变了以前直接的物物交换方式，商品生产者只有把自己的商品换成货币才能去换取所需商品，这时交换过程在时间上和空间上被分裂为两个既相互联系又相互独立的买、卖行为，出现了"包含着危机的可能性"。与货币的价值尺度职能不同，执行流通手段的货币，不能是观念上的或想象中的货币，它必须是现实的货币，即通常我们所说的"一手交钱，一手交货"。当然，虽然流通手段需要的是现实的货币，但它不一定非要具有十足价值的货币本体，因为商品所有者出售商品换取货币的主要目的是用货币购买自己需要的商品，而货币本身的价值对它来说并不重要。因此，只要有购买力，没有价值的符号票券也可作为货币，如我们使用的纸币，所以说，货币符号是从流通手段职能中产生的。

三、贮藏手段

当货币暂时退出流通领域处于相对静止状态，被人们当作独立的价值形态和社会财富的一般代表保存起来的时候，它就执行了贮藏手段的职能。作为一般等价物，货币凭借自身价值具有和一切商品直接交换的能力，所以，贮藏手段职能是在价值尺度和流通手段的基础上产生的。

要注意的是，货币在发挥贮藏手段职能时，不能是抽象或想象中的货币，必须是现实的货币，且必须具有内在价值，或者能够代表真实货币的流通。在金属货币流通条件下，贮藏金银是典型的财富保存形式，原因就在于自身具有价值。当流通中的货币量过多时，多余的金属货币便会退出流通领域，作为财富进入贮藏领域；反之，当流通中的货币量过少时，作为财富进入贮藏领域的金属货币又会重新进入流通领域，不断发挥着自动调节器功能。但在信用货币制度下，由于纸币只是一种货币符号，自身缺乏价值，一旦有通货膨胀等经济危机的爆发就可能出现货币贬值，金属货币制度下的自动调节器功能基本不存在。因此，信用货币制度下货币执行贮藏手段职能是有条件的，必须以信用货币的基本稳定为前提。

四、支付手段

在物物交易方式下，缺乏一种共同的为人们所接受的价值标准作为衡量长期契约和借贷合约的基础，而货币的出现使这些问题迎刃而解。当货币不是用作交换媒介，而是作为价值的独立运动形式进行单方面转移时，它执行的就是支付手段职能。货币的这一职能发展与信用关系的发展密切相关，因为在一个具有货币的经济社会里，买和卖可以分为两个过程，而信用关系的发展，又使这一过程延长。现代信用社会里，货币在偿还债务、大宗商品交易、财政收支和银行信用收支、工资、房租、水电费等领域内都广泛地运用了支付手段职能。

和货币执行流通手段的职能一样，执行支付手段职能的货币也必须是现实的货币。一般来说，流通中的货币往往交替地执行这两种职能，作为流通手段的货币，是商品交换的媒介物，反映了交换双方的买卖关系，而作为支付手段的货币，处于商品退出交换流通过程以后的补充环节，不但反映了交换双方的买卖关系，而且还反映了交换间的债权债务关系。因此，货币发挥支付手段职能的作用也可能产生不同的影响。一方面使商品支付活动相互抵销，节约了流通费用，加速了资金周转，提高了经济效益；另一方面也使买卖双方在时间上、地点上进一步脱节，容易形成商品生产者之间的债务链，一旦一个环节出现问题将影响一系列的商品生产者，最终可能给商品生产和流通带来严重的后果。

五、世界货币

随着国际贸易的发展，货币超越国内流通领域，在国际上发挥一般等价物作用时，就会在世界范围内执行价值尺度、流通手段、贮藏手段和支付手段职能，这就是世界货币。世界货币职能主要表现在以下三个方面：一是作为国际支付手段，用于平衡国际收支差额；二是作为国际购买手段，用于购买外国商品；三是作为社会财富的代表，由一国转移到另一国，如支付战争赔款、对外援助等。一般来说，执行世界货币职能必须脱掉自己原来的"民族服装"，还原成金银的本来面目才具有广泛的可接受性。目前，鉴于国际经济发展需要，一些国家的货币暂时自动充当了世界货币，如美元、欧元、英镑等。

总之，货币的五种职能不是孤立的，而是具有内在的联系，每一种职能都是货币作为一般等价物这一本质的体现。其中，价值尺度和流通手段是货币最基本的职能，其他职能则是在这两种职能的基础上随着商品生产与流通的发展而逐渐形成的，充分反映了商品生产与商品流通的历史发展进程。

第三节　货币流通与货币层次的划分

货币的出现扩大了人类生产与生活范围，从而激发了人们通过扩大再生产等途径创造财富的热情，货币已成为推动经济发展和社会进步的特殊力量。那么，市面上到底需要多少货币呢？

一、货币流通

货币流通是指货币作为流通手段和支付手段，在为商品流通服务中所形成的连续不断运动，具体表现为货币的收支活动。现代货币流通主要体现为两种形式：现金流通和非现金流通。现金流通是指以现款纸币或辅币直接完成的货币收付行为，非现金流通则是指各经济主体在银行存款的基础上，通过存款账户转移资金这一手段来进行的货币收付行为。由于现代货币流通的两种形式都是在银行信用基础上产生的信用货币，在一定条件下可以互相转化。所以，当现金流通转化为非现金流通时，银行的存款来源就会增加，银行据此发放贷款就会造成信用扩张；反之，当非现金流通转化为现金流通时，银行存款来源减少，资金紧张则会造成信用收缩。

二、货币流通规律

既然货币是作为商品交换的媒介来为商品流通服务的，那么，在一定时期内作为流通手段的货币量应该是多少呢？货币流通规律就是研究商品流通中货币必要量的规律。以下分别从金属货币流通条件下和纸币流通条件下进行说明。

（一）金属货币流通规律[①]

所谓金属货币流通规律，是指在金属货币流通条件下商品流通对金属货币的需要量规律。马克思对此进行了精辟的分析：

假设市场上有价格10亿元的商品要同时销售，就需要10亿元的货币。但事实上，各种商品是先后进入流通领域的，比如，农民出卖粮食获得5元货币，之后，他用5元向铁匠购买锄头，铁匠获得5元后又向织布者购买布匹，这样，5元货币充当流通手段，实现了共计15元的商品。因此，在一定时期内，流通中需要多少货币取决于三个因素，即一定时期待实现的商品数量、商品的价格水平和货币流通速度，其中前两个因素的乘积就是商品价格总额，货币流通速度则是在一定时期内同一单位货币流通的次数。这样，一定时期内执行流通手段的货币需要量与三个因素的关系可用如下公式表示：

$$\text{执行流通手段的货币需要量}(M) = \frac{\text{一定时期待实现的商品数量}(Q) \times \text{商品的价格水平}(P)}{\text{货币流通速度或次数}(V)}$$

$$= \frac{\text{待实现的商品价格总额}(PQ)}{\text{货币流通速度或次数}(V)}$$

以上公式是货币流通规律的基本公式。式中，M 代表一定时期流通中的货币需要量，P 代表商品的价格水平，Q 代表一定时期待实现的商品数量，V 代表货币流通速度或次数。

---

① 马克思. 资本论（第一卷）[M]. 上海：上海三联书店，2009.

在其他条件不变的情况下，流通中需要的货币量与商品价格总额成正相关关系，而与货币流通速度成负相关关系。

（二）纸币流通规律

在不兑现的信用货币制度下，纸币只是作为一种价值符号而存在，本身没有价值，其作为货币流通的典型特征是不能与金银自由兑换，不存在自我调节机制。因此，当流通中出现纸币数量过多时，多余的那部分纸币不可能自动退出货币流通领域。

纸币的特征决定了其特殊的运动规律，即在纸币流通条件下，纸币发行量取决于流通中所必需的金属货币量，这就是纸币流通规律。如果用公式表示，即：

$$流通中全部纸币所代表的价值量 = 流通中金属货币的必要量$$

其中：

$$流通中全部纸币所代表的价值量 = 单位纸币所代表的价值量 \times 纸币发行总量$$

则：

$$单位纸币所代表的价值量（M）= \frac{流通中金属货币的必要量}{纸币发行总量}$$

以上公式表明，纸币流通规律的内容实质就是纸币同金属货币之间的比例关系。纸币的发行数量决定了其价值能否与它所代表的金属货币价值相符合，具体可以呈现三种状态。一是平值，即纸币发行量与流通中的金属货币量相等。这是最佳状态，此时社会物价稳定，货币体现价值，生产、流通秩序正常。二是升值，即纸币发行量少于流通中所需的实际金属货币量。该状态下，物价下跌，货币升值，生产、消费受到抑制。三是贬值，即纸币发行量超过流通中所需的实际金属货币量。该状态下，物价上涨，货币贬值，生产、流通、消费等遇到危机。

综上分析，纸币流通规律是货币流通规律的一种特殊表现形式，其实质是不变的。但要注意的是，目前纸币流通规律仅仅作为理论上的公式存在，实际中存在操作困难，不能作为现实生活中计算货币需要量的依据。

三、货币层次的划分

从货币流通规律中可以知道，纸币的发行多于或少于实际货币需求量，都会对一国的社会经济产生不良影响。而随着市场经济的不断发展与金融创新业务的兴起，新的具有不同程度"货币性"的金融工具如雨后春笋般地出现，这就使货币的范围日益扩大，非现金流通已成为现代货币流通的主要形式。为更好地把握流通中各类货币的运行规律，帮助国家制定与调整经济政策，绝大部分国家的中央银行都对流通中的货币进行了层次划分。

所谓货币层次，是指各国中央银行根据不同的货币定义和货币供给统计口径将流通中的各类货币形式进行层次划分。长期以来，人们对货币具体层次的划分有许多不同的观点，但在将"流动性"作为划分货币层次的主要依据方面，看法是一致的。所谓"流动性"，是指金融资产能够及时转变为现实购买力而使持有人不遭受损失的能力。一般来说，流动性越强的金融资产，现实购买力也越强，比如现金就是流动性最强的金融资产，具有直接的购买力；存款要经过提现或转成活期支票存款才有现实购买力，故流动性较现金要弱。

国际货币基金组织对货币层次作了如下划分：

（1）M_0（现钞）：是指流通于银行体系以外的现钞，包括居民手中的现钞和企业单位的备用金。

（2）M_1（狭义货币）：由 M_0 加上商业银行活期存款构成。由于活期存款随时可以签发支票而成为直接的支付手段，所以它同现金一样是最具流动性的货币。M_1 作为现实的购买力，对社会经济生活有最广泛而直接的影响，因此是过去许多国家货币政策的主要调控对象（货币供给量）。

（3）M_2（广义货币）：由 M_1 加上银行定期存款、储蓄存款、外币存款及各种短期信用工具构成。由于银行定期存款、储蓄存款、外币存款及各种短期信用工具不能直接用于流通，但可以随时兑换成通货的资产，流动性较差，所以将它们称为准货币。准货币在经过一定的手续后，能比较容易地转化为现实的货币。近年来，随着经济的不断发展和金融产品的日益丰富，在许多发达国家，货币供给量调控的重点出现了从 M_1 转向 M_2 的趋势。

小贴士

国际货币基金组织（International Monetary Fund，IMF），是根据 1944 年 7 月布雷顿森林会议签订的《国际货币基金组织协定》，于 1945 年 12 月 27 日在美国成立的国际金融机构，总部设在华盛顿。作为联合国的一个专门机构，该组织的宗旨是成员方共同研讨和协商国际货币问题，以确保全球金融制度的正常稳定运转。

我国从 1994 年开始划分货币层次。中国人民银行定期向社会发布货币量统计数据，货币量的统计数据不只是一个总量指标，而是包括若干口径，目前有三个层次的货币量数据定期公布：

$$M_0 = 流通中的现金$$

$$M_1 = M_0 + 活期存款 + 个人信用卡存款$$

$$M_2 = M_1 + 准货币\left(\genfrac{}{}{0pt}{}{城乡居民}{储蓄存款} + \genfrac{}{}{0pt}{}{企业定}{期存款} + \genfrac{}{}{0pt}{}{证券公司的客户}{保证金存款} + \genfrac{}{}{0pt}{}{非存款类金融机构在存款}{类金融机构的存款} + \genfrac{}{}{0pt}{}{住房公积}{金存款} + \genfrac{}{}{0pt}{}{其他}{存款}\right)$$

根据我国实际情况及金融市场的发展，我国中央银行一般以 M_0 和 M_1 为短期调控重点，以 M_2 为中长期调控重点。另外，考虑到层出不穷的金融创新现状，我国也设立了 M_3 指标（包括 M_2、金融债券、商业票据等），目前数据暂缺。

表 2-1 给出了中国人民银行公布的我国 2023 年 1~12 月各层次货币量的统计数字。

表 2 - 1 　　　　　　　　　　我国 2023 年度的货币供给量　　　　　　　　单位：亿元

时间	流通中现金（M_0）	货币（M_1）	货币和准货币（M_2）
2023.01	114601.30	655214.16	2738072.06
2023.02	107602.58	657928.74	2755249.23
2023.03	105591.30	678059.63	2814566.31
2023.04	105904.46	669761.55	2808469.34
2023.05	104756.71	675252.98	2820504.68
2023.06	105419.20	695595.48	2873023.83
2023.07	106129.68	677218.92	2854031.54
2023.08	106515.36	679588.35	2869343.25
2023.09	109253.22	678443.65	2896659.11
2023.10	108565.35	674696.07	2882276.07
2023.11	110225.18	675903.41	2912014.22
2023.12	113444.64	680542.52	2922713.33

资料来源：中国人民银行网站（www.pbc.gov.cn）。

不仅我国如此，许多国家中央银行在统计货币量时也都是根据本国的具体情况将货币划分为不同的层次分别进行计算。以下是美国采取的划分口径：

$$M_1 = 流通中的现金 + 旅行支票 + 活期存款 + 其他支票存款$$

$$M_2 = M_1 + 小额（10万美元以下）定期存款 + 储蓄存款 + 零售货币市场共同基金余额 + 调整项$$

$$M_3 = M_2 + 大额（10万美元以上）定期存款 + 机构持有的货币市场共同基金余额 + 所有存款机构发行的回购负债（隔夜的和定期的） + 欧洲美元（指美国居民在美国银行的国外分行及在英国和加拿大的所有银行机构中持有的欧洲美元） + 调整项$$

$$L = M_3 + 其他短期流动资产（如储蓄债券、商业票据、银行承兑票据、短期政府债券）$$

这里需要指出的是，美国的活期存款是可以开支票的，因而是一种支票存款，不是我们所讲的活期储蓄存款；而美国的储蓄存款则专指活期储蓄存款，不包括定期存款。

总之，从我国及其他国家来看，货币层次划分有以下特点。首先，由于各个国家都有自己独特的金融产品，且产品的功能都有差异，即使两个国家具有流动性相同的货币层次，实际货币层次里所包含的具体内容也有很大的差别。其次，货币层次的划分并不是固定不变的。随着金融产品的创新，经济环境的改变，原有的货币层次可能已经无法准确地反映货币的构成状况，需要随着金融产品流动性强弱的变化，对货币层次进行重新划分。一般来说，金融制度越发达，金融产品越丰富，货币层次也就越多。例如，美国、英国等经济发达国家的货币层次就多于经济欠发达的国家。

四、货币的几个计量指标

根据货币层次的划分，中央银行会定期对货币供给量进行统计并公开发布。一般发布的货币供给量指标包括狭义货币量、广义货币量、货币存量、货币流量、货币总量与货币增量等，因这几个指标有不同的含义，对它们进行统计分析的经济意义也就不同。

（一）狭义货币量与广义货币量

两者侧重从货币结构的角度分析货币流通状况。狭义货币量通常指货币层次中的现金与银行活期存款，反映了整个社会对商品和劳务服务最直接的购买能力，它的增减变化直接影响商品和劳务的供求，通常是中央银行在制定和实施货币政策时监测和调控的主要指标。广义货币量是在狭义货币量的基础上加上准货币，准货币主要由企业定期存款、居民储蓄存款、其他存款等可以随时转化成货币的信用工具或金融资产构成，其流动性小于狭义货币，反映的是整个社会潜在的购买能力。所以，广义货币量所统计的货币指标不仅包括社会直接购买力，而且还包括社会的潜在购买力，可以更全面地反映货币流通状况。

在货币供给的统计过程中，常用 $\frac{M_1}{M_2}$ 来代表货币供给的流动性（见图 2-2）。

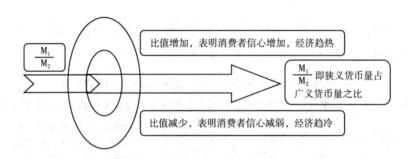

图 2-2 货币供给的流动性表现

（二）货币存量与流量

两者主要关注不同时间中的货币流通状况。货币存量是一国在某一时点上各经济主体所持有的现金、存款货币的总量，我国中央银行公布的年度货币供给量就是货币存量。而货币流量是一国在某一时期内（如一年）各经济主体所持有的现金、存款货币的总量，是货币流通速度与现金、存款货币的乘积。

（三）货币总量与增量

货币总量与增量则是从数量变化的角度对货币状况进行分析。货币总量是指货币数量的总额，它可以是某一时点上的存量，也可以是某一时期内的流量。货币增量是不同时点上货币存量的差额，如今年与上一年相比的增加额或减少额。

以上几个指标分别从不同的角度对货币状况进行统计和观察，将这几个指标综合起来分析，就能够相对全面地反映一国的货币流通状况。

第四节　货币制度

货币制度简称币制，是一个国家或地区以法律形式确定的货币流通结构、体系及组织形式。历史上许多国家为了保证本国的币值稳定与货币流通正常，采取过各种法律形式对货币作出种种规定，但前资本主义时期货币流通基本是分散和紊乱的，典型的货币制度是随着资产阶级国家政权的确立才得以建立。

从形成方式与适用范围来看，货币制度大致可分为国家货币制度、国际货币制度和区域性货币制度。

一、货币制度的构成要素

不同国家的货币制度内容是不同的，即使同一国家在不同时期采取的内容也可能不同，但大致说来，规范化的货币制度构成要素主要包括五个方面。

（一）规定货币材料

确定不同的货币材料作为本位货币是货币制度的首要步骤和基础。要注意的是：虽然选择哪一种材料作货币是由国家决定的，但这种选择会受到当时的客观经济条件限制，所以一般情况下都是对已经形成的客观现实从法律上加以肯定。一种材料被确定为货币材料，则成为该材料的本位制。各个国家在不同的经济发展阶段规定的币材不同，由此形成了不同的货币本位制度，如用黄金充当本位货币就构成金本位制度，用白银充当本位货币就构成银本位制度。

目前，世界各国实行的是不兑现的信用货币制度，故不再对货币材料作出规定，过去货币制度中最重要的一个构成要素基本消失。

（二）规定货币单位

货币单位是一国货币的计量单位，规定货币单位包括规定货币单位的名称和货币单位的价值。最初，货币单位的名称是与商品货币的自然单位或重量单位相一致，如镑、两、文、铢、元等，后因种种原因而相互脱离，但目前还有一些国家仍按照惯例，如英国的货币名称是"英镑"，其货币单位为"镑"。历史上以"元"为单位的货币最多，比如美国是"美元"，日本是"日元"。中国有些特殊，货币名称是"人民币"，而货币单位是

"元"，两者不一致。

货币单位的价值在不同的货币制度下有所不同。在金属货币流通条件下，货币单位的价值是规定货币单位所包含货币金属的重量和成色，如 1870 年英国法律规定 1 英镑的含金量为 7.97 克；在金属货币与信用货币流通过渡时期，则规定纸币的含金量。1974 年，随着黄金的非货币化，各国先后取消了货币含金量，货币单位的价值主要表现为本国货币与他国货币之间的兑换比例，即汇率。

（三）规定流通中货币的种类

通常将流通中的货币分为主币和辅币。主币又称本位币，是一个国家流通中使用的基本货币。在金属货币制度下，主币是按照国家规定的金属和货币单位铸成的货币，其实际价值与名义价值相一致，因而是足值货币，可以自由地进入或退出流通领域。与这一特点相适应，主币具有无限法偿能力，即货币具有无限的支付能力，无论每次支付的金额多大，收款人都不得拒绝接受。此外，为保证主币的实际价值与名义价值一致，防止磨损过大而导致实际价值减少的货币充斥流通领域，国家规定了主币允许磨损的最大限度，超过这一限度，公民可以持币向政府换取新的铸币。如英国在 1870 年规定 1 镑金币的标准重量是 123.27447 格令，磨损后的铸币重量不得低于 122.5 格令。

辅币是主币单位以下的小面额货币，是主币的等份，供日常小面额支付或找零之用，其面值多为主币的 1/10 或 1/100，可以与铸币按一定比例自由兑换。在金属货币制度下，辅币通常用贱金属铸造以节省费用，所以其实际价值低于名义价值，铸造权完全由国家垄断，铸造收入归国家所有。与此相适应，辅币具有有限法偿能力，即有限的支付能力，每次支付超过法律规定的限额，收款人有权拒绝接受。如美国曾经规定：10 美分以上的银辅币每次支付的限额为 10 美元，铜镍分币每次支付的限额为 25 美分。可见，规定辅币的有限支付能力是为了更好地发挥货币在商品交易中的作用，而不是给商品交易带来不便。

在目前不兑现的信用货币制度下，因流通中全部使用信用货币，主币与辅币的发行权都由中央银行或政府机构所垄断，足值与不足值的问题也就不存在了。

小思考

2004 年某媒体报道一则新闻。某商场来了一位与众不同的客户，他一口气搬来整整 5 个沉甸甸的纸箱。在挑选了两台价值近 7000 元的空调后，客户将 5 个大箱子搬到收银小姐面前。收银小姐简直不敢相信自己的眼睛，5 个箱子里装的全是整理成十个一包的硬币条，硬币面值都是一毛钱的。商场方面足足花了 4 个多小时，才将这些硬币清点完毕。这种交易方式是否合法，商店是否可以拒收？

答：由于我国人民币辅币与主币一样具有无限法偿的能力，因此这种交易方式合法，商店不可拒收。

（四）规定货币的铸造与发行

货币铸造包括自由铸造和限制铸造。在金属货币流通条件下，辅币都是由国家铸造发行的，但本位币是自由铸造还是限制铸造则由国家政策决定。自由铸造是指按法律规定，公民有权把货币金属送到国家造币厂请求铸成本位币，其数量不受限制，国家只收取少量造币费用或免费，同时，国家也允许公民将本位币融化成金属条块。自由铸造的作用在于保持货币流通的稳定性，如当流通中的货币量过多时，由于名义价值基本与实际价值相一致，公民就可将铸币融化成金属条块贮藏起来，反之，则将金属条块铸成货币投入流通，这是货币贮藏手段发挥调节货币流通量作用的体现。限制铸造是针对辅币而言，因为辅币的名义价值高于实际价值，一旦放开自由铸造，足值的货币将可能被不足值的货币排挤出流通领域而造成混乱，所以只能由国家垄断铸造。进入不兑现的信用货币制度后，这种自由铸造也就逐渐消失了。

货币发行有分散发行与垄断发行。分散发行是允许私人部门在一定条件或范围内发行货币，而货币发行权集中于中央银行或指定机构则是垄断发行。在信用货币出现后的初期，各家银行都可以自主发行银行券，但后来发生的部分小银行难以兑付问题已影响到整个国家的政治经济稳定，所以，为解决银行券分散发行带来的混乱，国家通过各种手段逐渐把银行券的发行权收归中央银行，并最终从法律层面加以限定。

（五）规定准备制度

准备制度是指一国货币发行的物质基础。即，在有关法律中明确规定，国家在发行货币时须以某种金属或某几种形式的资产作为其发行货币的准备，从而使货币的发行在某种程度上受到这些金属或资产变化的影响与制约。货币发行的准备制度在不同的货币制度下是不同的。

在金属货币流通的条件下，货币发行一般以法律规定的贵金属金作为准备。例如，在银本位制下，白银作为货币发行的准备；在金银复本位制下，黄金和白银同时作为货币发行的准备；在金本位制下，则黄金作为货币发行的准备。早期，各国货币的发行一般都采用百分之百的金属准备，作为国内货币流通、支付存款和兑换的准备金，金属货币和辅币、银行券之间可以自由兑换，但随着商品货币经济的发展和信用货币流通的扩大，后期的货币发行逐步向采用一定比例的金属准备过渡。

在现代信用货币流通条件下，货币发行的准备制度已经与贵金属完全脱钩，多数国家的准备制度由现金准备、证券准备和物质准备构成。归纳起来，目前各国作为货币发行准备的主要有黄金、国家债券和外汇等。

二、国家货币制度类型及其演变

货币制度在国家统一铸造铸币时就开始了。从历史上看，早期由于政权更迭频繁，各国的货币制度较为混乱，内容也存在很大差异。16世纪以后，随着西方封建制度的灭亡和资本主义制度的确立，国家货币制度才开始逐渐规范、统一并走向完善。所谓"货币本位"，就是以法律形式规定货币单位与某一特定商品保持固定关系作为衡量其价值的标准。依照"货币本位"的演变过程，货币制度大体上经历了从金属货币制度向信用货币制度的转变，其轨迹如图2-3所示。

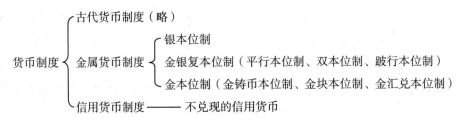

图2-3 货币制度的类型与演进

（一）银本位制

以白银为本位币的货币制度称为银本位制。其基本特点是：白银是制作本位货币的材料；银币可以自由铸造，自由融化；银行券可以自由兑换银币或等量的白银；银币具有无限法偿能力；银币与白银可以自由输出入国境。

银本位制是历史上最早的金属货币制度，约在16世纪以后开始盛行，至19世纪末期被大多数国家所放弃。主要原因是白银的货币属性（自身价值）虽然比较稳定，但市场属性（市场价值）却随市场供求而变化。到17世纪后期，由于产量过大，白银的市场价格越来越低，所以到18世纪许多国家不得不开始采用黄金、白银同时作为法定币材。就我国来看，以白银作为货币的历史长达几千年，自宋代铜银并行开始，一直延续到1935年国民党政府宣布"法币改革"废止银本位制为止。

（二）金银复本位制

金、银两种铸币被同时法定为本位货币的货币制度称为金银复本位制。其基本特点是：金、银两种金属同时作为制作本位货币的材料；金银币均可自由铸造，自由熔化，自由跨境输出输入；两者都具有无限法偿能力，金币、银币和银行券等货币符号之间也可以自由兑换。

金银复本位制大约在16~18世纪的西欧实行过。这种制度具有三个优点：一是制作货币的材料更为充足，避免了因货币材料匮乏而造成的通货紧缩情况；二是使物价在某种程度上更稳定，因为金银价格的波动在一定程度上可以相互抵消；三是可适应不同交易规模的需要，如大额交易可使用金币，小额交易可使用银币，促进了商品交换的发展。

然而，在大量金银铸币进入流通领域满足经济迅速发展需要的同时，金银复本位制的缺陷也渐渐地暴露出来了。基于货币的唯一性和排他性特征，金银复本位制的发展经历了三种不同形式。

1. 平行本位币

在金银复本位制的初期，金币银币都为本位币，都可以自由地铸造和熔化，可以自由地输出输入，国家不规定金币和银币之间法定的比价，而由生金和生银的市场供求来决定。在这种金、银各按其实际比价流通时，市场上的商品就有了两种价格，且这两种价格又随着金、银的实际价格变化而不断变动。所以，金银平行本位币的缺陷是所有的商品都有双重价格，且双重价格之间的比价在不断变化，给社会交易带来混乱。为了克服由此造成的混乱，许多国家将平行本位币改为双本位制。

2. 双本位制

国家用法律规定了金币和银币之间的比价，要求市场上的金币和银币按法定比价流通，从而有效地解决了商品双重价格的问题，是金银复本位制的典型形态。但是，双本位制违背了价值规律，金、银两种本位货币出现相互排斥，从而产生了"劣币驱逐良币"现象。

"劣币驱逐良币"现象是指在双本位制下，虽然国家规定了金币与银币的法定比例，但由于一国金银供求形势不断变化，金银市场的比价往往不能与法定比价相一致，当两种实际价值不同而名义价值相同的货币同时流通时，实际价值高于法定名义价值的货币（又称良币）必然会被收藏、熔化，或输出国外，退出流通领域，而实际价值低于法定名义价值的货币（又称劣币）则充斥市场。例如：假设金、银的法定比价是 1∶15，而目前市场比价为 1∶16，则金的实际价格高于其法定价格，为良币，而银的实际价格低于其法定价格，为劣币，这时，人们为赚取一个单位的银币，往往将金币在市场上按市价换成银币，再将银币按法定比价换为金币，如此循环一次，则可赚取一个单位的银币，最终金币慢慢消失，银币独占市场。这一现象是 16 世纪英国财政大臣汤姆斯·格雷欣首先发现的，所以又称"格雷欣法则"。

3. 跛行本位制

跛行本位制是为解决"劣币驱逐良币"现象而采用的货币制度，即金币、银币仍然都是本位币，金币和银币之间也保持固定的比价，但这时金币可以自由铸造，而银币不可以自由铸造，且银币每次支付有一定的限额。这时银币只在法律上被称作本位币，实际上已沦为辅币，不具有无限法偿能力，只是向金本位制过渡的一种形态。

（三）金本位制

受"劣币驱逐良币"现象的影响，以及白银激增而导致的价格频繁波动，金银复本位制已越来越不能适应客观经济发展的需要，而黄金产量的稳定增加，又为以黄金代替白银充当主币提供了必要的物质基础。这样，到 18 世纪末 19 世纪初，随着资本主义经济的进一步发展，金银复本位制改成金本位制成为必然。

金本位制是以黄金为本位货币的一种货币制度，包括金币本位制、金块本位制和金汇兑本位制三种不同的形态。

1. 金币本位制

金币本位制又称金铸币本位制，是典型的金本位制。其基本内容包括：黄金是制造本位货币的币材，法律规定了单位货币的含金量；金币可以自由铸造、自由熔化，从而使货币供应具有一定的弹性；黄金和金币可以自由跨境输出输入；银行券可以按规定的含金量自由兑换成黄金；金币具有无限法偿能力。

1816 年，英国首先实行金币本位制。随后，世界主要资本主义国家也开始陆续采用，直到第一次世界大战爆发，这近百年时间可谓金本位制的全盛时期。但到了 20 世纪初期，随着商品经济规模的日益扩大，国与国之间的矛盾不断地削弱了金币的流通基础。特别是第一次世界大战以后，资本主义国家经济发展的不平衡性使得黄金的自由流通（"一战"前夕各国对本国黄金输出输入开始限制）、银行券自由兑换（"一战"中各国普遍实行通货膨胀的政策，破坏了纸币与银行券的自由兑换）等机制遭到严重破坏，各国政府为了阻止黄金外流，先后放弃了金币本位制，改为实行残缺不齐的金块本位制和金汇兑本位制。

2. 金块本位制

金块本位制又称"生金本位制"，在这种制度下，一国政府宣布国内不再允许铸造金币，市场上也禁止流通金币，而只能流通代表一定重量黄金的银行券。黄金由国家集中保存，银行券的发行必须以金块作为准备，普通民众按照一定的条件向发行银行券的银行兑换金块。但由于兑换条件十分苛刻，绝非一般人所能兑换，所以又被称为"富人本位制"。如 1925 年的英国在实行金块本位制时规定：银行券一次兑换的金块至少要重 400 盎司，大约 1700 英镑。

虽然金块本位制节省了黄金使用量及对黄金发行准备的要求，有利于缓解黄金短缺与商品经济发展间的矛盾，但纸币与黄金的兑换受到数量限制，且每次兑换的金额有一个下限，所以其实质是弱化了黄金和银行券之间的兑换关系。

3. 金汇兑本位制

金汇兑本位制又称"虚金本位制"，是一种间接兑换黄金的货币制度。实行这种货币制度的国家，货币单位仍然规定含金量，但是国内市场上没有金币流通，本国货币与另一实行金币本位制国家的货币保持一个固定的比价，银行券的持有人在国内不能兑换黄金或金币，只能兑换联系国的外汇，然后再用外汇到该国兑换黄金。所以，金汇兑本位制本质上是一种附庸于他国的货币制度，多为殖民地和附属国采用，如印度、菲律宾曾在"一战"以前实行过这种制度。

综上所述，金币本位制下的货币具有自由铸造、自由流通、自由熔化、自由兑换辅币和银行券等特征，属于一种比较稳定的货币制度，对资本主义经济与贸易发展起到了积极的促进作用。而对于金块本位制和金汇兑本位制来说，由于流通中没有金币，黄金失去了作为流通手段和支付手段的作用，因此是不完善的。

（四）不兑现的信用货币制度

20 世纪 30 年代，金本位制随着世界经济大危机的爆发而逐渐崩溃，取而代之的是不兑现的信用货币制度。

不兑现的信用货币制度又称纯粹的信用货币制度，是一种没有金属本位货币的货币制度，它以本身没有价值的信用货币作为流通中的一般等价物。特点表现为：（1）货币是以国家信用为基础的，国家通过法律规定强制使用，具有流通手段和最后支付手段；（2）货币与黄金已无直接联系，黄金不再执行货币的职能，银行券在形式上不再规定含金量，不能兑换黄金，发行货币不需要金属准备等；（3）现实中的信用货币主要采取现金和存款货币两种形式，它们都是银行对所有者的负债，体现着信用关系；（4）信用货币都是通过金融机构的信用渠道投入流通领域，中央银行代表国家通过对货币发行时机及规模的调控来干预国民经济（国家调控宏观经济的重要手段）。所以说，不兑现的信用货币制度突破了货币商品形态的桎梏，是货币制度演进过程中一个质的飞跃。

当然，不兑现的信用货币制度也存在缺陷。例如，一旦信用货币的发行量超过社会的实际需要量，就会导致物价上涨、货币贬值等现象出现，且有愈演愈烈的趋势。但不论何种货币制度，其核心内容与最终目的都是稳定币值，或许在不远的将来，更多、更有效的货币制度创新将涌现出来以适应社会经济发展的新要求。

三、我国现行的人民币制度

人民币是一种信用货币，不规定含金量，由中国人民银行 1948 年 12 月 1 日开始发行使用，是中华人民共和国货币制度的开端。多年来，伴随着我国社会主义制度的建立和商品经济的不断发展，人民币在国家经济建设和人民生活中发挥了重要的作用，人民币制度也得到逐步完善。人民币制度主要包括以下内容：

（1）人民币是中华人民共和国的法定货币，具有无限法偿能力。

（2）人民币采取主辅币流通结构。人民币主币"元"是我国经济生活中的法定计价、结算货币单位，表示符号为"￥"，主币有 7 种，即 1 元、2 元、5 元、10 元、20 元、50 元、100 元；辅币单位为角、分，有 6 种，即 1 角、2 角、5 角、1 分、2 分、5 分。元、角、分均为 10 进制，辅币与主币一样具有无限法偿能力。

（3）人民币由国家授权中国人民银行负责统一发行与管理。即人民币的发行权属于国家，中国人民银行是全国唯一的货币发行机关。人民币主要以现金和存款货币两种形式存在，现金由中国人民银行统一发行，存款货币由银行体系通过业务活动进入流通，中国人民银行通过依法实施货币政策对人民币总量和结构进行管理和调控。

（4）人民币受到法律保护，任何损害人民币的行为，都将受到法律的制裁。

（5）人民币是独立自主的货币。人民币对外国货币的比价是根据国内国际市场情况独立自主确定的，人民币是国家主权的象征。目前，对人民币的出入境实行限额管理，但在国际收支经常项目下人民币可以自由兑换。

小思考

中华人民共和国成立至今，我国共发行了几套人民币？

答：中华人民共和国成立后，我国共发行过五套人民币。1948 年月 12 月 1 日中国人民银行成立时，开始发行第一套人民币，面额最小 1 元，最大 50000 元，共 12 种面额。1955 年 3 月 1 日开始发行第二套人民币，第二套人民币和第一套人民币折合比率为 1：10000，共 10 种面额。1963 年 4 月 15 日开始发行第三套人民币，减少了 3 元币，共 9 种面额。1987 年 4 月 27 日开始发行第四套人民币，共 9 种面额。第一套、第二套和第三套人民币已经退出流通，第四套人民币也自 2018 年 5 月 1 日起停止流通（1 角、5 角纸币和 5 角、1 元硬币除外）。根据中华人民共和国第 268 号国务院令，中国人民银行自 1999 年 10 月 1 日起在全国陆续发行第五套人民币。目前流通的人民币是 1999 年、2005 年、2015 年、2019 年、2020 年发行的第五套人民币。

四、国际货币制度及其演变

国际货币制度亦称国际货币体系，是支配各国货币关系的规则以及国家间进行各种交易支付所依据的一套安排和惯例。通常，国际货币制度是通过各国政府协议的方式而定，一旦商定，虽然不具有强制性，但各参与国都应自觉遵守。国际货币制度一般包括国际储备资产的确定、国际汇率制度的安排及各国之间金融政策措施的协调等内容。

国际货币制度的发展过程大致经历了从国际金本位制到布雷顿森林体系再到牙买加体系三个阶段（见图 2-4）。

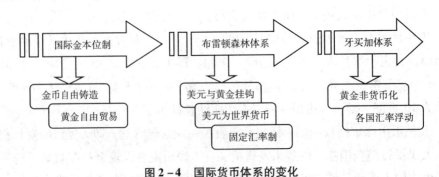

图 2-4　国际货币体系的变化

（一）国际金本位制

世界上首次出现的国际货币制度是国际金本位制，19 世纪中至 20 世纪初是国际金本位制的鼎盛时期。在这种制度下，黄金是国际货币，各国政府均规定了本国金币的含金量，各国货币之间的兑换由它们各自的含金量之比来决定；黄金可以在国际上自由地输出输入，在"黄金输送点"的作用下，具有货币流通的自动调节机制，在推动资本主义经济及国际贸易发展中发挥了积极的作用。1914 年第一次世界大战爆发，为避免本国财富的外流，各参战国纷纷禁止黄金输出，停止纸币兑换黄金，使国际金本位制受到严重削弱，之后虽实行了金块本位制或金汇兑本位制，但因其割裂了黄金与银行券的联系，终于在 1929 ~ 1933 年的世界经济危机冲击下崩溃瓦解。随后，国际货币制度陷入混乱状况，直到 1944 年新的国际货币制度——布雷顿森林体系的建立。

（二）布雷顿森林体系

第二次世界大战爆发后，资本主义各国的经济力量发生了极大变化。德国、意大利、日本等战败国的国民经济已经全面崩溃，英、法等战胜国的经济也遭到严重破坏，只有美国的经济得到空前发展。在进行战后重建、恢复国内经济发展时期，欧洲各国为从美国进口商品而需要大量美元，从而出现了"美元荒"。这样，为维持国际收支的平衡，避免黄金外汇储备的不足，各国开始实行外汇管制，这显然对世界经济贸易的发展产生了不利影响，迫切需要一个新的国际货币制度来维护。

1944 年 7 月，在美国新罕布什尔州的布雷顿森林召开了一个有 44 个国家参加的联合国货币金融会议，讨论了战后国际货币制度的重建问题。会议上英国的财政大臣凯恩斯（John M. Keynes）和美国的财政部部长怀特（Harry D. White）分别提出了重建世界货币体系的方案，由于美国经济实力雄厚，会议通过了以《怀特计划》为基础的《国际货币基金协定》和《国际复兴开发银行协定》，总称《布雷顿森林协定》，从而一个新的国际货币制度——布雷顿森林体系建立了。

布雷顿森林体系是以美元为中心的资本主义货币体系，主要内容包括：（1）确定美元与黄金挂钩，各国货币与美元挂钩的"双挂钩"国际货币体系。协议规定，美元与黄金直接挂钩，价格为 1 盎司黄金等于 35 美元，1 美元的含金量是 0.888671 克纯金，各国的货币按其含金量与美元确定比价，各国政府、中央银行可以随时以该价格兑换美元。（2）实行固定汇率制。国际货币基金组织成员国的货币汇率只能在平价上下 1% 的限度内波动，超过这个限度，各国中央银行有义务进行干预。另外，当一国出现国际收支失衡时，经过国际货币基金组织的同意可以重定汇率。（3）成立国际货币基金组织（IMF），宗旨是协调国家间的货币政策和金融关系，维持布雷顿森林体系的正常运转。

以美元为中心的布雷顿森林体系建立以后，美元与黄金同时作为国际储备货币，弥补了国际清偿能力的不足，而固定汇率制的实行使各国汇率保持相对稳定，也为资本主义社会的贸易、投资发展提供了有利条件，在相当一段时间内促进了世界经济的稳定增长。但是，随着时间的推移，"特里芬难题"开始渐渐地暴露出这个制度的缺陷。

进入 20 世纪 50 年代，西欧、日本等国慢慢从战争的创伤中恢复，国家经济开始崛起，突破了美国对世界经济的垄断地位。特别是 1959 年随着美国贸易逆差的不断加大，黄金储备大量外流，美国在世界上的政治、经济地位逐渐下降，许多国家开始在金融市场上抛售美元，抢购黄金，或用美元向美国挤兑黄金，以前的"美元荒"变成了"美元灾"。随后美国不断降低美元兑换黄金的比价。1971 年，美国宣布实行"新经济政策"，停止各国政府用美元向美国兑换黄金，使西方货币市场更加混乱。1972～1973 年，美元又爆发两次危机，美国政府再次对美元进行贬值，将每盎司黄金兑换官价提高到 42.22 美元。在这种情况下，资本主义各国从本国的利益出发不再钉住美元而实行浮动汇率制。1974 年 4 月 1 日，美国正式宣布解除美元与黄金的固定关系，以美元为中心的资本主义货币体系彻底瓦解。

◆ **补充阅读材料**

美国经济学家特里芬（Robert Triffin）在对布雷顿森林体系进行分析和研究后认为，如果没有别的储备货币来取代美元，在固定汇率制下以美元为中心的双挂钩体系必将崩溃。其原因是美元承担了相互矛盾的双重职能：一方面，美元必须在为世界经济和贸易发展提供清偿能力和储备需要的同时，保持美元的信用并维持美元按照官价可兑换黄金，这样，美国只能通过对外负债的形式提供美元，即美国必须保持国际逆差。另一方面，美元的持续国际收支逆差，必然导致美元的贬值危机，从而不能按照官价兑换黄金，所以为了维持美元的信用及可兑换性，美国必须保持国际顺差。这种要么各国消极地管制对外贸易，要么美国放弃稳定国内经济政策的两难选择，被称为"特里芬难题"。

（三）牙买加体系

布雷顿森林体系崩溃之后，国际货币制度又一次陷入混乱，加上接踵而来的石油危机，使国际金融、经济形势动荡不安。1976 年 1 月，国际货币基金组织"国际货币制度临时委员会"在牙买加举行会议，达成了著名的"牙买加协定"。同年 4 月，国际货币基金组织理事会通过《国际货币基金组织协定第二次修正案》，对国际金融体系作出新的规定，从而形成了新的国际货币制度——牙买加体系。现行的牙买加体系主要由以下内容构成：

（1）成员方可以自由选择汇率安排，固定汇率制与浮动汇率制并存。牙买加体系在汇率安排方面，取消了有关固定汇率制的条文，使浮动汇率制合法化，各成员可根据自身的经济实力、开放程度、经济结构等情况权衡选择，如发达国家多采用浮动汇率制，发展中国家多采用钉住汇率制。

（2）废除黄金官价，取消成员之间或成员方与国际货币基金组织（IMF）之间以黄金清偿债权债务的义务。协议废除黄金官价并降低黄金在国际货币制度中的作用，增加 IMF

的份额，提高 IMF 的清偿能力。

（3）国际储备货币多元化。与布雷顿森林体系下以美元作为单一的国际储备货币相比，牙买加体系在国际储备货币的安排方面呈现出多元化的局面。美元虽然仍是主要的国际货币，但日元、德国马克等随着本国经济实力的增长也成为重要的国际货币，IMF 的特别提款权也加入国际储备行列，各成员可以根据自身的具体情况和预期，在多种国际货币中进行选择，构建本国多元化的国际储备以减少单一美元作为国际储备形成的风险。

综上所述，牙买加体系运行至今，基本摆脱了布雷顿森林体系下对一国货币——美元的过分依赖，而以浮动汇率为主的多样化汇率安排也适应了不同发展程度国家的需要，因此，它对维持各国国际收支的平衡、促进国际经济运转和推动世界经济发展发挥了积极的作用。但不可否认，牙买加体系目前仍然存在着一些缺陷。例如，以浮动汇率制为主体的多样化汇率安排，极易导致汇率经常出现大起大落，造成国际金融、经济的不稳定，并在一定程度上抑制了国际贸易活动，这种负面影响对发展中国家而言更为突出。同时，由于目前的国际收支调节机制并不健全，各种调节渠道也都有各自的局限性，因此，牙买加体系下的国际货币制度仍有待于进一步的改革和完善。

◆ **补充阅读材料**

区域性货币制度是指由某个区域内经济发展水平比较接近的相关国家通过协调形成一个货币区，并联合组建一家中央银行来发行与管理区域内货币的货币制度。其发展过程大致经历两个阶段。一是较低阶段：区域内各成员国仍保持独立的本国货币，但成员国之间的货币采用固定汇率制和自由兑换，成员国以外由各国自行决定，如西非货币联盟制度、中非货币联盟制度和东加勒比海货币制度。二是较高阶段：区域内实行单一的货币，联合组建一家中央银行为成员国发行共同使用的货币和制定统一的货币金融政策，如欧洲货币制度。

欧洲货币制度是欧洲共同体国家为了货币金融领域的多方合作而组成的货币联盟。欧洲货币一体化的完成即欧元的产生，是世界货币制度发展史上一个具有里程碑意义的事件。欧洲中央银行 1998 年 7 月 1 日成立，设在德国的金融中心法兰克福，欧元的钞票由欧洲中央银行统一设计，由各国中央银行负责印刷发行。1999～2001 年为欧元启动的三年过渡期，2002 年 1 月 1 日起，欧元的钞票和硬币开始流通，2002 年 7 月 1 日，各国原有的货币停止流通，与此同时，欧元正式成为各成员国统一的法定货币。目前，欧元已成为许多国家继美元之后的第二大官方储备货币。

统一的欧元是人类历史上第一次跨越主权国家创造的信用货币，其诞生与未来的发展，既为全球其他实行区域性货币制度的国家起到一定的示范作用，也对国际货币体系产生了重大的影响。

基本训练

一、名词解释

货币　信用货币　货币制度　格雷欣法则　布雷顿森林协定　牙买加体系

二、填空题

1. 马克思的货币理论表明，作为商品生产和交换长期发展的产物，货币在商品价值形式的发展中经历了_____、_____、_____、_____四个阶段。

2. _____是从众多充当一般等价物的商品中分离出来固定地充当一般等价物的特殊商品。

3. 纸币、银行券、存款货币和电子货币都属于_____。

4. 目前各国一般都是以_____作为划分货币层次的主要标准。

5. 马克思认为，货币在现代经济中具有价值尺度、流通手段、_____、_____和世界货币5种职能。

6. 所谓"流通中的货币"，就是发挥_____职能的货币与发挥_____职能货币的总和。

7. 国际货币制度经历了国际金本位制、_____和_____的演变过程。

8. 在格雷欣法则中，实际价值高于法定名义价值的货币是_____；实际价值低于法定名义价值的货币是_____。

9. 金本位制有三种形式，即_____、_____和_____。

10. 布雷顿森林体系中的"双挂钩"是指_____挂钩和_____挂钩。

11. 货币材料的演变依次经历了_____、_____、_____三个阶段。

三、单项选择题

1. 一定时期内货币流通速度与现金、存款货币的乘积就是（　　）。

A. 货币存量　　　B. 货币流量　　　C. 货币增量　　　D. 货币总量

2. 世界上最早的货币是（　　）。

A. 实物货币　　　B. 金属货币　　　C. 纸币　　　D. 存款货币

3. 贝币和谷帛曾经是我国历史上的（　　）。

A. 信用货币　　　B. 纸币　　　C. 实物货币　　　D. 金属货币

4. 美元与黄金直接挂钩，其他国家的货币与美元挂钩是（　　）的特点。

A. 国际金本位制　　　　　　　　B. 牙买加体系

C. 布雷顿森林体系　　　　　　　D. 国际金块本位制

5. 金属货币制度不具有的性质是（　　　）。

A. 金属铸币在流通中使用　　　　　B. 主币限制铸造

C. 信用货币在流通中使用　　　　　D. 主币无限法偿

6. 信用货币制度不具有的性质是（　　　）。

A. 主币集中发行　　　　　　　　　B. 辅币集中发行

C. 信用货币在流通中使用　　　　　D. 金属铸币在流通中使用

7. 流动性最强的金融资产是（　　　）。

A. 银行活期存款　　　　　　　　　B. 银行定期存款

C. 居民储蓄存款　　　　　　　　　D. 现金

8. 在货币分层中，投入股市中的钱属于（　　　）层次的货币。

A. M_0　　　　　　B. M_1　　　　　　C. M_2　　　　　　D. M_3

9. 人民币是（　　　）。

A. 信用货币　　　　B. 纸币　　　　　　C. 实物货币　　　　D. 金属货币

10. 劣币驱逐良币现象存在于（　　　）。

A. 银本位制　　　B. 平行本位制　　　C. 双本位制　　　D. 跛行本位制

11. 如果金银的官定比价为 1：15，而市场比价是 1：16，这时充斥市场的将是（　　　）。

A. 银币　　　　　　　　　　　　　B. 金币

C. 金币银币同时　　　　　　　　　D. 都不是

12. 在金属货币制度下，本位币的名义价值与实际价值是（　　　）。

A. 成正比　　　B. 成反比　　　　C. 相一致　　　D. 无关

13. 最早实行金本位制的国家是（　　　）。

A. 美国　　　　　B. 英国　　　　　C. 法国　　　　D. 荷兰

14. 商业银行发行的信用卡属于（　　　）。

A. 实物货币　　　B. 金属货币　　　C. 电子货币　　　D. 存款货币

四、多项选择题

1. 货币发挥支付手段的职能表现在（　　　）。

A. 税款交纳　　　B. 贷款发放　　　C. 工资发放　　　D. 商品赊销

E. 善款捐赠　　　F. 赔款支付

2. 按国际货币基金组织的口径，对 M_0 的正确表述有（　　　）。

A. 居民手中的现钞　　　　　　　　B. 商业银行的库存现金

C. 企业单位的备用金　　　　　　　D. 购买力最强

E. 以上答案都对

3. 交换手段的性质有（　　　）。

A. 计算衡量商品和劳务的价值　　　B. 增加了交换环节

C. 使买卖分离 D. 使商品的转移与货币的支付分离

E. 既是交换又是借贷

4. 金属货币制度下辅币的性质有（　　　）。

A. 足值货币 B. 不足值货币

C. 无限法偿 D. 有限法偿

E. 限制铸造

5. 我国目前流通使用的法定货币是人民币，其具体形态有（　　　）。

A. 现金 B. 信用卡 C. 银行存款 D. 支票

6. 货币的基本职能有（　　　）。

A. 价值尺度 B. 流通手段 C. 贮藏手段 D. 支付手段

E. 世界货币

7. 布雷顿森林体系的主要内容包括（　　　）。

A. 实行固定汇率制 B. 美元为最主要的国际储备货币

C. 黄金非货币化 D. 建立货币基金组织

E. 美元与黄金挂钩，其他国家货币与美元挂钩

五、判断并改正

1. 我国货币层次中的 M_0 即现钞，是指商业银行的库存现金、居民手中的现钞和企业单位的备用金。

2. 格雷欣法则是在金银复本位制中的平行本位制条件下出现的现象。

3. 在不兑现的信用货币制度条件下，信用货币具有无限法偿的能力。

4. 牙买加体系规定美元和黄金不再作为国际储备货币。

5. 在我国，人民币主币具有无限法偿的能力，人民币辅币为有限法偿。

6. 价值尺度和流通手段是货币的两个最基本职能。

7. 广义货币量反映的是整个社会潜在的购买能力。

8. 现代经济中的信用货币是纸制的货币符号，不具有典型意义上的储藏手段职能。

9. 在金属货币制度下，本位货币可以自由铸造与熔化。

10. 财富就是货币。

六、简答题

1. 货币制度主要由哪些要素构成？

2. 金银复本位制下为什么会出现"劣币驱逐良币"现象？

3. 简要说明人民币货币制度的内容。

第三章 信 用

本章提要

　　信用是在私有制基础上产生的，是一种以偿还和支付利息为条件的借贷活动。

　　信用关系是现代经济生活中一种最普遍、最基本的经济关系，现代社会就是信用经济社会。

　　高利贷信用是历史上最古老、持续时间最长的信用形式。

　　按信用参与主体划分，现代信用可划分为企业信用、银行信用、政府信用、个人信用和国际信用等形式，并各有自身特点。

　　现代信用体系主要由信用形式、信用机构、信用管理体系、社会征信系统等相互联系和影响的各方面共同构成。

第一节　信用概述

一、信用的产生与发展

　　信用的产生，最早可追溯到原始社会末期。当时，由于生产力发展和社会分工的出现，劳动产品逐渐产生剩余，促使交换日益频繁，并由部落内部交换扩展到部落间的交换。在部落内部，部落首领利用特权，侵占公有财产，使社会开始出现贫、富两极分化，穷人一旦遇到疾病、死亡或其他无法预料的天灾人祸，就可能无法维持生计。于是，为继续维持生活和从事生产，一部分因贫穷而缺少生活资料、生产资料的家庭，被迫向富裕家庭借贷，信用活动也就应运而生。从逻辑上讲，私有财产的出现是借贷关系产生的前提条件。

　　文字上关于借贷的记载最早见于四千年前的古巴比伦王国，当时的皇帝汉谟拉比编制了一部法典，即《汉谟拉比法典》，其中第89～116条对债务问题作了具体规定，如贷谷的利息是本金的1/3，贷银的利息是本金的1/5，如果债务人没有谷子还贷，则应以其他财产偿还，说明当时的社会已经普遍存在借贷现象了。[1]

从古到今，"信用"一词一直被广为使用，但它更多的是社会学意义上的，体现了一种伦理道德上的信任、声誉。如现在人们日常生活中经常引用的"信用缺失""信用危机"等词汇，其中的"信用"主要是指信守诺言，即人们常说的这个人说到做到，那个人言而无信，实际上在说这句话的时候，表明说话者对前者的信任，对后者不信任。

经济学意义上的"信用"与平时所讲的"信用"有一定区别，它包含着自己特定的含义，是一种以偿还和支付利息为条件的借贷活动。具体说，就是商品和货币的所有者（贷者）把商品和货币的使用权让渡给需要者（借者），并约定一定时期由借者还本付息的行为。对于经济学意义上的"信用"可从以下几方面理解。

（一）信用是以偿还和付息为条件的借贷行为

信用不是一般的借贷行为，而是有条件的借贷行为。与转让、赠与不同，借贷双方体现的是一种经济关系，借者之所以能借入，是因为承担了支付利息的义务，而贷者之所以愿意借出，是因为可获得收益。所以，偿还性和支付利息是信用的基本特征。

（二）信用是价值运动的特殊形式

信用形式的价值运动是通过一系列的借贷、偿还和支付过程实现的，与商品买卖不同。在商品买卖中，价值进行对等转移和运动，一手交钱，一手交货，卖者售出商品，获得等值货币，买者付出货币，得到等值商品，而在信用活动中，商品的让渡与商品价值的实现在时间上产生了分离，这时贷出的货币或商品的所有权并没有转移，而是让渡使用权，是价值单方面的转移，借方一定时期后必须还本付息，贷方得到价值的增值。所以说，信用是一种价值单方面的让渡。

（三）信用是一种债权债务关系

借贷行为发生后，借方是债务人，有法定的还款义务，贷方是债权人，有收取利息和本金的权利，离开了债权债务关系，也就无所谓信用。

即信用是在私有制基础上产生的一种以偿还和支付利息为条件的借贷活动。

小思考

如何理解经济学范畴"信用"与道德范畴"信用"之间的关系？

答：既有联系又有区别。两者的联系体现在道德范畴"信用"是经济学范畴"信用"的支撑与基础，市场经济中没有人愿意将商品或货币出借给一个缺乏基本诚信的个人或企业，所以在某种程度上，经济学范畴"信用"包含在道德范畴"信用"

---

[1]　周伟文，陈颐. 外国法制史［M］. 北京：科学出版社，2012.

之中。但道德范畴"信用"具有非强制性特征，一般仅受社会舆论、传统习惯和信念等约束；而经济学范畴"信用"则具有强制性特征，以产权明晰为基础，所签契约合同均受法律保护。

"人无信不立，企业无信不长，社会无信不稳"这一基本市场规则也说明了两个范畴"信用"之间的关系。陷入信用危机中的企业是绝对没有生命力的，所以，美国科学家富兰克林在《给一个年轻商人的忠告》中写道："切记，信用就是金钱"。

二、借贷活动的形式

历史上，借贷活动主要表现为两种形式：

（一）实物借贷

实物借贷是以实物为标准进行的借贷活动。贷者把一定的实物贷给借者，借者到期以实物形式归还本金，并以实物形式支付利息。通常在生产力发展不够充分的自然经济时代较为常见，如旧中国农村所谓的"春借一斗秋还三斗"，就是形容当时农村粮食借贷的情形。

（二）货币借贷

货币借贷是以货币为标准进行的借贷活动。随着自然经济向商品经济的过渡，货币开始广泛地存在于经济生活的各个领域。在借贷活动中，货币借贷比实物借贷具有能更灵活地满足借贷双方的需求，并使借贷物品的数量和品质得到更好的保证等优势，符合社会发展需要，所以逐渐取代了实物借贷而成为借贷活动的主导形式。但要注意，在某种情况下人们可能仍然愿意采用实物借贷形式。例如，社会出现严重的通货膨胀，币值因变动剧烈而无法稳定地执行价值尺度职能，也就不能公平地反映借贷双方的债权债务关系，这时人们就会放弃货币借贷而转向实物借贷。如我国20世纪50年代初发行的"人民胜利折实公债"，就是以实物为标准计算的。

小贴士

人民胜利折实公债是1950年新中国成立后发行的一种以实物为计算标准的特殊公债。发行是为了安定民生，发展社会主义经济。当时为避免受物价波动的影响，规定公债的募集和还本付息均以实物为计算标准，其单位定名为分。每分以上海、天津、汉口、西安、广州、重庆六大城市的大米（天津为小米）3千克、面粉0.75千克、白细布1.33米和煤炭8千克的批发价，用加权平均的办法计算。此项平均市价，每10日公布一次。发行总额原定为2亿分，年息5厘，分5年偿还。第一期发行 1 亿分，第二期因国家财政经济状况好转，停止发行。到 1956 年 11 月底，本息全部偿清。

三、信用的作用与影响

作为现代社会最普遍、最基本的经济关系，信用已渗入社会活动的各个层面，这从个人、企业、政府、金融机构等社会经济主体的关系中可以看到。例如，个人通过银行储蓄、贷款等活动与银行形成了信用关系，个人购买国债、企业债券与政府、企业形成了债权债务关系；企业在信用关系中既是货币资金的主要供给者，又是货币资金的主要需求者；政府通过举债形成与居民、企业、金融机构或其他机构之间的信用关系；金融机构作为信用中介从社会各方面吸收并积累资金，同时通过贷款等活动将其运用出去；国际收支顺差、逆差的调节也离不开信用，等等。

（一）信用的积极作用

信用在现代经济社会发展中的作用主要体现在以下三方面。

1. 合理分配，促进社会资金利用

在市场经济情况下，各个经济社会主体在某一时期资金的收支状况是不同的，有的收大于支，有的收小于支，而运用信用能够最大限度地对这种资金余缺现象进行合理调剂与分配，使闲置资金迅速地投入生产和流通中去，在资金追逐利润的过程中，最大限度地促进社会资金的有效利用。

2. 节省费用，优化社会资源配置

现代信用货币及各种创新信用工具的使用，大大节约了与流通有关的各项费用。资金的流动代表着资源的转移，资金的闲置也意味着资源的浪费，现代社会资源的形式和性质多种多样，通过信用调剂，在加快资金周转，促进再生产过程的同时，也优化了社会原有的生产格局与资源配置，对产业结构和经济结构起到了积极的调整作用。

3. 宏观调控，推动经济快速增长

信用是市场经济体制下政府实施经济调控的重要手段。一方面，政府可以通过信用规模的扩张与收缩，有效控制社会各层次的货币流通量，保持货币供给量与需要量的基本平衡；另一方面，政府还可通过信用活动调节产业结构、产品结构，创造和扩大消费，通过消费的增长刺激生产扩大和产出增加，使国民经济各部门协调发展，实现宏观经济的良性循环，推动经济快速增长。

（二）信用的消极影响

信用对现代经济的发展也有消极的影响，一旦对信用使用不当，则会爆发信用风险或产生泡沫经济，给社会发展带来灾难性的影响。

信用风险是指债务人无法按照承诺偿还债权人本息而产生的风险，具有传染性强、扩散快的特点。例如，购货企业到期无法支付赊销商品的货款，消费者不能按时偿还住房贷款，等等。有信用活动就有信用风险。特别在现代经济社会，信用关系已经成为最普遍、最基本的经济关系，社会各经济主体之间债权债务关系错综复杂，形成的债权债务链上只要有一个环节断裂，就会引起连锁反应，最终像多米诺骨牌一样被推倒，对社会造成的危害很大，如 2008 年发生在美国的次贷危机就对美国经济产生了十分深远的影响。

泡沫经济是指因过度投机而导致的商品价格严重偏离商品价值、先暴涨后暴跌的一种经济现象。在泡沫经济初期，一般表现为金融证券市场投机交易活跃，房地产价格飞涨，这种依靠信用制造的虚假需求又推动了经济虚假繁荣，导致经济过度扩张。当信用扩张到已无法再支撑经济虚假繁荣时，泡沫就会破灭，并由此引发一系列的经济、金融危机，严重时甚至导致经济崩溃。要注意泡沫经济与经济泡沫两者的区别，前者反映的是"全局"经济现象，后者则反映的是"局部"经济现象。泡沫经济可以表现在许多资产或商品上，不仅虚拟资产可能产生泡沫，实物资产同样也可能出现泡沫。现代经济泡沫大多发生在股票或房地产市场上，如 20 世纪 80 年代日本的股票泡沫，20 世纪 90 年代泰国的房地产泡沫，等等，这些需要通过持续强化的信用管理来加以预防。

第二节 信用形式

信用作为一种借贷关系，往往要通过一定的形式表现出来。纵观信用发展过程，可以发现信用形式种类繁多，特征各异。

一、高利贷信用

从前面信用的产生中知道，信用的历史非常悠久，其中，最古老、持续时间最长的信用是高利贷信用，就是以极高的利率为特征的一种借贷活动。在奴隶社会与封建社会，年息 30%～40% 的利率很一般，100%～200% 的利率也常见，如在新中国成立以前，华北一带盛行的"驴打滚"就是年息相当于本金的高利贷。

在进入资本主义社会以前，高利贷信用始终居于统治地位。原因在于当时的生产力水平低下，借高利贷者主要是农民和手工业者，这些小生产者的经营和收入非常不稳定，任何意外事件如战争、瘟疫甚至婚丧嫁娶都会使他们的生产或生活陷入窘境，为了维持基本的生存，继续生产，他们就不得不去借钱。所以说，高利贷信用的存在是由当时小生产占主导地位的社会经济基础——自然经济决定的。高利贷的借者不是为了获得追加资本进行扩大经营，而只是为了获得购买手段和支付手段，维持最基本的生存；如果是为了获得追加资本去扩大再生产，借款者就必须考虑经营成本及收益，若无利可图，绝不会去借高利贷。除此之外，一些封建地主为了享乐的需要，有时也会加入借者的行列。

从社会发展进程看，高利贷具有双重性。一方面，高利贷者通过高利盘剥，积累起大量货币财富，为日后转化为产业资本家创造条件，成为资本原始积累的重要来源之一；另一方面，它又使农民和手工业者大量破产，转化为一穷二白的无产阶级，促使雇佣工人队伍的形成。高利贷虽然为资本主义生产方式的形成提供了有利条件，但它天生的保守性使它并不创造新的生产方式，相反却竭力维护小生产占优势的旧生产方式。如 16～17 世纪的欧洲，当资本主义萌芽广泛出现时，高利贷却像一只铁拳式的大手紧紧卡住了产业资本家的喉咙。这主要表现为：一是高利贷放款的数量有限，远远不能满足资本主义大工业运转的需要；二是极高的利率使新兴的产业资本家无利可图，所赚取的利润还不够归还利息。随后，18 世纪的整个欧洲都展开了新兴资本家反对高利贷的斗争。资产阶级采取的斗争方式主要是通过制定法律来硬性限制利率和成立自己的银行，但最终促使高利贷丧失垄断地位的则是资本主义自身的经济发展。随着货币资本供给的丰富，再以高利贷放贷自然就无人问津了。进入 19 世纪以后，现代信用逐渐形成并迅速地发展起来。

◆ **补充阅读材料**

自改革开放以来，我国的民间借贷一直很活跃。2021 年 1 月 1 日实施的《中华人民共和国民法典》第六百八十条明确禁止高利放贷，借款利率不得违反国家有关规定。

2021 年 1 月 1 日发布的《最高人民法院关于审理民间借贷若干意见及司法解释》中规定，民间借贷利息可高于银行利率，但最高借款利率不得超过银行同期同种贷款市场报价利率的四倍，如果超过了该范围，则超过部分的利息不受法律保护。

二、现代信用形式

随着高利贷信用从信用领域的统治地位退出，其他信用形式开始日渐增多。根据不同的标准，可将信用划分为不同的种类。一般按信用参与主体的不同，将现代信用形式划分为企业信用、银行信用、政府信用、个人信用、国际信用。其中，企业信用和银行信用是最基本的信用形式。

（一）企业信用

企业信用是以企业作为融资主体的信用形式，是现代信用活动中最主要的构成部分。由于企业经营过程和经营方式千差万别，不同企业对融资形式的需求也不同。既有商品生产领域的融资需求，也有商品销售活动中的融资需求；既有短期、临时性的融资需求，也有长期、巨额的融资需求。本教材主要介绍企业生产经营中最基本的信用形式——商业信用。

1. 商业信用的含义及特点

商业信用是指工商企业在买卖商品时，相互之间以商品形式提供的信用。商业信用对参与双方均有利可图：对于缺乏购货资金的企业，可以提前购入货物，进行推销并取得利润；对于推销产品的企业，虽然当时没有货币收入，但是产品毕竟卖出去了，只是推迟到约定的时间获取货款。商业信用的具体方式很多，如赊销商品、委托代销、分期付款、预付定金、预付货款等，但归纳起来主要是赊销和预付，其中，工商企业之间经常采用的一种延期付款销售方式——赊销，是商业信用的典型形式。

商业信用具有以下特点：

（1）买卖行为和借贷行为的统一。商业信用是企业之间以商品形态提供的信用，这一过程实际包含了商品的买卖和借贷两种行为。如在"赊销"方式下，对生产企业来说，它一方面把商品卖给对方企业，另一方面又向对方企业提供了一笔资金，两者之间一开始是买卖关系，但在交付商品后一直到收到货款前这一阶段，两者的买卖关系同时又成了借贷关系。买卖行为是基础，借贷行为是建立在商品买卖行为基础上的，所以，商业信用虽然是以商品形态提供的信用，但它包含着两种不同性质的经济行为。

小贴士

商业信用中，买卖双方存在着债权债务关系，赊销商品的卖方为了保证自己的债权，防止到期钱货两空，需要持有一种受法律保护的债务文书，文书上写有债务人按规定金额、期限等约定条件偿还债务的义务，这就产生了商业票据。因此，商业票据是商业信用的债权人为保证自己对债务的索取权而掌握的一种书面债务凭证，是一种最古老的商业信用工具。

（2）商业信用的动态与产业发展动态基本一致。在经济繁荣时期，商业信用随着生产与流通的发展而扩张；在经济萧条时期，商业信用又会随着生产与流通的消减而萎缩。

（3）商业信用的参与主体——债权人和债务人都是生产经营者。因为商业信用是以商品形式提供的信用，所以不仅债务人是从事商品生产或流通的企业，债权人也是从事商品生产或流通的企业。

2. 商业信用的局限性

由商业信用的特点可知，企业在商品买卖过程中，买卖双方都存在缺乏资金的可能性，如果没有商业信用，买卖行为就会受到阻碍。所以，商业信用在促进买卖双方成交、润滑整个生产流通过程、促进社会经济发展等方面具有不可低估的作用，因而在商品推销和国际贸易等领域被广泛地使用。但不可否认，商业信用也有其无法解决的局限性。

（1）规模上受企业商品买卖量的限制。商业信用是企业之间进行商品买卖时提供的信用，是以商品买卖为基础的，所以，信用的规模受到商品买卖数量的限制，生产企业不可能向对方提供超出自己能力的信用规模。

（2）授信方向上受到限制。商业信用是买卖双方之间提供的，由于其客体是商品资本，所以，一般情况下，它只能由生产该商品的厂商向需求者提供，是生产企业向商业企业、上游企业向下游企业、批发企业向零售企业等提供信用。在某些情况下，企业之间的信用需求还是无法通过商业信用得到满足。

（3）时间上受企业生产周期的限制。资金是企业的生命力，如果以商品形态贷出的资本不能在短期内以货币资金形态收回，就会影响授信企业的正常生产运转，所以商业信用的期限受企业生产周期的限制，只能解决短期融资的需要。

（4）政府管理和调节上的局限性。首先，商业信用是在众多企业之间自发产生的，大量使用商业信用容易形成债务链，如甲欠乙，乙欠丙，丙欠丁，等等，一旦某个环节出了问题，易引起债务危机和企业的连锁倒闭。其次，国家调节机制对商业信用的控制能力十分微弱，甚至完全相反，如当中央银行采取紧缩银根政策时，银行信用的获得就较为困难，而这恰恰为商业信用的繁荣提供了条件，只有当中央银行放松银根，商业信用活动才可能相对减少。

3. 我国商业信用的发展

从1949年新中国成立至今，我国商业信用的发展经历了"存在—禁止—开放"三个过程，对我国的信用关系、金融制度及经济运行都产生了巨大影响。

新中国成立初期，我国国民经济正处于恢复阶段，商业信用在企业融资需求中仍占有一定比重。但1955～1979年，我国明令取消商业信用，一切信用集中于银行。追究原因，主要是商业信用与计划经济管理体制相冲突，即商业信用的非计划性与新中国成立初期中国逐渐实行的计划经济体制不相融。商业信用是企业在银行信贷之外的另一条融资渠道，它的债权债务关系不通过国家银行，也不通过市场转让、流通，所以与银行信用相比，商业信用具有自发性、国家难以实施计划管理与监控的特点。为避免商业信用与计划经济管理的矛盾与冲突，国家出台了取消商业信用的政策。

改革开放后，国家逐渐改变禁止商业信用的政策，制定了有控制、有条件地开放商业信用的政策。例如，1981年，为了加快销售积压物资，国家正式允许赊销、分期付款等商业信用合法存在；1982年12月《国务院批转总行关于加强企业流动资金管理的报告》指示："对有利于发展生产，搞活经济，扩大商品销售的商业信用；对经过批准允许赊销的商品、分期付款和预收货款的，各级银行要予以支持"。国家在开放商业信用时，也在探索如何以银行信用控制、引导商业信用。1984年，中国人民银行发布了《商业汇票承兑贴现暂行办法》，允许银行之间办理转贴现、央行开办再贴现业务。1995年《中华人民共和国票据法》的正式颁布，使商业信用的发展有了法律依据。总之，党的十一届三中全会后，计划经济的制度环境发生了渐进式变革，这是国家开放商业信用的前提，而国有企业及非国有经济对商业信用的运用与拓展，又倒逼政府放开商业信用。目前，我国已逐渐形成了商业信用与银行信用、国家信用等互相依存、相互配合、互相促进的多种信用制度结构。随着中国市场化程度的提高，商业信用在我国的发展将有更广泛的空间。

（二）银行信用

1. 银行信用的含义

银行信用是银行或其他金融机构以货币形态向社会和国民经济各部门提供的信用，其表现形式主要为银行的存款吸收与贷款发放。

与商业信用不同，银行信用是以金融机构作为信用媒介的，它与所有的资金提供者之间形成债权债务关系，既代表货币资金——贷出者的集中，也代表借入者的集中，所以属于间接信用，具有相当的灵活性。

2. 银行信用的优越性

银行信用是在商业信用基础上发展起来的一种更高层次的信用，它的产生标志着一个国家信用制度更加发达与完善。与商业信用相比，银行信用具有以下优越性。

（1）银行信用所贷放的是社会资金，在规模上没有局限性。银行信用资金来源于再生产过程中游离出来的暂时闲置资金以及居民和各部门收入中暂时闲置的货币，银行作为贷出者的集中，通过吸收存款的方式将它们集聚成巨额可贷资金，因此在规模上没有局限性。

（2）银行信用是以货币形态提供的信用。由于银行信用的借贷对象是货币，所以与商业信用相比，它不受信用方向和使用范围等的限制，可提供给上家、下家企业，具有广泛的授信对象。

（3）银行信用所提供的货币资金在期限上无局限性。虽然银行吸收的资金有长期闲置与短期闲置的，但银行具有将资金续短为长、集脏成裘的能力，所以银行信用在调剂资金期限和数额上具有灵活性，长期资金可用于发放短期贷款，吸收的短期资金也可用于长期资金需要。

（4）银行信用在管理和调节上与国家宏观经济政策相一致。首先，国家宏观调节机制对银行信用的控制能力十分强，如中央银行采取各种政策工具紧缩银根时，银行信用的获得就较为困难，只有当中央银行放松银根，企业才能较容易地从银行信用中获得资金的支持。其次，银行信用具有创造货币的功能。任何经济实体都需先获得商品或货币，然后才能提供信用，而唯有银行不仅从社会上吸收闲散资金，还可以通过吸收的资金派生存款，创造自身的资金来源。

3. 商业信用和银行信用的关系

商业信用和银行信用具有密切的联系。首先，商业信用始终是整个信用制度的基础。历史上商业信用产生在先，它直接与产品的生产和流通相关联，直接为生产和交换服务。企业在销售过程中，彼此之间如果能够通过商业信用直接融通所需资金，就不一定依赖于银行。其次，商业信用只有发展到一定程度后才会出现银行信用。资本主义的银行信用体系，正是在商业信用广泛发展的基础上产生和发展的。所以，银行信用在规模上、范围上和期限上都远远优于商业信用，成为现代经济中占主导地位的信用形式。最后，银行信用的发展又使商业信用得到进一步的完善。如商业票据未到期而持票人又急需现金时，持票人可到银行办理票据贴现，及时取得急需的现金，这时商业信用就转化为银行信用。而通过银行办理的各种商业票据的及时兑现，使商业信用得到进一步发展。

总之，商业信用与银行信用之间是一种互为条件、互相支持和促进的伙伴关系，两者各具特点，都在社会经济运行中发挥着独特的作用。

（三）国家信用

1. 国家信用及其形式

国家信用也称政府信用，有广义和狭义两种概念。广义的概念是指以国家为一方的借贷活动，即国家作为债权人或债务人的信用。但以国家作为债务人的时候更为常见，所以平时主要讲狭义的国家信用，即国家作为债务人从社会上筹措资金以解决财政需要的一种信用形式。

小贴士

国家信用是一种很古老的信用形式。据传，战国时，周报王用天子的名义召集楚、燕等六国出兵伐秦，自己则拼凑了 6000 士兵。由于没有军费，只好向富商地主借钱，并答应灭秦后还清本钱和利息。可楚、燕等六国根本不听他的话，抗秦攻秦的计划只好作罢，已集中的 6000 人马也各自散去。此时，他借的钱基本花完，债主纷纷上门讨债，周报王无法招架，只好逃到宫中一座高台上的驿馆内去躲避，后人将这个高台称为"债台"，"债台高筑"的成语也因此而来。① 从东汉起，我国历代史书就有许多关于国家借贷活动的明确记载。在西方，国家信用的典型事例就是当时英国国王威廉三世因国库资金不足而向伦敦城里的一群商人借钱，而后成立的英格兰银行成为世界上第一家中央银行。

国家信用根据发行国家和地区的不同可分为内债与外债，若债权人是国内的企业单位或个人，则为内债，若债权人是国外的企业单位或个人，则为外债。国家信用就其内债而言，主要有这几种形式：一是国家公债，一般在 1 年以上，政府发行这种公债的目的通常是用于弥补长期的财政赤字或大的投资项目与建设。二是国库券，它是政府为解决短期资金需要而发行的期限为 1 年以下的债券，一般为 1 个月、3 个月、6 个月、9 个月。三是专项债券，它是一种指明专门用途的债券，专款专用。四是向银行透支或借款，银行透支一般是临时性的，基本在年度内偿还，银行借款一般期限较长，通常在隔年财政收入大于支

---

① 唐志超 . 中华成语大词典［M］. 长春：吉林大学出版社，2004.

出时才能偿还。《中华人民共和国中国人民银行法》从 1995 年起明文规定政府不得向银行透支。

国家信用就其外债而言，主要包括国际债券和政府借款两种形式。国际债券是政府委托金融机构、外国政府或法人在国际金融市场上发行的债券，根据债券发行国、票面货币的不同，又分为外国债券和欧洲债券。政府借款是一国政府向其他国家政府、国际金融机构或国外商业银行等的借款。

2. 国家信用的作用

与商业信用、银行信用不同，利用国家信用这种形式动员起来的资金，使政府的经济职能达到了空前强化。其发挥的作用具体如下。

（1）弥补政府财政赤字。第二次世界大战以来，西方许多国家普遍利用赤字财政手段扩大需求，刺激生产发展，巨额财政赤字成为一种普遍现象。一般而言，增加税收会引起纳税人的反感，直接降低纳税人的购买力和生活水平，也与刺激经济增长的政策背道而驰，容易事倍功半；增发货币又会带来通货膨胀的隐患，不宜经常采用，所以，发行国债来弥补政府的资金缺口不失为一个较好办法。

（2）调剂财政年度收支的暂时不平衡。正常情况下，在一个财政年度内即使年终财政收支是平衡的，也常常会出现上半年度支大于收或下半年度收大于支等现象，为解决年度内收支暂时不平衡，国家往往借助于发行国库券解决。

（3）政府实施宏观经济调控的重要手段。随着市场经济的不断发展，政府可利用国家信用来调节社会总需求与总供给，如西方国家中央银行靠买进或卖出国家债券来调节货币供应，影响金融市场资金供求关系，从而增加或减少社会投资需求、消费需求，达到调节经济的目的。另外，政府还可利用国家信用调节投资方向，如将长期国债投资于市场主体不愿经营的投资风险大、利润回报率低、周期长的一些基础产业和基础工程，通过优化投资结构达到优化经济结构的目的。

3. 我国国家信用的发展情况

新中国成立至今，我国的国债发展也几经风雨，大体上可划分为四个阶段。

第一阶段（1950 年）：新中国刚刚成立，政府为了紧缩通货、稳定市场物价、恢复和发展国民经济，发行了国家债券"人民胜利折实公债"，从而拉开了新中国发行国债的序幕。

第二阶段（1954～1958 年）：1953 年，我国进入有计划的大规模经济建设时期，为了筹措资金满足国家第一个五年计划的经济建设，1954 年开始发行"国家经济建设公债"，连续发行 5 年，共 35.44 亿元。[①]

第三阶段（1959～1979 年）：受"左"的思潮影响，国家的经济秩序被"大跃进""浮夸风"打乱，这时，"既无内债，又无外债"被认为是社会主义制度优越性的体现，

---

① 高晓林，池薇. 1954～1958 年国家经济建设公债述论［J］. 当代中国史研究，2008（5）：41－47，125.

从而彻底否定了国家信用，国债被迫暂停。

第四阶段（1980年至今）：直到1981年，国家开始恢复国债的发行。1981~1996年，发行的国库券都是实物券，面值有1元、5元、10元、50元、100元、1000元、1万元、10万元、100万元等。1992年国家开始发行少量的凭证式国库券，到1997年则开始全部采用凭证式和证券市场网上无纸化发行。从发行数量来看，1992年前，国债的发行量小，每年100亿~200亿元；1993年以后，因为中央银行停止向财政投资与贷款，以及中央银行公开市场操作的需要，国债的发行数量迅速扩大。[①] 目前，政府信用已成为国家财政政策的重要工具，在解决国家建设资金不足，平衡财政收支，调节我国经济总量与结构等方面发挥了重要作用。

（四）个人信用

1. 个人信用的含义

个人信用是社会及金融机构根据涉及居民现有、过往历史记录而给予的相应评价，并在此基础上使该居民可因这种评价而便利地获得资金、物资等经济支持，是在信用基础上建立的个人信用总和。个人信用主要表现为个人消费信用和个人经营信用两种形式。前者主要指个人为满足家庭和个人日常生活中的消费需要，通过金融中介机构以赊购等方式购买房屋、汽车、家具等大额耐用消费商品；后者则是企业信用的人格化和具体化，是企业信用关系在经营者个人身上的集中反映。所以个人信用通常就指个人消费信用。

2. 消费信用及其形式

作为一种重要的个人信用形式，消费信用是企业、银行和其他金融机构向消费者个人提供的用于满足其生活消费需要的信用。在这种信用形式下，消费者可以先取得商品或劳务，然后按照约定的期限偿还贷款，具有先消费、后付款的特点，与我们传统的"量入为出"观念恰恰相反。

消费信用与商业信用、银行信用的区别在于授信对象和授信目的不同，消费信用的授信对象——债务人是消费者，是使用生活资料的个人与家庭，而授信目的是满足广大消费者对消费资料的需求。消费信用可以以商品形态提供，也可以以货币形态提供，基本形式主要有以下几种。

（1）赊销。赊销指零售商以延期付款方式向消费者销售商品，有利于企业在竞争日趋激烈的市场扩大其市场占有率，但属于短期信用。

（2）分期付款。消费者在购买价格较高的耐用消费品时，先支付一部分货款，然后按合同分期支付其余款项，在款项付清之前，消费品的所有权仍属于卖方，属于长期消费信用。

（3）消费信贷。消费信贷是银行及其他金融机构采用信用放款或抵押放款方式，对消

---

① 中华人民共和国财政部国库司. 财政统计摘要2015［M］. 北京：经济科学出版社，2015.

费者购买消费品提供的信用，包括信用贷款和抵押贷款。信用贷款无须任何抵押品，而抵押贷款通常需要消费者以赊购的商品或其他商品作为担保品。消费贷款一般为中长期信贷，时间最长可达 20～30 年。

（4）信用卡。信用卡是商业银行或信用卡公司对信誉较好的消费者发行的一种信用证明，消费者只要凭卡便可在承接该卡的本地或异地各个商店购买商品和其他劳务，并有权透支小额款项，再由银行定期同顾客和商店进行结算。采取这种方式，在银行方面，可以同时收取顾客的利息和商店的佣金；在商业方面，可以扩大营业额，增加利润；在顾客方面，可以获得较多的方便和安全，所以发卡量不断增加。

◆ **补充阅读材料**

> 我国的银行卡一般可以分为三类：一是借记卡，也就是我们通常所说的储蓄卡，它是一种不支持透支功能的银行卡，可以当作活期储蓄来使用并计付存款利息。卡的本身需要有余额才可以使用，可以取现、POS 消费、转账，等等。办理起来很简单，持有效身份证件到银行网点开户办理即可。二是准贷记卡，也就是我们通常所说的信用卡，它是一种可以透支的银行卡，但透支金额通常较低，可以取现、POS 消费、转账，等等，账户余额也计算存款利息。三是贷记卡，是近年来新兴的一种具备强大透支功能的银行卡，卡中不需要有任何的余款，在透支消费后享受不同时间长度的免息期。后两类办理时需要有担保人。

从现代经济发展来看，消费信用在一定条件下可以促进消费商品的生产和销售，进而扩大了需求，对拉动国家经济增长具有不可估量的作用。如西方国家汽车销售很多都采用消费信贷方式，汽车销售量的变化又会影响到一国钢铁、橡胶等工业的发展。同时，作为一项极具发展前途且安全性相对较高的业务，它也是各家银行新的利润增长点。但任何事物都有正反两面，消费信用也不例外，消费者一旦超过自身承受能力而过度使用消费信用则极易陷于沉重的债务负担之中，增加了社会不稳定因素。因此，对消费信用的发展国家在一定情况下也应量力而行、适度控制。

（五）国际信用

国际信用是指国与国之间的企业、金融机构、政府及国际金融机构等相互提供的信用，是信用关系的国际化。随着世界经济一体化和贸易全球化的不断推进，国际信用已成为各国扩大贸易出口、加强国际交往的重要工具。国际信用的主要形式有四种。

（1）出口信贷。出口信贷指一国政府为支持和扩大本国产品的出口，鼓励本国银行向本国出口商或外国进口商提供的中长期信贷，主要包括买方信贷和卖方信贷。买方信贷是出口方银行向外国进口商或进口方银行提供的贷款，卖方信贷则是出口方银行向本国出口商提供的贷款。

为提高本国产品的国际竞争能力,通过提供利息补贴和贷款担保等方式提供的出口信贷基本上都附有采购限制,只能用于购买贷款国的产品,且都同具体的出口项目如成套机电设备相联系,一般贷款利率低于国际资本市场利率,期限为 5～8 年,不超过 10 年,属于中长期信贷。

(2)国际商业银行贷款。它指一些大商业银行向外国政府及其所属部门、私营工商企业或银行提供的中长期贷款。这种形式的贷款利率一般依市场原则随行就市,且基本不限定用途,期限大多为 3～5 年。根据资金需求规模不同,可采用独家银行贷款或银团贷款方式。

(3)政府贷款。它指一国政府利用国库资金向另一国政府提供的贷款。这种贷款的特点是利率比国际商业银行贷款利率低得多,有时为无息贷款,期限长,平均偿还期为 30 年,最长可达 50 年,但一般都附有采购限制和指定用途等条件。无偿赠与也属于政府贷款的一种。

(4)国际金融机构贷款。它是指联合国所属的国际金融机构对成员国政府提供的贷款,主要包括国际货币基金组织贷款、世界银行及其附属机构贷款,以及一些区域性国际金融机构提供的贷款。由于贷款是为了促进成员方经济发展和国际收支状况的改善,所以这种类型的贷款一般条件都比较优惠,但项目及用途是事先确定的,受信方一般不能改变。

国际信用的形式还包括各国在国际资本市场上的融资活动、国际直接投资和国际租赁,等等,这种国家间的债权债务关系直接表现为资本在国际上的流动。所以说,国际信用是加强国际经济联系的一个必不可少的方式。

第三节　现代信用体系的构成

根据信用定义及所涵盖的内容,信用体系可以划分为三个层次:一是基于金融活动的信用体系;二是基于经济活动的信用体系;三是基于社会活动的信用体系。由于不同层次的信用体系在金融、经济和社会安全中发挥着不同的功能,因此本书主要介绍基于金融活动的信用体系。

基于金融活动的信用体系通常由信用形式、信用机构、信用管理机构和社会征信系统等相互联系和影响的各个方面共同构成。

一、信用形式

现代经济社会中的信用形式有很多,根据不同的划分标准,除了上节内容介绍的按融资活动中的参与主体进行分类外,常用的信用形式分类标准还有以下几种。

（一）按融资是否有中介机构参与分为直接融资和间接融资

直接融资是指资金双方通过一定的金融工具直接形成债权债务关系的融资活动。直接融资工具主要有商业票据、股票、债券等，如企业直接发行股票和债券就属于直接融资形式。间接融资是指资金双方通过金融中介机构间接实现资金融通的活动。在间接融资中，资金供求者双方不构成直接的债权债务关系，而是分别与金融中介机构发生债权债务关系。典型的间接融资有银行的存、贷款业务。因此，直接融资和间接融资的区别主要在于债权债务关系的形成方式不同，凡资金供求者之间直接形成债权债务关系的为直接融资，凡资金供求者之间不直接联系而分别与金融机构形成债权债务关系的为间接融资，两者各有优缺点，如表 3 - 1 所示。

表 3 - 1　　　　　　　　　　　直接融资和间接融资的优缺点

分类	优点	缺点
直接融资	（1）资金供求双方联系密切，有利于资金的合理配置和提高使用效益 （2）由于没有中间环节，筹资成本较低，投资收益较高	（1）资金供求双方在数量、期限、利率等方面受的限制比间接融资多 （2）直接融资的便利程度及融资工具的流动性均受金融市场发达程度的制约 （3）对资金供应者来说，直接融资的风险比间接融资大得多，需要直接承担可能产生的投资风险
间接融资	（1）灵活便利，可以采用多种金融工具和借贷方式供融资双方选择 （2）安全性高，风险主要由金融机构来承担 （3）有能力利用现代化金融工具在一个地区、国家甚至世界范围内调动资金，很容易达到规模经济	（1）割断了资金供求双方的直接联系，减少了投资者对资金使用的关注和筹资者的压力 （2）因金融机构要从经营服务中获取收益，所以增加了筹资成本

（二）按融资活动中当事人的法律关系分为债权融资与股权融资

在融资活动中，若当事人之间的法律关系体现了债权债务关系，则称债权融资，若当事人之间的法律关系体现的是所有权关系，则称股权融资。债权融资中，债务人的法律责任是要依融资合同规定按时向债权人支付利息，偿还本金，而债权人则是在向债务人提供资金后，具有要求债务人按期偿还本金和支付利息的权利。股权融资活动中，当事人之间的关系不是债权债务关系而是所有权关系，提供资金的一方成为投资企业的所有者即股东，对入股的这部分资金不能要求企业偿还，但可以要求从公司的收益中得到回报。股东享有所有者的各种权益，如有权参与企业的经营管理和收益分配等活动。从整个社会融资发展历史看，债权融资规模一般大于股权融资规模。

从不同的角度观察，现代信用形式还可以分为国内信用与国际信用、正规信用与非正规信用等，这里就不再一一介绍。

二、信用机构

由于参与信用活动的交易者数量众多，且对于大多数交易者而言，因自身实力的限制，不得不求助于各种信用中介和服务机构，希望通过它们以较低的成本获取交易信息，分散和转移交易风险，提高投融资效益，所以，信用机构在现代信用活动中的作用日益重要。一般信用机构包括以下几种类型。

（一）信用中介机构

信用中介机构是指为资金借贷和融通直接提供服务的机构，通常简称为金融机构。根据是否以吸收存款为主要资金来源，将金融机构分为银行类金融机构和非银行类金融机构。本书将在第六章作专门介绍。

（二）信用服务机构

信用服务机构是指提供信息咨询和征信服务的机构，主要包括信息和投资咨询公司、信用担保公司、征信公司和信用评估机构等。例如，信用担保公司主要为企业和个人提供担保，信用评估机构主要对企业和个人的资信状况进行系统调查和评估。

> ◆ **补充阅读材料**
>
> 信用评级机构是依法设立的从事信用评级业务的社会中介机构。在国际资本市场，以穆迪投资者服务公司（Moody's Investors Service）、标准普尔（Standard & Poor's）和惠誉国际（Fitch）为代表的三大信用评级公司一直扮演着守护投资者利益的角色。业务方面，穆迪擅长主权国家评级，标准普尔擅长企业评级，惠誉国际则擅长金融机构与资产证券化评级。
>
> 中国最大的信用评级机构是大公国际，成立于 1994 年。
>
> 除了专业的信用服务机构外，因大量的业务活动会涉及法律业务、公司资本结构、财务状况、盈利能力等方面，所以，律师事务所、会计师事务所等机构也可算作信用服务机构。

三、信用管理机构

信用管理机构主要是指一个国家对各种信用中介和服务活动实施监管的机构，一般分为政府设立的监管机构和行业自律型管理机构。

政府设立的监管机构主要包括中央银行和其他专业监管机构。从国外信用管理的经验来看，政府只有在提供完善的法律支持及保障基础上，遵循独立、公开、公正等原则，才能发挥积极的推动作用。我国目前采取的是"分业经营、分业管理"体制，监管格局经历了"一行三会"到"一行二会"再到现行的"一行一局一会"，其中"一行"是指中国人民银行，"一局"是指国家金融监督管理总局，"一会"是指中国证券监督管理委员会。

行业自律型管理机构即行业自我监管机构，是通过自愿的方式，以行会、协会等形式组合而成的。这类管理机构通过制定行业共同遵守的行为准则和自律规章来约束会员的市场行为，在行业自律和协调方面发挥了积极作用。如中国银行业公会、中国证券业协会、中国保险业协会等都属于行业自律型管理机构。

小贴士

"一行三会"是 2003 年 4 月至 2018 年 3 月期间我国对中国人民银行、中国银行监督管理委员会（银监会）、中国证券监督管理委员会（证监会）和中国保险监督管理委员会（保监会）这四家金融管理和监督部门的简称。此种叫法最早起源于 2003 年，当年 4 月，"三会"中最晚的中国银监会成立。"一行三会"构成了当时中国金融业"分业监管"的基本格局。

2018 年 3 月，全国人大第十三届一次会议通过了《国务院机构改革方案》，将中国银行监督管理委员会、中国保险监督管理委员会合并为中国银行保险监督管理委员会，至此"一行三会"调整为"一行二会"。2023 年 5 月，随着国家金融监督管理总局挂牌成立，我国监管格局调整为"一行一局一会"。

四、社会征信系统

所谓征信，是指对法人或自然人的信用信息进行系统调查和评估。社会征信系统主要包括信用调查、信用评价与运用两大体系。

（一）信用调查体系

信用调查体系包括信用档案和信用调查两部分。

信用档案是指法人和自然人信用活动中的信用状况的原始记录，是征信制度建立的基础。如个人信用档案可以包括个人身份情况（姓名、性别、出生日期、身份证号、婚姻状况、家庭成员状况、工作单位、职业、学历等）、商业信用记录（个人信用卡使用情况记录、个人与其他商业机构发生的信用交易记录等）和社会公共信息记录（个人纳税、参加社会保险以及个人财产状况及变动等记录）等。另外，还有一些有可能影响个人信用状况的涉及民事、刑事、行政诉讼和行政处罚的记录也被记入个人信用档案。企业信用信息的档案内容主要有企业进入与退出市场行为的资料，企业被税务、工商等行政部门奖励、处罚或认证的资料，企业被投诉举报的资料，等等。

信用调查是为了解信用档案的事实真相而采取的一种行动。一般信用调查通过第三方机构进行，其调查内容包括个人或企业的资金运用状况、贷款偿还能力、融资情况和贸易合作伙伴等。通过信用调查可了解对方的信用状况，为个人或企业进行市场决策及开展合作提供重要参考依据。

◆ **补充阅读材料**

个人信用报告是全面记录个人信用活动，反映个人信用状况的文件，是个人信用信息基础数据库的基础产品。我国个人信用信息基础数据库由中国人民银行组织商业银行建立的个人信用信息共享平台，其日常运行和管理由中国人民银行征信中心承担。

个人信用报告主要包括四项信息：第一，市民的基本信息，包括姓名、身份证件、家庭住址、工作单位等。第二，市民在银行的贷款信息，包括何时在哪家银行贷了多少款，还了多少款，还有多少款没还，以及是否按时还款等。第三，市民的信用卡信息，包括办理了哪几家银行的信用卡，信用卡的透支额度以及市民还款记录等。第四，市民信用报告被查询的记录，计算机会自动记载何时何人出于什么原因查看了信用报告。随着数据库建设的逐步完善，有关市民的社会保障信息、银行结算账户开立信息、个人住房公积金缴存信息、是否按时缴纳电话水电燃气费等公共事业费用的信息、欠税以及法院民事判决等公共信息都将被记入个人信用报告。

2012年11月，央行新版个人征信报告上线，2009年10月以前的信用卡、贷款逾期均不再展示，且此后逾期记录留存的时间为5年，这表明市民的逾期负面记录不再伴随终身，若能持续5年按时足额还款，可还回信用清白。

资料来源：中国人民银行网站。

（二）信用评价与运用体系

信用评价是由专业的信用评估机构或部门运用一定的评估指标体系，根据"公正、客观、科学"原则，通过一定的方法和程序对企业和个人进行全面了解、考察调研与分析，并在此基础上对企业和个人履行各类经济承诺能力（主要是偿债能力及偿债程度）及可信度作出的评价。

信用评价一般采用定性分析和定量分析相结合的方法，定性分析为主，定量分析是定性分析的重要参考。对企业的信用评价主要从企业素质、行业特点、财务状况、发展前景、企业信用记录以及可能出现的各种风险等方面进行分析与研究。其中，财务状况包括企业的短期偿债能力、长期偿债能力和盈利能力，它们对企业等级的评价起很大影响。对个人信用评价的重点主要是对个人及其家庭的收入等主客观环境进行综合考察，以便客观地反映个人的真实信用状况。

信用评价的结果通常用特定的等级符号或简单的文字形式来表示。不同的行业和企业信用级别的划分标准并不完全相同，但大体上遵循一定的规则。以下是企业长期债券信用等级标准，其信用级别和含义如表 3-2 所示。

表 3-2 企业长期债券信用等级的设置以及含义

信用等级		等级含义
投资级债券	AAA 级	AAA 级债券投资风险最小，它具有非常稳定的资金来源保证其本金及利息的如期支付，并采取了各种必要的保护性措施。投资这类债券没有风险
	AA 级	AA 级债券比 AAA 级债券信用等级稍低，其保护性因素可能不如 AAA 级稳定，致使该类债券的风险比 AAA 级稍大。该债券到期具有很高的还本付息能力，投资这类债券基本没有风险
	A 级	A 级债券在很多方面都具有有利于投资的属性。该类债券在一般情况下，到期能还本付息。它采取了一定的还本付息的保护性措施，但可能存在一些会对企业将来产生不利影响的因素
投机级债券	BBB 级	BBB 级债券缺乏完善保护，投资者有一定风险。从长期来看，保护性措施的波动及其他不良因素会对该类债券的及时还本付息产生不利影响。该类债券仍属投资级，但同时也带有某些投机性特征
	BB 级	BB 级债券是中下品质的债券，具有一定投机性，所采取的保护性措施不足。该债券还本付息能力脆弱，投资风险较大
	B 级	B 级债券已具有明显的投机性特征，到期还本付息能力低，投资风险大
倒闭级债券	CCC 级	CCC 级债券到期还本付息能力很低，投资风险很大
	CC 级	CC 级债券到期还本付息能力极低，投资风险极大
	C 级	C 级债券的发债主体濒临破产，到期没有还本付息能力，绝对有风险

注：评级符号 A~AAA 后可以加上调整符号"＋"或"－"，分别表示比相应级别的质量稍高或稍低。

资料来源：中国国际商业信用网。

信用评价在市场经济中起着重要的作用。一是信用评价为企业或个人投资者提供公正、客观的信息，降低了整个社会的信息搜集成本，便利投资者投资选择，保证资金安全运行；二是信用评价为金融企业降低市场非系统性风险提供服务，是金融企业确定贷款风险程度的依据和信贷资产风险管理的基础；三是信用评价为政府相关部门加强社会信用活动管理创造条件，通过评估，不能取得评级或评级不合格的企业或个人自然就被阻止在市场经济之外，有助于推动社会经济的稳定发展。

信用评价运用是使用主体对评价结果的运用，一般通过信用查询系统进行。评价体系的合理性、评价分析与判断的可靠性、评级工作的客观性是保证评价质量的三大因素，也是影响评价运用的关键。

信用查询系统是指在信用调查体系和信用评价体系基础上建立的社会系统数据库，供投资者、银行和政府等部门查询，有无偿、有偿两种形式。一般属于信用中介与服务公司提供的信息资源可采取有偿查询，其他信息内容如属于政府部门监管的社会公共和政务范畴的相关信息可无偿自助查询。目前，我国北京、上海、浙江、广东等很多省市已建立企业信用查询平台。

此外，相关政府部门或中介服务机构可通过失信公示手段，将有不良信用记录的个人和企业名单及处罚意见客观地在某一范围内进行公布，让失信记录在特定范围内有效传播，以警示与其有联系的机构、企业或个人。信用行为保留时间长度依法律规定执行，如美国的《公平信用报告法》就规定消费者个人的不良信用记录允许保留 7 年，而不是简单地随着公司和个人的破产、停业而消失。将征信服务与社会监督、法律制裁作用有机地结合起来，形成合理的失信约束惩罚机制是维持和发展信用关系、保证社会经济秩序稳定的重要前提。

综上所述，随着社会市场经济的不断发展，信用形式与内容的日渐丰富使信用关系更加错综复杂，各种信用缺失、信用危机会直接危及社会经济乃至政治的稳定与发展，所以，建立与完善现代信用体系意义重大。

基本训练

一、名词解释

信用　商业信用　银行信用　国家信用　直接融资　间接融资

二、填空题

1. 人类最早的信用活动产生于原始社会末期，它是在_____基础上产生的。

2. 最古老的信用形态是_____。

3. 按信用参与主体来划分，现代信用形式可分为_____、_____、_____、个人信用和国际信用五种。

4. 按融资活动中当事人的法律关系与法律地位，信用形式可分为_____和_____。

5. 信用的基本特征是_____和_____。

6. 现代信用体系主要由_____、_____、_____和社会征信系统等方面共同构成。

7. 工商企业在销售商品时由购货方向销售方支付的预付款属于_____信用。

三、单项选择题

1. 信用是（　　　）。

A. 买卖行为 B. 赠与行为

C. 救济行为 D. 各种借贷关系的总和

2. 信用的基本特征是（　　　）。

A. 平等的价值交换 B. 无条件的价值单方面让渡

C. 以偿还为条件的价值单方面转移 D. 无偿的赠与或援助

3. 高利贷是一种以（　　　）为条件的借贷活动。

A. 价值转移 B. 高利借债和偿还

C. 价值特殊运动 D. 支付利息

4. 以下不属于债务信用的是（　　　）。

A. 银行的存贷款活动 B. 政府发行国债

C. 居民购买股票 D. 企业发行债券

5. 典型的商业信用形式是（　　　）。

A. 商品批发 B. 商品零售 C. 商品代销 D. 商品赊销

6. 现代信用活动的基础是（　　　）。

A. 信用货币在现代经济中的使用

B. 经济中存在大量的资金需求

C. 企业间的赊销活动

D. 经济中广泛存在着盈余或赤字单位

7. 信用活动中，货币主要执行（　　　）。

A. 价值尺度职能 B. 支付手段职能

C. 流通手段职能 D. 贮藏手段职能

8. 个人信用卡透支行为属于（　　　）。

A. 商业信用 B. 银行信用 C. 消费信用 D. 国家信用

9. 以下（　　　）属于典型的间接融资。

A. 发行企业债券 B. 发行股票

C. 商业银行的存贷款业务 D. 发行商业票据

10. 地方政府发行的市政债券属于（　　　）。

A. 商业信用 B. 银行信用 C. 消费信用 D. 国家信用

四、多项选择题

1. 基于金融活动的信用体系通常由（　　　）等相互联系和影响的各个方面共同构成。

A. 信用形式 B. 信用机构

C. 信用管理机构　　　　　　　　　D. 社会征信系统

2. 高利贷存在的社会经济基础包括（　　）。

A. 生产力水平低下，小生产占主导地位的自然经济

B. 小生产者受社会上层阶级的强制而被迫借入高利贷

C. 奴隶主和封建主为了维持奢侈生活需要借高利贷

D. 奴隶主和封建主或是出于政治斗争的需要而借高利贷

E. 社会商品货币经济不发达

3. 根据融资活动中当事人的法律关系和法律地位，信用形式可以分为（　　）。

A. 间接融资　　　　B. 股权融资　　　　C. 直接融资　　　　D. 债权融资

E. 民间融资

4. 下列属于银行信用的有（　　）。

A. 银行吸收个人存款　　　　　　　　B. 银行购买国债

C. 银行发行信用卡　　　　　　　　　D. 银行给企业发放贷款

E. 银行代理收费

5. 以下对泡沫经济描述正确的有（　　）。

A. 表现为房地产价格的上涨

B. 不会表现为房地产价格的上涨

C. 表现为珠宝、古董等实物资产价格的上涨

D. 不会表现在实物资产的价格上涨

E. 信用在一定程度上支撑了经济泡沫的产生

6. 商业信用与银行信用的关系表现为（　　）。

A. 商业信用是银行信用产生的基础

B. 商业信用在整个信用体系中居于主导地位

C. 银行信用在整个信用体系中居于主导地位

D. 银行信用可以取代商业信用

E. 在一定条件下，商业信用可以转化为银行信用

7. 下列（　　）属于现代消费信用形式。

A. 赊销　　　　　B. 预付货款　　　　C. 分期付款　　　　D. 预收货款

E. 消费信贷

五、判断并改正

1. 高利贷是一种以极高的利率为特征的信用形式，它在资本主义社会中占主导地位。

2. 随着生产力水平的不断提高，能灵活满足借贷双方需求的货币借贷逐渐取代了实物借贷而成为主要的借贷形式。因此，在现代经济中，只存在货币借贷这一种借贷形式。

3. 间接融资的优点主要表现为灵活便利、分散投资与安全性高、具有规模经济。

4. 银行信用是现代信用活动中最基本的信用形式，而商业信用是现代信用活动中主要的信用形式。

5. 泡沫经济主要通过虚拟资产表现出来，如股票、金融衍生产品等，一般实物资产不会出现泡沫。

6. 国家信用是国家以债权人身份筹措资金的一种信用形式。

六、简答题

1. 我们平时经常提到"信用缺失""消费信用"，两者所指的"信用"含义是否相同？若不同，如何理解两者之间的关系？

2. 试从不同的角度对现代信用活动进行分类。

3. 简述现代信用体系的构成。

4. 简述直接融资与间接融资的优缺点。

第四章　利息与利息率

本章提要

利息是借贷关系中由借入方支付给贷出方的报酬，利息的计算有单利法和复利法两种。

利息率简称利率，是一定时期内利息额与贷出资本额之比。

按不同的标准，利率可以划分成不同的种类。利率体系是指一国在一定时期内各种利率的总和。

现实经济活动中决定和影响利率的因素很多，主要有平均利润率、借贷资金的供求状况、经济运行周期、物价水平变动及国际经济环境等。

利率市场化，是指将利率的决定权交给市场，通过市场和价值规律，在某一时点上由供求关系决定利率的过程。利率作为一个重要的经济杠杆，具有调节储蓄与投资、优化资源配置、沟通金融市场和实物市场、连接宏观经济和微观经济的功能与作用。

第一节　利息与利率概述

利息与利率作为现代市场经济中的一个重要经济杠杆，具有"牵一发而动全身"的效应，其高低变动对整个社会的作用与影响不仅体现在宏观经济活动当中，还表现在对企业的经营决策、个人的投资行为等微观经济活动上。

一、利息与利率的含义

（一）利息

利息是与信用密不可分的一个内容，如果说"信用"的概念比较抽象，"利息"的概念则通俗多了。在日常生活中，人们基本上都能讲一些自己对利息的认识。例如，企业生产因资金不足需要到银行去贷款，银行不会白白借给它，这时就会考虑到贷款的"报酬"问题；而个人如果有暂时闲置的资金，则会将它存到银行中，到时取出的存款数额一般会大于原来存进的数额，这部分"货币增量"或"报酬"就是我们常说的利息。可见，所谓利息，就是借贷关系中由借方支付给贷出方的报酬，即高于本金的部分。如果没有利息，货币或商品的所有者就不愿意贷出，需要者也就借不到货币或商品，借贷活动也就不会发生。所以，利息是伴随着信用关系的发展而产生的经济范畴，是构成信用的基础。

（二）利息的来源与本质

为什么货币出借后就能产生利息呢？许多经济学家从不同的角度进行分析与论述。马克思在吸收前人经验基础上，立足于社会生产的全过程，第一次得出利息来源于利润的结论，并分析了其背后所隐藏的生产关系。[①]

马克思认为，利息就其本质而言，是剩余价值的一种特殊表现形式，是利润的一部分。[②]这主要是由借贷资本的运动特点——双重支出和双重回流决定的。双重支出是指货币资本家把货币资本贷给产业资本家，然后，产业资本家用来购买生产资料和劳动力进行生产。双重回流是指产业资本家把生产出来含有剩余价值的商品销售出去，取得货币，然后把借贷资本连本带利归还货币资本家，如图4-1所示。

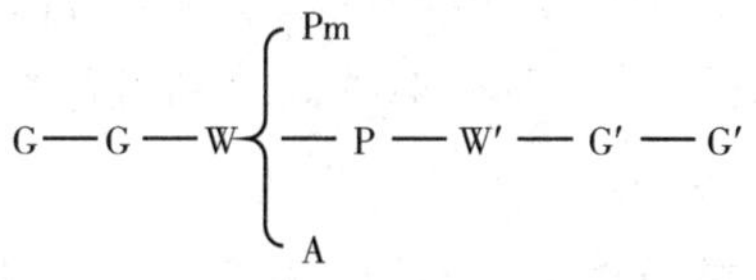

$$G—G—W\begin{cases}Pm\\ \\A\end{cases}—P—W'—G'—G'$$

图4-1 双重支出和双重回流

图4-1中，G—G表明产业资本家向货币资本家借款，货币从银行流向企业。随后，货币或被用来购买原材料、发放工资，以启动新一轮生产，或被用来购买机器设备用于扩大再生产规模，此时，资本从"钱"形态变成"物"形态，进入企业的生产过程，即W—P—W'。新产品销售结束后，产业资本家收回货款，资本从"物"形态又返回到"钱"形态，即G'—G'，这时的货币量G'多于初始的货币量G，增加的部分就是产业资本家的利润。但他们无法独享，要拿出一部分作为给货币资本家的报酬，就是利息。正如马克思所言，只有资本家分为货币资本家和产业资本家，才使一部分利润转化为利息，才创造出利息的范畴；并且，只有这两类资本家之间的竞争，才创造出利息率。[③]所以，在资本主义社会，利息从本质上讲是剩余价值的一部分，是货币资本家从产业资本家那里分割来的平均利润的一部分。在我国以公有制为主体的多种所有制形式并存情况下，各经济主体之间存在着利益差别，利息就成为资金借入方向贷出方支付的报酬。也有部分学者认

①②③ 马克思. 资本论（第三卷）[M]. 上海：上海三联书店，2009.

为：在社会主义社会中，利息来源于国民收入或社会财富的增值部分，是社会纯收入进行再分配的一种形式。

> ### 小思考
>
> 今天的 100 元比 1 年后的 100 元更有价值吗？
>
> 答：在现实生活中，大家都知道今天的 100 元比 1 年后的 100 元更有价值，因为我们可以将这 100 元存进银行，一般情况下 1 年后从银行支取的货币总额将大于 100 元，两者的差额就是利息。这种现象在金融理论中被称为"货币的时间价值"，即同等金额的货币其现在的价值要大于其未来的价值，利息就是货币时间价值的体现。

（三）利率

利率全称利息率，是一定时期内利息额与贷出资本额之比。作为衡量利息高低的尺度，利率体现了借贷资本或生息资本增值的程度。

在商品经济社会，任何贷款人都可能遇到借款人因各种原因而造成的偿还性风险，因此，在制定利率时会考虑风险、期限等许多因素。一般而言，利率的高低与风险、期限呈正相关关系，风险越大，期限越长，则利率越高，利息越多；反之，风险越小，期限越短，则利率越低，利息也随之减少。

在现实生活中，利息经常被看作是收益的一般形态，用来衡量收益或经济效益。因为无论贷出资金与否，利息都被认为是资金所有者理所当然的收入（可能取得或将会取得的收入），与此相对应，无论借入资金与否，企业经营者也将自己的利润分为利息与收入两部分，似乎只有扣除利息所剩余的利润才是真正的经营所得。于是，利息率作为一个衡量标准，如果投资回报率小于利息率，则根本不能投资，只有投资回报率大于利息率才可以考虑。

二、利息的计算

利息的计算主要有单利法和复利法两种。

（1）单利法指在计算利息额时，不论时间长短，只以本金为基数计算利息，期间所生利息不加入本金进行重复计算的方法。用公式表示：

$$I = P \times r \times n$$
$$S = P(1 + r \times n)$$

式中，I 代表利息，P 代表本金，r 代表利率，n 代表借贷年限，S 代表本金与利息之和。

【例 4 – 1】张先生将 1 万元存入某银行，为期 3 年，假定年利率为 3.24%。

用单利法计算，则银行应付利息为：

$$I = P \times r \times n = 10000 \times 3.24\% \times 3 = 972 \text{（元）}$$

第三年到期时，张先生实际取回的本息为：

$$S = 10000 + 972 = 10972 \text{（元）}$$

以单利法进行计算，优点是简单方便，借入者的利息负担也较轻。目前，我国的银行存贷款利息、国债利息等都采用这种计息方法。

（2）复利法是将按本金计算出的上期利息额再计入本期的本金来计算利息的方法。用公式表示：

$$I = P\left[(1+r)^n - 1 \right]$$

$$S = P(1+r)^n$$

式中各字母的含义与单利法相同。

【例 4 – 2】将【例 4 – 1】按复利法计算。

根据复利公式，银行应付的利息为：

$$I = P\left[(1+r)^n - 1 \right] = 10000 \times \left[(1+3.24\%)^3 - 1 \right] = 1003.8 \text{（元）}$$

第三年到期时，张先生实际取回的本息为：

$$S = 10000 + 1003.8 = 11003.8 \text{（元）}$$

这时，张先生实际取回的本息为 11003.8 元，比单利法计算的多得利息 31.8 元。可见，由于考虑了资金的时间价值因素，用复利法计算比较科学合理，既有利于提高贷出者的收益，也有利于提高资金的使用效益，加速资金周转，但不足之处是计算方法相对复杂些。

◆ **补充阅读材料**

通常，经济学上将现在的货币资金价值称为现值，未来的货币资金价值称为终值。终值又叫将来值，是现在一定量现金在未来某一时点上的值，可以视作本利和。比如，存入银行 100 元现金，年利率为复利 10%，经过 3 年后一次性取出本利和 133.10 元，这 3 年后的本利和 133.10 元即是终值。现值又称本金，是指未来某一时点上的一定量现金折合为现在的价值。上述 3 年后的 133.10 元折合为现在的价值为 100 元，这 100 元即是现值。

终值与现值涉及利息计算方式的选择，但复利、终值与现值的概念都表明了货币资金具有时间价值这一理论，即现在一个单位的货币资金与未来一个单位的货币资金价值是不同的。银行票据贴现业务、投资方案选择等都是这一原理的具体运用。

第二节 利率的种类

由上节可知，利率是资金借贷的价格。现实生活中的利率种类繁多，根据不同目的与标准，利率主要有以下几种分类。

一、年利率、月利率和日利率

按利率的时间表示方法，通常将利率划分为年利率（360 天或 365 天）、月利率（30 天）与日利率。年利率是以年为单位计算的利率，一般按本金的百分之几表示，如 3.25%；月利率是以月为单位计算的利率，按本金的千分之几表示，如 3.25‰；日利率是以日为单位计算的利率，按本金的万分之几表示，如 3.25‰；对于同样一笔贷款或者存款货币，假设年利率为 7.2%，用月利率表示则是 6‰（7.2% ÷ 12 = 0.6% = 6‰），用日利率表示则是 2‰（7.2% ÷ 360 = 0.02% = 2‰）。三者之间的转换关系如下：

$$年利率 = 月利率 \times 12 = 日利率 \times 360$$
$$日利率 = 月利率/30 = 年利率/360$$

我国民间常常用"厘"作单位，如年息 3 厘，表示本金 100 元时每年利息 3 元，即 3%；若月息 3 厘，则表示本金 100 元时每月的利息为 3 元，即 3‰；日息 3 厘，则表示本金 100 元时每日利息 3 元，即 3‰。

二、官方利率与市场利率

按利率的决定方法，通常将利率划分为官方利率和市场利率。官方利率又称"法定利率"，是一国货币管理部门或中央银行所规定的利率，具有普遍的参照作用。市场利率是按市场规律自由变动的利率，是在借贷资本供求关系的直接决定下由借贷双方自由议定的，是借贷资金供求变化情况的指示器。

在市场经济中，利率是管理当局调控经济的重要杠杆，为了使利率水平的波动更好地体现政府意志，各国几乎都形成了官方与市场利率并存的局面。一方面，市场利率可以反映市场资金供求的实际情况，是国家制定官方利率的重要依据；另一方面，官方利率反映了国家宏观经济的发展意图，对市场利率具有很强的导向作用，所以又会影响到市场预期利率的变化。

小贴士

公定利率是与官方利率、市场利率相关的一种利率，是由非政府金融行业自律性组织（如银行业公会、协会等）确定的利率，它对组织内成员具有一定的约束作用，如香港银行公会就定期公布存贷款利率并要求会员银行执行。公定利率有时又与官方利率合称为官定利率，在一定程度上反映了非市场强制力量对利率形成的干预。

三、基准利率与一般利率

按利率在利率体系中发挥的作用不同，可以将利率分为基准利率与一般利率。基准利率是指在多种利率并存的条件下起决定或指导作用的利率，又称中央银行利率。一般情况下，其他利率或金融资产价格会根据基准利率来确定，所以，作为一定时期利率水平的衡量标准，基准利率是政府管理当局实施宏观金融调控的重要手段。对金融市场的参与者来说，基准利率是指示器，注意观察其变动就可以预测整个金融市场利率的变化趋势。在西方国家，基准利率主要是中央银行的再贴现率，我国则是中央银行对各金融机构的再贷款利率。

一般利率是银行等金融机构对不同部门、不同期限、不同种类、不同用途和不同借贷能力客户的存、贷款制定不同标准的利率，一般参照基准利率制定。

四、固定利率与浮动利率

按借贷期内利率是否调整为标准，可将利率划分为固定利率与浮动利率。如果在整个借贷期内利息按借贷双方事先约定的利率计算，不随市场货币资金供求状况的变化而发生变化，这就是固定利率。反之，在借贷期限内，随市场利率的变化情况不断进行调整的利率则为浮动利率。固定利率的特点是一次商定，操作简便，易于计算借款成本，多适用于短期借款。我国目前的定期储蓄存款利率就是固定利率。浮动利率的特点是能灵活地反映市场资金供求情况，更好地发挥利率的调节作用，但因为变化频繁，借贷成本的计算和考核相对复杂，故多用于较长期的借贷和国际金融市场。

小思考

张某于2020年底将5万元现金存入银行，定期3年，当时的年利率是3.69%，期间利率逐年下调，到2024年存款到期时，同样3年期的年利率已降到2.83%。请问李某2023年存款到期应以哪种利率计算利息？

答：由于我国对储蓄存款实行的是固定利率，所以应以3.69%的利率计算到期存款的利息。

五、长期利率与短期利率

按信用行为的期限（通常以一年期为分界线）长短，利率可分为长期利率与短期利率。一般来说，期限在 1 年以下的借贷行为被称为短期信用，相对应的利率就是短期利率，而期限在 1 年以上的借贷行为所使用的利率则为长期利率。

六、名义利率与实际利率

由于市场经济发展的不确定性，在借贷过程中，债权人既可能承担债务人到期无法归还本息的信用风险，也可能承担信用货币制度下因货币贬值而带来的通货膨胀风险。因此，按利率的真实水平，可将利率划分为名义利率与实际利率。

名义利率是指借贷合同、有价证券等票证上标明的利率，即市场通行使用的利率或国家公布的利率水平。银行公布的各档存、贷款利率、贴现率或债券票面所载明的利率都是名义利率，它直接以数字符号表现出来。假设银行一年期定期存款的利率为 3.25%，本金 100 元存一年到期付息 3.25 元，这段时间的通货膨胀或物价上涨等因素都已包含在内。实际利率是名义利率扣除了通货膨胀因素影响后的真实利率，它反映了放款人或收款人实际得到的收益。如上假设一年期定期存款利率仍为 3.25%，而同期通货膨胀率为 1%，则一年期定期存款的实际利率为 2.25%。两者关系用公式表示：

名义利率 – 通货膨胀率 = 实际利率

将名义利率与实际利率进行比较，有三种情况。一是当名义利率大于通货膨胀率时，实际利率为正利率，说明借贷行为符合市场价值规律，可以鼓励债权人投资与居民的储蓄热情；二是当名义利率等于通货膨胀率时，实际利率为零，说明借贷行为对经济的影响介于正、负利率之间；三是当名义利率小于通货膨胀率时，实际利率为负利率，这时对债权人来说，不仅要承担债务人到期无法归还本息的风险，还要承担货币贬值或物价上涨造成的损失，从而扭曲了正常的借贷关系，对经济发展极为不利。因此，在借贷或投资过程中区分名义利率与实际利率是非常重要的。

总之，从不同的划分标准和角度出发对利率进行分类，有利于清晰各种利率的特征，认识利率之间的联系，如表 4 – 1 所示。

表 4 – 1　　　　　　　　　　　利率常见划分标准及种类

标准	种类
按利率的时间表示方法	年利率、月利率、日利率
按利率的决定方法	官方利率、市场利率

续表

标准	种类
按利率在利率体系中的发挥的作用不同	基准利率、一般利率
按借贷期内利率是否调整为标准	固定利率、浮动利率
按信用行为的期限长短	长期利率、短期利率
按是否剔除通货膨胀因素	名义利率、实际利率
按银行业务划分	存款利率、贷款利率

但需要注意的是：由于划分标准本身可以交叉，所以一种利率可能同时具备几种利率的性质，如目前我国1年期的储蓄存款利率既是年利率，又是官定利率、固定利率、基准利率、短期利率和名义利率。划分后的各种利率之间及内部都有一定的联系与制约，共同构成了一个国家的利率体系，即一国在一定时期内各种利率汇总及利率之间相互依存、相互制约的系统。

第三节　决定与影响利率的因素

现实经济活动中，利率的变动日趋频繁，即使是官定利率，也要或多或少地考虑各种因素并进行适时调整。因此，如何确定一个合理的利率水平已成为各国中央银行宏观调控工作中的重要一环。决定和影响利率的因素很多，以下就几个主要因素进行分析。

一、社会平均利润率

在市场经济中，利息来源于企业再生产过程中创造的利润，利润可以分解为企业自有资本经营过程中的收入与企业借入资本经营过程中的利息收入两部分，自有资本经营过程中的收入由企业独享，而借入资本经营过程中的利息收入则需要进行第二次的分配。从前面马克思关于利息的来源与本质论述可知，利润是剩余价值的转化形式，利息是贷出资本的资本家从借入资本的资本家那里分割来的一部分剩余价值。利息这种质的规定性决定了其量的规定性，即利息量的多少取决于利润总额，利润成为利息的最高界限，即利息率不能高于社会平均利润率。而利息率一般大于零，因为只有这样，资金所有者才能通过贷出资本来盈利。所以，一般情况下，利率是在零与平均利润率之间进行波动。

从实际操作来看，利率的总水平要适应大多数企业的负担能力。定得太高导致支付的利息率高于平均利润率，大多数企业会因无利可图而不愿借入资本；反之，利率太低可能使大部分企业借不到资金，利率杠杆的调节作用就不能充分发挥。

◆ **补充阅读材料**

马克思对利率决定因素的分析是以剩余价值在不同资本家之间的分割作为起点的。主要观点为：（1）利息率是在零与平均利润率之间。利息是货币资本家从产业资本家那里分割来的一部分剩余价值，而利润是剩余价值的转化形式，所以，利息作为利润的一部分使利润本身就成为利息的最高界限。利息率的最低界限从理论上讲必须大于零，否则货币资本家就不会把资本贷出。（2）在零与平均利润率之间，利息率的高低取决于利润率及总利润在贷款人和借款人之间的分配比例。如果总利润在贷款人和借款人之间进行分配的比例是固定的，则利息率随着利润率的提高而提高；反之，则随着利润率的下降而下降。而总利润在贷款人和借款人之间的分配比例主要取决于市场资金的供求关系和借贷双方的竞争力。（3）马克思在分析中还指出利息率的发展特点。一是随着技术发展和资本有机构成的提高，平均利润率有下降趋势，从而影响平均利润率出现同方向变化的趋势。二是平均利润率的下降过程非常缓慢，所以平均利润率具有相对稳定性。三是由于利息率的高低取决于两类资本家对利润分割的结果，因而对利息率的影响具有很大的偶然性，无法由任何规律直接决定，传统习惯、竞争等因素在利息率的决定上都可能直接或间接起一定作用。

资料来源：马克思．资本论（第三卷）［M］．上海：上海三联书店，2009。

二、借贷资金的供求状况

商品价格受供求关系的影响而围绕着价值上下波动，这一经济学基本原理同样适用于借贷资金。同其他商品一样，借贷资金的价格表现为借贷利率，也受市场供求状况的影响。一般情况下，当借贷资金出现供不应求状况时，利率因资金需求量的增加而上升；反之，资金需求的减少也必然导致利率下降；若资金供应量与资金需求量相等，市场则达到均衡，这时的利率是均衡利率。由于市场经济的复杂性，借贷资金供求因素还会受一些实际经济因素和纯货币因素的影响。例如，因国家的宏观经济调控使实体企业投资利润率降低，进而减少对借贷资本的需求；因对未来股票市场的行情看涨，投资者通过借贷方式融入资金参与炒作，等等。

三、经济运行周期

在经济运行周期中，社会再生产表现为危机、萧条、复苏和繁荣四个阶段的循环往复，因此，借贷资本的供求状况不仅受到借贷双方主观愿望决定的影响，还要受到社会再生产中经济运行周期的决定与影响。一般情况下，当经济处于危机阶段时，企业因产品销售困难而资金周转不灵，会要求以现金交易，从而导致需求增加，市场利率不断提高；进入萧条阶段，这时物价基本跌至最低，整个企业生产处于停滞状态，对借贷资本的需求减少，市场利率降低；与此相适应，市场资金因需求的减少而逐渐丰富。到了复苏阶段，投资增长，物价回升，对借贷资本的需求开始增加，初始因借贷资本供给充足，利率较低，但随着企业信心的逐渐恢复，对借贷资本的需求与利率水平也不断水涨船高；当经济发展到繁荣阶段，投资旺盛，生产发展迅速，物价稳定上升，市场资金需求强劲，市场利率就会呈现快速上升趋势。随着生产的继续扩张，资金需求也在不断扩大，到危机前夕，企业因各种生产成本的上升而导致资金周转不灵，这时对资金的需求更为急迫，利率又会上升到新的高度。利率就是这样随着生产周期不同阶段生产状况的变化而不断发生变化的。

通常，一国的金融管理当局（如中央银行）为防止发生经济过热，以及保持经济持续稳定的增长态势，在经济繁荣阶段会提高基准利率，适当压制生产、投资欲望；而在经济危机、萧条阶段，经济不景气，商品滞销，价格下跌，投资疲软，市场资金需求不足时，金融管理当局则通过降低基准利率来降低生产等成本，刺激投资，促进经济增长。

四、物价水平的变动

通常以通货膨胀率高低来衡量物价水平。从名义利率和实际利率的关系分析中可知，价格水平的变动直接关系到实际利率的高低。在价格总水平上升的情况下，要保持实际利率不变，就必须提高名义利率；反之，在价格总水平下降的情况下，则降低名义利率。可见，名义利率水平的确定必须考虑物价水平的变动情况，两者是同方向变化的。同样，人们对未来价格水平的预期反过来也会影响到利率的变化。对贷款人来说，预期价格水平上升时会提高贷款利率或减少长期贷款，以避免将来因价格上涨而带来的货币损失；如果借款人有相同的预期，则会在接受提高利率的同时尽量延长贷款期限，最终，借贷利率在借贷双方的共同作用下进一步上升。

五、国际经济环境

首先，国际利率水平对国内利率有重要影响。经济全球化与金融一体化使资金可以在国际自由流动，当国内利率水平高于国际利率水平时，就会吸引国际资本的大量流入；反之，则不仅外国资本要抽逃，国内资金也会流向国外。所以，国际利率水平及其变动趋势对一国的利率水平具有很强的示范效应。其次，一国利率水平的高低还受国家外汇储备数量与外资政策的影响。如果外汇储备少，需要大量引进外资，一般就要适当提高利率。但要注意的是，利率的提高有可能会导致国内投资成本增加，利润降低，对国内企业发展产生不利影响，所以要综合考虑，谨慎处置。

六、政策性因素

除了上述一些影响和决定利率的因素之外，一国的货币政策、财政政策等政策性因素的实施也会引起利率的变化，其中，以货币政策对利率变动的影响最为直接与明显。例如，中央银行可运用一般性货币政策工具——存款准备金率、再贴现率和公开市场业务来影响市场利率。就我国目前实际情况看，因部分利率由国务院统一制定，中国人民银行统一管理，因此，在利率水平的制定和执行中受到的政策性因素影响更大。

◆ **补充阅读材料**

西方的利率决定理论大致可分为以下几种类型。

一是古典学派的利率决定理论，其代表人物为奥地利经济学家庞巴维克、英国经济学家马歇尔、瑞典经济学家魏克塞尔和美国经济学家费雪等，属于一种局部的均衡理论。该理论认为，利率由资本供给和需求决定，资本的供给来源于储蓄水平，需求则取决于投资水平，这两种力量的均衡决定了利率水平的高低；利率不受任何货币政策的影响。

二是凯恩斯学派的流动性偏好理论，其代表人物就是凯恩斯，属于一种货币市场均衡理论。该理论认为，货币是一种具有流动性的特殊资产，利息是人们放弃流动性的报酬。货币供给是外生变量，由中央银行直接控制；货币需求是内生变量，由人们的流动性偏好（即指人们愿意持有货币资产的一种心理倾向，主要由交易动机、谨慎动机和投资动机所决定）决定。当人们的流动性偏好增强，货币需求大于货币供给，利率将上升；反之，则利率下降。如果人们的流动性偏好所决定的货币需求量与中央银行的货币供给量相等时，利率便达到了均衡。但存在特例即"流动性陷阱"，一旦出现，则意味着中央银行调节利率和货币政策是无效的。

三是新古典学派的可贷资金理论。该理论认为，利率是借贷资金的价格，是由可贷资金的供给和需求的均衡点决定的。

四是 IS – LM 模型的利率决定理论。该理论既重视货币因素对利率的影响，也考虑到实物经济中利率的决定因素，是前面几种理论的中和。他们将市场分为实物市场和货币市场，认为影响利率决定的因素有生产率、节约、灵活偏好、收入水平和货币供给量。只有实物市场的利率与货币市场的利率同时达到均衡，整个社会的货币供求才真正达到均衡。

第四节　利率的作用

作为现代市场经济条件下一个重要经济杠杆，利率具有联系国家、企业和个人，沟通金融市场和实物市场，连接宏观经济和微观经济的功能，对一国经济发展起着至关重要的作用。

一、利率在宏观经济活动中发挥的作用

利率在宏观经济中发挥的作用主要表现在以下几个方面。

（一）调节社会资本供给

经济发展促使各经济实体对资本的需求不断扩大。随着现代银行制度的日益完善，社会各阶层都将暂时闲置不用的货币存入银行，续短为长，集腋成裘，为社会生产与发展所需提供了巨额的资金来源。在宏观经济活动中利率主要从影响储蓄总量与储蓄结构两方面来调节社会资本的供给。从利率对储蓄总量的影响来看，提高利率会促进储蓄（特别是对居民储蓄存款）总量的增加，利率的弹性作用发挥较明显。在居民收入水平同时提高的情况下，还可能会出现储蓄与消费同时增加状况。利率对储蓄结构的影响主要表现在用闲置资金购买实物储蓄还是金融资产储蓄，是选择存款还是选择购买股票、债券，等等。一般情况下，利率提高，国民储蓄率上升，借贷资本增多，社会资本的供给就增加；反之，利率降低，借贷资本的供给减少，社会资本的供给也减少。所以，利率对社会资本的供给起着重要的调节作用。

（二）调节投资

利率对投资的调节作用主要体现在投资规模和投资结构两方面。投资可分为实质性投资和证券投资。实质性投资是指对生产流通领域进行的投资。一般理论认为，低利率有利于投资。因为利率是资本的"价格"，利率降低，有利于企业生产、投资成本的降低，进而促使整个社会的投资规模扩大，而高利率则不利于投资规模的扩大。这样，国家可以利用利率杠杆调节企业投资行为。降低利率，企业投资成本下降，有利于其投资规模扩大；反之，提高利率则增加成本，易导致社会投资规模的萎缩。证券投资是指人们对金融工具或金融商品（如股票、债券等有价证券）的购买和持有，一般情况下，利率和证券价格呈负相关关系。总之，通过调整利率水平，可以在一定程度上调节投资规模与投资结构，协调各部门比例关系，促进整个社会经济更好、更快地发展。

小思考

低利率是否一定能刺激投资并促进经济发展?

答:不一定。因为低利率刺激投资有一定的条件限制,主要看这个国家是否采取管制利率,以及其资金供求状况。例如,在发展中国家,由于投资需求旺盛,资金缺口较大,在这种投资饥渴的情况下,采取低利率政策容易造成盲目投资,反而造成产业结构和产品结构更加不合理等后果,进而影响经济可持续的发展。

(三)调节社会总供求

一个国家的经济要达到持续与稳定增长目标,必须使社会总供给与总需求达到平衡,而利率与社会总供给、投资、市场价格水平等多因素存在着相互联系、相互作用机制,所以对供求总量的平衡具有重要的调节作用。首先,利率可以调节货币供给量。当流通中的货币量超过货币实际需要量,出现物价上涨时,中央银行可通过货币政策调高利率来抑制信贷需求,收缩信贷规模,减少货币供给量,平稳物价水平。其次,利用利率工具调节货币总供给和总需求。调高利率可以使更多的闲散资金集中到银行,这一方面推迟了购买力,减少了货币总需求;另一方面可以支持银行增加有效供给,使货币总供给和总需求趋于平衡,最终达到物价稳定,实现总供给与总需求的平衡。所以,作为中央银行货币政策的重要工具之一,利率在调节社会资金总供求方面发挥着积极的作用。

二、利率在微观经济活动中发挥的作用

利率在微观经济活动中发挥的作用主要有两方面。

(一)对企业经济核算的影响

在微观经济活动中,企业的利润收入是由销售收入减去成本而得到的,而利息始终是构成企业成本的一个重要元素。对企业来说,要达到自身收益的最大化,必须加强经营管理,加速资金周转,提高资金的使用效率。而对为实体经济提供资金的金融业来说,只有贯彻落实党的二十大报告提出的"坚持把发展经济的着力点放在实体经济上",以更有效的利率机制来降低企业的融资成本,才能为企业提供更高质量的"输血""造血"服务。可见,利率变动会直接影响微观企业的经济核算与效益。

(二)引导储蓄、投资与消费

一般情况下,储蓄、投资与消费三者之间往往呈现此消彼长的关系,即:在收入既定的条件下,如果用于储蓄的比例减少,用于消费与投资的比例就会增加。就家庭(个人)而言,其收入在扣除基本生活费用之后的闲置资金有存款、债券和股票等多种投资渠道,而各

种资产的收益无不与利率有密切的关系。例如，存款收益取决于存款利率，股票与债券的价格取决于其预期收益与利率的对比关系，在预期收益既定的情况下，调整利率就会直接影响到这些资产价格的变化，进而影响到购买者的收益。所以，通过利率变动可以改变家庭（个人）的储蓄倾向和投资选择，引导他们在储蓄、投资与消费三者之间的比例分配与操作方向。

要注意的是，现实生活中由于受到各种人为或非经济因素的限制，利率的作用往往得不到充分发挥。一方面它要受到利率管制、授信限额、市场开放程度、利率弹性等环境性因素的影响；另一方面还要具备相对完善的利率机制，如市场化的利率决定机制、灵活的利率联动机制、适当的利率水平、合理的利率结构，等等。因此，要充分发挥利率的"经济杠杆"作用，中央银行要不断完善以经济手段、法律手段为主的间接调控体系，充分运用各种货币政策工具影响市场利率水平与结构，这样，才能让市场利率真正反映并符合一国国民经济及整个社会发展的需要。

小贴士

利率弹性是利率变动后其他经济变量对利率变化的反应程度。某一经济变量的利率弹性高，表明该变量受利率的影响大，利率的作用能充分发挥。如投资的利率弹性非常大，对利率变化的反应十分灵敏，利率发挥作用的效果就显著。反之，若利率弹性小，则对经济变量及经济的影响就比较微弱。

三、我国的利率市场化改革

利率市场化是指将利率的决定权交给市场，通过市场和价值规律，在某一时点上由供求关系决定利率的过程。一般来说，利率市场化主要包括金融交易主体享有的利率决定权、市场具有自发的利率决定机制、市场基础利率由各类最具代表性的利率（如同业拆借利率、长期国债利率）构成、政府（或中央银行）拥有间接控制金融资产利率的权力等内容。所以，与利率管制相比，利率市场化强调利率是市场价值规律作用的结果，是真实灵敏反映社会资金供求状况及优化社会资源配置的指示器。

就我国而言，新中国成立以后采取的计划经济体制与改革开放后我国的经济发展需求间有较大差距，为更好地发挥利率在宏微观经济中筹集资金、调剂余缺的作用，1995 年《中国人民银行关于"九五"时期深化利率改革的方案》提出利率市场化改革的初步思路。

（一）我国利率市场化的提出

1993 年，党的十四大《关于建立社会主义市场经济体制改革若干问题的决定》和《国务院关于金融体制改革的决定》最先明确利率市场化改革的基本设想，提出我国利率改革的长远目标是"由市场资金供求决定各种利率水平的市场利率管理体系"。2003 年，党的十六大报告提出："要稳步推进利率市场化改革，优化金融资源配置"。党的十六届三中全会《中共中央关于完善社会主义市场经济体制若干问题的决定》中则进一步地明确：稳步推进利率市场化，建立健全由市场供求决定的利率形成机制，中央银行通过运用货币政策工具引导市场利率。由此，利率市场化改革成为我国深化金融改革的一项重要内容。

（二）我国利率市场化改革方式与进程

2000 年 8 月，作为中国银行业四大悬念之一的利率市场化问题终于拨开迷雾见天日。我国利率市场化的改革方式是渐进、有序的，依照"先外币、后本币，先贷款、后存款，先农村、后城市，先大额、后小额"的顺序逐渐进行，并最终形成一个以中央银行基准利率为基础、货币市场利率为中介，以市场供求决定金融机构存贷款利率水平的市场化利率形成机制。

在前期准备工作基础上，利率市场化改革从外币利率管理开始。根据中国人民银行的有关规定，自 2000 年 9 月 21 日起，外币贷款利率将由金融机构根据国际市场利率的变动情况、资金成本、风险差异等因素自行确定利率及其结息方式；同时，300 万（含 300 万）以上美元或等值的其他外币的大额外币存款，其利率水平由金融机构和客户协商确定，小额外币存款利率由中国银行业协会统一制定。

◆ 补充阅读材料

为推进我国利率市场化改革，促进我国银行业对外开放，经国务院批准，中国人民银行发出通知，决定从 2000 年 9 月 21 日开始，改革我国外币利率管理体制。此次外币利率管理体制的改革，主要涉及以下内容：（1）放开外币贷款利率。由金融机构根据国际金融市场利率的变动情况以及资金成本、风险差异等因素，自行确定各种外币贷款利率及其计结息方式。（2）大额外币存款利率由金融机构与客户协商确定。300 万（含 300 万）以上美元或等值其他外币的大额外币存款，其利率水平由金融机构与客户协商确定，并报当地人民银行备案。今后，大额外币存款起存金额由中国银行业协会负责调整。（3）小额外币存款利率由银行业协会统一制定，各金融机构统一执行。对 300 万美元（或等值其他外币）以下的小额存款，其利率水平由中国银行业协会统一制定，经中国人民银行核准后对外公布。各金融机构统一按中国银行业协会公布的利率水平执行。（4）按照中国人民银行要求，中国银行业协会要制定具体的管理办法和操作规程，报中国人民银行备案。中国人民银行还将派观察员参加中国银行业协会有关外币利率的会议。（5）各金融机构应按人民银行规定，以法人为单位制定本系统的外币利率管理办法，并报中国人民银行备案。按照通知要求，各级人民银行要加强对外币利率改革的指导和监管，维护利率秩序，防止高利吸储，定期监测分析放开外币利率对各金融机构经营的影响。

资料来源：中国人民银行网站。

　　2003 年 3 月 21 日，经中国人民银行批准，浙江、黑龙江、吉林、福建和内蒙古 5 省份的 8 家县（市）级农信社进行了利率浮动试点，即在基准利率的基础上，存款利率最高可上浮 30%，贷款利率最高可上浮 100%。2004 年 10 月，中国人民银行决定放开金融机构存款利率的下限和贷款利率的上限，即：允许金融机构在基准利率基础上，存款利率向下浮动，贷款利率向上浮动，实现了"贷款利率管下限，存款利率管上限"的阶段性目标。2012 年 11 月，深化金融改革成为党的十八大提出的六大目标之一，利率市场化问题再一次成为其中的重点工作。2013 年 7 月 20 日，利率市场再次被推进。根据央行决定，取消金融机构贷款利率 0.7 倍的下限，由金融机构根据商业原则自主确定贷款利率水平，取消票据贴现利率管制，对农村信用社贷款利率则不再设立上限（个人住房贷款利率浮动区间则暂不作调整）。至此，金融机构贷款利率基本全面放开。

　　2014 年 11 月 22 日，中国人民银行发布公告，决定即日起下调金融机构人民币贷款和存款基准利率，其中人民币的存款利率浮动区间扩大为基准利率的 1.2 倍，改革已由贷款利率向存款利率进一步推进。2015 年 4 月 10 日，存款利率浮动区间扩大到 1.3 倍；5 月 11 日，又扩大到 1.5 倍。而扩大金融机构存款利率浮动区间的上限，强化基准利率，目的就是发挥基准利率的引导作用，在完善市场化的利率体系和利率传导机制同时，继续稳步、有序地推进利率市场化改革。

　　2015 年 5 月 1 日，《存款保险条例》在我国开始实施，这标志着我国在利率市场化改革道路上又迈出了重要一步。在利率市场化和金融国际化的今天，各金融机构的存贷利差空间不断收窄，相互之间的竞争也更为激烈，因此，作为市场竞争的主体，各金融机构的产品自主定价权应该而且必将不断强化。同时，银行一旦破产，储蓄额小于 50 万元的储户由保险公司负责赔偿，这一条款也使我国金融机构"不会倒闭"的传统观念受到挑战，从而对人们的日常生活与行为产生深远影响。图 4 - 2 显示了我国利率市场化改革大致的时间进程。

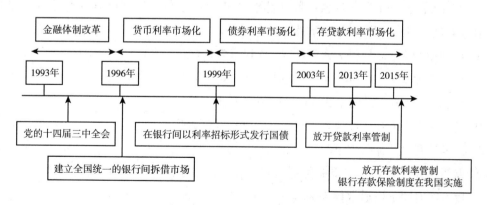

图 4 - 2　利率市场化改革进程

资料来源：中国人民银行网站。

总之，利率市场化是一项复杂而艰巨的长期工程，我们在借鉴国外发达国家基本经验基础上，只有从中国实际出发，稳妥推进，才能在保证市场稳定和金融安全基础上实现改革目标，充分发挥利率杠杆对我国经济的调控作用，为中国式现代化建设保驾护航。

基本训练

一、名词解释

利息　利率　基准利率　名义利率　实际利率　利率市场化

二、填空题

1. 利息有两种基本计算方法，即_____和_____。

2. 由一国货币管理当局或中央银行规定的利率是_____。

3. 按借贷期内利率是否浮动可划分为_____与_____。

4. 在多种利率并存条件下起决定作用的利率是_____，在西方国家通常是中央银行的_____，而我国是_____。

5. 通常情况下，实际利率为名义利率扣除_____。

6. _____是指一国在一定时期内各种利率汇总及利率之间相互依存、相互制约的系统。

7. 根据马克思的利率决定理论，利率的最高界限是_____，最低界限是_____。

8. 货币资本所有权和_____的分离是利息产生的经济基础。

三、单项选择题

1. 我国习惯上将年息、月息、日息都以"厘"作单位，但实际含义却不同，年息6厘、月息6厘、日息6厘的含义分别是指（　　　）。

A. 年利率为6%、月利率为0.6‰、日利率为0.6‱

B. 年利率为6‰、月利率为6%、日利率为0.6‰

C. 年利率为6%、月利率为6‰、日利率为6‱

D. 年利率为0.6‰、月利率为6‰、日利率为6%

2. 在多种利率并存条件下起决定作用的利率是（　　　）。

A. 基准利率　　　　B. 差别利率　　　　C. 实际利率　　　　D. 公定利率

3. 货币的时间价值通常体现为（　　　）。

A. 股票收益　　　　B. 风险价值　　　　C. 利息　　　　D. 存款

4. 由政府或政府金融机构确定并强令执行的利率是（　　　）。

A. 公定利率　　　　B. 一般利率　　　　C. 官定利率　　　　D. 固定利率

5. 剔除通货膨胀因素的利率是（　　　）。

A. 基准利率　　　　　B. 实际利率　　　　　C. 名义利率　　　　　D. 市场利率

6. 按发挥的作用不同，利率可划分为（　　　）。

A. 基准利率与差别利率　　　　　　　　B. 固定利率与浮动利率

C. 长期利率与短期利率　　　　　　　　D. 名义利率与实际利率

7. 假设银行一年期的存款利率为 3%，而同期通货膨胀率为 4%，则一年期存款的实际利率为（　　　）。

A. 1%　　　　　　　B. −1%　　　　　　　C. 3%　　　　　　　D. 4%

8. 在借贷期限内根据市场资金供求状况定期调整的利率属于（　　　）。

A. 基准利率　　　　　B. 差别利率　　　　　C. 实际利率　　　　　D. 浮动利率

四、多项选择题

1. 名义利率扣除通货膨胀率以后，实际利率会出现的三种情况有（　　　）。

A. 名义利率高于通货膨胀率时，实际利率为正利率

B. 名义利率高于通货膨胀率时，实际利率为负利率

C. 名义利率等于通货膨胀率时，实际利率为零

D. 名义利率低于通货膨胀率时，实际利率为正利率

E. 名义利率低于通货膨胀率时，实际利率为负利率

2. 下面（　　　）等因素能够对利息率水平产生决定和影响作用。

A. 最高利润水平　　　　　　　　　　　B. 平均利润率水平

C. 物价水平　　　　　　　　　　　　　D. 借贷资本的供求

E. 经济运行周期

3. 利率在经济周期的不同阶段会有不同变化，以下描述正确的有（　　　）。

A. 处于危机阶段时，利率会降低

B. 处于萧条阶段时，利率会降低

C. 处于复苏阶段时，利率会慢慢提高

D. 处于繁荣阶段时，利率会急剧提高

E. 以上答案都不对

4. 利率在微观经济活动中发挥的作用包括（　　　）。

A. 对企业经济核算的影响　　　　　　　B. 引导居民储蓄

C. 引导投资与消费　　　　　　　　　　D. 调节社会资本供给

5. 我国目前实行市场利率的主要有（　　　）。

A. 民间借贷利率　　　　　　　　　　　B. 银行存贷款利率

C. 银行同业拆借利率　　　　　　　　　D. 上海证券交易所债券市场利率

五、判断并改正

1. 以复利计息，考虑了资金的时间价值因素，对贷出者有利。

2. 当一国处于经济周期中的危机阶段时，利率会不断下跌，处于较低水平。

3. 利率由金融市场上货币资本的供求状况决定。

4. 一国的生产状况、市场状况以及对外经济状况都对利率有影响。

5. 利率管制严重制约了利率作为经济杠杆的作用，对经济毫无益处。

六、简答题

试述利率在宏微观经济中的作用。

七、计算题

1. 银行向某企业发放一笔贷款，贷款额为 200 万元，期限为 3 年，年利率为 6%，试用单利和复利两种方式计算银行应得的本利和。

2. 张某于 2005 年 5 月 17 日在银行存入定期存款 10 万元人民币，存期 3 个月，实际取款日为 2006 年 7 月 30 日。已知 3 个月的定期存款利率为 1.98%，活期存款利率为 0.66%，利息所得税为 20%，计算张某实得的利息额。

第五章　金融机构

本章提要

金融机构是指专门从事各种金融活动的组织。

金融机构体系是指在一定的历史时期和社会经济阶段，一个主权国家的所有金融机构群体及其彼此间形成的关系。

中央银行是专门制定和实施货币政策、集中管理一国金融活动并代表政府协调对外金融关系的金融机构，处于一国金融体系中的核心地位。

商业银行是办理各种存款、放款和汇兑结算等业务、以追求利润最大化为其主要经营目标的银行。商业银行具有信用中介、支付中介、信用创造和金融服务四种职能。

政策性银行是指那些由政府创立，专门为贯彻并实施国家宏观经济政策而在特定业务领域内从事政策性融资活动的银行机构。不以营利为目标是政策性银行经营的基本特点。

非银行性金融机构作为一国金融体系的重要组成部分，其发展状况是衡量一国金融体系是否成熟的重要标志之一。非银行性金融机构主要有保险公司、投资机构、信托公司、融资租赁公司、金融资产管理公司、财务公司等。

国际金融机构主要指各国政府或联合国建立的国际金融机构组织，可分为全球性的国际金融机构和区域性的国际金融机构两大类。

第一节　金融机构概述

现实生活中，政府、个人家庭、企业单位等经济各部门并非在任何时候都能保持自己的收支平衡，一般情况下，这些部门的收支会形成两种情况，即资金盈余或短缺，而在货币资金由盈余方向短缺方流动的过程中，金融机构起着不可或缺的作用。

一、金融机构的含义及作用

金融机构是指专门经营存款、贷款、个人储蓄、票据贴现、外汇、结算、信托、投资、租赁等金融业务的组织，或统称为专门从事金融活动的组织。现代经济条件下，金融机构种类繁多，形式各异，所有金融机构的群体就构成了一国的金融机构体系。

作为专业化的融资中介，金融机构在市场经济运行中主要发挥了以下三个作用。

（一）提供支付结算服务

最早的金融业起源于古代的欧洲。当时为了满足贸易需要，一部分贸易商人开始提供货币兑换、保管出纳、清算等服务，这就是早期的货币兑换业。随着商品经济的进一步发展，早期的这些兑换业务开始放大并延伸到发放贷款等多项领域，最后逐步成为办理存款、放款和汇兑业务的银行业。所以，金融机构提供有效的支付结算服务是适应经济发展需求最早产生的功能，对商品交易的顺利实现及节约社会交易成本都具有重要意义。

目前的支付结算服务一般是由可吸收存款的金融机构提供。其中，商业银行是典型的提供支付结算服务的金融中介机构。

（二）发挥融通资金的作用

融通资金是所有金融机构具有的基本功能。作为专业的资金融通媒介，金融机构具有促进各种社会闲置资金向生产性资金转化的作用，但不同的金融机构因发行的融资工具不同而使融资方式有所不同。比如，银行类金融机构通过发行各种存款类金融工具来吸收和集中社会上的闲置货币资金，并以债权人身份向企业、居民家庭或个人贷款，这属于融资活动中的间接融资方式。通常，金融机构汇集各种期限和数量的资金，聚沙成塔、续短为长，对资金进行集中运作，既使社会闲散资金得到充分有效的运用，也满足了投融资双方的不同需求，在促进融资交易活动顺利进行的同时，有力地推进了社会经济发展。

（三）降低交易成本，转移金融风险，提供金融服务

现代市场经济活动越来越依赖于金融机构及其服务。通过规模效应，金融机构能够支配和运营比自身资本金高出几十倍甚至几百倍、几千倍的资本规模，从而可以合理控制利率、费用、时间等成本，提高投资融资效率，满足迅速增长的投融资需求。同时，金融机构虽然属于高风险产业，但通过各种业务、技术和管理，可以分散、转移、控制金融经济活动中出现的各种风险，保证债务、债权关系的顺利建立和清偿。金融服务是指金融机构通过自身专业化等优势，及时收集、获取比较真实完整的信息，为政府、企业和居民个人在投融资等方面提供专业性的辅助与支持。社会经济越发达，在支付结算与融通资金基础上衍生出来的金融服务就显得越发重要。

二、金融机构经营的特殊性

在现代市场经济中，金融机构作为一类特殊的商业经营企业，与一般工商企业相比，双方既有共性，又有特殊性。共性表现为金融机构也要具备普通企业的基本要素。例如，以营利为其主要经营目的、按一定要求进行工商注册、独立核算、自负盈亏、照章纳税、向社会提供特定的商品（货币、金融工具）和服务，等等。特殊性主要表现在以下方面。

（一）经营对象与经营内容不同

一般企业经营的对象是具有一定使用价值的商品或劳务，经营内容主要是从事商品生产与流通活动；而金融机构的经营对象是货币资金这种特殊商品，经营内容则是货币的收付、借贷及各种与货币资金运动有关的金融业务。

（二）经营关系与经营原则不同

一般工商企业与客户之间进行的是商品或劳务的买卖关系，经营过程中遵循等价交换原则；而金融机构与客户之间进行的是货币资金的借贷或投资关系。由于金融机构自有资本持有率较低与经营资产持有率较高之间的差异，决定了其经营的高风险特点，因此，在经营中必须遵循安全性、流动性和营利性原则，才能保证资产的盈利及对到期债务的支付。而安全性、流动性和营利性三者之间本身就存在着矛盾，难以同时达到最佳，所以金融机构必须根据国家管理当局的宏观调控要求及自身发展要求，统筹兼顾处理好三者之间的关系。

（三）经营风险及影响程度不同

一般工商企业的经营风险主要来自商品的生产与流通过程，集中表现为商品是否产销对路。这种风险所带来的后果至多是因商品滞销、资不抵债而宣布企业破产，对整体经济的影响较小。而金融机构经营的是社会闲置的货币资金，因此在经营过程中始终伴随着利率风险、信用风险、挤兑风险、汇率风险等诸多系统与非系统风险，一旦风险失控，就会出现债务危机、清偿力危机，产生的"多米诺骨牌"效应会直接导致金融体系运转失灵，进而危及整个社会再生产过程，严重时甚至可能引发社会经济秩序的混乱，爆发政治危机，所以对整体经济的影响较大。

三、金融机构体系的构成

金融机构体系是指在一定的历史时期和社会经济阶段，一个主权国家所有金融机构群体及其彼此间形成的关系。现代市场经济国家普遍都存在着一个庞大的金融机构体系。由于不同国家在经济体制、经济发展水平、信用发达程度等方面存在一定的差异，因此，各国金融机构体系的组成也不完全相同。按照地位与职能的不同，金融机构一般可分为管理性金融机构、商业经营性金融机构和政策性金融机构三大类。

（一）管理性金融机构

管理性金融机构是指在一个国家或地区发挥金融管理、监督职能的机构。一般可分为四类：一是负责制定货币政策并实施宏观调控的中央银行或金融管理当局，它在一个国家或地区的金融监管组织机构中居于核心位置，如我国的中国人民银行。二是按分业经营原则设立的监管机构，如可按银行业、证券业、保险业等行业分别设立相关的监督管理委员会，专门负责对银行业、证券业、保险业等进行监督与管理。以我国为例，目前的金融监管体系格局为"一行一局一会"，即中国人民银行、国家金融监督管理总局和中国证券监督管理委员会。三是金融同业自律组织，如银行业公会、证券业协会、保险业协会等行业协会，目的是通过制定共同遵守的行为准则和自律规章，在约束会员市场行为和协调方面发挥行业的自身作用。四是社会性公律组织，如会计师事务所、律师事务所、评估机构，等等，目的在于规范金融业的活动，以促进社会经济稳定运行、健康发展。

（二）商业经营性金融机构

商业经营性金融机构是指经营一种或多种金融业务，以营利为其主要经营目标的金融企业，如各种商业银行或存款机构、保险公司、投资银行、信托公司、租赁公司、投资基金等。通常以是否吸收存款为其主要资金来源为标准将金融机构划分为银行类金融机构或非银行类金融机构，如图 5-1 所示。

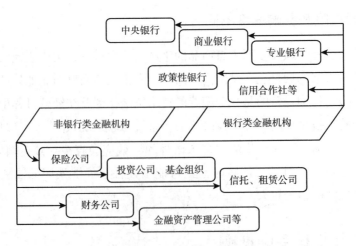

图 5-1 银行类与非银行类金融机构体系构成

在商业性金融机构体系中，银行类金融机构为数众多，业务范围广泛。虽然随着金融创新活动的不断增加，其他非银行类金融机构所占比重逐渐上升，但银行类金融机构仍在金融机构体系中占有重要地位，在信用活动中起着主导作用。

（三）政策性金融机构

政策性金融机构是指那些由政府投资设立，根据政府的决策与意向，配合宏观经济调控，专门从事政策性金融活动的金融机构。这类金融机构建立的宗旨在于支持政府发展经济，促进社会全面进步。世界各国基本上都会根据本国经济发展需要建立相关的政策性金融机构，如20世纪90年代，我国为解决国有商业银行不良资产而成立的金融资产管理公司，为支持国家基础设施、基础产业和支柱产业的建设而成立的中国国家开发银行，为承担国家规定的农业政策性金融业务而成立的中国农业发展银行及为促进我国机电等产品出口而成立的中国进出口银行，都属于政策性金融机构。

近年来，随着社会经济的发展和科学技术的进步，各种金融创新活动促使金融机构业务向全能化、综合化方向发展，而融资渠道和融资形式的多样化也决定了其为客户提供服务的多样化。所以，为更好地适应市场经济发展，满足社会对金融行业需求的不断变化，金融机构多元化必定是未来的发展趋势。

◆ **补充阅读材料**

银行类金融机构与非银行类金融机构的区别主要表现在：（1）吸收资金的方式不同。银行类金融机构主要以吸收存款的方式吸收资金；非银行类金融机构则以其他方式吸收资金。（2）业务方式不同。银行类金融机构的主要业务方式是存款与贷款；非银行类金融机构的业务方式则是多元化的，例如，保险公司主要从事保险业务，信托公司从事信托业务，租赁公司从事租赁业务，证券公司从事投资业务等。（3）地位和作用不同。银行类金融机构在业务经营中，既是债务人的集中，也是债权人的集中，主要发挥信用中介职能；而非银行类金融机构则比较复杂，要依据其具体业务发挥不同的职能。例如，保险公司作为保险人，主要发挥社会保障职能；信托公司充当受托人，主要发挥财产事务管理职能；等等。在现代金融机构体系中，中央银行是这个体系的核心，商业银行是主体和基础，多种银行类与非银行类金融机构并存，相互协调，相互补充，共同发展。

四、中国的金融机构体系

（一）旧中国的金融机构体系

虽然我国早在唐朝时期就有从事货币信用的金融业，但由于商品经济的发展十分缓慢，导致金融机构的发展也长期处于分散、落后状态。18世纪初，当西方资本主义国家先后建立起现代金融机构体系的时候，我国的金融领域仍被诸如"钱庄""票号""典当行"等具有高利贷性质的典型旧式金融机构所占据。直到 1845 年，英国丽如银行在广州开设分行，这才标志着中国第一家现代银行的正式成立。

19 世纪 20 年代至新中国成立以前，我国金融体系主要由以下几个层次构成：

一是以"四行二局一库"为核心的官僚资本金融体系。"四行"为中央银行、中国银行、交通银行、中国农民银行；"二局"指中央信托局、邮政储蓄汇业局；"一库"指中央合作金库，这个体系在当时占有垄断地位。

二是中国民族资本家开设的一些银行。中国自办的第一家银行是 1897 年在上海设立的中国通商银行，它们与民族工商业一样，处于帝国主义、官僚资本主义的双重压力之下，规模小，资金薄弱，发展缓慢。

三是一些外资银行与地方官办银行。外资银行主要经营中国的对外结算和进出口信贷，并在很多方面取得了特权，第二次世界大战以后，英、美两国的金融势力逐步取代了其他各国银行的势力，作用形式（对中国金融体系的控制）也从幕前转移到幕后。地方官办银行主要在某个区域内占有金融垄断权利。

四是在广大的中国农村地区，则仍然是高利贷占据天下。

（二）新中国金融机构体系的建立与发展

新中国金融机构体系是在中华人民共和国成立 70 多年的时间内，经过不断摸索和发展而形成的。目前的金融体系是以中央银行——中国人民银行为核心、大中型股份制商业银行为主体，多种金融机构并存的格局。新中国金融机构体系的建立和发展大致经历了以下几个过程。

1. 1948～1953 年：金融体系的初步形成阶段

1948 年 12 月 1 日，中国人民银行在原华北银行、北海银行、西北农民银行的基础上成立，这标志着新中国金融机构体系的开始。随后，中国人民银行接管和没收了官僚资本银行，并对民族资本银行和私人钱庄进行严格的管理，逐步对其实行社会主义改造，对广大农村地区的高利贷活动，则是建立和发展农村信用合作社。通过这些措施，中国人民银行逐渐成为全国唯一的国家银行，并奠定了国有银行在新中国金融体系中的主导地位。

2. 1953～1979 年："大一统"模式下的金融体系

1953 年我国金融机构按照当时苏联的银行模式进行了改造。这是一种高度集中的、以行政管理办法为主的单一国家银行体系，其特点是：（1）在银行设置上，全国只有中国人民银行一家办理全部银行业务，下设众多分支机构，遍布全国，统揽一切银行信用；（2）在职能行使上，中国人民银行集货币发行和信贷业务于一身，既执行中央银行职能，又兼办普通银行的信贷业务。这种模式与当时实行高度集中的计划经济管理体制相适应，对推动国家经济发展有着积极意义。但这种"大一统"模式由于统得过死，缺乏活力与效率，不利于调动各级银行的积极性，最终与我国不断推进的经济体制改革不相适应。

3. 1979～1983 年：改革初期的金融机构体系

这一阶段主要是突破长期存在的"大一统"金融体系，恢复和建立独立经营的专业银行。1979 年 2 月，恢复中国农业银行，由其负责管理和经营农业资金；1979 年 3 月，中国银行从中国人民银行中分离出来，专门负责经营对外金融业务；1979 年 8 月，中国人民建设银行从财政部独立出来，专门负责管理基本建设资金；1979 年，恢复了中国人民保险公司并开始经营国内商业保险业务；1981 年，成立中国投资银行，等等。这些金融机构各有明确的分工，打破了原来单一的、由人民银行垄断的金融格局，与中国人民银行一起构成了改革初期我国的金融机构体系。

4. 1983～1993 年：初具规模、多元化的金融机构体系

随着"大一统"的金融体制向多类型、多层次格局的演变，许多原来没有的金融机构出现了，并有继续扩展的趋势，这样，如何对金融领域内出现的问题进行疏导、协调和管理就被提到重要日程上来了。1983 年 9 月，国务院决定中国人民银行专门行使中央银行职能，同时专设中国工商银行，承办原来由中国人民银行负责的信贷及城镇储蓄业务。1984 年 1 月 1 日，中国工商银行总行正式成立并对外营业。

1983 年起，在金融机构方面还进行了如下的改革：重新组建交通银行（股份制）、中信实业银行等综合性银行以及广东发展银行、招商银行等区域性银行；设立一些非银行金融机构，如光大金融公司、财务公司、城乡信用合作社等；允许外国金融机构设立驻华办事处，使我国的金融机构体系从封闭走向开放。

通过以上改革，我国开始形成了以中国人民银行为核心，以四大国有专业银行为主体，各种金融机构并存和分工协作的金融机构体系。

5. 1994 年至今：不断改革与完善的金融机构体系

1994 年之后展开的金融改革是在明确建设具有中国特色的社会主义市场经济体制基础上进行的。1994 年，国务院决定进一步深化金融体制改革，其中在金融机构体系方面的重大改革有：分离政策性金融与商业性金融，成立三家政策性银行；推动中、农、工、建四大国有银行进行股份制改革并上市；成立四大资产管理公司，并大力发展证券投资基金等非银行性金融机构；2001 年加入 WTO 后，不断推进金融业的对外开放，允许更多的外资金融机构进入中国经营；2014 年开始试点完全由民营资本发起设立的民营银行，进一步突破国有金融机构的垄断局面；为守住不发生系统性金融风险底线，2003～2023 年期间金融监管机构也根据经济金融发展的实际需要进行了三次调整，等等。目前我国金融机构体系构成如图 5-2 所示。

总之，经过几十年的改革，我国的金融机构体系已发展成为以中国人民银行、国家金融监督管理总局、中国证券业监督管理委员会为管理机构，对各类金融机构实行"分业经营"与"分业管理"的多层次、多元化金融机构体系。

我国金融机构体系

- 中央银行及金融监管当局——中国人民银行、国家金融监管总局、中国证监会
- 商业银行
  - 国有控股的大型商业银行：中国农业银行、中国建设银行、中国银行、中国工商银行、交通银行
  - 股份制商业银行：中信实业银行、招商银行、广东发展银行、浦东发展银行、光大银行、华夏银行、民生银行等
  - 其他商业银行：农村商业银行、城市商业银行、农村信用社、邮政储蓄银行、外资银行、民营银行等
    民营银行：深圳微众、上海华瑞、浙江网商、天津金城等
- 政策性银行——国家开发银行、中国进出口银行、中国农业发展银行
- 非银行性金融机构——保险公司、信托投资公司、证券公司、基金管理公司、财务公司、金融租赁公司、资产管理公司等

图5－2　我国金融机构体系的构成

◆ **补充阅读材料**

美国的金融机构体系由联邦储备系统（美国中央银行）、商业银行、其他金融机构和在美的外国金融机构构成。商业银行是美国金融体系的骨干力量，遍布全国各地，它直接与工商企业发生经济往来，都是非官办的金融企业。美国商业银行注册制度实行双轨制，即美国商业银行可以自由选择是成为向联邦政府注册的国民银行（占30%左右，如美洲银行、花旗银行等，规模较大，吸收存款较多、信誉较高）还是向州政府注册的州银行两种，也就是通常人们所说的美国“双线银行制度”。

第二节　中央银行

与商业银行和其他专业银行不同，中央银行不与任何企业和个人直接发生信用关系，它是代表政府统一管理金融的特殊机构，是垄断国家货币发行、制定和实施国家货币政策、代理国家金库、代表国家协调对外金融关系的特殊银行，是一国金融体系的核心。

一、中央银行产生的客观经济条件

就中央银行这一组织机构而言，各国中央银行建立和发展的道路不完全相同，有的是从商业银行演化而来，有的则从它开始诞生的那一天起就是中央银行。但抛开各国中央银

行的个别发展特点，将它作为一种制度——中央银行制度来看，这一制度产生和发展的基本动力是当时银行系统在运行过程中出现了以下一些严重问题需要解决。

（一）对统一货币发行的客观需要

在中央银行制度确立前，众多银行均拥有货币发行权，即有权发行自己的银行券，因此市场上有许多不同的银行券在流通。18～19世纪，资本主义工业革命推动了社会生产力和商品流通迅猛扩大，在此背景下，货币信用业务规模发展迅速，资本主义银行业得到了广泛建立。如果每家银行当时都能保证自己发行的银行券随时兑现，则问题也就不会出现了。但事实是，随着资本主义经济和银行业的快速发展，为数众多、资金实力薄弱的小银行因资金、分支机构有限，发行的银行券往往不为外地所接受（不能兑换），这给社会化的生产和流通造成困难；同时，由于银行多，业务竞争激烈，债权债务关系复杂，恶意挤兑的情况时有发生，这从客观上要求在全国范围内由具有较高信誉的大银行来集中发行货币，以克服分散发行造成的混乱局面。

（二）对票据交换的客观需要

随着银行业务的不断扩大，商业银行收受票据的数量日益增多，由各银行自行扎差、当日结算越来越困难，这从客观上需要有一个全国统一的服务机构来建立一个完善的系统，以保证票据交换及债券债务清偿能得到及时、合理的处置。

（三）对最后贷款者的客观需要

资本主义生产和流通的扩大导致了日益增多的贷款需求，且日期延长，一些银行经常发生资金周转不灵、兑现困难的情况。特别是遇到普遍的金融危机时，这种情形更为严重。为了避免银行在经营过程中因资金不足而出现兑付困难，防止挤兑风潮等因素引发银行破产，客观上要求有一个银行的银行作后盾，能够在商业银行资金发生困难时，作为商业银行的依靠，给予必要的贷款支付，帮助商业银行渡过暂时的难关。

> **小思考**
>
> 所有的银行一旦遇到资金不足，中央银行都帮助它垫款吗？
>
> 答：不是，中央银行只帮助银行应付暂时的资金流动性不足，对那些因经营不善而资不抵债要破产的银行是不给予贷款的。

（四）对金融管理的客观需要

同其他经营行业一样，以营利为目的的金融企业之间也存在着激烈的竞争。但由于银行经营的是一个特殊商品——货币，所以，一旦破产、倒闭，给经济造成的动荡要较其他企业大，这就客观上需要有一个能代表国家、政府意旨的超然于所有金融企业之上的专门机构对此进行专门管理，以保证金融业的安全与规范化经营。例如 1929～1933 年，资本主义国家爆发的经济危机，大批银行倒闭、货币制度崩溃、国际信用瓦解，整个世界遭受了不可估量的损失。痛定思痛，各国金融监督管理的意识普遍加强，认识到金融业对国民经济的影响巨大，要保证金融稳定，必须将金融业的经营活动置于管理当局的严格监督之下。

中央银行正是为解决上述问题而产生的。一般中央银行的形成有两条途径：一是商业银行经过缓慢的演化，逐渐取得货币发行权、最后贷款人、全国金融管理等权利与职责，自然发展和演变而成，英国的英格兰银行就是这种类型的代表；二是在政府设计下从成立初始就直接归国家所有，行使中央银行职责，如美国的中央银行（美联储）。20 世纪以后成立的中央银行基本上都是这种类型。

◆ 补充阅读材料

历史上，中央银行经历了一个漫长的发展过程。

中央银行制度最早萌芽于 17 世纪末，最先具有中央银行名称的是瑞典国家银行（The State Bank of Sweden），该行成立于 1656 年，主要从事信贷业务。但当时它没有货币发行权（其货币发行比英格兰银行晚 50 年），所以，最先拥有货币发行权的英格兰银行成为第一家真正的中央银行。

成立于 1694 年的英格兰银行被世界公认为中央银行的鼻祖，在中央银行制度发展史上具有重要的里程碑意义。初始因与政府的特殊关系，英格兰银行只是垄断部分地区的货币发行权，直到 1844 年英国《皮尔条例》的通过，才从法律层面上规定了英格兰银行的货币发行权。1946 年，根据《英国银行法》，英格兰银行开始实行国有。

美国负责履行中央银行职责的是成立于 1913 年的联邦储备系统，简称美联储。根据《联邦储备法》，美国的联邦储备系统由联邦储备管理委员会、联邦公开市场委员会与 12 家联邦储备银行（将全美 54 个州划分为 12 个区，每区设一个联邦储备银行）组成，其中，联邦储备管理委员会是联邦储备系统的最高权力机构，其主要任务是决定美国联邦储备体系的货币政策，并且监督和协调各区联邦储备银行业务，发行钞票等业务则属于联邦储备银行职责。

美国联邦储备银行建立后，中央银行的发展进入了一个新阶段，开始在世界范围内普及。

资料来源：贺力平. 中央银行理论与实务［M］. 北京：国家开放大学出版社，2020；王广谦. 中央银行学［M］. 4 版. 北京：高等教育出版社，2017。

二、中央银行的性质与职能

作为一国金融体系核心，中央银行虽然也称银行，但它不以营利为目的，不经营普通商业银行业务。中央银行与国家政府关系密切，享有国家法律上所授予的特权。它只负责制定和执行国家的货币金融政策，调节货币流通与信用活动，并在对外交往中代表国家参加国际金融组织和各种国际金融活动。中央银行的性质和法律地位决定了其具有的特殊职能，一般可概括为发行的银行、银行的银行和国家的银行。

（一）中央银行是"发行的银行"

所谓发行的银行，是指中央银行垄断货币发行权，是一个国家唯一具有货币发行权的机构。从中央银行的产生和发展历史看，独占货币发行权是其最先具有的职能，也是区别其他普通商业银行的根本标志。可以说，中央银行的发展史就是一个现代国家的货币发行史。货币发行权的垄断一方面有利于中央银行根据客观经济形势和国家宏观金融政策，适当调整货币供给量；另一方面，以政府作后盾集中货币发行，有利于防止因分散发行造成的货币供给量失控、信用膨胀、币值不稳定等不良因素，为经济稳定发展提供良好的金融环境。

（二）中央银行是"银行的银行"

所谓银行的银行，是指中央银行与商业银行及其他金融机构发生业务往来，集中保管商业银行的准备金并充当"最后贷款者"。具体说，一是集中保管商业银行的存款准备。商业银行吸收的存款不能全部贷出，必须保留一部分现金做准备，以备存款人提取，而这部分现金准备不能存放在自己的金库，必须按规定的比率向中央银行交纳法定存款准备金。它既是保证各个商业银行具备足够的偿付能力而作出的一种法定要求，也利于各银行的资金安全和中央银行的宏观调控。二是办理商业银行间的清算。商业银行在中央银行开立账户并拥有存款，有利于银行与银行之间进行资金划拨和办理结算，从而清算彼此间的债权债务。三是对商业银行发放贷款。作为银行的最后贷款人，当商业银行缺乏资金时，可通过再贴现、再抵押等方式从中央银行取得贷款，从而也使中央银行成为一国商业银行及其他金融机构的信贷中心。

（三）中央银行是"国家的银行"

所谓国家的银行，是指中央银行代表国家贯彻执行财政金融政策，代为管理国家财政收支以及为国家提供各种金融服务。其主要内容包括代理国库，即经办政府的财政都是通过财政部在中央银行的账户上进行的；充当政府的金融代理人，代办各种国内外金融事务，如代理国债的发行及到期的还本付息、代理政府管理黄金和外汇的储备、代表政府参加各种国际金融会议、从事国际金融活动等；对政府提供融资支持，如通过向财政提供贷款或直接购买政府债券等为政府筹集资金；作为最高的金融管理当局制定和执行货币政策，等等。

总之，中央银行在金融体系中处于特殊的地位，发挥着特殊的作用。

三、中央银行的制度形式

中央银行的制度形式由各国和各地区社会制度、政治体制、经济发展水平以及历史上的传统习惯等因素决定，大致可归纳为四类。

（一）单一型中央银行制

单一型中央银行制是指一国单独设立中央银行机构，全面行使中央银行职能，并领导一国全部金融事业的制度。其特点是权力集中，职能齐全，根据需要在全国各地建立数量有限的分支机构。这种制度一般采取总分行制，分行是总行的隶属、派出机构，它们不能独立制定货币政策，必须执行总行所制定的方针政策。根据单一中央银行制度下总行、分行设置方式的不同，又分为一元式、二元式和多元式三种具体形式。一元式是国内只设一家中央银行及众多的分支机构共同组成中央银行，如我国现行的中央银行体制；二元式是在中央和地方设立两级中央银行机构，分别行使金融管理权，两级银行具有相对的独立性，执行联邦制的国家多数采取这种制度，如美国联邦储备委员会及其下属的联邦储备银行；多元式则是在一国建立多个中央银行机构执行中央银行职能与任务的体制。世界上80%以上的国家都实行单一型的中央银行制度。

（二）复合型中央银行制

复合型中央银行制是指国家不专门设立行使中央银行职能的银行，而是由一家大银行既行使中央银行职能，又经营一般商业银行业务的银行管理体制。其特点是缺乏权利，职能不健全、庞杂，分支机构遍及全国。这种复合制度主要存在于苏联及部分原东欧国家，我国在1983年以前也实行这种制度。目前已较少有国家采用这种体制。

（三）跨国型中央银行制

跨国型中央银行制是指由参加某一货币联盟的所有成员国（一般应两个以上主权独立国家）联合组成的中央银行制度。其职能为发行货币、成员国执行共同的货币政策以及有关成员国政府一致决定授权的事项，等等。这种体制最大的特点是跨越国界行使中央银行职能，典型代表有欧洲中央银行和中非国家银行。

（四）准中央银行制

准中央银行制是指在一些国家和地区，并无通常意义上的中央银行制度，只设置类似中央银行的机构，或是由政府授权某个或某几个商业银行部分行使中央银行职能的体制。新加坡和中国香港地区是典型代表。

小思考

新加坡和中国香港地区的中央银行制度是怎样的？

答：新加坡没有中央银行，中央银行的职能由政府设立的金融管理局和货币发行局两个机构行使。前者负责制定国家货币政策与金融业的发展政策，而后者主要负责发行货币、保管货币发行准备金等业务。

1993年以前，中国香港地区也是没有一个统一的金融管理机构，中央银行的职能由政府同业公会和商业银行承担，直到1993年成立金融管理局，才结束了香港没有货币管理当局的历史。金融管理局由货币管理部、外汇管理部、银行监管部和银行政策部合并组成，是香港金融方面最高的行政管理当局。金融管理局没有货币发行权，货币发行由汇丰银行、渣打银行和中国银行香港分行负责。

另外，还要注意的是中央银行并不一定是由国家出资建立的。若将世界上的中央银行按资本组成类型来划分，目前大致有五种：一是全部资本为国有的中央银行，为世界上大多国家所采用，如中国人民银行。二是国有资本与民间资本共同组建的中央银行，但国家一般对非国家股份持有者的权利进行限制，如只有分红权而没有经营决策权等，日本、墨西哥的中央银行就属于这种类型。三是全部股份非国家所有的中央银行，但经政府授权行使央行职责，如美联储和意大利的中央银行。四是资本为多国共同所有的中央银行，如欧洲中央银行，其资本由欧盟各国按一定比例认缴。五是无资本的中央银行，由国家授权执行央行职能，如新西兰中央银行。

四、我国中央银行

中国人民银行是我国的中央银行，是国务院领导下制定和实施货币政策的国家机关。计划经济时期，中国人民银行主要扮演政府和社会的现金出纳角色，1978年改革开放以后开始向中央银行转型。1983年9月，国务院发布《关于中国人民银行专门行使中央银行职能的决定》，并确定同时成立中国工商银行，由其接手中国人民银行所从事的普通银行业务。1995年3月，第八届全国人民代表大会第三次会议通过了《中华人民共和国中国人民银行法》，至此，中国人民银行是中国的中央银行这一地位以法律形式被确定下来。

中国人民银行总部设在北京。从机构设置来看，有内设部门（北京）、上海总部、直属机构和分支机构。根据履行职责需要，北京总部内设 26 个部门，包括办公厅（党委办公室）、金融委办公室秘书局、条法司、研究局、货币政策司、宏观审慎管理司、金融市场司、金融稳定局、调查统计司、支付结算司、科技司、货币经营局、国库局、国际司（港澳台办公室）、征信管理局、反洗钱局（保卫局）、金融消费权利保护局、会计财务司、内审司、人事司（党委组织部）、党委宣传部（党委群工部）、参事室、机关党委、离退休干部局、工会和团委。上海总部是总行公开市场操作平台、金融市场运行监测平台及一部分金融服务与研究开发业务中心，作为总行的有机组成部分，履行总行授权和委托的全国性职责。此外，中国人民银行还设立了印钞造币集团公司、清算中心、外汇交易中心、中国反洗钱监测分析中心等直属企事业单位及驻外机构。

中国人民银行在分支机构设置方面也经历了一系列变迁。1998 年以前，中国人民银行的分支机构是按我国的行政区划设置。同年 10 月，为配合我国经济体制改革，减少地方对金融的不当干预，开始按经济区域设立大区分行，总行在北京（2005 年 8 月为推进上海国际金融中心建设同时设立上海总部），下设北京、重庆 2 个直属营业部，同时在上海、广州、沈阳、武汉、成都、天津、济南、西安、南京 9 个经济和金融比较发达的城市设置跨省大区分行，各大区分行再根据中国人民银行总行的授权，各自负责辖区的金融管理工作，承办相关业务。为更好地满足"化解系统性风险，维护金融稳定"的监管新要求，2023 年 3 月，中共中央、国务院印发《党和国家机构改革方案》，明确提出统筹推进中国人民银行分支机构改革。同年 8 月，根据部署，中国人民银行 31 个省（自治区、直辖市）分行，深圳、大连、宁波、青岛、厦门 5 个计划单列市分行和 317 个地（市）分行同时在各地挂牌。至此，运行近 25 年的大区分行制度正式退出历史舞台，中国人民银行分支机构改革又迈出重要一步。

第三节　商业银行

商业银行是办理各种存款、放款和汇兑结算等业务、以追求利润最大化为其主要经营目标的金融机构。由于商业银行的存放款业务可以产生派生存款，增加货币供给量，所以通常也被称为"存款货币银行"。作为一国金融机构体系的重要组成部分，商业银行的业务范围随着全球经济的发展而迅速扩大，各国都非常重视对商业银行的管理与调控。

一、商业银行的性质与职能

商业银行的发展源于古代的货币兑换业和银钱业，最初主要开展金属货币的鉴定、兑换、保管和汇兑等业务。到中世纪，商业发展逐渐催生了现代意义上的商业银行。其中，1580 年意大利的威尼斯银行被认为是世界上最早的近代银行；而 1694 年，在英国政府的支持下，由私人创办的英格兰银行则是最早出现的股份制银行。

作为吸收公众存款、发放贷款、办理结算等业务的金融机构，商业银行的性质可归纳为两点。第一，它具有企业的基本特征。与一般工商企业一样，商业银行具有从事业务经营所需要的自有资本，依法自主经营、独立核算、照章纳税，以利润最大化为经营目标。第二，它是一个特殊的企业，商业银行对社会经济的影响远远大于一般企业。商业银行经营的是货币资金这种以价值形态出现的特殊商品，其活动范围是信用货币领域，且随着社会生产发展与人们金融意识的普遍提高，商业银行的业务经营更是向综合性、多功能性方向发展，在社会经济生活各方面发挥着独特的作用。具体看，商业银行具有以下几种职能。

（一）信用中介职能

信用中介是商业银行最基本、最能反映其经营活动特征的职能。这一职能的实质，是商业银行通过其负债业务，将社会上各种闲散货币集中到银行里来，再通过其资产业务，将资金投向社会经济各部门。商业银行以自身信用做保证，通过信用中介职能实现盈余资本与短缺资本之间的融通，积少成多，既可将众多闲置资本动员起来用于经济发展需要，也可通过利益机制将资本从低效益部门引向高效益部门，进而形成对社会经济结构的调整。

小思考

商业银行的信用中介职能是否改变货币资本的所有权？

答：不改变。虽然商业银行通过信用中介的职能来实现资本在盈余与短缺之间的融通，并从其资产与负债业务经营的差额中获取银行的利润收入，但这种货币资本融通，并不改变货币资本的所有权，改变的只是货币资本的使用权。

（二）支付中介职能

商业银行除了作为信用中介融通货币资本外，还执行着货币经营的职能。由于银行具有较高的信誉和较多的分支机构，规模化、专业化效应明显，且银行业务又与各个工商企业、团体和个人有密切的联系，因此，无论工商企业、团体和个人都愿意委托银行办理货币收付、转账结算等业务，这样，商业银行就成为工商企业、团体和个人货币资金的保管者、出纳者和支付代理人。商业银行支付中介职能的运用对节约流通费用、加速资金周转具有重要的意义。

（三）信用创造职能

信用创造职能是指商业银行通过吸收存款、发放贷款等业务，在转账结算的基础上派生出数倍于原始存款的存款货币，从而扩大社会货币供给量的功能。信用创造职能是在信用中介和支付中介职能基础上产生的，是商业银行区别于其他金融机构最显著的特征。从整个社会再生产过程来看，信用工具的创造有利于加速资金周转，满足经济发展过程中对流通手段和支付手段的需要。

（四）金融服务职能

金融服务职能是商业银行利用其信誉、设备、客户等方面的资源优势，为社会各界提供其他金融服务的功能。除了资产负债业务，现代社会还需要商业银行开展其他业务，因为这些业务不列入资产负债表内，且不影响银行资产与负债总额的经营活动，所以被称为表外业务。金融服务职能主要体现在表外业务中，如各种代理业务、信托业务、咨询业务等。随着行业竞争日趋激烈，因金融服务职能而衍生出的业务在银行业务中所占的份额也日益扩大。

二、商业银行的组织形式与经营管理

（一）商业银行的组织制度形式

一个国家商业银行的组织制度受各国政治和经济发展情况的影响而有所不同，大体说来，主要有以下几种。

（1）总分行制。总分行制是指在大城市设立总行，在国内外各地普遍设立分支行并形成庞大银行网络的制度，目前大多数国家普遍采用这种银行制度。在这种体制下，分支行的业务和内部事务统一按照总行的规章和指示办理，其优点体现在两个方面。一是银行网点可以按业务发展需要而扩充，实现规模经营效益，同时，由于分支行之间能够相互调度资金，可以提高资金的运用效率；二是因机构设置的分散，可使放款总额分散，有利于分散风险，但也存在管理层次多、效率不高等缺陷。

（2）单一银行制。这类银行所有业务由银行自己经营，是一种不设任何分支机构的银行制度。这种制度目的在于限制银行的竞争与垄断，目前美国的不少地区采用这种模式，如一些州银行。这是由于美国幅员辽阔，政治经济均实行地方分权制度，如果采取总分行制度，各地的资金就会被大城市的大银行所吸走，从而威胁各地经济的发展。

（3）持股公司制。这类银行专门成立一个股份公司负责收购其他银行具有决定性代表权的股份，从而实现通过持股公司把许多小银行甚至一些企业置于自己的控制之下。这种制度作为一种策略，可规避法律对开设分行设置的种种限制，在美国较为流行。另外，持股公司制下的各银行具有互补性，有利于增强整体经营实力。如我国光大集团下就拥有光大银行、光大证券、光大信托等机构。

（4）连锁银行制。它是指由某自然人或某个集团收购若干家银行具有决定性代表权的股份，从而实现对被控股银行的业务及经营政策的控制。加入连锁范围的银行，可以是单一制的银行，也可以是有分支行的银行。连锁银行的成员一般多是形式上保持独立的小银行，他们通常围绕在一家主要银行的周围，以它为中心，形成集团内部的各种联合。

小思考

持股公司制与连锁银行制有什么区别？

答：持股公司制与连锁银行制的区别在于连锁银行制下没有持股公司这一机构实体的存在，它只是由一个人或一个集团同时操纵法律上完全相互独立的商业银行，如图5-3所示。

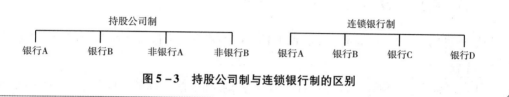

图5-3 持股公司制与连锁银行制的区别

当前，随着网络科学技术发展的突飞猛进，出现了与传统商业银行存在形式不一样的网络银行，又称互联网银行。其特点是没有传统形态的物理网点，而是完全通过互联网平台向用户提供各种金融服务。例如，2014年我国相继成立的深圳前海微众银行与浙江网商银行。

（二）商业银行的内部组织结构

商业银行不论规模如何，其内部组织形式一般包括决策机构、执行机构和监督机构三个部分，如图5-4所示。

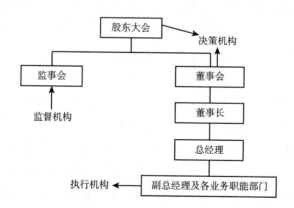

图5-4 商业银行的内部组织结构

（1）决策机构。商业银行的决策机构主要是指股东大会和董事会，有的银行在董事会下还设有各种委员会，也是银行的决策机构。股东大会是公司的最高权力机构，银行每年召开一次或数次股东大会，股东们有权决定银行的经营方针和投资计划，制定和修改银行章程，有权选举和罢免董事会成员，审核批准银行的年度财务方案、收益分配等重大事项。董事会是公司的具体决策机构，受股东大会委托，在股东大会闭会期间代表全体股东对银行的重大经营管理事项行使决策权。世界上绝大多数银行都是股份制银行。

（2）执行机构。商业银行的执行机构由行长、总经济师、各种业务部门和职能部门等组成。最高权利人是行长，其基本职责是依照公司章程和董事会的授权，对公司的日常经营管理全面领导，负责董事会决策的贯彻执行。

（3）监督机构。在商业银行内部，由股东大会选举产生的监事会专门负责监督工作，对银行的一切经营活动进行监督和检查。监督机构由审计、稽核、纪检等部门构成。

（三）商业银行的经营模式

从目前世界各国采用的情况看，商业银行的经营模式可以分为两类：职能分工型模式和全能型模式。

（1）职能分工型模式。这是针对一国金融体制而言的，其基本特点是国家以法律的形式规定金融机构的主要业务范围，即：各个金融机构从事的业务具有明确的分工，分门别类，各有专司。例如，有专营长期金融业务的，有专营短期金融业务的，有专营有价证券买卖的，有专营信托业务的，等等。这种体制下的商业银行主要以经营短期工商信贷业务为主。目前，采用这种经营模式的国家以英国、日本为代表。

职能分工型模式的形成以20世纪30年代资本主义社会经济危机的爆发为契机，在此以前，各国政府对银行经营活动极少给予限制，许多商业银行都可以经营多种业务。经济危机中，银行成批破产倒闭，酿成历史上最大的一次货币信用危机。不少西方经济学家将此灾难归咎于商业银行的综合性业务经营，尤其是经营长期贷款和证券业务。据此，许多国家以立法形式将商业银行类型和投资银行的业务范围作了明显划分，以严格其间的分工。职能分工型模式的缺点在于因业务范围限制严格，容易抑制商业银行业务创新的积极性，影响一国经济的高速增长，且安全也是相对的。

（2）全能型模式。其特点是商业银行可以经营一切银行业务，包括各种期限和类型的存款、贷款以及全面的证券业务等。采用这种类型体制的国家以德国、奥地利和瑞士最典型。这种模式的优点在于通过全面、多样化业务的开展，可以深入了解顾客的情况，增强银行的竞争能力，减少或分散风险，吸引更多的客户。但由于业务范围广，这种模式在经营管理和资金流动方面易出问题，此外，也容易导致银行势力的扩张。

20世纪70年代以后，经济的快速发展导致银行业竞争日益激烈，这迫使银行从事更广泛的业务活动以吸引客户，商业银行等金融机构的分工界限被逐步突破。与此同时，许多国家的金融管理当局也放宽了对商业银行业务分工的限制，这又在很大程度上促进了商业银行向全能化、综合化经营趋势的发展。图5-5所示是商业银行经营模式的发展情况。

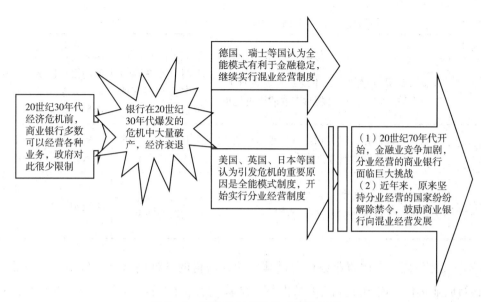

图 5 - 5　商业银行经营模式发展示意

三、商业银行的主要业务

传统上，将商业银行的业务划分为负债业务、资产业务和中间业务三类，其经营状况可以通过一系列的财务报表反映出来。

（一）负债业务

负债业务是商业银行通过吸收资金而形成其资金来源的业务。马克思曾经说过，对银行来说，具有最重要意义的始终是银行的存款。[①] 负债业务不仅仅是商业银行信贷资金的主要来源，也是其发挥信用中介、支付中介等作用的前提与基础。负债业务主要包括以下几项。

（1）存款负债，由商业银行所吸收的各种存款所构成，主要有活期存款、定期存款和储蓄存款，约占银行资金来源的70% ~80%。活期存款、定期存款和储蓄存款的含义、来源、目的如表5 - 1所示。

在表5 - 1所列的存款中，定期存款和储蓄存款是商业银行相对可靠和稳定的部分，可用于长期信用和投资业务上，对这部分存款支付较高的利息。活期存款由于支付频繁，银行提供服务要承担较高的成本，所以一般支付很低的利息或不支付利息，有的国家甚至收取一定的手续费。尽管在提存交替中总会形成一笔相对稳定、数量可观的资金可供银行使用，但仍存在大量存款随时被提取的可能性，所以各国都对活期存款规定较高的存款准备金率。

---

①　马克思. 资本论（第三卷）［M］. 上海：上海三联书店，2009.

表 5－1　　　　　活期存款、定期存款和储蓄存款的含义、来源、目的

存款种类	含义	来源	存款者的目的
活期存款	存款人到银行存款时，不规定存款的期限，银行发给存款人一种可随时支取的支付凭证	工商企业在再生产中暂时闲置的资金	使用银行提供的支付凭证，以便满足日常支付需要
定期存款	存款人到银行存款时，预先规定期限，存款人只有在存款到期时才能提取	企业在生产过程中的结余资金	将暂时不用的闲置资金存入银行获得利息收益
储蓄存款	主要针对居民个人或非营利单位以积蓄资财为目的，凭存折或存单提取的存款	社会各阶层收入中的消费结余	积累货币，用于将来购买或预防不测之需，获得利息收益或保值

（2）其他负债，是指商业银行通过其他途径获得的各种借入款，包括向中央银行借款、银行同业拆借、向国际金融市场借款、结算过程中的短期资金占用、发行金融债券等。例如，通过再贷款与再贴现方式向中央银行借款，以发行金融债券的方式向社会借款，以同业拆借形式向银行同业借款，等等。

（3）自有资本，又称所有者权益，是商业银行实际投入用于经营活动的各种资金、财产和物质的总和，也是商业银行经营活动的前提与基础。由于商业银行组成方式不同，其资本的构成也不同，以股份制商业银行为例（因商业银行中股份制银行占的比重最大），主要包括银行成立时发行股票所筹集的股份资本、公积金及未分配利润。自有资本一般只占商业银行整个负债业务的一小部分，但它的多少却是衡量银行自身经营实力与抵御风险能力的重要指标，因此，国际银行业监督委员会在《巴塞尔协议》中明确对其提出了最低要求。

小思考

银行自有资本与存款一样属于银行债权吗？

答：不属于。因为从严格意义上讲，银行自有资本属于银行所有，将它列入银行负债方仅仅是为了表明它与各种负债共同构成了银行的资金来源，所以不要将银行的债权与所有权混淆。

（二）资产业务

资产业务是商业银行运用资金以获取收益的业务，它表明银行资金的存在形态以及银行所拥有的对外债权，主要包括以下几项。

（1）现金资产，是商业银行以现金形式持有的一种资产，有库存现金、存放在中央银行的超额存款准备、存放在同业的存款、托收中的现金等，具有流动性高、收益低的特点。例如，库存现金就是银行为了应付客户的提款及银行自身的日常开支而存放在银行金

库中的现钞和硬币。随着证券市场的快速发展，现金已不再是保持流动性的唯一办法，如持有国库券或其他短期债券等。

（2）信贷资产，是商业银行将其吸收的资金按一定的利率贷给客户并约定归还期限的业务。作为商业银行一项传统与核心业务，贷款是商业银行运用资金取得利润的主要途径。

根据不同标准，可以将银行贷款进行以下分类：一是按贷款用途，可分为流动资金贷款、固定资金贷款；二是按贷款期限，分为短期（1年以下）、中长期贷款（1年以上）；三是按贷款的保障形式，分为信用贷款、担保贷款（保证、抵押和质押）、票据贴现贷款；四是按贷款占用形态，分为正常、逾期、呆滞、呆账贷款；五是按风险程度（五级分类法），分为正常贷款、关注贷款、次级贷款、可疑贷款、损失贷款；六是按不同的贷款对象，分为工商业贷款、农业贷款、消费者贷款、同业贷款和其他贷款等。

小贴士

五级分类法又称贷款五级分类制度，是银行根据内在风险程度，将商业贷款划分为正常、关注、次级、可疑、损失五类，其中后三类合称为不良贷款。

五级分类法是国际金融业对银行贷款质量衡量的公认标准，这种标准是建立在动态监测的基础上，通过对借款人现金流量、财务实力、抵押品价值等因素的连续监测和分析，判断贷款的实际损失程度。2004年，我国商业银行开始全面推行五级分类制度。

（3）证券投资，指商业银行运用其资金购买有价证券的活动。银行购买的有价证券有中央政府发行的债券、地方政府发行的证券、公司企业发行的证券等。但因经营体制不同，这一业务在不同的国家有所不同，如对分业经营的银行来说，主要对象是债券，而对全能型银行来说，还包括股票等。

商业银行投资于证券的好处在于：一是易于灵活运用闲置资金，获取投资收益；二是增强银行资金的流动性，必要时可以出售证券变现；三是有利于银行业务分散化经营，降低风险。目前，证券投资业务在银行资产业务中所占的比例呈上升趋势。

（4）租赁业务，指银行通过专门从事租赁业务的公司或子公司，买入资产后出租。租赁范围可以小到日用品、办公用品，大到飞机、机械设备甚至核电站。

小思考

我国商业银行可以投资购买股票吗？

答：根据《中华人民共和国商业银行法》第四十三条规定：商业银行在中华人民共和国境内不得从事信托投资和股票业务，不得投资于非自用不动产。所以目前我国商业银行证券投资业务的对象主要是政府债券和中央银行、政策性银行发行的金融债券。

（三）中间业务

中间业务是商业银行利用自身在资金、技术、设备、信息与人才等方面的优势，以中介人的身份代客户办理收付和其他各种委托事项，从中收取手续费或佣金的业务。银行中间业务种类很多，主要包括六大类：结算类业务、代理类业务、融资类业务、服务类业务、担保类业务和衍生类业务，如表5-2所示，做这些业务银行基本不承担风险。

表5-2　　　　　　　　　　　　　　　商业银行中间业务分类

业务	主要内容
结算类	商业银行为客户办理与货币资金收付有关的业务，是银行为客户提供各种结算工具，充当企业单位的总账房。结算包括现金结算和非现金结算，随着经济的发展，现金结算的比例日益变小，大量的是非现金结算。按不同的区域划分，结算业务包括同城结算与异地结算，同城结算是指收款人和支付人在同一城市或地区的结算，其主要方式是支票结算；异地结算则主要通过汇兑、托收、信用证等方式进行
代理类	商业银行接受客户委托，以委托人的名义代办经济事务的活动，如代收业务和代客买卖业务等
融资类	商业银行向客户提供传统信贷业务以外的其他融资性业务，包括租赁、信托投资等业务
服务类	商业银行利用现有的机构网络与业务功能，为客户提供市场信息、项目资产评估等纯粹性的服务业务
担保类	商业银行向客户出售信用，或为客户承担风险而引起的相关业务，如担保、承诺、承兑等业务
衍生类	商业银行从事与衍生金融工具有关的各种交易而引起的业务，包括金融期货、期权、互换业务等

综上所述，商业银行的负债业务、资产业务和中间业务可以简单归纳为三句话，即：银行的钱从哪里来的？银行的钱都流向哪里？银行没本金也能赚钱。

四、商业银行的业务经营原则

商业银行是经营货币商品的特殊企业，追求利润最大化是商业银行的最终目标，而商业银行特殊的资金来源结构与经营方式，又使得其必须非常关注资产的安全性与流动性。因此，安全性、流动性和营利性三者构成了商业银行经营的基本原则。

（1）安全性。安全性指银行在经营过程中，应尽量避免资产风险，保证资金的安全。与其他行业相比，银行业是一个高风险行业（如信贷风险、流动性风险、市场风险、利率风险等），这种高风险一方面体现在其经营对象的特殊性上，另一方面则体现在其高负债率上。为了避免银行这种短借长贷的资金运用及证券投资等产生的风险，并随时满足客户提款或支付的需要，安全性是商业银行在经营活动中首先要考虑的一个问题。

（2）流动性。流动性指银行在经营过程中，应保持足够的支付能力，及时满足存款人随时支取的要求。商业银行的经营资金很大一部分来源于客户的存款，银行能否做到按要求偿还债务，是其信誉高低和能否生存下去的重要标志。所以，银行要保持流动性，一方面在安排资金运用时要注意期限结构；另一方面要注意保持合理的负债结构，使自己在必要时能获得足够的融资。

小思考

流动性不足与资不抵债有何区别？

答：流动性不足是指银行无力立即支付它应该支付的款项；而资不抵债则是指银行的资产损失超过了其自有资本。一个资不抵债的银行可能因为保留了大量的现金而能够履行其付款责任，而一个资产大于负债的银行却可能无法迅速将资产变现而无力满足客户的提款要求。但二者可以互相转化，当银行为履行付款责任而被迫将资产低价出售且损失超过其自有资本时便成为资不抵债。

（3）盈利性。盈利性指银行在经营过程中，以追求利润最大化为目标、获得利润的能力。这是商业银行的经营动机，也是其生存与发展的内在动力。商业银行的盈利来自它利用存款进行贷款和投资所获得的收入与它对存款人所付利息之间的差额，再扣除各项管理费用之后的余额。

商业银行的业务经营原则既相互统一，又有一定的矛盾。所以，商业银行在经营中必须统筹考虑安全性、流动性和盈利性三者的关系，权衡利弊，不能偏废其一。一般来说，安全性是前提，流动性是条件，盈利性是目的。

第四节　政策性银行

政策性银行是由政府投资设立，按照国家宏观政策要求在限定的业务领域内专门从事政策性融资活动的银行机构。政策性银行既具有一般银行重组社会资源配置、严审贷款用途、资金还本付息等共性，又具有配合并服务于政府宏观经济意向与产业决策的特殊性。

一、政策性银行的基本特征

由于政策性银行的经营目标是贯彻落实政府宏观经济政策，因此，其在经营活动中具有以下特点。

（1）不以营利为经营目标。这是政策性银行与非政策性经营机构的根本区别。政策性银行信用业务活动是专为贯彻、执行政府宏观经济政策意图，以优化资源配置促进经济整体均衡发展为目标，追求社会效益大于微观效益。当然，不以营利为目标并不意味着完全不考虑盈亏，而是尽量减少亏损，力争保本微利。

（2）特殊的运行机制和经营原则。政策性银行信用业务活动基本上按照国家宏观经济发展战略和调整产业结构的政策要求安排资金营运，政府直接干预的色彩较浓厚，因此，其运行有特定的业务领域和融资对象。一般来说，政策性银行的业务领域主要集中在国民经济发展的薄弱环节和国家亟须发展项目，如农业、进出口贸易、基本产业与基础设施的开发等方面。融资对象则是国家产业政策要求重点扶植发展、具有一定的社会宏观经济效益，却由于各种原因造成自身收益较低、难以依靠市场机制获得资金的产业部门和企业。政府通过政策性银行这一特殊的融资渠道进行推动，最终达到社会经济全面、均衡、协调的发展。

在经营原则方面，政策性银行特别强调社会效益性，但为了自身的生存和发展，它也要坚持自主经营、保本微利及安全性原则。

（3）资金筹措渠道的特定性。政策性银行不以吸收存款作为资金来源。由于中长期贷款在政策性银行的资产业务中占了较大的比重，客观上要求其资金来源必须具有较大的稳定性，由此决定政策性银行的资金主要来源于国家财政预算拨款、向中央银行再贷款、向社会发行的由国家担保的债券和对商业银行等金融机构发行的金融债券。

二、我国政策性银行及其业务

1994 年以前，我国的政策性金融业务分别由中、农、工、建四大国有商业银行承担。为适应社会主义市场经济发展的需要，更好地发挥金融在国家宏观调控和优化资源配置中的作用，同时贯彻政策性金融与商业性金融相分离原则，1994 年，我国相继成立了三家直属国务院领导的政策性银行，如表 5 - 3 所示。我国政策性银行的资本金均由国家财政拨给，其负债业务主要是发行金融债券，具体金融业务在中国人民银行的指导和监督下进行。

表 5 - 3 　　　　　　　　　　　　　我国政策性银行成立概况

名称	成立时间	注册资金（亿元）	主要业务范围
国家开发银行	1994 年 3 月	500	承担国内开发型政策性金融业务
中国进出口银行	1994 年 7 月	33.8	承担大型机电设备进出口融资业务
中国农业发展银行	1994 年 11 月	200	承担农业方面的政策性扶持业务

资料来源：笔者根据国家开发银行、中国进出口银行、中国农业发展银行三家银行的网站资料整理而得。

（一）中国国家开发银行

作为我国成立的第一家政策性银行，国家开发银行总行设在北京，在全国主要城市设有分行和代表处。国家开发银行的任务是：根据国民经济发展的战略目标和战略规划，以国家信用为基础，利用各种现代金融工具，筹集和引导境内外资金，为国家基础设施、基础产业、支柱产业和高新技术产业的重点项目提供金融服务，促进国民经济持续、快速、健康发展。

国家开发银行的业务范围包括：管理和运用国家核拨的预算内经营性建设基金和贴息资金；向国内金融机构发行金融债券和向社会发行财政担保建设债券；办理有关的外国政府和国际金融机构贷款的转贷，经国家批准在国外发行债券，根据国家利用外资计划筹借国际商业贷款等；向国家基础设施、基础产业和支柱产业的大中型基建和技改等政策性项目及其配套工程发放政策性贷款；办理建设项目贷款条件评审、咨询和担保等业务，为重点建设项目物色国内外合资伙伴、提供投资机会和投资信息。

（二）中国进出口银行

中国进出口银行是支持中国对外经济贸易投资发展与国际经济合作的政策性银行，总行设在北京。中国进出口银行的主要任务是：贯彻执行国家产业政策、外经贸政策、金融政策和外交政策，为扩大我国机电产品、成套设备和高新技术产品出口，推动有比较优势的企业开展对外承包工程和境外投资，促进对外关系发展和国际经贸合作等提供政策性金融支持。

中国进出口银行的主要业务范围包括：办理出口信贷（包括出口卖方信贷和出口买方信贷）；办理对外承包工程和境外投资类贷款；办理中国政府对外优惠贷款；提供对外担保；转贷外国政府和金融机构提供的贷款；办理本行贷款项下的国际国内结算业务和企业存款业务；办理国际银行间的贷款，组织或参加国际、国内银团贷款；从事人民币同业拆借和债券回购；从事自营外汇资金交易和经批准的代客外汇资金交易；办理与本行业务相关的资信调查、咨询、评估和见证业务；经批准或受委托的其他业务。

（三）中国农业发展银行

中国农业发展银行简称农发行，总行设在北京，是按照国家法律、法规和方针、政策，以国家信用为基础，筹集农业政策性信贷资金，代理财政性支农资金的拨付，为农业和农村经济发展服务的政策性银行。

中国农业发展银行的具体业务范围，由国务院根据一个时期国民经济发展和宏观调控的需要并考虑到农发行的承办能力来界定。中国农业发展银行成立以来，国务院对其业务范围进行过多次调整，目前的主要业务是：办理由国务院确定的粮食、油料、棉花收购、储备、调销贷款；办理肉类、食糖、烟叶、羊毛等国家专项储备贷款；办理中央财政对上述主要农产品补贴资金的拨付，为中央和省级政府共同建立的粮食风险基金开立专户并办理拨付；办理业务范围内开户企事业单位的存款以及发行金融债券和境外筹资业务，等等。

总之，国家政策性银行是为适应我国宏观经济环境、产业结构和市场需求的变化而产生的。其中，国家开发银行明确定位开发性金融机构，主要通过开展中长期信贷和投资等金融业务，为国家发展需要的重大中长期战略项目提供服务，而中国进出口银行、中国农业发展银行则体现了国家对我国进出口融资及农业方面的政策性扶持定位。

第五节　非银行类金融机构

与银行类金融机构相对应的是非银行类金融机构，主要有保险公司、投资机构、信托公司、租赁公司、金融资产管理公司、财务公司，等等。作为一国金融体系的重要组成部分，非银行类金融机构发展状况是衡量一国金融体系是否成熟的重要标志。

一、保险公司

所谓风险，就是未来可能发生的危险或灾祸，具有不确定性。而作为分散风险的有效方法之一，保险的本质就是运用互助共济（大数法则）原理，将个体面临的风险通过一定的组织形式，以合同约定权利义务的方式由群体来共同分担的一种经济行为。通俗地讲，保险是保险人向投保人（被保险人）收取保险费，建立专门用途的保险基金，在法律或合同范围内用于投保人（被保险人）因自然灾害或意外事故造成经济损失的补偿，或者对人身伤亡、丧失工作能力予以给付的一种经济保障。保险公司则是为了满足这一要求而依法设立、专门经营保险业务的非银行类金融机构。

> **小贴士**
>
> 保险机构主要指各类保险公司和社会保障机构。一般来讲，保险公司与商品经济发展水平相适应，具有分散风险、补偿损失、稳定社会的基本功能。社会保障机构的产生则与国家政治有关，是根据国家政策专门设立、为某种业务提供保障的机构，具有强制性特征。

（一）保险公司的业务

根据保险公司经营的业务不同，本书将保险公司划分为商业性保险公司和政策性保险公司两类进行概述。

1. 商业性保险公司的主要业务

商业性保险公司的主要业务可以分为财产保险、人身保险和再保险三大类。

（1）财产保险。它是指以财产及其相关利益为保险标的的保险，包括财产损失险、责任保险、保证保险、信用保险、农业保险等。其中，财产损失险主要是为有形财产的直接或间接损失提供补偿的保险业务；责任保险是保险人在被保险人依法应对第三者负赔偿民事责任，并被提出赔偿要求时承担赔偿责任的保险业务；保证保险是指保险人承保因被保证人行为使被保险人受到经济损失时应负赔偿责任的保险业务。财产保险的服务对象包括企业和个人，主要功能是帮助投保人转移风险、减少损失。

（2）人身保险。它是以人的寿命或身体为保险标的的保险。当人们遭受不幸事故而伤残、死亡或因疾病、年老以致丧失工作能力或年老退休时，根据保险合同的约定，保险人对被保险人或受益人给付保险金或年金，以解决其因病、残、老、弱等因素所造成的经济困难。人身保险包括人寿保险、健康保险、意外伤害保险，其中人寿保险是最基本的人身保险业务，又可以分为生存保险、死亡保险与两全保险。人寿保险主要功能除了帮助客户免受经济损失之外，还可以帮助客户为未来进行储蓄与投资。

小思考

为什么同一保险公司不得同时兼营财产保险与人身保险？

答：世界各国保险经营和管理有一项重要原则——分业经营。分业经营是指同一保险人不得同时兼营财产保险业务和人身保险业务。财产保险和人身保险的保险标的不同，因此，在保险期限、风险核算、赔付方式、准备金提取以及保险金管理也完全不同。实行混业经营，难以保证财产保险和人身保险核算的真实性和准确性，同时，又为保险公司挪用寿险资金用以弥补财险经营发生的亏损提供了可能性。这样，不利于保护被保险人的利益，也不便于对保险业的监督管理。所以，分业经营是保险公司顺利发展的必要保证，保险公司只能在金融监管部门核定的业务范围内从事保险经营活动。

（3）再保险。它是保险公司将来自投保人的风险进行再次分散的一种方法。大灾难、无法预见的赔偿责任和一系列大的损失可能会因赔付金额太大以至于单个保险公司无法承受，通过再保险形式，行业的损失可以在一组公司内被吸收和分布，因而不会使单家保险公司在为投保人提供偿付时承受过重的财务负担。再保险一般用于对风险很大但同时也有很高商业价值的项目进行承保。

2. 政策性保险公司的主要业务

政策性保险业务一般包括社会政策保障保险和经济政策保险两大类型，这里介绍的是后者。目前，出口信用保险业务和存款保险业务是经济政策性保险的两大主要业务，分别由出口信用保险公司和存款保险公司经营。

（1）出口信用保险业务。出口信用保险是承保出口商在经营出口业务过程中，避免因进口商的商业风险或进口国的政治风险而遭受损失的一种信用保险，是国家为推动本国出口贸易、保障出口企业收汇安全而制定的、由国家财政提供保险准备金的非营利性政策保险业务。近些年，国际贸易市场竞争激烈，出口商为了扩大销售采取的一个重要手段就是向买方提供商业信用，允许买方以非银行信用证方式支付，甚至延期付款，但这大大增加了进口商的收汇风险。因此，为了保障出口企业的收汇安全，推动本国出口贸易发展，许多国家成立了出口信用保险公司。我国于 2001 年 12 月正式成立中国出口信用保险公司，主要经营短期、中长期出口信用保险和海外投资保险等业务。除了承保一般的商业风险、政治风险以外，中国出口信用保险公司还发挥着支持我国企业境外投资、鼓励企业积极参与高附加值国际竞争等作用。

（2）存款保险业务。它是商业银行等金融机构以其吸收的存款为保险标的，向存款保险公司投保并交付保险费的一种政策性保险。一旦商业银行等金融机构发生停业或无法清偿其所收受存款等状况时，由存款保险公司在保险额度范围内赔付存款人的损失，以保障存款人权益及维护社会金融稳定。目前，全球已有一百多个国家实施存款保险业务。我国在《存款保险条例》实施之前，实际上实行的是隐性存款保险制度，一些经营不善的金融机构退出市场后，其对个人债务的清偿责任往往由中央政府或地方政府"买单"，给各级财政带来沉重的负担。2015 年 5 月 1 日我国《存款保险条例》开始实施，条例规定："在中华人民共和国境内设立的商业银行、农村合作银行、农村信用合作社等吸收存款的银行业金融机构（以下统称投保机构），应当依照本条例的规定投保存款保险""存款保险实行限额偿付，最高偿付限额为人民币 50 万元""同一存款人在同一家投保机构所有被保险存款账户的存款本金和利息合并计算的资金数额在最高偿付限额以内的，实行全额偿付；超出最高偿付限额的部分，依法从投保机构清算财产中受偿"。目前我国还没有设置独立的存款保险公司。

（二）我国保险公司的发展状况

19 世纪初，英国东印度公司在广州开办了中国第一家保险机构，主要为鸦片贸易服务。随后，越来越多的外资保险公司在广州、上海等贸易口岸设立了保险机构，如美国国际集团（AIG）的前身美亚财产保险公司和友邦人寿保险公司，就诞生于 1920 年前后的上海滩。

中华人民共和国成立以后，中国的保险业经历了新中国成立初期的起步、到 20 世纪六七十年代的低谷、再到目前快速发展的过程。

1949 年 10 月，新中国第一家保险公司——中国人民保险公司在北京成立，标志着新中国保险事业的开始。在随后的十年间，我国的保险业务基本上由中国人民保险公司独家经营，直到 1959 年 5 月全部停办国内保险业务。

1979 年，在国内保险业停办 20 年后，经国务院批准，我国恢复了中国人民保险公司，随后，保险业务开始在全国推广，中国保险业进入了一个新的发展阶段。1988 年平安保险公司成立，并于 1992 年改为中国平安保险公司；1991 年中国太平洋保险公司成立；1992 年，美国友邦保险有限公司在上海设立分公司；1995 年《中华人民共和国保险法》颁布实施，以法律的形式确立了产险、寿险分业经营的原则，标志着我国保险业开始进入一个有法可依的新阶段。1996 年，根据国务院部署，中国人民保险公司改建成集团公司，下辖中保财产保险有限公司、中保人寿保险有限公司和中保再保险有限公司；1998 年根据保险法规定，上述三家保险公司进行了分离，分别更名为中国人民保险公司、中国人保寿险公司和中国再保险公司。再后来，随着事业发展的需要，三家公司分别更名为中国人民保险集团、中国人保寿险集团和中国再保险集团。

总之，中国保险业经过 10 年起步（1949～1959 年）、20 年停滞（1959～1979 年）到 40 年的腾飞（1980 年至今），保险公司的数量与业务规模得到不断扩大。从经营主体来看，有国有独资保险公司与股份制保险公司；从资本国别属性看，有中资保险公司和外资保险公司；从经营业务看，有政策性保险和商业性保险……，这些多种组织形式的市场主体、日趋丰富的业务类型都为中国式现代化建设贡献保险行业的智慧与力量打下了坚实基础。

二、投 资 机 构

投资机构是指那些专门从事证券发行、交易及其相关业务，为适应现代经济和金融市场发展需要而形成的金融中介机构，主要有证券公司、证券交易所、投资基金管理公司等，它们在金融市场中各司其职，不同的业务发挥着不同的作用。

（一）证券公司

证券公司也称券商，是专门从事各种有价证券经营及相关业务的非银行类金融机构。作为金融市场中最活跃、最富有创造性的机构，证券公司在媒介资金供求、优化资源配置、促进产业集中等方面发挥了重要的作用。证券公司的业务主要有：

（1）证券承销业务。该业务又称代理证券发行业务，是证券公司依照协议或合同在一级市场为证券发行人承销有价证券的业务。至于承销是采取包销方式还是代销方式，或者介于两者之间，需根据承销证券的风险、责任、收益、市场行情等多种因素而定。

（2）证券自营业务。证券公司自己作为投资者，自己买卖证券谋取利润并自担风险的业务。自营买卖业务由于是一种投资活动，因而证券公司必须对收益、风险及流动性作通盘考虑，从中作出最佳选择。

（3）证券经纪业务。证券公司作为客户的代理人（或受客户的委托）代理买卖有价证券并收取一定佣金的业务，是证券公司最重要的日常业务。证券公司代理客户买卖证券通常有两条途径：一是通过证券交易所进行交易；二是通过证券公司自身的柜台完成交易。

（4）咨询服务业务。证券公司利用自身信息及专业优势，充当客户的投资顾问，向客户提供各种证券交易的情况、市场信息以及其他有关资料等方面的服务，帮助客户确定具体的投资策略。

（5）融资融券业务。该业务又称"证券信用交易"，指证券公司向客户出借资金供其买入证券或出具证券并供其卖出的业务，风险较大。

（二）证券交易所

证券交易所是专门地、有组织地为证券集中交易提供买卖的场所。作为一个公开买卖证券的市场，证券交易所的作用主要体现在三个方面：一是创造一个具有连续性和集中性的证券交易市场；二是形成公平合理的交易价格；三是在保证信息充分披露的基础上，便利投资与筹资，引导资金投向。所以，证券交易所本身并不参加证券买卖，也不决定买卖价格，证券买卖价格是由买卖双方在交易所内通过出价与还价等公开程序竞争决定。

证券交易所的组织形式主要有会员制和公司制两种。会员制证券交易所是一个由会员自愿出资共同组成，不以营利为目的的法人团体。交易所会员必须是出资的证券经纪人和证券商，也只有会员才能参加证券交易。交易所由会员共同经营、共同分担费用，会员同交易所之间是自治自律关系而非合同关系。交易所的最高权力机构为会员大会，并由会员大会选举产生理事会，理事会是交易所的决策管理机构。公司制证券交易所是采取股份公司组织形式，由股东出资组成，以营利为目的的法人团体。这种交易所的股东不参加证券交易，只是出资建立，为证券商和证券经纪人提供交易的场地、设施及服务，以保障交易的公正性。进场交易的证券经纪人和证券商都与交易所签订合同，购买席位，缴纳营业保证金。交易所的主要收入是按证券买卖成交额收取佣金。

世界上最早成立的证券交易所是1613年荷兰的阿姆斯特丹证券交易所。1905年设立的"上海众业公所"是中国最早的证券交易所。目前中国境内有三家证券交易所，即1990年成立的上海证券交易所、深圳证券交易所和2021年成立的北京证券交易所。

小贴士

竞价交易制度又称委托驱动制度，是买卖双方直接进行交易或将委托通过各自的经纪商送到交易中心，由交易中心进行撮合成交的交易方式，有集合竞价与连续竞价两种，成交原则是价格优先、时间优先。表5-4所示的是上海和深圳证券交易所实行的竞价交易制度。

表 5 - 4	上海和深圳证券交易所的竞价交易制度	
证券交易所	集合竞价时间	连续竞价时间
上海证券交易所	9：15—9：25（每个交易日开盘）	9：30—11：30 13：00—15：00
深圳证券交易所	9：15—9：25（每个交易日开盘） 14：57—15：00（每个交易日收盘）	9：30—11：30 13：00—14：57

（三）基金管理公司

基金管理公司简称基金公司，是指依据有关法律法规设立的对基金募集、基金份额申购和赎回、基金财产投资与收益分配等基金运作活动进行管理的公司。基金公司一般是通过出售其基金份额获得个人或企业的闲置资金，并通过多元化的资产组合进行投资，以获取个人单独投资难以获得的利益。简单说，基金这一投资工具主要有以下特点。

（1）组合投资，分散风险。中小投资者由于资金量小，一般无法通过购买不同的股票来分散投资风险。而投资基金则汇集了众多中小投资者的资金，形成雄厚的资金实力，可以购买几十种甚至上百种股票，从而最大限度地降低投资的非系统性风险，这已成为基金的一大特色。

（2）集中管理，专业理财。基金管理公司通过汇集众多投资者的资金，积少成多，有利于发挥资金的规模优势，降低投资成本。同时，基金管理公司一般都拥有大量的专业投资研究人员和强大的信息网络，能够更好地对证券市场进行全方位的动态跟踪与分析，让中小投资者也能享受到专业化的投资管理服务。

（3）利益共享，风险共担。基金投资采取"收益共享、风险共担"原则。基金投资者享有基金投资收益在扣除由基金承担费用后的全部盈余，并依据各投资者所持有的基金份额比例进行分配。同样，投资风险也由基金投资者自行承担。为基金提供服务的基金托管人、基金管理人只能按规定收取一定的托管费、管理费，并不参与基金收益的分配。

基金公司筹集的资金来源有两类。一类是向社会公众（即普通投资者）公开募集的资金，称公募基金；另一类是私下或直接向特定群体募集的资金，称私募基金。其中，私募基金一个显著的特点就是基金发起人、管理人必须以自有资金投入基金管理公司，基金运作的成功与否与他们的自身利益紧密相关。从国际上目前通行的做法来看，基金管理者一般要持有基金3% ~5%的股份，一旦发生亏损，管理者拥有的股份将首先被用来支付参与者。因此，私募基金的发起人、管理人与基金是一个唇齿相依、荣辱与共的利益共同体，这也在一定程度上较好地解决了私募基金中存在的经理人利益约束弱化、激励机制不够等弊端。

三、信托公司

信托，简单说就是"受人之托，代人理财"，是指财产的所有人为了达到一定目的，把财产委托给自己信任的人并由其去管理的行为。达成一项信托行为要涉及三方面的关系人，即委托人、受托人和受益人。委托人是要求受托人遵从其确定目的对信托财产进行管理和处置的人，是财产的所有者；受托人是按照与委托人签订的信托合同对信托财产进行管理与处置的人；受益人就是在信托运作结果中享有信托利益的人。从受益结果看，如果受益人是委托人自己，这种信托就称为自益信托，若受益人是委托人指定的第三者则称为他益信托。在西方国家，随着商品生产发展和各种商品关系的复杂化，信托作为一项重要的财产管理方式获得了极大的发展。

信托公司是以营利为目的，并以受托人的身份经营信托及投资业务的非银行金融机构。在信托市场上，委托人基于对受托人的信任，将其财产权委托给受托人，受托人则按照委托人的意愿，通过对资产（财产）进行管理与运作来实现受益人的利益或特定目的，这就是信托公司的基本运作模式。因此，信托公司的主要职能是管理和经营信托财产，使信托财产保值和增值。而由于信托财产大多表现为货币形态，这就使信托公司派生出金融功能特别是中长期金融功能。

从信托业在我国的发展来看，1978 年改革开放后开始设立信托投资公司，使 20 世纪 50 年代中期以后就停止的中国信托业务得到了恢复，随后开始快速发展。面对这一现状，为更好地发挥信托融资形式在经济改革中的作用，避免产生负面影响，我国从法律层面对信托业进行了规范。2001 年 10 月 1 日《中华人民共和国信托法》开始生效，2002 年 5 月 9 日《信托投资公司管理办法》修订本颁布，2002 年 7 月 18 日《信托投资公司资金信托业务管理暂行办法》颁布实施，从而为我国信托投资公司走上规范发展的道路提供了基本法律保障。近些年，虽然我国面临疫情、经济下滑等多种不确定因素的挑战，但信托业坚持回归本源、创新发展的方向，在支持实体经济、防范金融风险等方面发展潜力巨大。

四、租赁公司

租赁公司是专门经营租赁业务的公司，是租赁公司通过提供租赁设备而定期向承租人收取租金。租赁公司的租赁业务范围很广，涉及生产与生活的各个领域。租赁公司的业务方式也灵活多样。从征税角度看，可分为享受税收优惠的减租租赁和没有税收优惠的销售式租赁；从租赁业务的性质看，可分为融资性租赁、经营性租赁和服务性租赁；从租赁中出资者的出资比例看，可分为单一投资租赁和杠杆租赁；从出租人购置物件的资金来源和付款对象来看，可分为直接租赁、转租赁和回租租赁；从租赁业务的活动范围看，可分为国内租赁和国际租赁；等等。对一个国家来说，租赁方式的使用可以有效引进先进技术，弥补或缓和对资金的需求，有利于加快发展国内经济。

在所有租赁业务中，融资租赁是集融资与融物、贸易与技术更新于一体的新型金融产业，是现代企业更新设备的重要融资手段。租赁公司开展此项业务的过程是：租赁公司根据企业的要求，筹措资金，提供以"融物"代替"融资"的设备租赁。在租期内，作为承租人的企业只有使用租赁物件的权利，没有所有权，并要按租赁合同规定，定期向租赁公司交付租金。租期届满时，若承租人向租赁公司交付租赁物件合适的名义货价（即租赁物件残值），双方即可办理租赁物件的产权转移手续，租赁物件正式归承租人所有，称为"留购"；或者办理续租手续，继续租赁。

小贴士

融资租赁产生于20世纪50年代的美国，是适应现代经济发展要求将实物信用与银行信用相结合的新型金融服务形式，在发达国家被视为"朝阳产业"，成为与银行信贷、有价证券并驾齐驱的三大金融工具之一。

融资租赁以承租人占用融资成本的时间计算租金，而传统租赁以承租人租赁使用物件的时间计算租金，这就是两者的本质区别。

我国的租赁公司起源于1981年4月，最早以中外合资企业的形式出现，其原始动机是引进外资。同年7月成立的"中国租赁有限公司"是我国首家完全由中资组成的租赁公司。2007年1月，中国银监会首次颁布了《金融租赁公司管理办法》，租赁公司开始向规范化、法治化方向发展。由于租赁业具有投资大、周期长的特点，在资金来源方面我国允许租赁公司以发行金融债券、向金融机构借款、外汇借款等方式筹措长期资金；在资金运用方面，限定主要从事金融租赁及其相关业务。这样，租赁公司成为兼有融资、投资和促销多种功能，以金融租赁业务为主的非银行金融机构。改革开放40多年，租赁业在我国得到迅速发展，但与发达国家相比，其优势还远未发挥出来，随着中国经济的持续发展，租赁公司必将在服务实体经济、促进企业转型升级等方面发挥积极的作用。

五、金融资产管理公司

金融资产管理公司是各国在特定时期成立的、由政府出资专门用于处置银行不良资产的金融中介机构。由于银行在自行清理不良资产时会遇到诸如法律法规限制、专业技术知识不足、信息来源不充分等困难，为降低清理成本，减少损失，需要成立由代表政府有关方面人员组成并拥有一定行政权力的金融资产管理公司来专门清理不良资产。

由于金融资产管理公司是政府在银行出现危机时，为拯救陷入困境中的这类特殊企业，避免其不良后果可能对国家经济、金融产生的冲击而设立，所以不以营利为目的是其基本特征。公司一方面通过审慎地收购资产、向银行系统注入资金等方式来挽救金融行业，减轻其可能对社会产生的震荡及负面影响，重建公众对银行体系的信心；另一方面，则是通过运用有效的资产管理及资产变现战略，尽可能从破产倒闭银行的不良资产中多收回价值，在尽量减少动用政府资金的前提下，使金融行业能够实现资本的重整。

1999年3～10月，我国先后成立了华融资产管理公司、长城资产管理公司、东方资产管理公司和信达资产管理公司，分别收购、处置从中国工商银行、中国农业银行、中国银行和中国建设银行四家国有商业银行中剥离的不良资产。我国成立四家公司的目的：一是为改善四家国有商业银行的资产负债状况，化解潜在的金融风险，提高其国内外资信水平；二是通过四家公司的专业化经营，实现不良资产价值回收最大化，以最大限度保全资产、减少损失；三是通过金融资产管理，对符合条件的企业实施债权转股权，帮助国有大中型亏损企业摆脱困境，并按照现代企业制度的要求转换经营机制，建立规范的法人治理机构。目前，在帮助四大国有商业银行完成股份制改革并上市以后，我国的四大金融资产管理公司已成功完成当时的历史使命，在经过股份制改革和商业化转型后，逐渐发展成为具有独立法人资格的国有大型金融控股集团，并形成了以资产管理业务为主、其他金融业务并举的经营格局。

六、财务公司

财务公司属于经营部分银行业务的非银行类金融机构，其主要业务是向企业发放抵押贷款和向消费者发放消费贷款。财务公司的资金来源各国不完全一样。一般来说，短期资金来源主要是通过向银行借款和卖出公开市场票据（商业票据）筹措，其中小的财务公司更多地倾向于依靠银行贷款，而较大的财务公司则几乎全部依靠卖出商业票据获得短期资金。长期资金来源主要靠推销企业股票、债券和发行公司本身证券等方式筹集。

我国的财务公司产生于20世纪80年代中后期，是为满足我国企业集团发展到一定程度的配套需求而设立的，具有中国经济、金融体制改革特色的非银行类金融机构。由于这种财务公司由企业集团成员单位集资而成，以融通企业内部各成员单位之间的资金为主要业务，不对外经营贷款业务，所以，实质上是大型企业集团附属的金融公司。公司在行政上隶属于大型企业集团公司，受本集团公司的直接领导，业务上受中国人民银行管理、协调、监督和稽核，是独立核算、自负盈亏、自主经营、照章纳税的企业法人。从1987年中国第一家财务公司——东风汽车工业财务公司成立至今，中国财务公司的数量与资产规模都得到了快速发展。2022年10月，为规范财务公司行为，防范金融风险，中国银保监会颁布了《企业集团财务公司管理办法》，对我国财务公司的经营业务与范围做了较明确的规定，这对促进我国财务公司的稳健经营和健康发展都具有积极的意义。

七、典当行

典当行，亦称典当公司或当铺，是主要以财物作为抵押进行有偿有期借贷融资的非银行类金融机构。以物换钱是典当的本质特征和运作模式。当户把自己具有一定价值的财产交付典当机构实际占有作为债权担保，从而换取一定数额的资金使用，当期届满前可以赎回。而典当公司的营利渠道通常有两条：一是当户赎当，则收取当金利息和其他费用来营利；二是当户死当，则处分当物用于弥补损失并营利。

典当公司最主要的也是首要的社会功能是融资服务功能。此外，典当公司还发挥着当物保管功能、商品交易功能和诸如提供对当物的鉴定、评估、作价等其他功能。

据史料记载，典当在我国是"初见萌芽于两汉，肇始于南朝寺庙，入俗于唐五代市井，立行于南北两宋，兴盛于明清两季，衰落于清末民初"[①]，所以典当业是我国历史上产生较早的一种信用行业。旧中国的典当业高利盘剥十分惨重，业务范围除传统的典当业务以外，还包括房地产、粮食等方面的典当业务。到了近代，由于受到钱庄、票号、银行等金融机构的冲击，许多信誉卓著、财力强盛的典当行还从事兑换、发行信用货币等金融业务。1949 ~ 1978 年，典当业被人民政府逐步取缔。改革开放以后，我国的典当业开始恢复和发展，1987 年 12 月，成都开办了新中国第一家当铺，随后全国多个省份都开始陆续兴办典当行业。

第六节　国际金融机构

为维持世界经济发展，稳定国际金融秩序，体现国际合作精神，第二次世界大战后，一些全球性和区域性国际金融机构相继诞生。国际金融机构的范围有广义和狭义之分，广义的国际金融机构包括政府间国际金融机构、跨国银行、多国银行集团等；狭义的国际金融机构主要指各国政府或联合国建立的国际金融机构组织，本节介绍的是狭义的国际金融机构组织。

一、国际金融机构的形成

国际金融机构的建立可以追溯到第一次世界大战结束后不久。当时为了处理德国对协约国的战争赔款问题，英国、法国、意大利、比利时和日本五国的中央银行与美国的摩根银行于 1930 年在瑞士巴塞尔成立了国际清算银行，这是建立国际金融机构的重要开端。

第二次世界大战以后，除美国以外的大多数西方国家经济遭到了严重破坏，国际货币制度一片混乱，为了更好地进行战后的重建工作，1944 年 7 月，44 个同盟国家在美国新罕布什尔州的布雷顿森林召开国际金融会议，商讨建立新的国际货币制度。这次会议确立了战后的国际货币制度，即布雷顿森林体系，并根据会议协议条款组建了两大国际金融组

[①]　曲彦斌. 中国典当史［M］. 北京：九州出版社，2007.

织：国际货币基金组织（简称 IMF）和世界银行集团（简称 WB）。我国曾是这两个机构的创始国之一，但新中国成立后一直被排斥在外，直到 1980 年才先后在这两个机构中恢复合法席位。此后，又有一些新的国际金融机构建立，它们与国际货币基金组织、世界银行一起在维护金融市场稳定、促进国际经济发展中发挥了重要的作用。

二、国际金融机构种类

国际金融机构主要分为全球性的国际金融机构和区域性的国际金融机构两大类。

（一）全球性的国际金融机构

目前，全球性的国际金融机构主要有国际货币基金组织、世界银行集团、国际清算银行。

1. 国际货币基金组织

国际货币基金组织（IMF）是根据布雷顿森林会议所签订的国际货币基金协定而建立的政府间国际金融机构，1945 年 12 月成立，创立之初只有 39 个成员，总部设在美国华盛顿。作为联合国的一个专门金融机构，IMF 成立目的就是通过成员之间的共同研讨，协调国际上的货币政策和金融关系，加强国际货币合作，促进全球经济稳定与发展。

具体来说，国际货币基金组织的基本宗旨是：建立一个永久性的国际货币机构，促进国际货币合作；促进国际贸易均衡发展，以维持和提高就业水平和实际收入，发展各国的生产能力；促进汇率的稳定和会员间有条不紊的汇率安排，以避免竞争性的货币贬值；协助建立各会员经济性交易的多边支付制度，并消除妨碍国际贸易发展的外汇管制；在适当保证的条件下，基金组织向会员国提供临时资金融通，使之在无须采取有损于本国及国际经济繁荣的措施的情况下，纠正国际收支的不平衡；努力缩短和减轻国际收支不平衡的持续时间和程度。

国际货币基金组织由理事会、执行董事会、总裁和业务机构组成。理事会是国际货币基金组织的最高权力机构，由各成员国选派一名理事和一名副理事组成，一般由各国的财政长官或中央银行行长担任理事，理事会对涉及国际金融重大事务的方针、政策作出决策，并就一些重大问题提交国际货币基金组织的常设机构——执行董事会处理。执行董事会是基金组织负责处理日常业务的常设机构，由 22 人组成，其中 7 人分别由美、英、德、法、日、沙特和中国单独委派，其余董事由占有基金份额最多的国家及地区推选任命。国际货币基金组织设总裁一人，由执行董事会推举产生，负责统管基金组织的日常业务工作，是最高的行政领导，总裁可出席董事会，但平时没有投票权，只有在双方票数相等时才可以参加并投入关键的一票。执行董事会还设有若干业务部门。

国际货币基金组织的资金主要来源于会员国的认交款、借款、信托基金及通过资金运用收取的利息和其他收入。其中，会员的认交款（即基金份额）是国际货币基金组织最主要的资金来源，份额在性质上相当于股东加入股份公司的股金，其份额大小决定他们的普通提款权、特别提款权和投票权的多少。一般来说，基金组织的投票由简单多数通过即可，但在重大问题上，必须有80%～85%的赞成票通过方可生效。美国由于所占份额最大，所以在决定重大国际金融事务中就具有重要的影响作用。

国际货币基金组织的业务对象只限于成员官方财政金融当局，而不与任何私营企业进行业务往来，其中最主要的业务是向会员国融通资金。基金组织设有多种贷款，根据不同的政策向会员国提供资金，贷款用途只限于弥补成员国际收支逆差或用于经常项目的国际支付。

2. 世界银行集团

世界银行集团简称世界银行，通称国际复兴开发银行（IBRD），是1945年与国际货币基金组织同时成立的联合国专门金融机构，总部设在美国华盛顿。世界银行的组织机构与国际货币基金组织基本相似，也是理事会作为最高权力机关，执行董事会负责组织处理世界银行的日常业务工作。按规定，凡是参加世界银行的国家，必须是国际货币基金组织的成员，但国际货币基金组织的成员不一定都参加世界银行。

世界银行集团由国际复兴开发银行、国际开发协会、国际金融公司、多边投资担保机构（1988年成立）和国际投资争端解决中心五个机构组成。作为一个全球性的金融组织，世界银行的宗旨是以组织长期贷款和投资的方式，解决会员战后恢复和发展经济的资金需要，以促进会员国的经济发展。

（1）国际复兴开发银行主要向中等收入国家政府和信誉良好的低收入国家政府提供贷款。作为世界银行的附属机构，其组织结构与世界银行是一套人马，两块牌子。

（2）国际开发协会于1960年成立，总部设在华盛顿，是专门对较穷的发展中国家发放条件较宽的长期贷款的国际金融机构。其活动宗旨是向最贫穷的成员国提供无息贷款，促进它们的经济发展。

（3）国际金融公司成立于1956年，总部设在华盛顿，是专门向经济不发达成员国的私营企业提供贷款和投资的国际金融机构。其活动宗旨是配合世界银行，通过贷款或投资入股等方式，资助成员（特别是发展中国家）的私人企业成长，最终促进成员的经济发展。

（4）多边投资担保机构成立于1988年，其活动宗旨是通过向外国私人投资者提供各种经营活动中可能出现的风险担保和投资，加强其吸引外资的能力，从而促进外国直接投资进入发展中国家。

（5）国际投资争端解决中心于1966年成立，其宗旨是提供针对国际投资争端的调解和仲裁机制，一般由世界银行集团行长担任中心行政管理委员会主席。

3. 国际清算银行

国际清算银行（BIS）是西方主要发达国家的中央银行与若干大商业银行合办的国际金融机构，成立于1930年，总部设在瑞士巴塞尔。最初是为处理第一次世界大战后的德国战争赔款问题而设立，国际货币基金组织成立后，国际清算银行的宗旨也逐渐转变为促进各国中央银行之间的合作，为国际金融业务提供便利，并接受委托或作为代理人办理国际清算等业务，故有"央行的央行"之称。

成立于 1975 年的巴塞尔银行监管委员会（简称巴塞尔委员会）是国际清算银行领导下的常设监督机构，主要致力于国际银行业的监管工作。巴塞尔委员会制定的一些协议、监管标准与指导原则统称为巴塞尔协议，这些协议在完善与补充各个国家商业银行监管体制不足、减轻银行倒闭的风险与代价、稳定国际金融秩序等方面起到了积极的作用。

（二）区域性的国际金融机构

区域性的国际金融机构是某一区域内政治、经济、金融发展关系较密切的国家，为了加强区域内的经济合作、协调货币金融关系而建立的区域性金融机构，如亚洲开发银行、非洲开发银行、泛美开发银行和欧洲中央银行等。

以亚洲开发银行为例，亚洲开发银行是亚洲太平洋地区的发展中国家与西方国家合办的政府间金融机构，1966 年成立，总部设在菲律宾首都马尼拉。其活动宗旨是筹集官方及私人资金，向本地区的发展中国家提供贷款，进行投资和技术援助，以促进本地区的经济发展与合作。

2014 年 10 月，由中国倡议设立、重点支持基础设施建设、具有政府性质的多边金融机构亚洲基础设施投资银行（简称亚投行，AIIB）成立，总部设在北京。亚投行的宗旨是促进亚洲区域的经济建设及互联互通、经济一体化进程，加强中国与其他亚洲国家和地区的多边合作。

区域性国际金融机构在国际经济发展中的作用表现在三方面：一是提供短期资金，缓解国际收支逆差，从而在一定程度上缓和国际支付危机；二是提供长期建设资金，促进发展中国家的经济发展；三是稳定汇率，促进世界贸易增长。

基本训练

一、名词解释

金融机构　中央银行　商业银行　政策性银行　金融资产管理公司　国际货币基金组织

二、填空题

1. 在金融机构发挥的所有功能中，_____功能是适应经济发展需求最早产生的。

2. 与一般工商企业经营的对象不同，金融机构的经营对象是_____。

3. 1944 年 7 月，44 个同盟国家在美国新罕布什尔州召开国际金融会议，成立了_____

组织。

4. 1948 年 12 月 1 日，在原华北银行、北海银行、西北农民银行的基础上建立的_____，标志着新中国金融体系的开始。

5. 商业银行的业务大体可以划分为_____、_____和_____三类。

6. 一个国家商业银行的组织制度受各国政治和经济发展情况的影响而有所不同，大体说来，目前主要有_____、_____、_____和_____四种。

7. 目前，各国商业银行的经营体制主要有_____和_____两种模式，我国目前采用的是_____模式。

8. 商业性保险公司的业务可以分为三大类：_____、_____和_____。

三、单项选择题

1. 金融机构适应经济发展需求最早产生的功能是（　　）。

A. 融通资金　　　　　　　　　B. 支付结算服务

C. 降低交易成本　　　　　　　D. 风险转移与管理

2. 在一个国家或地区的金融监管组织机构中居于核心位置的机构是（　　）。

A. 社会公律性组织　　　　　　B. 行业协会

C. 中央银行或金融管理局　　　D. 分业设立的监管机构

3. 国际金融公司作为专门向经济不发达会员国的私营企业提供贷款和投资的国际性金融组织，其资金的运用主要是（　　）。

A. 向最贫穷的成员国提供无息贷款

B. 向成员国官方、国有企业和私营企业贷款

C. 向成员国的官方财政金融当局融通资金

D. 提供长期的商业融资，以促进私营部门发展

4. 下列属于全球性金融机构的是（　　）。

A. 亚洲开发银行　　　　　　　B. 亚洲基础设施投资银行

C. 泛美开发银行　　　　　　　D. 国际清算银行

5. 股份制商业银行内部组织形式一般包括决策机构、执行机构和监督机构。（　　）是公司的最高权力机构。

A. 股东大会　　　B. 董事会　　　C. 监事会　　　D. 执行机构

6. （　　）是历史上第一家股份制银行，也是现代银行产生的象征。

A. 德意志银行　　　　　　　　B. 法兰西银行

C. 英格兰银行　　　　　　　　D. 日本银行

7. 主要将资金投向国家基础设施以及重大技术改造等项目的银行是（　　）。

A. 中国进出口银行　　　　　　B. 中国人民银行

C. 国家开发银行　　　　　　　D. 中国农业发展银行

8. 下列（　　）是体现中央银行"银行的银行"职能。

A. 发行货币　　　　　　　　　　　　B. 制定货币政策

C. 代理国库　　　　　　　　　　　　D. 充当最后贷款人

9. 下列不属于银行类金融机构的是（　　）。

A. 中国银行　　　　　　　　　　　　B. 商业银行

C. 政策性银行　　　　　　　　　　　D. 信托公司

四、多项选择题

1. 金融机构在经营中必须遵循（　　）原则。

A. 效益性　　　　B. 安全性　　　　C. 流动性　　　　D. 赢利性

E. 时效性

2. 世界银行集团包括（　　）。

A. 国际复兴与开发银行　　　　　　　B. 国际开发协会

C. 国际清算银行　　　　　　　　　　D. 国际金融公司

E. 多边投资担保机构

3. 国际货币基金组织资金来源的途径包括（　　）。

A. 出售黄金所得的信托基金　　　　　B. 会员国的认缴款

C. 资金运用收取的利息和其他收入　　D. 向官方和市场借款

E. 某些成员国的捐赠款或认缴的特种基金

4. 我国的金融机构体系实行分业经营与分业监管，2018年4月至2023年4月，（　　）作为最高金融管理机构。

A. 银保监会　　　　B. 证监会　　　　C. 中央银行　　　　D. 财政部

5. 中央银行的特点可概括为（　　）。

A. 发行的银行　　　　　　　　　　　B. 国家的银行

C. 存款货币银行　　　　　　　　　　D. 监管的银行

E. 银行的银行

6. 商业银行的组织制度形式目前主要有（　　）等类型。

A. 总分行制　　　　　　　　　　　　B. 代理行制

C. 单一银行制　　　　　　　　　　　D. 持股公司制

E. 连锁银行制

五、判断并改正

1. 国际货币基金组织的贷款对象可以是成员方官方财政金融当局，也可以是私营企业；贷款用途除用于弥补成员国际收支逆差或用于经常项目的国际支付，还可以用于国家的基本建设。

2. 典当行，亦称典当公司或当铺，是主要以财物作为质押进行有偿有期借贷融资的非银行类金融机构，而以物换钱是典当的本质特征和运作模式。

3. 国际开发协会的活动宗旨主要是向最贫穷的成员国提供无息贷款，促进它们的经济发展，这种贷款具有援助性质。

4. 中国的金融资产管理公司带有典型的商业性金融机构特征，是专门为接受和处理国有金融机构不良资产而建立的。

5. 商业银行的经营原则，即"三性"原则，是具有完全内在统一性的整体。

6. 目前我国的财务公司是由大型企业集团内部成员单位出资组建，并为各成员单位提供金融服务的非银行类金融机构，经营目的是支持国家重点集团或重点行业的发展。一般不从企业外部吸收存款和对外发放贷款。

7. 从会计处理角度而言，所有的表外业务都属于中间业务。

六、简答题

1. 为什么说金融机构的经营风险和影响程度与一般企业不同？

2. 试述国家金融机构体系的一般构成。

3. 政策性银行有哪些特征？

第六章　金融市场与金融交易

本章提要

金融市场是指货币资金供求双方借助于各种金融工具，进行金融资产交易或提供金融服务，从而实现资金融通的场所或空间。其中，参与者、交易对象、组织方式和交易价格是构成金融市场的四个基本要素。

金融工具是指在信用活动中产生的、能够证明债权债务关系并据以进行货币资金交易的合法凭证，具有期限性、流动性、风险性和收益性特征。金融工具以是否与实体经济直接相关，可分为原生性金融工具和衍生性金融工具。

货币市场又称短期金融市场，是进行短期资金融通的市场，通常以期限1年以内的金融工具为交易媒介。货币市场使用的金融工具主要有货币头寸、票据、存单、国库券和短期公债。货币市场包括同业拆借市场、票据市场、国库券市场和可转让大额定期存单市场等。

资本市场又称长期金融市场，是进行长期资金融通的市场，通常以期限1年以上的金融工具为交易媒介。资本市场使用的金融工具是各类有价证券，主要为债券和股票。因此，债券市场和股票市场是主要的资本市场。

第一节　金融市场的构成与分类

金融市场是一国市场体系的重要组成部分，在市场经济中起着资本传递与组织的作用。一个完善的金融市场除了具有基本的聚集资金功能外，还具有高效配置社会资源、优化产业结构及体现一国政府政策意图等方面的功能。

一、金融市场及其构成要素

（一）金融市场的概念

通常，货币资金的融通方式有直接融资和间接融资两种。直接融资指资金供求双方通过一定的金融工具，如商业票据、股票、债券等的交易直接形成债权债务关系。其特点是：交易活动不以客户关系为限，任何人、任何机构都可以自由地在某个场所进行交易，交易价格是公开的，由市场供求决定，适合于频繁转让。间接融资则指资金供求双方通过金融中介机构间接实现资金融通的活动。其特点是：交易活动以比较固定的客户关系为限，资金供求双方分别与金融中介机构发生债权债务关系，如银行的存、贷款业务等。据此，金融市场也分成直接融资市场和间接融资市场，现实中常说的金融市场主要是指前者（见图6-1）。

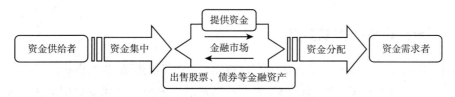

图6-1　金融市场的资源配置流向

可见，金融市场是指货币资金供求双方借助于各种金融工具，进行金融资产交易或提供金融服务，从而实现资金融通的场所或空间。简单地说，是办理各种票据、有价证券和外汇买卖，以及同业之间进行货币借贷的场所。具体可分三个层次理解：

（1）金融市场是一个交易和服务场所，既可以是一个有形的固定交易场所，如证券交易所、期货交易所，也可以是一个无形的交易网络或空间，如各种场外交易市场等。

（2）金融市场包含资金供求双方相互间所形成的买卖和服务关系，即货币资金供求双方借助一定的交易方式，进行金融资产、金融工具等交易并扩大到提供金融服务。

（3）金融市场也包含了金融资产交易及提供服务过程中所产生的各种运行机制，如供求机制、价格机制和效率机制等，并通过这些机制实现资金融通。

◆ **补充阅读材料**

与金融市场相关的一些概念有：

金融活动：资金在盈余方和短缺方之间进行的有偿调剂或借贷活动，称资金融通或金融活动。

金融资产：资产是指对有价值资源的所有权，可分为有形资产和无形资产。有形资产也称实物资产，是指具有特定物质形态的有价值的所有权，如厂房、机器等，可以直接用于生产和消费；无形资产是指没有特定物质形态，但能带来收益的所有权，如商标、商誉、知识产权、各种有价证券等。金融资产属于无形资产的一种，是指建立在债权债务关系基础上、要求另一方提供报偿的所有权或索取权，具体说是指一切代表未来收益或资产合法要求权的具有资金融通性质的凭证。它不是社会财富的代表者，不能直接用于生产和消费，但确是居民、企业或政府机构的财富代表。金融资产主要包括三类：债务性证券，如个人或企业在银行的存款；权益性证券，如公司股票等；衍生性证券，如期货合约、期权合约等。

金融产品：金融产品是指由金融机构设计和开发的各种金融资产，如银行储蓄、政府债券、商业票据、回购协议等。

金融工具：金融工具是指那些可以用来进行交易的金融产品。与金融产品的区别在于金融工具可以进行交易，而金融产品则不一定可以进行交易，如银行存款属于金融产品，而不属于金融工具。

（二）金融市场的构成要素

金融市场是一个由多种元素构成的有机整体，虽然不同国家金融市场的发达程度各不相同，但就市场本身来说，主要由参与者、交易对象、组织方式和交易价格四个基本要素构成。

（1）参与者，即金融市场的参与主体，指参与金融市场交易活动而形成买卖双方的各经济单位，主要包括工商企业、金融机构、中央银行、政府部门和居民个人，他们或者是资金的供给者，或者是资金的需求者，或者是以供给者与需求者的双重身份出现。

（2）交易对象，即金融市场参与者进行交易的标的物，其本质是货币资金，但由于货币资金需要借助于金融工具进行交易，所以，又说金融市场的交易对象是金融工具。

金融工具一般具有广泛的社会可接受性，随时可以流通转让。按当事人所享有的权利与所承担的义务为标准，金融工具一般可分为债权债务凭证（票据、债券等）和所有权凭证（股票）。金融工具的种类繁多，各具特色，能够分别满足资金供求双方的不同需要。因此，金融工具数量多少，是衡量一国经济基础强弱和金融市场发达水平的重要标志之一。

小思考

金融市场的参与者与金融市场的交易对象之间关系如何？

答：金融市场的参与者与金融市场的交易对象之间是一种相辅相成关系。如果金融市场内的交易对象即金融工具品种和数量很少，难以满足需求，那么，即使市场的参与者熙熙攘攘，实际交易也难以达成；同样，如果市场没有足够的参与者，即使金融工具琳琅满目，也只能落得乏人问津。所以，金融市场主体多少决定着金融工具的种类和数量，而金融工具的种类和数量反过来也影响金融市场交易者的多少，两者是构成金融市场的最基本要素。

（3）交易价格。金融工具的交易价格反映了市场资金的供求关系，也是市场的一个构成要素。不同于其他市场的商品交易价格，受众多因素影响的金融工具价格更多变复杂，所以，一个有效的金融市场必须具有一个高效的价格运行机制才能正确地引导金融资产的合理配置与优化。

（4）组织方式。组织方式是指将金融市场参与者与代表货币资金的金融工具联系起来，组织买卖双方进行交易的方式。它主要有三种：一是有固定场所、有组织、有制度、集中进行交易的方式，如交易所方式；二是买卖双方在各金融机构柜台进行面议的分散交易方式，如柜台交易方式；三是场外交易方式，即没有固定场所，也不直接接触，主要借助网络电信等手段来完成交易的方式。

综上所述，金融市场四要素之间是紧密联系、互相促进、互相影响的。其中，金融市场参与者与金融市场交易对象是最基本的要素，只要这两个要素存在，金融市场便会形成；而金融市场组织方式与金融市场交易价格则是自然产生的，只有这两个要素的存在，金融市场才会向更发达、更高级和更完善的方向发展。

二、金融市场的分类

根据标准不同，金融市场可划分为许多不同的种类，而各种不同的金融市场群体就构成了金融市场体系。

（一）按融资期限划分

按融资期限长短，金融市场可分为短期金融市场和长期金融市场。

短期金融市场又称货币市场，是指以1年内的票据和有价证券为交易工具进行短期资金融通的市场，主要解决市场参与者短期性的资金余缺问题。

长期金融市场又称资本市场，是指以1年以上的有价证券为交易工具进行长期资金融通的市场。长期资金大多参与社会再生产过程，起着"资本"的作用，主要是满足政府和企业部门对长期资本的需求。

（二）按所交易金融产品的交割时间划分

按所交易金融产品的交割时间不同，金融市场可分为现货市场和期货市场。

现货市场是在交易协议达成后的2天内立即进行交割的市场（即一方支付款项、一方支付证券）。

期货市场则指交易协议虽然已经达成，但交割却要在某一特定时间进行的市场。由于交割要按成交时的协议价格进行，因此，证券价格的升降就可能使交易者获利或受损，交易者只能根据自己对市场的判断来进行交易。

（三）按所交易证券的新旧为标准划分

按所交易证券的新旧为标准，金融市场可分为初级市场和次级市场。

初级市场是新证券发行的市场，又称一级市场或证券发行市场。证券发行者与证券投资者的多少是决定初级市场规模的直接因素。证券承销商在初级市场上向投资者出售金融工具时一般通过包销或代销方式进行。

次级市场是旧证券流通、转让的市场，又称二级市场或证券转让市场。其主要功能在于为投资者提供金融资产的流动性，通过交易使金融资产转化为现金。如证券持有者需要资金可到次级市场出售变现，投资者要进行证券投资也可在次级市场上实现。

（四）按成交与定价方式划分

按成交与定价方式不同，金融市场可分为公开市场、议价市场、店头市场和第四市场。

公开市场是由市场众多的买者与卖者通过公开竞价方式定价的市场，一般是以有组织和有固定场所的有形市场出现，如股票交易所、期货交易所。

议价市场是指没有固定场所、交易相对分散的市场，买卖双方的活动主要通过直接谈判而自行议价成交（即私下谈判或协商完成交易）。由于这类活动一般多在公开市场外面进行，故又称场外交易。

第三市场、第四市场是场外交易的一种延伸。

店头市场又称柜台市场，或称第三市场，是未上市的证券或不足一个成交批量的证券进行交易的市场。尽管店头市场也是场外市场的一种，但和以场外交易为特征的议价市场相比仍略有区别：店头市场以"柜台"和店内交易为特征，而不像议价市场那样不择场所，不过，"议价"成交的特点倒是共同具备的。

第四市场是指为机构投资者买卖双方直接联系成交的市场。一般是通过电脑通信网络如电脑终端机把会员连接起来，并在办公室内利用该网络报价、寻找买方或卖方，最后直接成交。第四市场的交易一般数额巨大，利用第四市场可以大大节省手续费等中间费用，筹资成本的降低足可弥补互联网等的花费，而且不为第三者所知，交易保密性好，也不会因交易量大而影响市价，因而，第四市场的未来发展具有极大潜力。

（五）按金融工具的属性划分

按金融工具的属性不同，金融市场可分为基础性金融产品市场和衍生性金融产品市场。

基础性金融产品市场是一切基础性金融工具如股票、债券等交易的市场，也可以说是货币市场、股票市场、外汇市场和债券市场的总和。

衍生性金融产品市场是指在基础性金融产品上衍生出来的新金融工具交易市场，如期货市场、期权市场等。

（六）按金融市场的地域范围划分

按金融市场的地域范围不同，金融市场可分为地方性、全国性、区域性金融市场和国际金融市场。

地方性和全国性金融市场都同属国内金融市场，其主体都是本国的自然人和法人，融资活动的范围以一国为限。

区域性金融市场同国际金融市场一样，融资交易活动分属多个国家和地区，交易的主体与客体都比较复杂。

三、金融市场的功能

（一）有效筹集和分配资金的功能

金融市场和其他各类市场相比，具有动员资金范围广阔、使用工具灵活多样、可以及时地满足资金供需双方的不同需要。对资金供应者来说，通过金融市场上各种金融工具的买卖交易，既能增加资金的流动性，又可通过交易、转让等方式多得收益；而对资金需求者来说，根据自己的经营状况与实际需求，有选择地到金融市场去筹集资金，有利于提高筹集效益，降低筹资成本。所以，金融市场筹集和分配资金功能为资金供求双方提供了多种多样的选择机会。

（二）灵活调度和转化资金功能

金融市场在使各种形式的融资活动不受行业、部门、地区甚至国家限制的同时，为各种长短期资金的相互转化和横向融通提供了媒介与场所，有利于资金的灵活调度。众所周知，一国经济发展的快慢与储蓄转化为投资的数量紧密相关，而金融市场上灵活多样的金融工具与完善的市场机制则为这种转化提供了必要条件，如股票、债券的发行将储蓄资金转化为生产资金，将流动的短期资金转化为相对固定的长期资金，等等。

（三）价格确定与资源优化功能

一个有效率的金融市场可以促进资金流向社会效益最好的项目与部门。如某公司发展良好，则会造成其股票价格上涨，这样就有更多的投资者愿意购买该公司的股票。可见，作为一种较高层次的资金运动，金融市场通过市场的价格机制和利率机制来合理地引导资金流向，实现资金的高效运用，最终使社会闲置资金在经济生活中得到重新组合、优化配置。

（四）降低交易成本，实现风险分散

作为一个专门融通资金的场所，金融市场的运行机制能够及时、真实地反映资金供求关系，有利于降低投资与筹资双方的交易成本。另外，随着各种交易行为的完成，金融市场在为筹资者筹集到所需资金的同时，也将风险分散给了广大投资者，一旦企业经营失败，

投资者就有承担风险的义务。同样，二级市场上的交易在转让有价证券的同时也随之转移了风险。要注意的是，金融市场的风险分散或转移只是相对的，并不能从总体上消除风险。

（五）有效实施宏观调控

金融市场历来被认为是一国国民经济的"晴雨表"，是调节经济最灵活、最有力的杠杆。中央银行通过买进、卖出有价证券等操作行为在金融市场上调节货币供给量，为政府当局提供一个通过经济手段有效实施宏观调控的场所；同时国债发行也为政府开辟了筹集资金满足经济建设需要的资金来源渠道，使宏观调控更具弹性和灵活性。

总之，金融市场既为国家开辟了一个有效调控宏观经济的场所，也为公司企业与居民个人提供了筹资、投资的有效机制与途径。但要注意的是，由于存在信息不对称等市场因素，要使金融市场正常、充分地发挥其功能，还必须在法制健全、信息披露充分、价格机制灵活等方面不断地进行充实和完善，才能弱化因市场波动而产生的消极影响，更好地发挥金融市场对一国经济的促进作用。

◆ **补充阅读材料**

金融市场是一个信息不对称的市场。如在证券市场上，上市公司比投资者拥有绝对多的有关公司信息，它们往往会将最有利于公司形象、最能吸引投资者的信息公之于众，将那些对公司可能产生负面影响的信息尽可能加以隐瞒、粉饰，对投资者进行误导，损害投资者尤其是中小投资者的利益。因此，在金融市场比较完善的国家，证券发行人信息披露是否充分一直是各国监管的重点，即规定所有必须披露的信息都要充分、及时、真实，否则就要受到制裁，这样才能稳定市场参与者的信心。

第二节　金融工具及其种类

金融市场的客体是货币资金，但货币资金需要借助于金融工具才能进行交易。所以，下面对有关金融工具的内容逐一加以阐述。

一、金融工具的含义及特征

金融工具是指在信用活动中产生的能够证明债权债务关系并据以进行货币资金交易的合法凭证，是一种具有法律效力的金融契约。一般来说，有效的金融工具须同时具备三个要点：一是规范化的书面格式；二是有广泛的社会可接受性或可转让性；三是具有法律效力。

金融工具种类繁多，特点各异，但总体来看，都具有以下的共同特征。

（一）期限性

期限性是指一般金融工具都有明确的标示规定偿还期限，即指债务人从举借债务到全部归还本息之时所经历的时间，例如，一年期的公司债券，其期限就是一年。对当事人来说，更具现实意义的是实际偿还期限，即从持有该金融工具之日起到结束持有该金融工具所经历的时间，当事人据此可以衡量自己的实际收益率。金融工具的偿还期有两种极端情况，即零期和无限期。零期类似于活期存单，可随时存取；无限期类似于股票或永久性债券，具有无限长的到期日。

（二）流动性

流动性是指金融工具在必要时迅速转化为现金而不致遭受损失的能力。一般来说，金融工具的流动性与安全性成正比，与收益成反比。例如，国库券等一些金融工具就很容易变成货币，流动性与安全性都较强；而股票、公司债券等金融工具，流动性与安全性就相对较弱，但收益较高。决定金融工具流动性的另一个重要因素是发行者的资信程度，一般发行人资信越高，则流动性越强。

（三）风险性

风险性是指购买金融工具的本金和预期收益遭受损失的可能性大小。任何一种金融工具的投资和交易都存在未来结果的不确定性，归纳来看，风险主要来自两个方面：一是债务人不履行约定按时支付利息和偿还本金的信用风险；二是因市场上一些基础金融变量，如利率、汇率、通货膨胀等方面的变动而使金融工具可能因价格下降带来的市场风险。相比信用风险，市场风险更难预测。

（四）收益性

收益性是指持有金融工具能够带来一定的收益，金融工具的收益有两种：一种为固定收益，直接表现为持有金融工具所获得的收入，又称所得利得，如债券票面或存单上载明的利息率；另一种是即期收益，就是按市场价格出售金融工具时所获得的买卖差价收益，又称资本利得。金融工具收益性的高低用收益率来表示，不同金融工具的收益率计算方法也不尽相同。另外，对收益率高低的比较还要结合通货膨胀、利率、汇率等变动因素来分析，这样更科学。

◆ **观念应用**

债券收益率是指债券这一金融工具给持有者带来的净收益与预付本金之比例，一般以年率百分之几表示。衡量收益率的指标有以下三种。

（1）票面收益率。它是债券的票面收益与本金的比率。例如，某种债券的面额为 100 元，标明年利率为 8%，则发行者每年需支付给债权人 8 元，票面收益率为 8%。

$$票面收益率 = 年利息 \div 本金 \times 100\% = 8 \div 100 \times 100\% = 8\%$$

（2）当期收益率。它是债券票面年收益与当期市场价格的比率。如上述债券发行后，再次在市场上出售时，市场价格为 95 元，则当期收益率为 8.4%。

$$当期收益率 = 票面年利息 \div 当期市场价格 \times 100\% = 8 \div 95 \times 100\% = 8.4\%$$

（3）实际收益率。它是债券的票面收益加每年本金损益之和与当时市场价格的比率。假设上述债券偿还期为 10 年，某投资者第一年年终以 95 元从市场买入，则对新购入者而言，实际年收益率为 9%。

$$实际收益率 = [面额 \times 票面收益率 + (到期偿还本金 - 市场价格) \div 偿还期] \div$$
$$市场价格 \times 100\%$$
$$= [100 \times 8\% + (100 - 95) \div 9] \div 95 \times 100\% = 9\%$$

二、金融工具的分类

根据不同标准，金融工具可以划分为不同的种类。

（一）货币市场金融工具和资本市场金融工具

以期限长短作为分类标准，可将金融工具分为货币市场金融工具和资本市场金融工具。货币市场金融工具通常是指期限一年以下、在货币市场进行交易的工具，如商业票据、国库券、可转让大额定期存单等。资本市场金融工具则是指期限一年以上、在资本市场进行交易的工具，主要包括股票、公债券等。

（二）直接融资工具和间接融资工具

以融资形式为分类标准，可将金融工具分为直接融资工具和间接融资工具。直接融资工具是不通过金融中介机构，工商企业、政府等为了直接从市场融通资金而发行的金融工具，如商业票据、股票、债券等；间接融资工具是由金融中介机构充当信用或支付中介而发行的金融工具，如银行票据、保险单、可转让大额定期存单等。

（三）债权凭证和所有权凭证

以当事人所享权利与所承担义务为标准，可将金融工具分为所有权凭证和债权凭证。所有权凭证主要体现的是一种权益关系，如股票；其他金融工具则属于债权凭证，主要体现的是债权债务关系。所有权凭证的投资者享有分红、经营管理公司的权利，一旦亏损，也要承担分摊的义务；债权凭证的购买者享有按规定利率收取回报、公司破产清算时优先受偿等权利，风险小但收益也相对较低。

（四）原生性金融工具和衍生性金融工具

以是否与实体经济直接相关，可将金融工具分为原生性（或基础性）金融工具和衍生性金融工具。原生性金融工具是指在实际信用活动中出具的能证明债权债务关系或所有权关系的合法凭证，如商业票据、股票、债券等；而衍生性金融工具则是在原生金融工具基础上派生出来的各种金融合约及其组合形式的总称，如各种期货合约、期权合约、掉期合约等（见图6-2）。这里按此分类进行介绍。

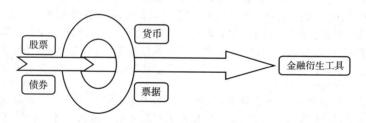

图6-2　衍生性金融工具的派生关系

三、原生性金融工具

票据、股票、债券和基金等都属于使用最广泛的原生性金融工具。

（一）票据

票据是指出票人依法签发的，约定自己或委托付款人在见票时或在指定日期向收款人或持票人无条件支付一定金额货币，并可以转让的有价证券。票据有三个基本关系人，即出票人、收款人和付款人。出票人是按法定格式制作签发票据并交付给受票人的人；收款人是收取票款的人，即票据的债权人；付款人是根据出票人的命令支付票款的人。任何一张票据均包含这三个基本关系人，只不过有时候出票人与付款人或收款人会重合。表6-1所示的是票据的主要特征。

表6-1　　　　　　　　　　　　　　　票据的主要特征

特征	含义	其他说明
文义证券	一切权利义务均以票据上记载的文字为准，不受文字以外其他因素的影响	如票据上记载金额数目的大小写与数码文字不符时，以文字为准；票据上记载的发票日与实际发票日不一致时，以票据上的记载日期为准
无因证券	持票人行使票据权利时，只需向债务人出示票据即可，无须说明票据产生的原因或票据行为赖以发生的原因	票据一经设立，便具有独立的权利义务关系，与票据产生或转让的原因相分离。这种无因性的特征，为票据的转让与流通提供了安全保证
设权证券	债权人占有票据即可根据票面所载权利义务关系，向特定的票据债务人行使给付请求权	这种票据权利行使离不开票据，它随票据的设立而产生，随票据的转移而转移，只有交付票据，票据的行使权利才能转让给债务人
流通证券	票据权利可以通过背书或交付方式而转让	一般说来，无记名票据仅依交付转让；记名票据转让时才必须经过背书。作为流通证券的票据，其权利的转让更方便灵活，因为它无须通知债务人
要式证券	票据必须根据法定方式制成方为有效（关于票据上必须记载的事项以及票据签发、转让、承兑、付款、追索等行为的程序与方式，各国票据法一般都作了规定，必须严格遵守）	票据上的记载事项可分绝对与相对应记载事项，如果票据缺乏法律所规定的绝对应记载事项，则该票据无效。而相对应记载事项的记载与否，不影响票据的有效性，但当事人只要在票据上签名盖章，就必须对票据上所载文字负责
返还证券	持票人在请求支付票据金额时，必须将票据交还给付款人，不交还票据，债务人可拒付票款	如果付款人是主债务人，付款后票据关系消灭；如果付款人是次债务人，付款后可向其前手追索

票据可从两种不同的角度进行分类。

一是从法律角度，票据可分为汇票、本票和支票（见图6-3）。汇票，是出票人（债权人）发给付款人（债务人）的支付命令书，命令付款人在约定的时间、地点，以一定的金额支付给指定的收款人。汇票按出票人的不同可以分为商业汇票和银行汇票，前者由企事业单位签发，后者由银行签发。本票，是出票人（债务人）签发并以自己为付款人向债权人开出的在约定期限偿付欠款的债务凭证。本票根据出票人不同也可分为商业本票和银

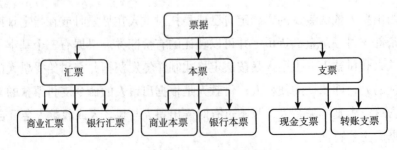

图6-3　从法律角度分类

行本票，前者由企事业单位签发，后者由银行签发。支票是由出票人签发，委托银行于见票时无条件支付给指定人或持票人的票据。表6-2是对汇票、本票和支票进行的比较。

表6-2

汇票、本票与支票的比较

项目	汇票	本票	支票
基本当事人	付款人、收款人、出票人	收款人、出票人	收款人、出票人
承兑	有承兑	没有承兑	没有承兑
票据的期限	指定到期日		见票即付
付款类型	委付凭证	自付凭证	自付凭证
主债务人	付款人或承兑人	出票人	出票人

二是从经济学角度（见图6-4），票据可分为商业票据和银行票据。商业票据是由企业签发的以商品和劳务交易为基础的短期无担保票据，主要有商业本票和商业汇票两种。银行票据是由银行签发或由银行承担付款义务的票据，包括银行本票、银行汇票和银行支票。

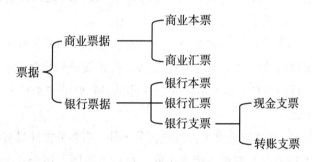

图6-4　从经济学角度分类

（二）股票

股票是股份公司发给出资者用于证明投资者股东身份和权益，并据以向投资者分配股息和红利的凭证。股票一经发行，持有者即为发行股票公司的股东，有权参与公司决策、分享公司利益；同时也要分担公司责任和经营风险；股东与股份公司之间不是债权债务关系，而是所有权关系。

股票是一种高风险和高收益并存的金融工具。投资股票的收益来自两方面。一是股息收入，它取决于股份公司的经营业绩与收益状况；二是买卖价格，它取决于股票未来的价格趋势。而股票的价格，不仅受公司自身经营状况等方面的影响，还受到整个宏观经济与国家政策等因素的影响，一旦公司因经营不善破产时，公司发行的股票就有可能成为一张废纸。所以，股票的回报率具有高度的不确定性，在取得高收益的同时也伴随着高风险。

股票具有永久性、参与性、风险性和流通性的特征。永久性表示股票是一种无偿还期限的有价证券；参与性是指股东有权出席股东大会，参与公司的重大经营决策，具有收益共享、风险共担的特点；风险性是指购买股票的收益是非固定的，它与公司的盈利能力密切相关；流通性是指股票一经发行，则可在不同的投资者之间进行交易、转让。

以下从股票常见分类和我国股票具有的特色分类两方面展开。

1. 股票常见分类

（1）按股票所代表的股东权利划分，股票可分为普通股股票和优先股股票。普通股股票是最常见的一种，其持有者享有股东的基本权利与义务，如普通股票的股息随公司盈利多少而增减，还可以在公司盈利较多时分享红利，所以是公司发行量最大的一种股票。相对于普通股，优先股股票是股份有限公司发行的在收益分配和剩余财产分配方面具有优先权的股票，优先股票根据事先确定的股息率优先取得股息，股息与公司的盈利状况无关，公司解散则可优先得到分配的剩余资产，但持股人一般不享有表决权，不参与公司的红利分配。

（2）按是否记名划分，股票可分为记名股票和不记名股票。前者须经一定的手续才能转让其所有权，后者则可自由转让。

（3）按是否载明票面金额，股票可分为有面额股票和无面额股票。有面额股票是指在股票票面上载有一定金额的股票；无面额股票是指股票发行时无票面价值记载，仅标明每股占资本总额一定比例的股票。

（4）按股票的质地划分，可将股票分为资产股、蓝筹股和成长股。资产股是指那些拥有大量固定资产和闲置房产的公司所发行的股票；蓝筹股是指那些规模庞大、经营良好、收益丰厚的大公司发行的股票；成长股则是指一些前景看好的中小型公司发行的股票。

2. 我国的股票分类

在我国，股票除了可以按以上常见标准进行分类外，有些分类还具有典型的中国特色。

（1）根据股票上市地点及股票投资者不同，可以将我国上市公司的股票分为 A 股、B 股、H 股、N 股及 S 股等几种。A 股是人民币普通股票，以人民币为面值，以人民币认购和买卖，在境内（上海和深圳）证券交易所上市交易的股票，2002 年 12 月 1 日起，合格的境外投资者（QFII）也可以投资于 A 股市场。B 股是人民币特种股票，是指以人民币标明面值、以外币认购和进行交易、专供外国和我国香港、澳门、台湾地区投资者买卖的股票，从 2001 年 2 月 19 日开始，国内居民也被允许用银行账户的外汇存款购买 B 股。H 股是指公司注册地在中国境内、但上市地在香港的股票，1993 年青岛啤酒公司首先在香港发行 H 股。N 股是指公司注册地在中国境内、但上市地在美国纽约的股票。S 股是指公司注册地在中国境内、但上市地在新加坡的股票。

（2）按投资主体不同，我国上市公司的股票还可分为国家股、法人股和社会公众股。国家股又称国有资产股，是指有权代表国家投资的部门或者机构，以国有资产向股份有限公司投资形成的股票。其股权所有者是国家，但由国有资产管理机构或其授权单位、主管部门行使国有资产的所有权职能。法人股是指企业法人或具有法人资格的事业单位、社会团体以其依法可支配的资产向股份公司投资而形成的股票。在我国上市公司的股份中，国家股和法人股一般不允许上市交易。社会公众股是指社会个人、机构或股份公司内部职工以个人财产投入公司而形成的股份。由此，同一家上市公司发行的股票就有流通股和非流通股之分，这就是股权分置。随着我国股票市场的发展，我国的股权分置改革基本完成，股权分置问题也已基本解决。

（三）债券

债券是债务人在筹集资金时，依照法律手续向债权人出具的在一定时期支付利息和到期归还本金的一种债权债务凭证。债券通常由债券的面值、债券利率和债券的偿还期限三个基本要素构成，债券的面值包括面值币种和面值大小两个内容；债券利率是债券利息同债券面值之比；债券的偿还期限是指债券发行日至清偿本息之日的时间，短则数月，长的可达几十年。

根据不同的划分标准，债券可以分许多种类，常见的如下：

（1）根据发行人的不同，债券可分为企业债券、政府债券和金融债券三大类。企业债券又称公司债券，是企业为筹集资金而发行的债务凭证。企业债券的期限一般较长，通常在5年以上，风险较大，利率一般高于其他债券。企业债券的发行方式有企业自行发售、金融机构代理发售或承购包销等几种。政府债券是由国家发行的债务凭证。按偿还期的不同，政府债券可分为短、中、长期债券，1年以内的短期政府债券通常称作国库券；1年以上的中、长期政府债券称为公债券，是长期资金市场中的重要金融工具。由于国债有政府财政作担保，几乎不存在违约风险，因而在各种债券中信誉最高、风险最小。大多数国家还规定投资政府债券可以享受税收优惠。金融债券是银行或其他金融机构作为债务人发行的借债凭证，目的是筹措中长期贷款的资金来源，同时也有用于资产负债的管理，形成资产与负债的最佳组合。

（2）根据记名与否，债券可分为记名债券和不记名债券。记名债券的持有人在发行债券的公司登记了姓名和地址等信息，转让时要办理过户手续，若遗失则可以挂失，发行债券的公司只承认登记了的债券持有人；而不记名债券可以自由转让，发行债券公司可向任何债券持有人支付本息。

（3）根据有无抵押品，债券可分为抵押债券、质押债券、担保债券和信用债券。抵押债券是以某些实物资产作为还本付息保证的债券，如果发行者到期不能偿还本息，债券持有人有权处置抵押品作补偿；质押债券是以金融资产作为还本付息保证的抵押品债券；担保债券是不用公司实物资产作抵押，而是用其他公司、组织或机构作担保发行的债券；信用债券是指没有任何抵押品作担保，仅以筹资者的信用作保证而发行的债券。

（4）根据筹集资金的方式不同，债券可分为公募债券和私募债券。公募债券是以非特定的广大投资者为对象广泛募集的债券；私募债券则是以与债券发行人有特定关系的投资者为对象而募集的债券。一般发行量大、信用水平高的发行主体，如政府、著名大公司等大多采用公募发行方式。

（5）根据债券的利息支付方式，债券可分为一次性还本付息债券、附息债券和贴息债券。一次性还本付息债券是指债券到期利息与本金一并支付的债券；附息债券是指债券面上附有各种息票的债券，息票上标明利息额、支付利息的期限和债券号码等内容，息票一般以半年或一年为一期，到债券付息日这天，持有人从债券上剪下息票并据此领取利息；贴息债券是指发行时依照规定的贴现率，以低于债券面额的价格发行，到期按债券面额兑付而不另付利息的债券。

（6）根据债券的券面形态，债券可分为实物债券、凭证式债券和记账式债券。实物债券是一种具有标准格式实物券面的债券，不记名、不挂失，但可上市流通；凭证式债券是一种债权人认购债券的收款凭证，我国近年来通过银行系统发行的凭证式国债就属于此种，可记名、挂失，但不能上市流通；记账式债券是没有实物形态的票券，而是在电脑账户中做记录，可以记名、挂失，交易，具有发行与交易均无纸化的特点，效率高，成本低，交易安全。

（四）基金

基金有广义和狭义两种理解。广义的基金指为了某种目的而设立的具有一定数量的资金，如保险基金、退休基金等。狭义的基金是指有特定目的和用途的资金，这里是指证券投资基金，即由投资基金发起人向社会公众公开发行，证明持有人按其所持份额享有资产所有权、资产收益权和剩余财产分配权的一种有价证券。证券投资基金起源于英国，繁荣于美国。

与其他投资工具相比，证券投资基金是通过发行基金证券，将投资者众多分散的资金集中起来，由专业的投资机构及具有丰富投资经验的专家进行操作管理，因此，具有集中管理、专业理财、分散风险的优势。同时，作为一种以"利益共享、风险共担"为原则的集合投资方式，基金投资者既可获得扣除各种运行费用后的全部盈余，并依据各自所持有的份额按比例进行分配，也要承担投资过程中可能产生的风险。根据不同标准，可以将证券投资基金进行以下分类：

（1）根据性质和组织形式不同，可将证券投资基金分为公司型基金和契约型基金。公司型基金是依据公司法成立、以营利为目的、通过发行股票或收益凭证等方式来筹集资金并加以运行的股份公司。作为股份制的投资公司，基金公司通过发行股份筹集资金，投资者通过购买基金公司股份而成为其股东，享有基金收益的索取权。由于公司型基金的董事会对基金管理公司的投资运作有较大的监督作用，更能够保障投资者的利益，所以，在基金业最为发达的美国，公司型基金居于绝对的主导地位。契约型基金是依据信托契约组织起来的基金组织，一般由基金管理公司（委托人）、基金保管机构（受托人）和投资者（受益人）三方通过信托投资契约而建立，其中基金管理公司（委托人）通过发行基金证券筹集资金，并将其交由基金保管公司（受托人）保管，委托人本身则负责基金的投资营运，而投资成果则由投资者（受益人）享有。我国目前公开发售的基金基本是契约型基金。

（2）根据基金单位能否增加或赎回，可将证券投资基金分为开放式基金和封闭式基金。开放式基金是指基金在组建时发行的基金总额不固定，可视经营策略变化和实际需要追加发行，投资者可随时认购或赎回基金。封闭式基金是指基金发行总额和发行份数都是固定的，且规定发行后的一段时期内（即封闭期）不能发行新的基金，投资者也不得向基金管理公司要求赎回，若需要资金，则只能通过在二级市场上挂牌转让办法来解决基金的流通问题。

（3）根据投资目标的不同，可将证券投资基金分为收入型基金、成长型基金和平衡型基金。收入型基金是以追求当期最大收入为目标的投资基金，投资对象以能带来稳定收益的证券为主，如债券、优先股等，不强调资本的长期利得和成长，特点是损失本金风险小，但长期成长的潜力也相应较小，适合较保守的投资者。成长型基金是以追求资本长期增值和营利为目标的投资基金，投资对象主要是市场中有较大升值潜力的小公司股票或处于创业期的公司、行业，特点是风险较大，获取的收益也可能较高，适合能承受高风险的投资者。平衡型基金则是以保障资本安全、可观的收入及适度成长为目标的投资基金，在投资组合中比较注重长短期收益和风险搭配，其特点是具有双重投资目标，追求收入和成长的平衡，因而风险适中，但成长潜力也相对有限。

◆ **补充阅读材料**

基金证券与股票、债券的区别：

（1）性质不同。股票是股权证书，表示的是一种股权或所有权关系，股票持有者作为公司股东有权对公司的重大投资、收益分配等决策发表自己的意见；债券是债务凭证，代表债券购买者和发行者之间的债权债务关系，债券持有者作为债券发行人的债权人，享有到期收回本金的权利；基金证券持有者是基金投资成果的受益人，体现的是信托关系。

（2）投资收益与风险程度不同。通常情况下，基金和股票的投资收益是不确定的，而债券的投资收益是确定的。在风险程度上，股票因其不能退股及价格波动等特点导致其风险较高，但收益也可能高于基金与债券。按理论推测及以往的投资实践，一般股票投资的风险大于基金，基金投资的风险大于债券。

（3）投资方式不同。基金是一种间接的证券投资方式，基金证券的持有者自己不直接参与有价证券的买卖活动，而是委托专家具体负责投资方向、对象等，股票、债券的投资者则是自己进行投资决策。

（4）影响价格因素不同。在宏观政治、经济环境一致的情况下，股票的价格主要受供求关系、企业自身经营状况等因素的影响；而影响债券价格的主要是市场利率；基金证券的价格则主要取决于资产净值或市场供求关系。

（5）投资回收方式不同。股票投资是无期限的，一般只能转让和买卖，不能退股；债券投资有一定的期限，到期还本付息；基金证券则要视其所持有的基金形态不同而有区别，封闭型基金有一定的期限，存续期满后，投资者可按持有的份额获得相应的资产，开放型基金一般没有期限，投资者可以随时向基金管理人要求购买或赎回。

四、衍生性金融工具

近年来，随着金融市场的不断创新及现代科学技术的飞速发展，越来越多的衍生金融工具被设计出来。衍生金融工具一般包含两层含义。其一，它是一种特定的交易方式（对未来的预期不同）；其二，它是由这种交易方式所形成的合约，合约上载明了交易品种、价格、数量、交易时间及地点等信息。由于衍生金融工具主要是利用保证金交易产生的杠杆效应，以利率、股价趋势等为对象，对双边合约的产品形式进行交易，所以合约的价值取决或派生于基础性金融工具的价格及其变化。机构与个人参与衍生金融工具交易目的有三：一是为了套期保值，利用市场供求关系的暂时不平衡来规避风险；二是价格发现；三是利用市场价格波动风险进行投机牟取暴利。

按不同标准，衍生金融工具可进行如下划分。

（一）按产品类型，衍生金融工具可分为远期类、期货类、期权类和互换类

（1）远期合约。远期合约是指合约双方约定在未来某一日期以约定价值，由买方向卖方购买某一数量标的物的合约。远期合约的一大特点是非标准化，即合约中的交割地点、交割时间、交割价格及规模、标的物品质等细节都可由双方协商决定，灵活性很大。

（2）期货合约。期货交易是指成交与交割不在同一时间（2个交易日以上）完成的交易，而期货合约则是一种为进行期货交易而制定的标准化合同。期货合约根据标的物不同可分为商品期货合约和金融期货合约，商品期货合约如大豆期货、石油期货、粮食期货等，金融期货合约如外汇期货、利率期货、股票价格指数期货等。

（3）期权合约。期权是指一种能在规定期限内按特定价格买进或卖出一定数量的某种特定商品的权利，又称选择权。期权合约是一种约定选择权的合约，即对标的物"买的权力"或"卖的权力"进行买卖而签订的合约。根据选择权中买或卖的标的物不同可分为商品期权和金融期权，商品期权如大豆期权、石油期权等，金融期权如股票期权、股指期权等。例如，在买方选择行使权力时，买方首先必须为购买这种选择权付出费用，这个费用就是其向卖方支付的期权费或保证金，而卖方则必须履行合约规定的相关义务。当市场出现有利于合约买方（即支付期权费，买下选择权的一方）的价格时，买方即可行使买或卖的权利，获取标的物的差价收益，而当出现不利于自己的市场价格时，则放弃行使权力，将损失锁定在期权费或保证金的水平上。

（4）互换合约。互换合约是指合同双方在未来某一期间内交换一系列现金流量的合约。按合约标的物不同，有利率互换、货币互换、商品互换、权益互换等。比较优势理论是互换合约产生的理论基础。

（二）按性质不同，衍生金融工具可分为金融远期、金融期货、金融期权和金融互换

（1）金融远期。金融远期合约是交易双方通过协商，按约定价格在未来的约定日期（交割日）买卖一定数量的某种金融资产的合约，一般分为股权类资产的远期合约、债券类资产的远期合约和远期利率协议、远期汇率协议。

（2）金融期货。金融期货合约是指交易双方约定在将来某一特定时间按约定的价格、交割地点、交割方式等条件，买入或卖出一定标准数量的某种特定金融工具的标准化合约，主要有利率期货、货币期货、国债期货、外汇期货和股价指数期货。一般来说，标准化的合约除了交易价格由交易双方在交易所内公开竞价确定外，合约的其他要素包括标的物的种类、数量、交割日期、交割地点等，都是标准化的，它使交易双方省去了对交易价格以外其他交易条件的讨价还价，他们只需要在交易所选择交易价格适合自己的期货合约进行买进或卖出。其特点是流动性高、参与者广泛，但实际交割比例很小，经常通过差额结算。

（3）金融期权。金融期权是指以金融商品或金融期货合约为标的物的期权交易合约。合约规定买方或卖方有权在约定的时间内，按照约定的价格（即合约执行价格）购买或出售一定数量的金融产品，也可以根据市场变化情况放弃买或卖的权利。按照选择权的性质划分，金融期权分为看涨期权和看跌期权。看涨期权是指期权的买方具有在约定期限内按协定价格买入一定数量基础金融工具的权利。看跌期权是指期权的买方具有在约定期限内按协定价格卖出一定数量基础金融工具的权利。证券市场上推出的认股权证，属于看涨期权，认沽权证则属于看跌期权。按照合约所规定的履约时间不同，金融期权又可分为欧式期权和美式期权。欧式期权只能在期权到期日执行；美式期权则可在期权到期日或到期日之前任何一个营业日执行。最后，按照基础资产性质的不同，金融期权还可分为股权类期权、利率期权、货币期权，等等。

（4）金融互换。金融互换是指交易双方按照商定条件，在约定的有效期内相互交换金融工具的一系列支付款项或收入款项的合约，最常见的形式是利率互换和货币互换。利率互换是指交易双方约定在未来的一定期限内，按约定的名义本金和计息方式，用一种货币向对方支付利息。货币互换是指交易双方约定在未来的一定期限内，按约定的本金额和利率，相互交换不同的货币。由于货币种类不同，货币互换与利率互换最大的区别在于交易中要发生本金的交换，之后在协议有效期内，交易双方支付的利息可以同时采用一种计息方式。

◆ **观念应用**

远期。投资者 A：明年的今天，我要把这只股票按 10 元的价格卖给你。

投资者 B：可以，一言为定。

期货。投资者 A：合约都是标准化的，你只要签字就可以了。

投资者 B：可以，我要买两份。

期权。投资者 A：由我决定明年的今天是否可以将这只股票按 10 元的价格卖给你。

投资者 B：可以，不过我要收取一定的期权费。

互换。投资者 A：我给你 5 年期利率 8% 的美元贷款，你给我等值 5 年期利率 10% 的欧元贷款。

投资者 B：可以，相当于我们双方按固定汇率兑换货币。

（三）按合约标准化程度，衍生金融工具可分为标准化合约和非标准化合约

标准化合约，即合约的各项条款，如品种、数量、交割日期、交割地点等，都是标准化的，唯一可变的只有价格，如金融期货与金融期权。非标准化合约通常是金融机构根据每一次的具体交易设计，交易多为一对一地协商进行，如金融互换、金融远期交易等。

总之，衍生性金融工具既可以作为规避风险的一个有效手段促进金融市场发展，也为世界性的投机资本提供了炒作空间，具有双刃剑的作用。

五、金融工具的价格

对投资者来说，最关心且影响其投资决策的因素是购买金融工具的价格及其收益率。一般来讲，金融工具有两种基本价格：一是发行价格；二是流通价格。

（一）金融工具的发行价格

金融工具的发行价格是指进入一级市场的金融工具在发售时的实际价格。金融工具的发行价格可以等于其面额，也可以高于或低于其面额。按不同的发行方式，金融工具的发行价格大致可分为两类。

（1）直接发行方式下的发行价格。直接发行是指金融工具的发行者自己办理发行业务并直接向投资者发售的一种方式，按发行价格与金融工具的面额是否相等，分为三种发行情况。平价发行，即发行价格与金融工具的票面金额相等；折价发行，即发行价格低于金融工具的票面金额；溢价发行，即发行价格高于金融工具的票面金额。在直接发行方式下，采用何种发行价格完全由发行者自行确定，一般来说，发行人的资信程度越高，业绩越是优良，发行价格就越高，反之，则发行价格越低。

（2）间接发行方式下的发行价格。间接发行是指金融工具的发行者委托金融中介机构办理发行业务并由中介机构向投资者发售的一种方式。采用这种方式的发行价格通常分为两个层次。一是中介机构的承销价格或中标价格。承销价格是指采用承购包销方式的中介机构向发行者支付的价格，通常由发行者根据票面利率、期限、市场利率、资金供求关系、发行市场的竞争状况等因素自主决定，中介机构在价格决定中不起主要作用。中标价

格是在采用投标竞价方式发行时，中标者向发行者支付的价格，也是在发行者规定的条件下，由众多投标者经过价格竞争形成。二是投资者的认购价格，即投资者在发行市场上购买金融工具时实际支付的价格，有平价、溢价和折价三种。投资者的认购价格，除代销方式发行时由发行者确定外，均由中介机构确定，其依据主要是以金融工具的发行条件为基础，结合市场利率、资金供求状况和发行成本而定。

（二）金融工具的流通价格

金融工具的流通价格是指进入二级市场的金融工具在流通转让时的实际价格，由于所受影响因素更多，所以比发行价格要复杂多了。通常，将有价证券在流通市场买卖的价格称为证券行市。

证券行市是证券收益的资本化。人们在购买有价证券时，考虑的重点不是票面金额而是证券收益的多少，希望能获得高于市场利率水平的证券收益。因此，有价证券的行市主要取决于两个因素：一是有价证券的收益，二是当时的市场利率。一般来说，证券行市与证券收益成正比，与市场利率成反比，当这两个因素已知时，就可以通过两者的对比关系算出该证券的市场价格。由于各种有价证券所筹资金的性质和还本付息条件不同，因此它们具体的证券行市确定还是有一定的差别。以下为股票行市和债券行市的基本计算公式：

（1）股票行市＝股票预期收益÷市场利息率。

例如，某股票的票面金额是100元，预期年收益20元，而当时的市场利率为10%，则根据公式可知该股票的行市为：

股票行市＝股票预期收益÷市场利息率＝20÷10%＝200（元）

（2）债券行市＝债券到期收入的本利和÷（1＋市场利率×到期期限）。

例如，某面额为100元的债券，票面利率10%，3年到期，市场利率为6%，按单利计算该债券的行市为：

债券行市＝债券到期收入的本利和÷（1＋市场利率×到期期限）

＝［100×（1＋10%×3）］÷［1＋6%×3］＝110.17（元）

◆ **补充阅读材料**

金融工具收益率是指购买证券所能带来的收益额与本金之间的比率。一般来说，决定股票收益率的主要因素是利率、购买价格和股利分配；决定债券收益率的主要因素是利率、期限和购买价格；决定基金收益率的因素是基金的投资组合和基金的业绩。债券收益率在购买时能预先确切地计算出来，是固定的收益率；而股票收益率、基金收益率则是期待的收益率，取决于股份公司、基金公司的经营状况及社会经济运行的整体状况等。

（三）证券价格指数

证券价格指数是衡量证券市场总的价格水平变化的指标，主要有股票价格指数和债券价格指数。以下对股票价格指数做一简单说明。

股票价格指数指的是由金融服务机构编制，用以反映多种股票平均价格水平及其变动并衡量股市行情的指标。由于政治、经济、市场等多种因素的影响，股票价格经常处于变动之中，为了能够反映这种变化，世界各大金融市场都编制或参考编制股票价格指数，将一定时点上成千上万种此起彼落的股票价格表现为一个综合指标，以反映该股票市场的整体价格水平和变动情况。

股票价格指数计算方法是以选定的某一时点为基期，以计算期与基期股价相比，用百分比来表示股票价格水平及变动的一种相对数。指数单位为"点"，一般 1 "点"为 1%，若股价上涨 10%，即称股价上涨了 10 个点。

通过观察股票价格指数，不仅可以了解股票市场涨跌幅度及变动，使投资者对股市作出合理的预期和投资选择，同时还能提供整个国民经济运行及发展趋向的信息，为政府各宏观经济管理部门提供决策参考。在股市比较发达的国家，股价指数已成为衡量一国经济的"晴雨表""温度计"。

世界上较为著名的股票价格指数有道琼斯股票价格指数、标准普尔股票价格综合指数、伦敦金融时报股票价格指数、日本经济新闻道式股票指数、香港恒生指数，等等。

我国内地目前的股票价格指数主要有上海证券交易所的股价指数，如上证综合指数、上证 180 指数、上证 50 指数、A 股指数、B 股指数、分类指数、债券指数、基金指数等；深圳证券交易所的股价指数，如深证成分股指数、深证 100 指数、深证综合指数、行业分类指数、中小板综合指数、创业板综合指数等；中证指数有限公司及其指数，如沪深 300 指数、中证规模指数等。

第三节　货币市场

一、货币市场的特点与作用

货币市场又称短期金融市场，是进行短期资金融通的市场，通常以期限 1 年以内的金融工具为交易媒介。货币市场的参与者多为政府、企业、家庭和银行等金融机构，市场使用的金融工具主要是货币头寸、票据、存单、国库券和短期公债。因此，货币市场又可分为同业拆借市场、票据市场、国库券市场和可转让大额定期存单市场等。

（一）货币市场的特点

货币市场具有三个特点。一是交易期限短。由于市场资金主要来源于暂时闲置的资金，并用于弥补资金需求者临时性的资金不足，解决短期资金周转需要，所以，在市场上交易的金融工具一般期限较短，最长的不超过一年，最短的交易期限只有半天。二是所交易工具流动性强。因交易期限短，投资者可以在市场上随时将交易的金融工具转换成现金或其他更具流动性的金融工具。三是安全性高。由于在货币市场进行交易的金融工具期限较短、流动性强，所以对发行金融工具的主体信用等级要求较高，这样的金融工具才会被追求安全性与流动性的投资者接受，所以风险很低。

（二）货币市场的作用

货币市场在金融市场中主要发挥以下三个作用：

（1）调节短期资金余缺，促进资金流动。工商企业、银行和政府既可以从货币市场中借取资金来满足临时性需求，也可以将自身暂时多余与闲置的资金在那里作短期投资，以获取利息收益，促进资金的合理流动。

（2）为各种信用形式的发展创造条件。商业信用是现代信用的基础，银行信用是现代信用的主要形式，而货币市场中的票据市场、同业拆借市场及回购市场均为这些信用形式的规范和发展创造了条件。短期国债的买卖与流通则成为国家信用得以发展的重要基础。随着全球经济一体化的推进，外国资金与外国投资者的加入，又促进了国际信用的发展。

（3）为政府的宏观调控提供条件和场所。货币市场在一定时期的资金供求及流动情况是反映该时期金融市场银根松紧的指示器，为政府宏观经济决策提供了重要依据。同时，政府通过参与货币市场的操作直接或间接地运用政策工具进行调控，如政策工具之一的公开市场业务就是中央银行通过货币市场买进或卖出有价证券来实施的。

二、主要货币市场

根据交易对象不同，货币市场可分为同业拆借市场、票据贴现市场、国库券市场、回购协议市场和可转让大额定期存单市场等。

（一）同业拆借市场

同业拆借是金融机构之间进行临时性资金融通的一种形式，目的是满足金融机构在日常经营活动中经常发生的存款准备不足、票据清算差额和解决临时性周转资金的需要。同业拆借市场则指各类金融机构之间进行短期资金拆借活动所形成的市场，又称同业拆放市场。

1. 同业拆借市场的形成

首先，随着市场经济的不断发展，每天都有大量的资金在相互流动，这是同业拆借市场产生的客观前提。其次，作为一个特殊的企业，金融机构追求利润最大化是其根本目的，同业拆借市场有利于金融机构最充分、最有效地运用资金头寸处理好安全性与流动性之间的矛盾，所以，金融机构追求安全性、流动性与盈利性相统一的经营目标是同业拆借市场形成和发展的内在动力。最后，存款准备金制度的实行是同业拆借市场形成的直接诱因。存款准备金制度是指中央银行规定商业银行吸收的存款不能全部用于放款、投资及其他盈利性业务，必须按一定比例提取一部分存放于其在中央银行账户上的制度。英格兰银行是世界上最早实行存款准备金制度的中央银行，目的是限制银行券的过度发行，保障银行体系有足够的清偿能力。1913 年的美国联邦储备法第一次以法律形式规定商业银行必须将存款按一定比例上缴联邦储备银行，防止因支付能力不足而引发金融和经济危机。

20 世纪 30 年代以后，存款准备金制度逐渐被世界各国采用。与此相适应，同业拆借市场交易的内容也在发生着变化，从最初的只对储备金头寸余缺进行调剂，逐步发展为商业银行弥补流动性不足和充分有效运用资金的市场，成为协调流动性与盈利性关系的有效机制。目前，同业拆借市场在许多国家已形成全国性的网络平台，成为交易手段最先进、交易量最大的货币市场，甚至可以进行跨国、跨地区的交易。

2. 同业拆借市场的特点

第一，同业拆借市场对进入市场的主体有严格限制，必须是金融机构或指定的某类金融机构。第二，融资期限较短，拆借资金的期限多为一日或几日，最长不超过一年。第三，同业拆借市场的交易双方并不聚集在某一固定的场所，而是使用现代化通信设施进行拆借的市场，所以，交易手段较先进，手续比较简便，成交时间迅捷。第四，由于是金融机构之间的交易，所以不需要担保或抵押，完全是一种信用交易。第五，同业拆借市场的利率由供求双方协商议定，随行就市，所以能迅速、准确、及时地反映货币市场的资金供求及变动情况。

3. 同业拆借市场的交易方式与利率

同业拆借市场的交易方式主要有两种——头寸拆借与临时拆借。头寸拆借是指金融机构为轧平头寸、补足存款准备金和进行票据清算而在拆借市场上融通短期资金的活动，拆借期限很短，大多为一天或几天。临时拆借则是市场主体以调剂临时性、季节性的资金融通为目的，拆借期限相对长一些，最长可达一年。

同业拆借市场的利率是货币市场的基准利率，又是整个金融市场上具有代表性的核心利率。由于利率的变化受银根松紧、央行意图、其他金融工具收益率水平等影响，能够及时、灵敏地反映市场资金的供求关系，所以被视为观察整个市场利率走势的风向标。

4. 我国的同业拆借市场

我国同业拆借市场兴起源于信贷资金管理制度的改革。1984 年，中国人民银行专门行使中央银行职能后，颁布《信贷资金管理办法》，推出了"统一计划、划分资金、实贷实存、相互融通"的新信贷管理体制，允许各专业银行间相互进行资金拆借。1986 年 1 月，中国人民银行在广东召开的金融体制改革工作会议上正式提出开放与发展我国的同业拆借市场，随后，同业拆借业务在全国迅速地开展起来。特别是 1996 年 1 月，全国统一的同业拆借市场网络平台开始运行，极大地满足了商业银行和其他金融机构的交易需要，标志着我国同业拆借市场进入一个新的发展时期。同年 6 月，中国人民银行放开了对同业拆借利率的管制，拆借利率由拆借双方根据市场资金供求自行决定，由此形成统一的中国同业拆借利率，实现了同业拆借利率的市场化。1998 年以后，保险公司、证券公司、财务公司等非银行类金融机构陆续被中国人民银行批准允许进入这一市场，交易成员与规模的不断扩大构成我国同业拆借市场的新格局。2007 年 1 月，上海银行间同业拆借利率正式运行，标志着中国货币市场交易的效率不断提高，同业拆借行为不断规范，在调节金融机构流动性和货币政策传导等方面发挥了越来越重要的作用。

（二）商业票据市场

20 世纪 20 年代，随着美国汽车制造业及其他高档耐用商品的兴起，很多大公司采用赊销、分期付款等方式来促进这类商品的销售，由此导致这些公司经常出现资金周转不足的窘况，在银行贷款受到各种限制的情况下，开始通过发行商业票据筹款。这样，商业票据与商品、劳务相分离，逐渐演变成为金融市场上一种筹集资金的工具，发行人与投资者之间形成了债务债权关系，而不是原来的商品买卖或劳务供应关系。这时的商业票据上面用不着再列明收款人，只须签上付款人，成为单名票据，且金额标准化，一般 10 万美元。20 世纪 60 年代以后，工商界普遍认识到在金融市场上发行商业票据融资的优势，即要比向银行借款手续简便，且发行利率较低，资金运用不受银行干预，有利于提高发行企业的信誉，等等。因此，商业票据的发行量急剧增长，商业票据市场不断扩大。

商业票据市场主要是指商业票据的流通、转让市场，一般包括票据承兑市场与票据贴现市场。票据承兑市场主要是接受承兑信用、创造承兑汇票的市场。票据贴现市场是对未到期票据进行贴现，为客户提供短期资金融通的市场，也是承兑汇票的流通市场。特别是经过银行承兑的汇票，票据到期时银行基本都会准时兑付款项，即使银行自身资金周转困难，也可向中央银行申请再贴现，信誉可靠，所以，票据贴现市场可以看作是承兑汇票的流通市场。

小贴士

承兑是指汇票付款人同意汇票出票人的指令，在汇票上签名并写上"承兑"字样，表示承认到期付款的行为。汇票承兑后就是承兑汇票，建立在商业信用基础上、由企业承兑的汇票叫作商业承兑汇票，建立在银行信用基础上、由银行承兑的汇票叫作银行承兑汇票。

票据贴现是指票据持有者为取得现金，以贴付利息为条件向银行或贴现公司转让未到期票据的一种融资行为。若贴现银行因资金紧张将这张票据再转让给其他商业银行，叫转贴现；若转让给中央银行，叫再贴现。

1. 商业票据市场的主体

商业票据的发行者和投资者是票据市场的两大主体，他们构成了票据市场的供求双方。商业票据的主要发行者是金融公司、非金融公司（如大企业、公用事业单位等）及银行控股公司等。商业票据的主要投资者是大商业银行、非金融公司、保险公司、养老基金、互助基金会、地方政府和投资公司等，通常个人投资者很少，这主要是由于商业票据面值较大（通常10万美元以上为基本购买单位），个人一般无力购买。

就商业票据的大买主商业银行来说，其购买商业票据有两方面的目的。一是作为商业银行的中间业务，为银行的顾客代理购买票据（即作为推销代理人）；二是商业银行自己持有商业票据作为流动性资产的二级准备，在头寸不够时抛出票据补进头寸，或者通过买进和卖出票据来分散投资风险。近年来，保险公司、养老基金及其他各种基金也纷纷加入商业票据的投资者行列，成为商业票据的重要买主。

2. 商业票据的发行方式与价格确定

商业票据的发行方式有直接发行与间接发行，究竟采取何种方式，主要取决于发行人使用这两种方式的成本高低及自身实力的大小。直接发行是商业票据发行人将票据直接出售给投资者，但在采取这种方式前，一般要对商业票据进行评级，公告票据的数量、价格、期限等，程序烦琐，所以发行人基本上是那些实力雄厚的大公司。间接发行是商业票据的发行人通过交易商（中介）发行票据，通常有助销发行、代销发行和招标发行三种形式，因为要给交易商一定的手续费，所以成本较直接发行要高。

商业票据均为贴现发行，故商业票据的利率也就是贴现率。影响商业票据利率的主要因素有：商业票据的发行成本、发行人的资信等级、发行时有无担保以及担保人的资信等级、流动性的强弱、税收高低，等等。一般而言，发行人资信等级高，发行利率便较低；若再有高等级银行予以担保，利率又可更低一些；此外，商业票据利率还同货币市场内的资金供求状况、银行信贷利率紧密相关，若资金供给紧张，发行利率就要高一些，反之则低。

商业票据发行价格的确定方法是[1]：

$$发行价格 = 面额 - 贴现金额$$

$$贴现金额 = 面额 \times 贴现率 \times \frac{期限}{360}$$

$$贴现率 = (1 - 发行价格 \div 面额) \times 360 \div 期限 = 贴现金额 \div 面额 \times 360 \div 期限$$

如：某公司发行面额为10万元，贴现率为9%，期限为3年的商业票据，则其发行价格为：$10 - 10 \times 9\% \times 3 = 7.3$（万元）。

3. 商业票据的评级

商业票据评级是指对商业票据的质量进行评价，并按质量高低分成不同等级，通常由

---

[1] 下面3个公式中的"期限"单位是"天"。

专门的评级机构进行。目前，国际上具有广泛影响的评级机构主要有美国的标准普尔公司、穆迪投资者服务公司和惠誉国际等，这些公司都是独立法人，不附属于任何政府机构或大型企业和组织，其评级活动不受外界势力的影响，具有很大的独立性和超然性，一直扮演着守护投资者利益的角色。

对商业票据评定级别主要依据是发行人的管理质量、经营能力和其自身风险、资金周转速度、竞争能力、流动性、债务结构、经营前景等项目，并根据这些项目的评价把发行人分成若干等级。如标准普尔公司关于商业票据的评级就是将票据划分为A、B、C、D四个等级（见表6-3），再根据不同期限等标准在每一等级中细分出有差别的三个等级。

表6-3　　　　　　　　　　　商业票据各等级的基本含义

符号	基本含义
A（AAA，AA，A）	表明商业票据发行人定期偿还债务的能力很强
B（BBB，BB，B）	表示商业票据发行人有较强的定期偿还能力，但这种能力可能会受到条件变化或临时困难的损害
C（CCC，CC，C）	意味着商业票据发行人的支付能力有问题
D（DDD，DD，D）	意味着票据发行人到期无力偿还票据的本金和利息

就我国而言，早期的商业票据作为信用工具在新中国成立初期（1955年）被取消，在20世纪80年代改革开放后得到逐步恢复。目前我国的票据市场主要包括票据承兑市场与票据贴现市场，虽然起步时间较晚，但发展速度很快，特别是1995年以后，《中华人民共和国票据法》的正式颁布与实施更是为我国票据市场的发展提供了保驾护航的作用。

（三）国库券市场

国库券是政府为弥补国库资金临时不足而发行的、期限在1年以内的短期债务凭证，其目的主要在于筹措短期资金以解决财政困难。这类债券首创于英国，当时英国经济学家沃尔特·巴佐特认为，政府短期资金的筹措应采用与金融界早已熟悉的商业票据相似的工具，政府接受了这一建议，于1877年发行了国库券。后来许多国家纷纷效仿，并在美国得到了极大发展。

国库券市场是进行国库券交易的场所，又称短期政府债券市场。作为各国最重要的债务工具交易场所，国库券市场具有以下优点。一是市场风险小。由于国库券是由政府发行的国家债券，一般被认为是没有违约风险，因此对投资者的吸引力很大。二是流动性强。作为一种具有高度流动性的金融工具，国库券能够在交易成本较低及价格风险较小的情况下在市场上迅速变现，满足了各类投资者对流动性的需求。三是税收优惠。虽然国库券的利率相对较低，但许多国家法律都规定，对来自国库券交易的收入免征所得税或资本利得税。

国库券的发行方式按发行时间标准划分，一般有定期发行和不定期发行两种。定期发行是指发行时间是固定的，如美国定期发行的国库券有每周发行和每月发行两类，发行目的主要用来弥补财政的常年性赤字。不定期发行的国库券更为灵活，需要时可以连续发行，发行目的是预收税款或缓解财政先支后收的矛盾。

国库券市场的功能主要有以下几点。一是满足国家经济发展中的临时性资金需求。因国家财政收入有限，可能出现一些尚未预测的支出或季节性的收支不平衡时，可以通过发行国库券来筹集资金解决问题。二是中央银行贯彻其货币政策的重要场所。随着国库券发行规模不断扩大，中央银行作为国库券市场上的重要参与者，可以通过公开市场业务买进或卖出国库券来调节货币供给量，以实现稳定通货的政策目标，这已经成为目前短期国库券市场最主要的功能。三是提供短期资金投资的重要场所。由于国库券本身具有的优势，使它成为投资者主要的短期投资工具，对投资者来说，国库券市场为其交易起到降低风险、增强流动性、提高收益的作用。

我国从 1981 年开始恢复发行国库券。但在 1994 年以前，与发达国家的国库券有较大差别，主要是期限太长，如 1981～1984 年发行的国库券，就采用分次偿还方法，从第 6 年按发行额分 5 次 5 年还清；1985～1987 年的国库券，期限为 5 年，到期一次偿还；1988～1990 年的国库券，期限缩短为 3 年，到期一次偿还；1991～1997 年发行的国库券，既有 3 年期的，也有 5 年期的，所以实际上是中长期国债。直到 1994 年，为配合中国人民银行拟议中的公开市场，我国政府才首次发行 1 年期以内的国库券。近几年，随着我国金融市场体系的不断完善与财政政策、货币政策协调配合关系的加强，我国的国库券发行数量在不断增长，国库券市场规模也得到进一步发展壮大。

（四）回购协议市场

回购是指交易双方进行以有价证券为权利质押的一种短期资金融通业务，包括正回购和逆回购。正回购是资金融入方在将证券出售给资金融出方融入资金的同时，双方约定在将来某一日期由资金融入方按约定回购利率计算的资金额向资金融出方返还资金，资金融出方则返还原出售证券的融资行为。逆回购的操作与正回购恰好相反，是指资金供应者从资金需求者手中购入证券，并承诺在约定的期限以约定的价格返还证券。

回购协议是指资金融入方在卖出证券同时和证券购买者签订的在一定期限后按原定价格或约定价格购回所卖证券的协议，是一种集证券交易和抵押贷款优点于一身的货币市场交易方式。回购协议中使用的标的物是有价证券，种类很多，但目前来看，基本以国债为主，包括国库券和政府中长期国债。它不仅为投资者提供了相对安全的投资渠道，也为借款人开拓了一条非常方便的融资途径，是各国中央银行进行公开市场业务操作的重要工具。

回购协议市场则是指通过回购协议进行短期资金融通交易的场所。回购协议市场的参与者既有各类金融和非金融机构，也有中央银行和地方政府。在西方国家，回购协议市场主要是指国债回购市场，即以国债为抵押品进行短期资金融通的市场。我国目前还是以央行票据为主，中央银行主要通过央行票据进行回购交易操作来实现调节货币供给量的目标。

小贴士

央行票据即中央银行票据，是中央银行为调节商业银行超额准备金而向商业银行发行的短期债务凭证，其实质是中央银行债券。央行票据是我国中央银行所特有的，近年来运用更为频繁，短期性特点也更突出。央行票据与金融市场其他发债主体所发债券具有根本的区别：其他发债主体所发债券是一种筹集资金的手段，其目的是筹集资金，即增加可用资金；而中央银行发行的央行票据是中央银行调节基础货币的一项货币政策工具，目的是减少商业银行可贷资金量。商业银行在支付认购央行票据的款项后，其直接结果就是可贷资金量的减少。

（五）可转让大额定期存单市场

可转让大额定期存单（简称 CD）是银行发给存款人按一定期限和约定利率计息，到期前可以转让流通的证券化存款凭证。这种金融工具的发行与流通所形成的市场称可转让大额定期存单市场。

20 世纪 50 年代末，美国的市场利率不断上升，但对银行来说，由于受到"Q 条例"的限制，对存入商业银行的活期存款不付利息，对定期存款有最高的利率限制，从而使客户纷纷把其在商业银行账上的存款提走，转而购买收益率较高的有价证券，这样，使得一些银行的活期存款数额迅速减少，业务经营受到很大的影响。在这种情况下，为了回避"Q 条例"的不利影响，美国纽约的花旗银行于 1961 年 2 月率先推出了可转让大额定期存单。数周以后，其他一些大银行也纷纷效仿，从而扭转了商业银行存款数额下降的趋势。

小贴士

"Q 条例"是指美国联邦储备委员会制定的一系列金融管理条例中的第 Q 项规定。1929～1933 年世界经历了一场经济大萧条，在美国出现了银行大量倒闭现象，对此许多经济学家认为这是由于缺乏金融监管而导致的。随后，美国的金融市场开始进入了一个管制时期，其中之一的"Q 条例"被颁布。该条例规定，银行对于活期存款不得公开支付利息，并对储蓄存款和定期存款的利率设定最高限度。由于这一系列金融管理条例是按照字母顺序排的，如第一项为"A 条例"，而对存款利率进行管制的规则正好是第 Q 项，所以称为"Q 条例"。后来，"Q 条例"变成对存款利率进行管制的代名词。

1. 可转让大额定期存单的特征

一是存单的发行人通常是资金力量雄厚的大银行。二是存单面额固定，且起点较大。如在美国，可转让大额定期存单最低面额为 2.5 万美元，通常为 10 万美元以上。三是可在市场上转让流通。存单不能提前支付，但可以在二级市场上出售转让，存单的流动性是存单受到投资者青睐的一个重要因素。四是可获得接近金融市场利率的利息收入。存单不受"Q 条例"的限制，利率略高于同期的定期存款利率，与当时的货币市场利率基本一致，投资者能获得接近金融市场利率水平的投资收益。表 6-4 列示了可转让大额定期存单与一般定期存款的区别。

表 6-4 可转让大额定期存单与一般定期存款的区别

可转让大额定期存单	一般定期存款
不记名	均为记名存单
可以自由转让	原则上只能是存款人支取，不可转让
面额大，金额是整数，按标准单位发行	面额不固定，最低存款数额不受限制
期限短，可在二级市场上转让，流动性强	到期才能提取本息

2. 可转让大额定期存单的种类

由于各国银行发行的存单种类繁多，这里以美国为例进行简单介绍。

在美国，根据发行主体的不同，可转让大额定期存单可分为四种类型。一是国内存单，它是由美国商业银行在本国发行的可转让大额定期存单。存单上注明存款金额、到期日、利率及利率期限，发行面额 10 万美元以上，二级市场上最低交易为 100 万美元。二是欧洲美元存单，是由美国商业银行的国外分支机构或外国银行在美国境外发行的以美元计值的可转让大额定期存单，是欧洲货币市场上一种重要的融资工具。三是扬基存单，由外国银行在美国的分支机构发行的以美元计值的可转让大额定期存单，发行者多为世界著名的跨国银行。四是储蓄机构存单，由美国的专业储蓄机构，如储蓄贷款协会、信用合作社等发行的一种期限较长的可转让大额定期存单。

3. 我国的可转让大额定期存单市场

与西方国家相比，我国的大额可转让存单业务发展比较晚，最早是 1986 年由交通银行和中国银行发行的存单。1989 年经中央银行审批，其他的专业银行也陆续开办了此项业务，但不准许非银行类金融机构发行。存单的主要投资者是个人，面额为 500 元及其整数倍，对单位发行的存单面额为 50000 元及其整数倍。存单的期限分别为 1 个月、3 个月、6 个月、9 个月及 1 年，存单不分段计息，不能提前支取，到期时一次性还本付息，逾期部分不计付利息；存单全部通过银行由营业柜台向投资者发放。存单的利率水平一般是在同期限定期储蓄存款利率的基础上再加 1~2 个百分点，但银行以大额可转让定期存单吸收的存款需向中央银行缴存准备金。后来，针对各专业银行在发行大额可转让定期存单时出现因利率过高而引发的存款"大搬家"现象，我国于 1996 年后取消了这项业务。近些年，随着我国金融市场机制的进一步完善，各银行为吸收存款不断拓宽融资渠道，经中国人民银行批准，一度停止发行的大额可转让定期存单又开始在各专业银行业务中开展起来了，但仍有严格的监管要求。

第四节　资本市场

一、资本市场的特点与作用

资本市场是以期限 1 年以上的金融工具为媒介进行中长期资金融通交易的市场，又称长期金融市场。资本市场使用的金融工具是债券、股票、基金等各类有价证券。狭义的资本市场主要是指债券市场和股票市场，广义的资本市场还包括银行的中长期借贷市场。

（一）资本市场的特点

与货币市场相比，资本市场具有以下四个特点。一是期限长。资本市场的金融工具交易期限短则数年，长的可达数十年。二是市场交易目的是解决长期投资性资金的需要。资本市场上所筹措的长期资金主要用于弥补固定资本，扩大生产能力，参与社会再生产过程，起到的是"资本"作用。三是资金借贷量大。由于长期资金是为了满足长期投资项目的需要，一般需求量都比较大。四是与短期金融工具相比，资本市场上的金融工具通常收益性高，但流动性差，存在较大的风险性和投机性。

（二）资本市场的作用

作为市场经济条件下有效实现资源配置的主要途径，资本市场对一国经济发展具有重要而深远的影响。具体表现在：

（1）资本市场是筹集中长期资金的重要渠道。对证券发行者来说，通过资本市场可以筹集到开发新产品、上马新项目、更新固定资产等所需的中长期资金，从而有利于迅速增强企业实力。而对资本市场上的投资者来说，在承担风险的同时也能获得远远高于储蓄存款利息的收益，投资者积极踊跃地参与，更是为市场提供了源源不断的巨额长期资金来源。

（2）资本市场是资源合理配置的有效场所。在资本市场中，随着企业产权的商品化、货币化和证券化，有关企业的经济实力、财务状况和经营业绩被比较客观、公正地反映出来，这对改善企业经营管理、提高企业经济效益具有重要的督促作用。水往低处流，利润往高处走，市场的力量最终促进生产要素在部门间的转移和重组，实现资源的高效配置和利用。

（3）促进产业结构向高级化方向发展。产业结构能否从低级向高级转化，是决定一个国家能否让经济获得可持续性增长和强大国际竞争力的关键。一方面，资本市场作为一个竞争性的市场，筹资者之间存在着直接或间接的竞争关系，只有那些发展前途广阔且经营状况良好的企业才能在资本市场上立足，发挥出最优产业结构效果。另一方面，众多企业在产业、行业周期性发展、更迭过程中，也需要通过资本市场的中长期资金来实现企业、行业的升级换代，以适应市场环境变化，在强化企业自身发展能力的同时也促进了社会化大生产的发展。

（三）资本市场的分类

资本市场标准不同，分类也不同。如按交易对象，一般可将资本市场分为股票市场、债券市场、基金市场和银行的中长期借贷市场；按运动形态，可将资本市场分为发行市场和流通市场。这里以有价证券的不同运动形态为主线介绍资本市场的结构与运行过程。

二、证券发行市场

（一）证券发行市场概述

证券发行市场是发行人向投资者出售证券以筹集资金的市场，又称一级市场。发行市场与证券流通市场相辅相成，共同构成统一的证券市场。

1. 证券发行市场的主体

证券发行市场通常无固定场所，是一个无形的市场。从理论上讲，证券发行人直接或通过中介间接向社会进行证券招募，而投资者购买其证券的行为就构成了发行市场。因此，证券发行市场的主体是由证券发行人、证券投资者、证券中介机构和管理者共同构成的。表6-5表示的是对发行市场主体基本情况的说明。

表6-5　　　　　　　　　发行市场主体基本情况

主体名称	主体界定	主体代表
证券发行人	符合发行条件并且正在从事证券发行或者准备进行证券发行的各种组织	政府、企业、银行与非银行金融机构
证券投资者	根据发行人招募要约，以取得利息、股息或资本收益为目的而买入证券的个人和机构	范围比较广泛，有个人投资者、工商企业、银行与非银行金融机构及符合要求的其他机构投资者
证券中介机构	媒介证券发行人与投资人交易、负担承销义务的证券承销人（承销商）	投资银行、证券公司或信托投资公司等

2. 证券发行市场的客体

证券发行市场的客体是指证券发行人发行的对象，即有价证券，这就存在着一个种类的选择问题。证券种类的选择标准因发行人或认购人的身份、利益不同而不同。（1）对于发行人来说。首先要确定发行股票还是债券，要考虑的因素有：适用范围、使用性质、筹资成本、提供的权利、发售的难易程度。其次是偿还期限的确定。股票没有偿还期，因此期限的确定只适用于债券。发行人确定债券期限的主要依据有资金投向的需要、未来利率的预测、推销债券的难易程度等。最后还要考虑债券还本付息的方式，例如，选择分期偿还，一次性偿还，或是提前或延期偿还；计息方式选择单利、复利或贴现计息，等等。（2）对于认购人来说。在选择购买何种证券时不仅要考虑证券的安全性、流动性和营利性因素，还要对未来经济态势进行一定的预测等。

3. 证券发行的方式

证券发行操作方式有许多，常用的有两种。

（1）按认购对象的不同，证券发行可分为私募发行和公募发行。证券的私募发行，是指面向少数特定投资者的发行。一般来说，私募发行的对象主要有两类：一类是有所限定的投资者，如只限于发行单位内部或有紧密联系的单位内部的职工或股东；另一类是指定的机构投资者，如专业性基金（包括养老退休基金、人寿保险基金等），或与发行单位有密切业务往来的企业公司等。公募发行是指公开向社会非特定投资者的发行。因涉及众多的社会投资者，其责任和影响很大，所以有许多限制条件，需要充分体现公开、公正的原则。

私募发行和公募发行各有利弊。私募发行手续简单，可节省发行费用，也不必公开内部信息或取得资信等级，但必须为发行提供较优惠的报酬，一般不允许上市流通。公募发行则能提高发行者在证券市场的知名度，能在较短的时间内筹集到大量资金，但公募发行必须公布一系列的报表和有关文件，因而手续复杂，发行成本较高。

（2）按是否需要中介机构协助，证券发行可分为直接发行与间接发行。直接发行是指证券发行人不通过证券承销机构而直接向投资人推销证券的发行方式。这种方式的优点是可以节省中介机构的承销、包销费用，节约发行成本，缺点是需花费大量的人力和时间进行申报登记、资信评估、宣传等前期准备工作，同时也需要设立一些发行网点和派出众多发售人员。另外，发行人还要完全承担证券不能按时售完的发行风险。显而易见，这对一些中小公司是难以承受的。所以，选择直接发行方式的一般都是信誉、知名度较高的大公司、大企业以及具有众多分支机构的金融机构。间接发行是指发行人不直接向投资者推销，而是委托中介承购机构进行推销的发行方式，具体可分为代销、承销和包销三种。间接发行的优点是可以节省人力、时间及一定的发行风险，一般都能迅速、高效地完成发行工作，缺点是发行人要支出一笔较大的承销费用，因而会引起发行成本增加，这就需要发行人对成本和收益综合比较后进行选择。

小思考

代销、承销和包销有何区别？

答：代销又称推销，是指发行者委托承销商代为向社会推销证券。在这种承销方式中，承销商是不承担任何风险的，如果承销商在约定的发行日期内未完全售出债券，未售出部分可退还发行人，同时，发行人要按协议规定支付承销商的承销费用，通常只适用于信誉高的发行人或十分抢手或走俏的债券。

承销又称余额包销，是指承销商按已定的发行条件和数额，在约定的期限内向社会公众大力推销，到销售截止日期，如果有未售完的债券，则由承销商负责认购。采取这种承销方式，承销商要承担部分发行风险，以保证发行人筹资用资计划按时实现。

包销又称全额包销，是指承销商用自己的资金先将发行的全部证券认购下来，然后再按市场条件转售给投资者的发行方式。采用这种方式，由于发行人可以快速获得全部所筹资金，发行失败的风险由承销商全部承担，所以包销费远远高于代销费和承销费。

（二）股票发行市场

股票发行市场是股份有限公司以发行股票来筹集资金、投资者通过购买股票进行投资的场所，又称股票一级市场或初级市场，如图6-5所示。

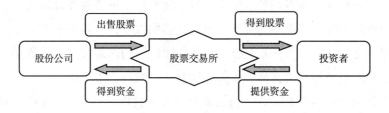

图6-5　股票发行市场

各国对股票发行都有严格的法律程序。由于股票的发行目的、方式不一，股票的发行程序也有所差异，一般可概括为两类：一类是成立股份有限公司新发股票，另一类是现有公司增发股票。

股份有限公司在以股票形式筹集资金时，必须根据本国公司法或证券管理法规的规定，在国家证券与交易管理机构登记注册，并经批准后方可发行新股或增发股票。股票发行一般经过申请、预选、申报、复审、批准、募股等步骤。

1. 股票发行制度

股票发行制度是指发行人在申请发行股票时必须遵循的一系列程序化的规范。主要有审批制、注册制和核准制三种。

审批制是一国在股票市场的发展初期，为了维护上市公司的稳定和平衡复杂的社会经济关系，采用行政和计划的办法分配股票发行的指标与额度的一种发行方式。因此，审批制下公司发行股票的竞争焦点主要是争夺股票发行指标与额度，证券监管部门凭借行政权力行使实质性审批职能。

注册制是在市场化程度比较高的成熟股票市场所普遍采用的一种发行制度。证券监管部门公布股票发行的必要条件，凡是达到所公布条件要求的企业即可发行股票。证券监管机构的职责是对申报文件的真实性、准确性、完整性和及时性等进行合规性检查，而将发行公司的质量留给证券中介机构来判断和决定。这种股票发行制度对发行人、证券中介机构和投资者的要求都比较高。

小贴士

我国 2016 年 3 月开始注册制改革工作。2019 年 3 月首先在上海证券交易所的科创板进行注册制试点，标志着注册制改革进入了启动实施阶段。2020 年 8 月注册制在深圳证券交易所创业板落地试点。2021 年 11 月，北京证券交易所揭牌开市，同步试点注册制。2023 年 2 月，中国证监会发布全面实行股票发行注册制相关制度规则，至此全面实行股票发行注册制改革正式启动。

核准制是介于注册制和审批制之间的中间形式。它一方面取消了政府的指标与额度管理，并引进证券中介机构来判断企业是否达到股票发行的条件；另一方面，政府监管机构也要对股票发行的合规性和适销性等条件进行实质性审查，并有权否决股票发行的申请。

上述三种发行制度的区别如表 6 – 6 所示。

表 6 – 6　　　　　　　　　　　审批制、核准制和注册制的比较

比较内容	审批制	核准制	注册制
发行指标和额度	有	无	无
发行上市标准	有	有	有
主要推（保）荐人	政府或行政主管部门	中介机构	中介机构
对发行作出实质性判断的主体	证监会	证监会、中介机构	中介机构
实质性审核的主体	证监会实质性审核	证监会、中介机构分担实质性审核职责	证监会形式审核，中介机构实质性审核
市场化程度	行政体制	部分市场化	完全市场化

2. 股票发行价格

股票发行价格是发售新股票时的实际价格，通常由股票发行人根据股票市场价格水平

及其他有关因素决定。根据实际价格与票面金额的关系，股票的发行价格一般有平价发行、溢价发行和折价发行三种。

（1）平价发行，是以股票票面金额为发行价格的发行。如某股票每股面额为1元，发行时的价格也按1元出售，表明这种股票选择了平价发行。平价发行的优点在于简便易行，不受股票市场价格的左右，同时由于股票的行市往往较面值为高，认购者还能够从差价中获取收益，因而这种发行一般很受欢迎。平价发行的缺点是不能针对市场股票价格水平及时合理地确定发行价，市场性不足。

（2）溢价发行是指发行人按高于面额的价格发行股票，两者的差价称为溢价，溢价带来的收益归该股份公司所有。溢价发行又可分为市价发行和中间价格发行两种方式。

市价发行又叫时价发行，即不是以股票面值，而是以股票行市为基础确定的发行价格。如某股票每股面额为1元，按当时市场价格1.5元定为发行价格，说明该股票采取了市价发行。时价发行的优点是能使发行者以相对少的股份筹到相对多的资本，同时还可以稳定流通市场的股票时价，促进资金的合理配置。不足之处是时价发行虽然以股票流通市场上当时的价格为基准，但在具体决定价格时，还要考虑股票销售难易程度、对原有股票价格是否有冲击、认购期间价格变动的可能性等因素，因此，有时会影响到股票发行工作的进行。中间价格发行是股票的发行价格取股票面额和市场价格的中间值。中间价格发行对象一般为原股东，在时价和面额之间采取一个折中的价格发行，实际上是将差价收益的一部分归原股东所有，一部分归公司所有。

（3）折价发行是发行价格低于股票面额，打了折扣的发行价格。折价发行有两种情况：一种是优惠性的，通过折价使认购者分享权利；另一种是该股票行情不佳，发行有一定困难，发行者与推销者共同议定一定的折扣率，以吸引那些预测未来行情要上涨的投资者认购。

（三）债券发行市场

债券发行市场又称债券一级市场，是将新发行的债券从发行人手中转移到初始投资者手中的市场，作为债券交易市场的基础，债券发行市场主要由发行者、投资者、中介机构和管理者构成。因债券发行市场的主体、债券的发行方式、承销方式与前面介绍的基本相同，这里就不再一一赘言了。

1. 债券的发行价格

在发行债券时，有时为了使债券投资的实际收益更具有吸引力，债券发行人会根据债券本身的性质及投资者的可接受能力，以高于或低于债券票面价格发行债券。一般债券发行价格可分为平价发行、溢价发行和折价发行。

平价发行是指债券发行价格与票面金额相一致的发行。若债券票面金额为100元，实际发行价格也为100元，到期偿还时，按票面金额100元偿还。

溢价发行是指发行价格高于票面金额的发行。若债券票面金额为100元，实际发行价格为105元，到期偿还时，按票面金额100元偿还。

折价发行正好与溢价发行相反，是指发行价格低于票面金额的发行。如债券面额为100元，实际发行价为95元，到期偿还时，按票面金额100元偿还。

债券发行者正是通过调整债券的发行价格来调整债券的实际收益率，达到与市场利率基本保持一致的目的。

2. 债券的发行利率及其影响因素

债券的发行利率是指债券的票面利率，也是债券票面所载明的利率。在债券发行过程中，除了确定债券的发行价格外，债券的发行利率也是一个重要环节。影响债券发行利率的因素主要有以下几方面。

一是债券的期限。一般来说，债券的期限越长，发行的利率就越高；反之，期限越短，发行利率就相对低些。

二是债券的信用等级。债券发行信用等级的高低，在一定程度上反映债券的发行人到期偿付本息的能力。债券等级越高，投资人承担的风险就越小；反之，债券信用等级越低，投资人承担的风险就越高。

三是有无可靠的抵押或担保。抵押或担保是对债券还本付息的一种保障，是对债券投资风险的一种防范，是对投资者信心的一种保护。在其他情况一定的条件下，有抵押或担保，投资的风险就小一些，债券的利率就可低一些；如果没有抵押或担保，投资的风险就要大一些，债券的利率就要高一些。

四是当时市场银根的松紧、市场利率水平及变动趋势、同类证券及其他金融工具的利率水平等。如果市场银根很紧，市场利率可能会逐步升高，此时银行存款、贷款利率及其他债券的利率水平也比较高，这样，债券发行人就应考虑确定较高的债券发行利率；反之，债券发行人则可确定较低的债券发行利率。

五是债券利息的支付方式。单利、复利和贴现等不同的利息支付方式，对发行人的筹资成本和投资人的实际收益率有着不同的影响。一般来讲，单利计息的债券票面利率应高于复利计息和贴现计息债券的票面利率。

六是金融管理当局对利率的管制程度。不同的国家甚至同一国家在不同历史时期，对利率管制也可能是不同的。比如有些国家直接规定债券利率水平或最高上限，有些国家则规定债券利率的浮动幅度，还有些国家则对债券利率不加任何管制，完全由债券发行人的信誉、债券期限、市场条件及投资者等因素决定。

小思考

债券的发行利率是否一定就是投资债券的实际收益率？

答：不一定。众所周知，债券的发行利率一旦确定后，在债券的有效期内，无论市场上发生了什么变化，发行人必须按此利率向债券持有人支付利息。问题在于，债券从印制、发行、投资人实际认购到最终持有结束，中间有很长一段时间间隔，有许多变化因素产生。例如，原始投资者中途因急需资金而卖出债券，新的投资者投资债券就可能出现三种情况：若投资者是以票面价格购进债券，并且一直持有到债券结息日，其票面利率应等于实际收益率，表明债券的发行利率同债券的实际收益率相等；若投资者以低于票面的价格购进债券，且持有到债券到期日，其实际收益率要高于债券票面利率；假如投资者是以高于票面的价格购进债券，则实际收益率就低于债券票面利率。

总之，世界各个国家与地区对于债券的发行都有严格的制度与程序规定，必须符合条件后方可进行操作。

三、证券流通市场

证券流通市场是有价证券流通与转让的场所，又称二级市场或次级市场。流通市场对发行市场起着重要的保证作用，有价证券只有通过流通市场才具有流动性和变现能力，才能进一步促进证券发行市场的完善。

（一）证券流通市场的特点

（1）参与者具有广泛性。在发行市场，要成为发行主体必须达到一定的条件才行，但在流通市场，只要拥有一定的资金，投资者就可参与证券买卖活动，所以，流通市场上的参与者范围很广，不仅包括政府、金融机构和企业，也包括广大的居民个人。

（2）市场价格具有不确定性。在发行市场，证券的发行价格一般是事先确定的，但在流通市场，证券的交易价格是在变化的，它受到公司经营管理状况、市场供求状况、宏观经济运行等多方面因素的影响。

（3）交易具有投机性。流通市场上的金融工具与其他商品一样，存在着买卖差价，这样就使流通市场的交易带有一定投机性；另外，对证券交易价格的预期不同也使证券交易的投机可能性增加。

（二）证券流通市场的类型

证券流通市场主要由场内交易和场外交易两大部分组成。

（1）场内交易。场内交易主要是指证券交易所交易，是专门的、有组织的证券买卖集中交易场所，它配备了各种服务设施及管理、服务人员，具有以下几个特征：

一是证券交易所自身并不持有和买卖证券，也不参与价格制定。证券交易所只为证券买卖提供交易的场所，让证券买卖双方在交易所内公开竞争，通过出价与还价的程序来决定证券的成交价格。

二是交易采用经纪制方式。在证券交易所中，只有具备交易所会员或成员资格的证券经纪商才能直接在交易所进行交易，而一般的买者与卖者只能委托这些经纪商去办理证券交易。

三是交易按照公开竞价方式进行。即交易过程由交易人员代表众多的买者与卖者在交易大厅内进行竞买竞卖，根据价格优先、时间优先的原则达成交易。

四是证券交易所具有严格的规章制度和运作规程。作为一个严密的组织，证券交易所规定凡参加者都需具备一定的条件，有一定的审批手续，并对在交易所进行证券成交、结算也有严格的规定。

五是证券交易的过程完全公开。证券交易所规定，在交易所上市的证券不仅在上市前要公开有关的情况，而且在上市后也要定期对外公布其经营状况及业绩，以供社会大众的监督。同时，交易所自己也会定期对外公布上市证券的行情统计结果。

总之，证券交易所是一个有组织、有效率的市场，它创造了一个具有连续性和集中性的证券交易市场，有利于形成公平合理的交易价格，在保证信息充分披露的基础上，引导市场资金投向，便利投资与筹资。

（2）场外交易。场外交易是指不通过证券交易所而进行的证券买卖，主要包括柜台交易、第三市场和第四市场。

与场内交易相比，场外交易市场具有三个特点。一是交易品种多，上市不上市的证券都可在此进行交易；二是交易的协议性，场外交易是相对的市场，不挂牌，价格可通过证券公司和投资者之间自由协商；三是交易的分散性，场外交易是抽象的市场，没有固定的场所和时间，交易过程主要依靠现代化的科学技术如通信、计算机网络等接洽成交。

◆ **补充阅读材料**

改革开放至今，我国已形成了种类齐全、规模巨大、交易活跃、多层次的资本市场（股权交易市场和债券市场）体系。

主板市场又称一板市场，是我国证券发行、上市及交易的主要场所，即上海证券交易所与深圳证券交易所。主板市场对发行人的营业期限、股本大小、盈利水平、最低市值等方面的要求标准较高，上市企业多为大型成熟企业，具有较大的资本规模以及稳定的盈利能力。

二板市场又称创业板市场，是专为暂时无法上市的创新型中小企业和新兴公司提供融资途径与成长空间的交易市场，它的上市标准与主板市场不同，是对主板市场的有效补充。

三板市场是指经中国证券业协会批准，由具有代办资格的证券公司参与、采用电子交易方式为非上市公司流通股份提供转让的场所，主要由股权报价转让系统与"新三板"构成，服务对象为非上市的中小型高新创技术企业。2021年9月成立的北京证券交易所也属于三板市场。

四板市场又称区域性股权交易市场，主要为特定区域内的企业提供股权、债券转让与融资的市场，一般由省级人民政府监管，也是中国多层次资本市场发展中必不可少的组成部分。

（三）证券流通市场的交易方式

在各国资本市场上，证券流通市场的交易方式主要有现货交易、期货交易、期权交易和信用交易。

（1）现货交易。它是指证券买卖成交后，约定在成交后2天内（理论上）实现钱货两清的交易方式。特点是交易与交割在同一时间完成，卖者交出证券，收回现款，买者交付现款，收到证券。

（2）期货交易。它是指证券买卖双方成交后，按照契约规定的价格、数量，经一定时期后才进行交割的交易方式。它的特点是：成交与交割不同步，交割时可以按照清算方式相互扎抵，只需交割差额；交易中既有投资者，也有投机者。

（3）期权交易。期权交易也称选择权交易，是指买卖双方按约定的价格在约定的时间就是否买进或卖出证券而达成的契约交易。其特点是：交易双方买卖的是一种权利，若不成交，损失的只是保证金，因而是一种很好的回避风险的交易方式。

（4）信用交易。信用交易也称"垫头交易"或"保证金交易"，是指证券经纪人向客户提供信用而进行的证券交易。即投资者购买有价证券时只付一部分价款，其余的由经纪人垫付，经纪人从中收取利息。由于信用交易只需交纳一定的保证金就可获得几倍甚至几十倍的证券买卖，所以是最具投机性的一种证券交易方式。

（四）证券流通市场的交易程序

投资者在证券流通市场上买卖证券，从委托证券经纪商开始，到交易的最后完成，一般要经过一定步骤，但不同类型的证券交易步骤是不一样的。这里以我国证券交易所的股票买卖为例来进行说明，如图6-6所示。

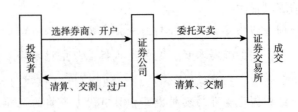

图6-6 我国股票交易程序

（1）开户。按现行法律规定，每个欲从事证券交易的投资者，必须先向证券登记公司申请开设股东账户和资金账户，并在资金账户中存入一定的资金。

（2）委托买卖。开立账户后，客户即可向证券商发出买卖股票的正式委托，具体过程是：投资者报单给证券商，内容包括买卖股票的名称（或代码）、数量、价格、委托期限（在我国证券交易中的合法委托是当日有效的限价委托）等，然后证券商将委托指令传送到交易所电脑交易的撮合主机，交易所的撮合主机对接收到的委托进行合法性的检测，然后按竞价规则，确定成交价自动撮合成交，并立刻将结果传送给证券商；暂时成交不了的委托按照"价格优先，时间优先"原则排队，等候与其后进来的委托成交；当天不能成交的委托则自动失效，第二天用以上的方式重新委托。

（3）清算交割与过户。交割是股票买卖成交后，证券商和投资者签署成交确认书，卖方向买方交付股票、买方向卖方交付价款的过程。我国上海、深圳的股票交易由于实行"无纸化"和股票集中托管制度，交割仅仅为买方交付证券价款并在股票账户上确认买入，卖方取得价款并从股票账户上确认卖出，整个交割过程实际上是价款的交割。

所谓过户就是办理清算交割后，将原卖出证券的户名变更为买入证券的户名。对于记名证券来讲，只有办妥过户，才是整个交易过程的完成，才表明拥有完整的证券所有权，才能享有股息分红等股东权益和挂失、补发等安全保证。

（五）影响证券价格变动的主要因素

证券价格由证券的投资价值决定，在证券市场上证券的实际价格是围绕着证券的投资价值上下波动。由于债券价格的变动不大，而股票价格变动频繁，因此，这里我们以股票价格的变动为例，分析影响股票价格变动的因素。

不同国家在不同时期可能影响股票价格的具体因素有所不同，但从整体角度分析，不外乎以下几方面。

1. 宏观经济因素

宏观经济因素对各种股票价格具有普遍的不可忽视的影响，它直接或间接地影响股票的供求关系，进而影响股票的价格变化。宏观经济因素主要包括经济增长、经济周期、利率、货币供给量、财政收支因素、投资与消费、物价因素、国际收支等。这里以利率与货币供给量的影响为例来分析。（1）作为市场资金价格的体现，利率对股价变动的影响最大，也最直接，扣除外围因素，一般央行下调利率，股票市场的价格就上涨；上调利率，股票市场的价格就会下跌，两者呈负相关关系，这也成为股票投资者据以买进和卖出股票的重要依据。（2）就货币供给量来说，当中央银行放松银根、增加货币供给量时，一方面市场用于购买股票的资金增多，进而促进股价上涨；另一方面货币供给量增加又使利率下降，投资和消费需求增加，生产和销售增加，企业利润增加，这些因素都会促使市场股票价格上涨。反之，当中央银行紧缩银根、减少货币供给量时，就会产生与上述情况相反的结果。

2. 政治因素与自然因素

影响股价变动的政治因素是指有关的政治活动和政治事件，其中，战争与和平是最大的影响因素。另外，诸如病毒疫情、地震等自然灾害因素也都会直接影响股票价格的变动。

3. 行业因素

行业因素主要包括行业寿命周期、行业景气循环等因素，股票公司的经营状况与所在行业的发展周期紧密相关。以行业寿命周期为例，一般在开创期，整个行业成长迅速，虽然有竞争，但利润相对丰厚，公司股票价格呈逐步上升态势；在扩张与成熟期，通过联合或合并等方式，整个行业只剩下一些实力雄厚、经营效率较高的企业，公司利润稳定上升，股价也涨到较高的水平；而到了衰退期，行业成长出现了停顿、衰落现象，公司经营状况日趋艰难，利润也出现下降趋势，其股票价格势必下跌。

行业景气变动也同整个经济景气变动一样，会影响一个行业内的股票价格变动。当一个行业处于景气上升期，该行业的股票价格也随之上涨。反之，则下跌。

4. 公司自身的因素

公司本身的经营状况及发展前景，直接影响到该公司所发股票的价格。公司自身的因素主要包括以下几个方面：

一是公司利润。公司利润的大小直接影响到股息、红利的多少，进而影响到公司的股票价格。一般来讲，公司利润上升，股价会上升；利润下降，股价也会随之下降，两者的变动方向基本一致，且股价的升降往往在收益变动之前发生。因此，投资者在判断股价时要考虑到公司的盈利水平，特别是公司未来盈利的可能性。

二是股息、红利。股价与股利的关系密切，公司分发股利的消息会对股票价格会发生显著的影响。一般公司宣布分发红利，会引起股价上升；公司宣布取消红利，股价则会下跌。

三是股票分割。在股票分割时，股票持有者所保持的股份如果能得到和以前相同的股利，就会刺激一些人在公司决算期间，因指望得到分红和无偿支付而增加购买股票。在此期间，会有大量的股票过户。过户的股票退出股票市场，使市场股票量减少，股价就会相应上升。分割和过户手续结束后，这部分股票又回到股票市场，价格又将趋于稳定。

四是股票是否为初次上市。一般情况下，新股上市时，股价常会逐步上升。这可能有两个原因：一是发行时承销价偏低；二是上市初期，购买者都会高估股票价格。有专家研究发现，购买新上市股票的报酬率大于购买市场上一般股票的报酬率的概率要高。

五是公司的重大人事变动。实力大户如果对发行公司的管理权很重视，在董事会、监事会改选前，常会逐步买进股份，以便控制董事会和监事会。在买进股份的过程中，股价就可能被抬高。因此，在公司宣布董事会、监事会行将改组时，经常会引起股价变动。

5. 其他因素

市场上许多证券买卖行为对股票价格的变动也有着重要影响，如进行不正当的投机操作，人为地左右股票价格；信用交易因素；证券主管部门的限制规定，等等。

基本训练

一、名词解释

金融市场　金融工具　股票　债券　资本市场　货币市场

二、填空题

1. 从本质上说，金融市场的交易对象是_____，但需要借助_____来进行交易。

2. 所谓_____，是指金融工具迅速转变为现金而不致遭受损失的能力。

3. 一般说，金融工具的流动性与_____成正比，与_____成反比。

4. 衍生性金融工具是在_____基础上派生出来的各种金融合约及其组合形式的总称。

5. 国库券市场具有_____、_____和_____的特点。

6. 从法律角度看，票据可分为_____、_____和_____。

7. 证券发行市场又被称为_____市场，它与证券_____市场相辅相成，共同构成统一的证券市场。

8. 股票发行制度主要有_____、_____和_____三种。

三、单项选择题

1. 一张差半年到期的面额为 1000 元的票据，到银行得到 950 元的贴现金额，则年贴现率为（　　）。

A. 5%　　　　　　B. 10%　　　　　　C. 2.56%　　　　　D. 5.12%

2. 现货市场的实际交割一般在成交后（　　）内进行。

A. 2 日　　　　　B. 5 日　　　　　C. 1 周　　　　　D. 1 月

3. 下列属于所有权凭证的金融工具是（　　）。

A. 商业票据　　　　　　　　　　B. 企业债券

C. 股票　　　　　　　　　　　　D. 可转让大额定期存单

4. 下列属于优先股股东权利范围的是（　　）。

A. 选举权　　　　B. 收益权　　　　C. 被选举权　　　　D. 投票权

5. 在代销方式中，证券销售的风险完全由（　　）承担。

A. 承销商　　　　B. 发行人　　　　C. 经纪人　　　　D. 购买者

6. 由于同业拆借市场利率常被当作（　　），所以是整个利率走势的风向标。

A. 基准利率　　　B. 官定利率　　　C. 浮动利率　　　D. 市场利率

7. 回购协议是指资金融入方在卖出证券的同时和证券购买者签订的在一定期限后按原定价格或约定价格购回所卖证券的协议，所以，本质上是一种（　　）协议。

A. 担保贷款　　　　B. 信用贷款　　　　C. 抵押贷款　　　　D. 质押贷款

8. 金融市场场内交易遵循的竞价原则是（　　　）。

A. 时间优先　　　　　　　　　　B. 时间优先、价格优先

C. 价格优先　　　　　　　　　　D. 价格优先、时间优先

9. 投资者购买有价证券时只支付一部分款项，其余由经纪人垫付，经纪人从中收取利息的交易方式是（　　　）。

A. 现货交易　　　B. 期货交易　　　C. 期权交易　　　D. 信用交易

10. 以下不属于场外交易的是（　　　）。

A. 柜台交易　　　B. 第三市场　　　C. 第四市场　　　D. 证券交易所

11. 下列属于货币市场工具的是（　　　）。

A. 商业票据　　　B. 公司债券　　　C. 股票　　　D. 国家公债

12. 以追求当期最大收入为基本目标，主要投资于高分红的质优蓝筹股和公司债券等的基金是（　　　）。

A. 收入型基金　　　B. 平衡型基金　　　C. 成长型基金　　　D. 货币型基金

四、多项选择题

1. 下面（　　　）属于金融衍生工具的交易种类。

A. 现货交易　　　　　　　　　　B. 期货交易

C. 期权交易　　　　　　　　　　D. 股票指数交易

E. 贴现交易

2. 金融市场的参与者包括（　　　）。

A. 居民个人　　　　　　　　　　B. 商业性金融机构

C. 中央银行　　　　　　　　　　D. 企业

E. 政府

3. 下列金融工具中，没有偿还期的有（　　　）。

A. 永久性债券　　　　　　　　　B. 银行定期存款

C. 商业票据　　　　　　　　　　D. CD 单

E. 股票

4. 虽然金融工具的种类繁多，但总的来看都具有（　　　）等共同特征。

A. 期限性　　　B. 流动性　　　C. 风险性　　　D. 收益性

5. 从交易对象的角度看，（　　　）属于货币市场的子市场。

A. 基金市场　　　　　　　　　　B. 同业拆借市场

C. 商业票据市场　　　　　　　　D. 国库券市场

E. 回购协议市场

6. 货币市场具有（　　　）的特点。

A. 交易期限短   B. 资金借贷量大

C. 流动性强   D. 风险相对较低

E. 交易工具收益较高而流动性差

7. 资本市场的特点有（   ）。

A. 金融工具期限长   B. 资金借贷量大

C. 流动性强   D. 为解决长期投资性资金的供求需要

E. 交易工具有一定的风险性和投机性

8. 在进行证券投资的基本面分析时应当考虑的因素有（   ）。

A. 经济运行周期   B. 宏观经济政策

C. 证券过去的价格形态   D. 产业生命周期

E. 上市公司的业绩

五、判断并改正

1. 汇票有三个当事人，而本票只有两个当事人。

2. 通常将债务人不履行约定义务所带来的风险称为市场风险。

3. 期权交易中，期权买方的损失可能无限大。

4. 在银行同业拆借市场上，日拆必须以信用度较高的金融工具为抵押品。

5. 在市场利率波动较大的情况下，政府发债的利率风险加大，此时应该减少短期债券，增加长期公债的发行。

6. 回购是指资金供应者从资金需求者手中购入证券，并承诺在约定的期限以约定的价格返还证券的一种投资行为。

7. 证券经纪人必须是交易所会员，而证券商则不一定。

8. 证券发行必须在证券交易所内进行。

六、简答题

1. 金融市场有哪些基本功能？

2. 开放式基金与封闭式基金有什么不同？

3. 资本市场与货币市场有哪些不同？

七、计算题

1. 某企业以一张面额为 10 万元的票据去银行贴现，银行的年贴现率为 8%，票据尚有 50 天才到期，问银行扣除的贴现息是多少？企业得到的贴现额是多少？

2. 某国库券以折价发行，发行价格为 95 元，面值为 100 元，偿还时按面值支付，问投资者的收益率是多少？

第七章　货币需求与货币供给

本章提要

货币需求，是指社会各部门在一定发展时期、在既定的收入或财富范围内能够而且愿意以货币形式持有的数量。

马克思货币需求理论的基础是劳动价值论，它表明在一定时期内，执行流通手段的货币必要量主要取决于商品价格总额和货币流通速度两大因素。此外，凯恩斯与弗里德曼的货币需求理论也颇具代表性。

货币供给是指货币供给主体（即现代经济中的银行）在一定时期内向货币需求主体供给货币的经济行为。

中央银行与商业银行是货币供给的两个主体，前者提供基础货币，后者创造存款货币，但商业银行在创造存款货币过程中始终受制于中央银行。

货币均衡是指经济运行中货币供给与货币需求基本相适应的一种货币流通状态。若以 M_d 表示货币需求量，M_s 表示货币供给量，货币均衡表示为：$M_d = M_s$；货币失衡可以表示为：$M_d \neq M_s$。

第一节　货币需求

供求关系是市场经济运行中最基本的经济关系。在现实生活中，人人都希望得到更多的货币，那么货币又是怎样进入流通领域的呢？这就要探讨货币的需求与供给。

一、货币需求的含义

在现代社会，由于货币具有最基本的购买和支付能力，所以，社会各主体如居民个人、企事业单位、金融机构和政府在从事经济活动时都必须持有一定的货币量，才能满足它们进行交换、支付、债务偿还、投资等活动的需要，也由此产生了对货币的需求。概括起来，货币需求是指社会各部门在一定发展时期、在既定的收入或财富范围内能够而且愿意以货币形式持有的数量。理解货币需求的含义时应注意把握以下三点。

（一）货币需求是一个存量概念

货币需求主要考察在特定的时点和空间范围内（如 2005 年底，中国）社会各部门在其拥有的全部资产中愿意以货币形式持有的数量或份额，而非某一段时间内（如 2004 年底到 2005 年底）各部门所持有的货币数额的变化量，因而货币需求研究的主要是一个存量问题。

（二）货币需求是一种能力与愿望的统一体

货币需求以收入或财富的存在为前提。由于人们对货币追求的欲望可以是无限的，但对获得货币需求的这种能力却是有限的，所以货币需求必须是一种有支付能力的需求。有能力而不愿意获得货币不会形成对"货币"的需求，有意愿而无能力获得则只是一种不现实的幻想。

（三）现实中的货币需求包括对现金和存款货币的需求

在信用货币制度下，除了现金可以满足所有商品、劳务的流通以及一切有关货币支付所提出的需求外，发挥货币作用的存款货币也能满足这种需求，所以，现实中的货币需求包括对现金和存款货币的需求，两者都能发挥交易媒介和资产职能。

近几十年来，随着经济中不断出现的通货膨胀现象，人们越来越注意区分名义货币需求与实际货币需求。名义货币需求，是指社会各经济部门在一定时点所持有的货币单位的数量，如 5 万元人民币、2 万美元等；实际货币需求则是指名义货币数量在扣除了通货膨胀因素之后的实际货币购买力，即指各经济单位或整个国家所持有的货币量在扣除物价因素之后的余额。两者可用公式表示：

$$实际货币需求 = 名义货币需求 \div 物价水平$$

由于包含物价因素在内的名义货币需求不能直接反映经济主体对货币的实际需求，所以人们更注重对实际货币需求的研究。

◆ **补充阅读材料**

货币需求也可以从其他角度进行分析与理解。

（1）主观货币需求与客观货币需求。主观货币需求又可视为潜在的货币需求，是指各经济组织和个体在主观上希望拥有多少货币，是一种对货币占有的欲望。客观货币需求则是一种有支付能力的有效需求，是指在一定发展时期各经济组织和个体究竟需要多少货币才能满足他们对商品生产和商品交换的需要。虽然在现实生活

中主观货币需求和客观货币需求都是普遍存在的,但由于主观货币需求实质是一种无约束的需求,在很大程度上是一种无效需求,因此实际研究时更注重客观货币需求。

(2) 宏观货币需求和微观货币需求。宏观货币需求是从宏观经济主体角度分析,即从一个国家的社会总体出发,研究一国在一定时期内需要多少货币才能满足经济发展的需要;微观货币需求则是从微观经济主体(企业或个人)角度分析,即从社会经济个体出发,探讨一个微观经济主体在既定的收入水平、利率水平和其他经济条件下所需要持有的货币量。由于现实生活中宏观与微观的货币需求分析之间存在着不可割裂的联系,所以虽然两者分析的角度和着力点不同,但在进行货币需求研究时必须将两者有机地结合。

二、货币需求理论的发展与比较

古今中外的学者对货币需求的分析一直没有间断,并提出了许多关于这方面的理论。伴随着这些理论的不断发展,人们对货币概念的认识也在扩大(见图7-1),这里仅就马克思的货币需求理论与凯恩斯的货币需求理论、弗里德曼的货币需求理论做一简单介绍。

图7-1 货币理论发展与对货币概念认识的扩大

(一) 马克思的货币需求理论[①]

马克思货币需求理论的基础是劳动价值论。在总结前人研究流通中货币数量的基础上,马克思从宏观角度探讨了一个国家在一定时期内为完成一定的商品交易需要有多少货币作为交换的媒介。马克思的货币需求理论集中反映在其货币必要量公式中,它表明在金属货币流通条件下,一定时期内执行流通手段的货币必要量主要取决于商品价格总额和货币流通速度两大因素。公式如下:

$$\begin{aligned} \text{执行流通手段职能的货币必要量}(M) &= \text{商品价格总额} \div \text{同名货币的流通次数} \\ &= \left(\text{一定时期待实现的商品数量} \times \text{商品的价格水平} \right) \div \text{货币流通速度或次数} \\ &= \frac{PQ}{V} \end{aligned}$$

---

① 马克思. 资本论(第一卷)[M]. 上海:上海三联书店,2009.

式中，M代表一定时期流通中的货币需要量，P代表商品的价格水平，Q代表一定时期待实现的商品数量，V代表货币流通速度或次数。

该公式表明：第一，货币必要量与商品数量、价格水平进而与商品价格总额成正比。马克思认为，作为一种流通手段，货币的运动实际上是商品本身形式运动的代言，也就是说，只有当参加交换的商品实现其价值时，才会有货币的运动。[①] 因此，商品价格总额是决定货币必要量的最基本因素。商品价值总额越大，需要的货币量越多。同时，商品价格总额又取决于一定时期的商品数量和价格水平，所以，货币必要量与商品数量和价格水平呈正相关关系。

第二，货币需要量与货币流通速度成反比。货币流通速度是指一定时期内单位货币在商品交易者之间的转手次数。在商品交易过程中，商品被出卖后，就退出了流通领域，进入消费领域。这时，货币却不退出流通领域，仍在买者和卖者之间不停地转手运动。为实现商品的价值服务，一定时期内的单位货币可以实现多倍的商品价值。在商品价格总额一定的条件下，货币流通次数增加，需要的货币量就会减少；货币的流通次数减少，需要的货币量就会增加。所以，货币必要量与货币流通速度之间呈负相关关系。

第三，马克思货币需求理论分析的前提是以完全的金属货币流通为假设条件。当金属货币被不兑现的信用货币取代后，货币供给量与货币需求量之间的自动调节机制就不存在了。由于纸币是国家强制发行使用的货币，本身并没有价值，因此，无论流通中有多少纸币也只能代表那个客观决定的金币量，只不过纸币数量越多，单位纸币所代表的金币量越少。表现在现实经济中，当流通中的实际纸币量超过客观需要量时，会产生通货膨胀现象，而当流通中的实际纸币量少于客观需要量时，又会产生通货紧缩现象。

总之，虽然马克思的货币必要量公式在现实运用中还存在很多困难，但它具有重要的理论价值，即它反映了商品流通决定货币流通，货币流通对商品流通具有一定的反作用这一实质。所以，即使在货币信用关系日趋复杂的今天，马克思的货币需求理论对深入理解商品流通与货币流通之间的内在联系仍具有重要的指导意义。

> **小贴士**
>
> 货币购买力是指单位货币在一定的价格水平下能买到的商品或支付劳务费用的能力。货币购买力与一般物价水平呈负相关关系，即物价水平越高，货币的购买力就越低；反之，物价水平越低，货币的购买力就越高。分析货币购买力的变化一般用货币购买力指数表示，而一个社会总的物价水平也可以用物价指数来反映，两者间的关系通常可以表示为：货币购买力指数 =1/物价指数。因此，如果物价指数上

① 马克思. 资本论（第一卷）[M]. 上海：上海三联书店，2009.

升 25%，则货币购买力指数 =1/（1 + 25%）=80%，说明货币购买力下降了 20%（1 - 80% = 20%）。通俗地说，原来 1 元钱买 1 元东西，由于物价上涨现在需要1.25元钱买 1 元东西，折合 1 元钱只能买 0.8 元的东西。

（二）凯恩斯的货币需求理论

20 世纪 30 年代的世界经济危机宣告了古典经济理论的破产，大规模失业成为西方国家经济发展面临的中心问题。在此种背景下，凯恩斯通过《就业、利息和货币通论》一书首次系统地阐述了他的货币需求理论。

在借鉴剑桥学派理论的基础上，凯恩斯指出货币需求是一定时期经济主体（即他所说的公众）能够而且愿意持有的货币数量。人们之所以需要持有货币，是因为存在"流动性偏好"这种普遍的心理倾向，即人们愿意持有现金而不愿意持有其他缺乏流动性的资产。因此，凯恩斯的货币需求理论又称为流动偏好货币需求理论。

◆ **补充阅读材料**

关于货币需求方面比较著名的古典理论产生于 19 世纪末 20 世纪初的几位经济学家，一是以美国耶鲁大学经济学家欧文·费雪为代表提出的现金交易数量论；一是英国剑桥大学教授庇古和他的老师马歇尔提出的现金余额数量论。

（1）现金交易数量论，又称交易方程式。1911 年，欧文·费雪在其《货币的购买力》一书中提出，他把流通中的货币量与商品交易总值两者联系起来，用一恒等式表示：$MV = PT$ 或 $P = MV/T$。其中，M 代表流通中的货币数量，V 代表这些货币的平均流通速度，P 代表所有交易中商品的价格即一般物价水平，T 代表社会总交易量。

这一恒等式表明：第一，流通中的货币总量 MV 就等于商品交易总量 PT；第二，在 $P = MV/T$ 关系中，M 是一个可以控制的变量，由政府的政策作用所决定；V 和 T 则在短期内不受 M 变动的影响，所以在货币数量与物价的关系上，物价是一个被动的变量，由其余三个变量相互作用而决定；第三，从宏观分析的角度来说，人们之所以需要货币，是因为货币可以为商品和劳务的交易提供便利，但该等式仅仅关注了货币作为交易媒介的职能。

（2）现金余额数量论，又称剑桥方程式。英国剑桥大学教授庇古和他的老师马歇尔认为费雪方程式没有考虑微观主体动机对货币需求的影响，人们持有货币的原因不仅有货币的交易媒介功能，还因为货币具有贮藏财富的功能。所以他们将分析重点放在了考察公众愿意以货币形态保持其购买力的数额，即货币的持有方面，用公式表示为：$M = kPY$。其中，M 代表总体货币需求，Y 代表实际的国民收入，P 代表一般物价水平，r 代表以货币形态持有的备用购买力占社会总收入的比率。

这一方程式和费雪方程式在形式上没有多大区别，但在分析方法上却表明经济主体除了因交易需要持有货币外，还可将货币视为价值储藏手段，更强调微观主体的个人选择行为。所以，该方程式考虑与分析更全面，也更符合实际情况，为后来研究货币需求的各种理论提供了新思路。

货币需求动机分析是凯恩斯货币需求理论的核心。凯恩斯认为，人们的货币需求行为由交易动机、预防动机和投机动机决定，这三个动机的比较如表 7-1 所示。

表 7-1   交易动机、预防动机和投机动机比较

持币动机	含义界定	受影响因素	关系
交易动机	人们为了日常生活交易支付的方便而在手头保留一部分货币	持有的货币量与收入有关	正相关关系（收入）
预防动机	人们手中需要持有一部分货币以应付一些未曾预料的紧急支付	持有的货币量与收入有关	正相关关系（收入）
投机动机	人们为了储存价值与财富在货币和盈利性资产间进行选择而保留一定的货币量	凯恩斯将用于储藏财富的资产分为货币与债券，持有货币资产，收益为零。持有债券资产，则有两种可能：如果利率上升，债券价格就要下跌；利率下降，债券价格就会上升。所以，因投机动机而保留的货币量与利率有关	负相关关系（利率）

从表 7-1 可知，因交易动机和谨慎动机而产生的货币需求与商品、劳务有关，故称为交易性需求 M_1，而投资动机产生的货币需求主要用于金融市场的投机，故称为投机性货币需求 M_2，两者相加形成货币总需求 M。

对于 M_1，凯恩斯认为它所引起的货币需求与人们的收入水平有关，收入越多需求也越多，即是收入的递增函数。用公式可表示为：$M_1 = L_1(Y)$，其中 Y 表示收入。

对于 M_2，凯恩斯认为它与资本市场上的利率 i 有关，而且利率越低，投机性货币需求越多，因此，投机性货币需求是利率的递减函数，$M_2 = L_2(i)$。这里要注意的是，由于投机性货币需求与人们对未来的利率预期联系密切，受心理预期等一些主观因素影响较大，所以当利率降至一定低点后，货币需求有可能出现极端现象，即凯恩斯货币理论中的"流动性陷阱"问题。

因为货币总需求 M 是交易性货币需求和投机性货币需求之和，所以其函数可表示为：

$$M = M_1 + M_2 = L_1(Y) + L_2(i) = L(Y, i)$$

以上公式表示货币的总需求主要是由收入和利率两个因素决定。从公式中可以看到，凯恩斯在货币需求函数中将利率视为与收入有同等意义的自变量，说明他非常重视市场中

利率的主导作用，这是凯恩斯以前的经济学家所没有达到的。

小贴士

"流动性陷阱"是凯恩斯货币需求理论中描述的一个极端现象。现代社会人都知道，持有货币可以方便随时购买你想要的东西，然而获得这种便利的前提是你放弃了利息收入。因此，当市场利率上升时，人们会减少货币持有；当市场利率下降时，则会增加货币持有。但当市场出现某一特殊情况，即当市场利率降到非常低时，人们就会产生利率即将上升从而债券价格下跌的预期（持币的流动性收益大于持有债券的利率收益），从而使货币需求弹性变得无限大，此时无论中央银行增加多少货币供给，都会被人们以货币形式储存起来，中央银行想通过投放货币启动经济复苏的政策意图就会落空，这就是所谓"流动性陷阱"。

20世纪50年代以后，一些追随凯恩斯学派的经济学家在探索凯恩斯货币需求理论的基础上，提出了平方根定律、立方根定律和资产组合模型等观点，更加强调利率对货币需求的决定作用，进一步丰富和发展了凯恩斯的货币需求理论。

（三）弗里德曼的货币需求理论

20世纪30年代爆发的世界经济危机使凯恩斯的宏观经济政策开始在美英等发达资本主义国家流行，并对刺激这些国家经济恢复和生产发展起到了很大的促进作用。但进入50年代，许多国家开始出现通货膨胀现象，美国经济学家弗里德曼认为西方国家出现的这种现象表明凯恩斯主义理论和政策已不适用于当代经济了，需要用新的理论来替代。所以，从50年代起，弗里德曼就以制止通货膨胀、反对国家干预经济为目标，向凯恩斯主义的理论和政策主张提出挑战。

1956年，弗里德曼发表了《货币数量论———一个重新表述》一文，对传统货币数量说作了新的论述，为货币主义理论运用奠定了基础。此后的几十年里，弗里德曼对其观点不断进行修正与补充，并且利用美国国民收入和货币金融统计资料开展大量经济计量学方面的工作，为他的理论观点提供材料依据。特别是在通货膨胀日益严重的70年代初期，凯恩斯主义理论已无法对所有发达资本主义国家出现剧烈的物价上涨与高额失业同时并存的"滞胀"现象作出解释，更难以提出应对这一处境的对策，从而导致货币主义开始流行，并在80年代对美英等国的经济政策产生了重要影响。

弗里德曼的货币需求理论在探讨人们持有货币的原因时采取了与凯恩斯不同的方法，他不再具体研究人们持有货币的动机，而是将货币作为一种商品来看待，这样，就可借助于消费者选择理论来对人们的货币需求问题进行分析。弗里德曼认为，与消费者对商品的选择一样，人们对货币的需求同样受效用、收入水平和机会成本这三类因素的影响，可以通过影响人们选择资产的种类作为财富保存因素来研究货币需求。

　　在弗里德曼的货币需求理论中，债券、股票、实物资产的预期收益率、人力财富与非人力财富都是影响货币需求的因素，货币需求就是个人拥有的财富及其他资产相对于货币预期回报率的函数。据此，弗里德曼将他的货币需求公式定义如下：

$$M/P = f[y,w;r_m,r_b,r_e,(1/P)\cdot(dP/dt);u]$$

式中：M 为个人财富持有者保有的货币量，即名义的货币需求量；P 为一般物价水平；M/P 为个人财富持有者持有的货币所能支配的实物量，即实际的货币需要量；y 为按不变价格计算的实际收入；w 为物质财富（非人力财富）占总财富的比率；r_m 为预期的货币名义报酬率；r_b 为固定收益证券的预期名义收益率；r_e 为变动收益证券（股票）的预期名义收益率；$(1/P)\cdot(dp/dt)$ 为预期的物价变动率，即实物资产的名义报酬率；u 为影响货币需求量的其他因素，因重要性较小，所以综合地放在 u 之内。

　　上述函数中自变量与因变量货币需求（M/P）之间的关系如下：

　　其一，货币需求与恒久性收入 y 呈正相关关系。在弗里德曼看来，货币需求主要取决于总财富，但总财富实际上是无法衡量的，只能用恒久性收入来表示。所谓恒久收入，是指一个人过去、现在和未来收入的加权平均数，具有稳定的特点。一般而言，随着收入的增加即财富的增加，货币需求增加。而恒久性收入可以理解为人们预期的平均长期收入，变动幅度比较稳定，所以，恒久收入越高，所需的货币量也越多，货币需求与恒久性收入 y 呈正相关关系。

　　其二，货币需求与 w 呈负相关关系。弗里德曼认为，永久性收入是由非人力财富和人力财富组成的。非人力财富是指物质性财富，包括房屋、生产资料、耐用消费品等各种财产；人力财富是指个人在将来获得收入的能力，与所接受的教育程度密切相关，非人力财富在总财富中所占的比例 w 称为财富结构。由于非人力财富给人们带来的收入是稳定的，所以，它在总财富中所占的比例也是影响货币需求的一个因素，与货币需求呈负相关关系。

　　其三，货币需求与 r_m 呈正相关关系。弗里德曼认为，货币预期回报率与货币需求呈正相关关系，当经济活动中的利率上升时，银行可以从贷款中获得更多的利润，从而用更高的利率吸收存款，所以以银行存款形式持有货币的回报率随着债券和贷款利率的上升而上升。

　　其四，货币需求与 r_b、r_e、$(1/P)\cdot(dP/dt)$ 等呈负相关关系。

　　其五，u 是个综合因素，与货币需求的关系是不确定的。

　　总结弗里德曼货币需求理论观点可知：一是强调恒久性收入对货币需求的重要影响（恒久性收入是弗里德曼分析货币需求中所提出的概念），由于恒久性收入和货币流通速度都比较稳定，所以货币需求也比较稳定。二是把财富分为人力财富和非人力财富，由于人力财富不能像非人力财富那样可随时在市场上买卖与转换，所以需要人们经常持有一定数量的货币维持。三是货币需求不仅是利率的函数，也是所有资产收益率的函数。由此，延伸到货币政策方面，货币学派认为经济动荡的原因在于货币当局反复无常地变动货币增长率，并建议货币当局只要坚持保证货币供给量的稳定增长，失衡即可消除，生产又可恢复到长期稳定增长的水平。可见，现代货币需求理论的货币政策目标是控制货币供给量而不是控制利率。

◆ **观念应用**

货币学派理论的一次成功实践：撒切尔夫人医治"英国病"。

二战以后，英国一直采取的是凯恩斯主义，即用财政政策和货币政策对经济加以干预，但到 20 世纪 70 年代中期，却出现了财政入不敷出，生产停滞，失业反弹，物价飙升的"滞胀"结果。1979 年，保守党领袖撒切尔夫人出任英国首相后，采取了货币学派的政策进行治理，具体措施是：强调发挥市场经济作用，减少国家干预，紧缩开支，降低税收，整顿福利，调整工业，推行私有化等政策，结果使英国经济有了明显的恢复和发展。到了 1988 年，英国经济形势大好，通货膨胀率下降、就业增加、人均收入提高、财政出现盈余、出口增加，人均实际产量增长率一度超过美国、德国和法国，英国的国际地位开始回升。

资料来源：管清友 . 供给学派的实践典范 [J]. 金融博览，2013 (6)：35.

三、影响我国的货币需求因素分析

各个国家的政治经济体制、金融发展水平不同，其货币需求的影响因素也必定存在差异。就我国而言，影响货币需求的因素主要有以下几方面。

（一）收入

收入与货币需求呈同向变动关系。在市场经济中，各微观经济主体如企业、居民的收入最初都是以货币形式获得的，其支出也都要以货币支付。收入提高，说明社会财富增多，支出也会相应扩大，因而需要更多的货币量来满足交易。现阶段，我国居民和企业的收入水平普遍增长较快，因此，会对货币需求变化产生重大的影响。

（二）价格

价格与货币需求呈同向变动关系。实际经济生活中，物价的变动对货币需求的影响很大，在商品和劳务量既定的条件下，价格越高，用于商品和劳务交易的货币需求也必然增多。长期以来，我国的物价基本上是由政府控制的，导致某些商品的价格严重偏离市场价格，近几年的物价改革使这些情况逐渐减少，但由通货膨胀与通货紧缩造成的物价变动则会对货币需求产生极不稳定的影响。

（三）利率

利率与货币需求量之间呈反向变动关系。利率的高低决定了人们持币机会成本的大小，利率越高，持币成本越大，则人们不愿意持有货币而愿意购买生息资产以获得高额利息收益，因而人们的货币需求会减少；反之，人们则愿意手持货币而减少了生息资本的购买，货币需求会增加。我国的利率一直受政府控制较强，对货币需求的影响还不是很大，随着利率市场化改革进程的加快，相信利率影响货币需求变化的作用将日益增大。

（四）货币流通速度

货币流通速度与货币总需求呈反向变动关系。货币流通速度是指一定时期内货币的转手次数。在用来交易的商品和劳务总量不变的情况下，货币流通速度的加快会减少现实的货币需求量，反之，货币速度的减慢则必然增加现实的货币需求量。在目前不兑现的信用货币制度下，随着电子技术和计算机网络的飞速发展，各种电子货币和结算工具应运而生，必然会对货币流通速度产生一定的影响。

（五）金融资产的收益率

金融资产与货币需求之间有相互的替代性。近年来，我国的金融市场发展迅速，金融资产不断增多，金融资产的收益率对货币需求的影响明显增强。人们通过对各类金融资产收益性、安全性和流通性的比较，从中进行资产的多样化选择，进而影响到货币需求的增减变化。例如，当银行存款利率大幅度下调时，人们更多地选择以股票、债券或保险单等有价证券的形式保有资产；而当股票收益率下降时，人们更倾向于选择银行存款或持币。

总之，影响我国货币需求的因素还有许多，如对利润与价格的预期变化、财政收支引起的政府货币需求变化、信用发展状况、金融服务技术与水平，甚至各民族特性、生活习惯，等等。随着我国经济改革的深化和市场化程度的进一步提高，影响货币需求的各种因素也将受到更多关注与重视。

第二节　货币供给

与货币需求相对应的另一面就是货币供给。一般而言，经济运行中的主体对执行交易媒介和资产职能的货币有多少需求，货币的供应在者就应该提供相对应的货币量，这样才能实现货币的供求均衡。20世纪以后，由于金属货币的供给已不能满足日益增长的货币需求，信用货币及货币供给形成机制才得以产生并在现代信用制度下得到发展。

一、现代信用货币的供给机制

（一）货币供给与货币供给量

货币供给与货币供给量是研究一国货币如何供应、货币总量如何形成、如何控制等问题的基础。现代经济中货币供给的主体是银行，由此，货币供给就是指一国银行系统在一定时期内向经济中投入或抽离货币的行为过程。而货币供给量就是在货币供给过程中所形成的货币量，主要由现金和存款货币两部分组成。

货币供给是一个存量概念，而货币供给量则反映了一国在某一时点上的货币存量，可以通过银行资产负债表中某一定时点上的负债总额来体现，是一个实实在在的货币量。

小思考

现金发行是否等于货币供给？

答：不等于。根据 IMF 的统计口径，货币有狭义、广义之分，狭义货币包括现金与商业银行的活期存款，广义货币是狭义货币的内容加上准货币。所以，无论从狭义的还是广义的货币角度看，现金发行都不能等同于货币供给，而只能是货币供给的一个重要组成部分。

（二）货币供给的形成机制

货币供给过程可以分为两个紧密相连的部分：一是中央银行提供基础货币；二是商业银行创造存款货币。在市场经济体制下，中央银行具有国家赋予的货币发行特权，主要负责提供和调节基础货币，而以商业银行为代表的存款货币银行则通过吸收存款、发放贷款及转账支付等业务活动创造存款货币，由此形成了"基础货币"到"存款货币"的"源与流"货币供给机制。

1. 中央银行提供基础货币

基础货币又称强力货币或高能货币，指处于流通界为社会公众所持有的通货及商业银行存于中央银行的准备金总和。在基础货币构成中，社会公众持有的现金是从银行体系业务库提走的，相对应的是他们银行存款账户的减少；银行体系准备金是为应对临时现金提取与结算而作为银行流动性的基本保证，主要以库存现金和准备金存款两种方式存在。所以，现金是中央银行对社会公众的负债，准备金是中央银行对商业银行的负债，基础货币实质上就是中央银行对公众的负债，它构成了中央银行的资金来源。

作为整个货币供给量中最基本的部分，中央银行投放基础货币主要有三条渠道：（1）通过金融机构的债权业务渠道投放，这是影响基础货币的最主要因素。如中央银行通过办理再贴现或再贷款业务增加对商业银行的债权，使通过商业银行注入流通的基础货币增加；反之，如果中央银行对商业银行的债权减少，意味着中央银行减少了再贴现或再贷款资产，基础货币的投放也相应下降。（2）通过收购金银外汇等储备资产渠道投放。如果是为达到汇率稳定的政策目标而通过外汇、黄金渠道投放或收购基础货币，则中央银行的操作具有很大的被动性，如果是根据实际需要而进行的投放则主动性较强。我国近些年的基础货币增长很快，主要原因之一是中国人民银行通过买入外汇而投放的货币占有非常大的比例，这与中国的外汇实行结售汇制度紧密相连，国际收支中顺差产生的外汇全部要由中国人民银行通过发行货币来买入。（3）通过对政府部门的贷款渠道投放。中央银行对政府部门的贷款表现为中央银行持有政府债券和财政透支或直接贷款。一般来说，市场经济比较落后的国家多是由中央银行直接贷款或透支给政府用于弥补财政赤字；而追求货币稳定的发达国家或发展中国家对政府债权主要集中在中央银行持有的政府债券上。当中央银行买进政府债券时，意味着将相应的基础货币投放到市场，增加市场货币供给量；反之，若卖出政府债券时，则意味着回收相应的基础货币，减少市场货币供给量。

由于货币供给是一个十分复杂的过程，在长期的研究与实践中，人们用以下高度简化的数学公式抽象了货币供给的形成机制：

$$M_s = B \cdot m$$

式中：M_s 为货币供给量；B 为基础货币；m 为货币乘数，表示一定数量的基础货币发挥作用（扩张或收缩）的倍数。

该公式表明，现代信用货币制度下影响货币供给量的因素有基础货币与货币乘数。基础货币的规模大小由中央银行决定，主要取决于中央银行的政策行为；而货币乘数的大小决定了基础货币供给扩张或收缩能力的大小，它们受商业银行存款派生能力、存款者与借款者等因素的影响。所以，中央银行在整个货币供给过程中始终居于核心地位。

◆ 补充阅读材料

决定货币乘数的因素主要有两个：通货－存款比率；准备金－存款比率。

通货－存款比率是指流通中的现金与商业银行活期存款的比率。这一比率的高低反映了居民和企业等部门的持币行为。通货－存款比率越高，表明居民和企业等部门持有的现金越多，商业银行存款中的现金漏损就越多，创造存款货币的能力就越弱。

准备金－存款比率是指商业银行法定准备金和超额准备金的总和占全部存款的比重，大小主要取决于中央银行和商业银行的行为。准备金－存款比率越高，意味着更多的货币没有参加存款货币的创造过程，货币乘数就越小；反之，该比率越低，货币乘数就越大。

2. 商业银行创造存款货币

存款货币是指存在商业银行且使用支票可以随时提取或支付的活期存款。作为经营货币信用业务的企业，商业银行的经营活动主要表现为不断地吸收存款和发放贷款。通常将商业银行接受的客户现金和中央银行对商业银行的再贷款称为原始存款，将商业银行发放贷款、办理贴现或投资等业务活动引申出来的存款称为派生存款或衍生存款。原始存款是商业银行从事资产业务的基础，商业银行在不断将其吸收的存款扣除一部分上缴法定存款准备金后，通过贷款发放等形式形成新的存款，此过程周而复始，就在众多银行并存的经济体系中形成了数倍于原始存款的存款货币。

在现代社会中，由于原始存款是以现金或中央银行对商业银行的再贷款形式存入银行的存款，商业银行只要能够保持法定存款准备金数量，就可以利用剩余的存款创造出派生存款，所以商业银行存款里派生存款占有较大比重。以下从原始存款和派生存款的关系来说明商业银行存款货币的创造。

【例7-1】甲银行吸收A厂商的100万元现金，再根据中央银行法定存款准备金20%的要求上缴，那么，甲银行有80万元资金在账户上，如果B厂商向甲借贷，则甲可把80万元贷给B厂商使用。假设B厂商将借的80万元存入乙银行，这时乙银行按同样的考虑，上缴20%的法定存款准备金即16万元，其余64万元贷给C厂商使用……以此类推，如表7-2所示。

表7-2 商业银行存款货币扩张示意 单位：万元

银行	原始存款	派生存款	上缴法定存款准备金	贷款
甲	100		20	80
乙		80	16	64
丙		64	12.8	51.2
丁		51.2	10.24	40.96
…		…	…	…
合计	100	400		400

由表7-2可知，在部分存款准备金制度和非现金结算条件下，100万元原始存款经过商业银行体系内的业务活动，可以创造出400万元的派生存款，使社会总存款增长为500万元。

【例7-1】说明，商业银行作为具有接受活期存款业务的金融机构，如果没有任何条件的限制，则其可在原始存款的基础上成倍地创造新的存款，流通中的货币数量将无法控制，整个世界将成为货币的海洋。但事实上，政府金融管理当局或中央银行不会坐视这种无限制地创造存款货币不管，而是通过以下几个因素来制约商业银行存款货币的创造。

一是法定存款准备金率。法定存款准备金率是中央银行规定法定存款准备金占全部活期存款的比例。法定存款准备金率越高，则商业银行向中央银行缴纳的法定存款准备金就越多，由于这部分资金存放在中央银行，商业银行无法用于贷款发放，只能用余下资金进行存款货币的创造，因此，法定存款准备金率的高低就成为制约存款派生规模的一个重要因素。一般情况下，法定存款准备金率的高低与商业银行创造存款货币的能力是反方向变动的。

二是提现率。现实经济中商业银行吸收的原始存款一般不会也不可能全都用于发放贷款，总要留存一部分以应付企业或其他存款人的提现需要，由此产生现金流失。一般将这部分流出银行系统的现金称为现金漏损，现金漏损与银行存款总额的比率称为现金漏损率，简称提现率。由于这些漏损出来的现金都不再参与存款货币的创造，所以，提现率高意味着商业银行的可贷资金减少，商业银行可派生的存款也相应减少，进而减弱了商业银行存款派生的能力；反之，则相应增强商业银行存款派生的能力。一般情况下，提现率的高低与商业银行创造存款货币的能力也是反方向变动的。

三是超额准备金率。超额准备金率是指商业银行为了安全及应对意外事件发生的需要，实际上缴的准备金常常多于法定存款准备金，这多余部分就形成商业银行的超额准备金，超额存款准备金占全部活期存款的比例就是超额准备金率。商业银行的超额准备金同商业银行可贷资金量之间存在着此消彼长的关系。超额准备金越多，银行可贷资金就越少，商业银行存款派生的能力就越小；超额准备金越少，可用于放贷的资金就越多，商业银行存款派生能力就越大。所以，超额准备金和存款派生能力之间是呈反方向变动的关系。

继续分析表 7 - 2。100 万元原始存款可以创造出 400 万元的派生存款，使社会总存款增长为 500 万元，这些新创造的派生存款数量与原始存款之间存在什么关系？通常将社会总存款与原始存款之间的比率称为存款货币扩张倍数或存款派生乘数，若以 K 表示存款货币扩张倍数，以 R 表示原始存款，以 D 表示社会总存款，则：

$$K = \frac{D}{R}$$

上式显示，在三者关系中，存款货币扩张倍数的大小同社会总存款之间同方向运动，同原始存款之间则是呈反方向变动关系，而原始存款又是受法定存款准备金率（r_d）、超额准备金率（e）和提现率（c）三因素的制约，所以存款货币扩张倍数也与这三因素呈反方向变动关系，即 $K = \frac{1}{r_d + e + c}$，因此，存款货币扩张倍数还可用下式表示：

$$\text{存款货币扩张倍数} = \frac{1}{\text{法定存款准备金率} + \text{超额准备金率} + \text{提现率}}$$

$$= \frac{1}{r_d + e + c}$$

假设［例 7 - 1］中的法定存款准备金率为 10%、超额准备金率为 5%、提现率为 5%，根据这个公式，我们可以算出 100 万元原始存款的扩张倍数是 5，总存款是 500 万元，减去 100 万元的原始存款，即得出派生 400 万元的存款结果。

需要注意的是，以上分析仅仅是抽象了商业银行创造派生存款过程中的主要制约因素，事实上，现实中还存在其他许多制约因素，如活期存款转为定期存款的制约因素、在经济萧条时期客户对贷款的需求减少，等等，这些都会在一定程度上影响到存款扩张倍数理论值的实现。

总之，在货币供给形成机制的两个环节中，银行存款是货币供给量中最大的组成部分，但商业银行创造存款货币的基础是中央银行提供的基础货币，中央银行作为"银行的银行"，在商业银行存款货币的创造中始终起着基础性作用。

> **小思考**
>
> 货币乘数就是存款货币扩张倍数吗？
>
> 答：不是。货币乘数和存款货币扩张倍数都是用以阐明现代信用货币具有扩张性的特点，两者的差别主要在于：一是货币乘数和存款货币扩张倍数的分子分母构成不同，货币乘数是以货币供给量为分子、以基础货币为分母的比值；存款货币扩张倍数则是以总存款为分子、以原始存款为分母的比值。二是分析的角度和着力点不同，货币乘数是从中央银行的角度进行分析，关注的是中央银行提供的基础货币与全社会货币供给量之间的倍数关系；而存款货币扩张倍数是从商业银行的角度进行分析，主要揭示银行体系是如何通过吸收存款、发放贷款和办理转账结算等信用活动创造出数倍于原始存款的存款货币。

二、影响我国货币供给的因素分析

前面讲过，在现代信用货币制度下，影响货币供给量的决定因素有基础货币与货币乘数，其中货币乘数又因基础货币的增加或减少不断发生变化，因此，决定整个社会货币供给量的基础在于基础货币。

从基础货币的投放渠道看，中央银行对政府的债权、商业银行再贴现与再贷款的数量变化以及外汇储备存量变化，是决定与影响我国基础货币的主要因素。

（一）中央银行对政府债权的变化对货币供给的影响

1995 年以前，我国财政出现赤字问题主要是通过财政透支的方式解决，这样，在稳定币制与发展经济目标之间就有了矛盾。为促进经济发展导致财政赤字，财政出现赤字又在中央银行透支，实证研究表明，通过中央银行的财政透支是造成我国数次通货膨胀的重要原因。因此，为了消除这种不利影响，实现币制稳定的目标，1995 年制定的《中国人民银行法》规定中央银行不再为财政透支。这样，中央银行对政府的债权主要是持有政府债券，并通过公开市场业务操作对货币供给产生影响，例如，对政府债权净额增加就表明中央银行通过财政部门把基础货币注入流通领域。

小贴士

财政赤字是指年度国家预算中财政支出大于财政收入的部分。财政赤字一般有两种统计口径，一是经常性收入与经常性支出；二是经常性收入加债务收入与经常性支出加债务支出。

在发达的市场经济中，政府一般用三种方法来弥补财政赤字：一是增加税收，属于紧急措施，虽不会直接减少货币供给，但会影响投资的积极性；二是发行债券，但发债后会导致流通中的货币减少；三是增加货币，即由政府直接增加货币供给，但处理不好会引发通货膨胀。

（二）商业银行再贴现与再贷款的数量变化对货币供给的影响

由于我国金融市场发展历史较短，我国的商业银行在资金上对中央银行有较大的依赖性。中央银行调控商业银行货币量的方法主要有再贷款、再贴现和法定存款准备金率、央行票据买卖等几种。1994年金融体制改革以前，中国人民银行通过再贷款方式提供的基础货币约占基础货币增量的80%。近年来，随着我国金融体系与金融市场日益完善，那种带有浓厚信贷分配色彩的方式在基础货币的投放中规模趋于缩小，而通过市场化操作的金融手段不断增加。以再贴现业务为例，我国通过不断改进再贴现业务的操作方式，扩大再贴现业务的参与者范围等措施，使再贴现业务成为我国中央银行调控基础货币的重要渠道之一。目前，央行票据买卖、提高或降低法定存款准备金率等一些影响基础货币数量的政策工具也已日趋成熟，经常被中央银行用来达到调控货币供给量的目的。

（三）外汇储备存量变化对货币供给的影响

目前我国实行的是以市场供求为基础的、参考一篮子货币进行调节、有管理的浮动汇率制。为避免人民币汇率大幅波动给经济发展带来的风险，中央银行在实际操作中主要采取了钉住美元的政策，无论其他国家的货币对美元汇率是如何变化的，人民币与美元的汇率总是保持相对稳定。而中央银行为保持人民币对美元的汇率稳定，就必须在市场上不时地买卖外汇储备。当外汇市场上外汇供给增加时，会产生外汇贬值而人民币升值，中央银行为了减轻或消除这种贬值或升值的压力，必须从市场买进外汇以平衡供求关系，实际上也就是向市场投放相应数量的按汇率计算的基础货币。2000年以来，我国的外汇储备不断上涨，直到2015年才开始放缓，这也是近几年我国基础货币增长较快的原因之一。中央银行通过外汇储备的变化吞吐基础货币已成为影响货币供给的重要渠道。

总之，随着我国市场经济体制和金融体制改革的不断深入，在以金融服务实体经济为出发点的思想指导下，中央银行的货币宏观调控能力必将日益增强，并最终为实现经济的稳定、持续发展保驾护航。

第三节　货币均衡

一、货币均衡与失衡

货币均衡与失衡是用来说明货币需求与货币供给两者关系的一对范畴。货币均衡又称货币供求均衡，是指经济运行中货币供给与货币需求基本相适应的一种货币流通状态，反之，两者之间不相适应的货币流通状态则是货币失衡。如果以 M_d 表示货币需求量，M_s 表示货币供给量，那么，货币均衡可以表示为：

$$M_d = M_s$$

货币失衡可表示为：

$$M_d \neq M_s$$

货币失衡大致可划分为三种类型：一是货币需求量大于货币供给量，即 $M_d > M_s$，这种情况发展的最后可能是出现通货紧缩现象；二是货币需求量小于货币供给量，即 $M_d < M_s$，这种情况发展的最后可能是出现通货膨胀现象；三是货币供求的结构性失衡，即货币供给与货币需求在总量上大体保持均衡状态，只是由于货币的供给结构同与之相对应的货币需求结构不相适应，产生市场上的商品和生产不均衡对应现象。

正确理解货币均衡的内涵需要把握以下三点。

（1）货币均衡是货币供需作用的一种状态，即货币均衡是货币供给与货币需求的大致一致，而非它们在数量上的完全相等，完全相等只是一种偶然现象。

（2）货币均衡是一个动态的过程，即：它不要求在某一具体时间上达到货币供给与货币需求的完全相等，它只是一个由均衡到失衡，再由失衡到均衡的不断运动过程，所以，货币均衡的实现具有相对性。

（3）货币均衡在一定程度上反映了国民经济的总体均衡状况，即：在现代经济运行中，货币不仅仅是现代经济中商品交换的媒介，其本身还是国民经济发展的一个内在要求，货币供求的相互作用反映了国民经济运行的全过程，而国民经济的运行状况也势必通过货币的均衡与否反映出来。

二、货币均衡与社会总供求平衡

（一）社会总供求平衡的含义

在现代社会，社会总需求通常是指一国在一定时期社会各方面实际占用或使用的全部产品之和，社会总供给是指一国在一定时期生产部门按一定价格提供到市场中的全部产品和劳务价值之和以及在市场上出售的其他金融资产总量，将社会总需求与社会总供给联系在一起，形成社会总供求。社会总供求平衡，即指一定时期社会的商品与劳务全部供给应与全部需求达到平衡的状态。

（二）货币均衡与社会总供求平衡的关系

货币均衡与社会总供求平衡两者之间的关系实质就是货币与市场的均衡，市场供给以货币来实现交易，市场需求以货币供给为载体。一般来说，社会总供给的多少决定了需要多少货币来实现价值，从而引出货币需求，而货币需求又是货币供给的决定基础，货币供给形成了有支付能力的社会总需求，社会总需求对社会总供给又具有决定性的影响，如图 7 - 2 所示。

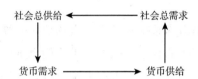

图 7 - 2　社会总需求与社会总供给的关系

具体来看：首先，社会总供给的多少决定了需要多少货币来实现价值，其原因在于任何商品都需要用货币来衡量其价值并通过与货币的交换来实现其价值，有多大规模的商品供给必然决定了与此相适应的货币需求。其次，货币市场上，货币的需求决定了对货币的供给，这是因为货币需求是货币供给的基础，中央银行控制货币供给的目的便是力图使货币供给与货币需求相适应，以维持货币均衡。再其次，货币市场上的货币供给形成对商品市场上的社会总需求，原因在于任何需求都有支付能力的需求，只有通过货币供给的相互作用，需求方能得到实现，因此在币值稳定的情况下，一定时期的货币供给量相应反映了当期的社会总需求水平。最后，社会总需求与社会总供给必须保持平衡，这不仅是货币均衡的物质保证，也是社会总供需平衡的出发点和回归点。

总之，虽然从形式上看货币均衡不过是货币领域内货币供给与货币需求相互平衡而导致的一种货币流通状态，但从实质上看，则是社会总供求平衡的一种反映，所以，货币均衡与社会总供求平衡具有内在的统一性。

（三）货币均衡的实现条件

市场经济条件下货币均衡的实现需要具备以下条件：一是健全的利率机制。利率作为金融市场上的价格，能够灵敏地反映货币供求状况，并随着货币供求间关系的变化而自由波动，以此来反映货币供求关系是否失衡及其失衡程度。二是发达的金融市场。在发达的金融市场上，各种金融工具和货币之间可以便利而有效地迅速互相转化，既有众多的金融工具和金融资产可供投资者选择，又可通过与货币之间的互相转化而调节货币供求。

三、影响货币均衡实现的主要因素

在完全的市场经济条件下，利率作为衡量货币供求是否均衡的一个重要信号，对货币供求具有明显的调节功能。从货币供给方面看，当市场利率升高时，一方面社会公众因持有货币的机会成本增加而减少货币的提取，导致货币供应增加；另一方面，银行因贷款收益的增加而扩大贷款规模，使货币供给量增多，由此说明利率与货币供给量之间存在着同方向变动关系。从货币需求方面看，市场利率升高，必然导致人们对货币需求量的减少；反之，利率降低，货币的需求量就会增大。这说明利率同货币需求之间是反方向变化的关系。可见，货币均衡的实现主要是通过利率机制完成的，利率是货币均衡实现的基本手段。

在计划经济条件下，利率由国家统一制定，市场缺乏一种有效的约束机制，导致货币供求与利率变化之间不存在直接的联系，因而货币均衡也难以通过利率机制来实现。

除了利率因素以外，诸如中央银行的市场干预和有效调控、国家财政收支是否保持基本平衡、生产部门结构是否基本合理等其他因素也都有可能从多方面影响到货币供求关系发生变化，最终影响货币均衡的实现。

基本训练

一、名词解释

基础货币　货币需求　货币供给　货币均衡　社会总供求平衡

二、填空题

1. 马克思货币必要量公式的重要理论意义在于反映了_____决定货币流通这一基本原理。

2. 在弗里德曼货币需求理论中，总财富被分为_____和_____。

3. 凯恩斯对货币需求理论的突出贡献是关于货币需求_____的分析。

4. 凯恩斯将人们持有货币的动机分为三种，即_____、_____和_____。

5. 基础货币又称强力货币，由商业银行存在中央银行的_____和流通界为社会公众所持有的_____构成。

6. 提高商业银行的存款准备金率意味着商业银行的_____降低。

7. 在发达的市场经济条件下，货币供给的控制机制由_____和_____环节构成。

8. 货币乘数也称货币扩张倍数，用于说明_____和_____的倍数关系。

9. 从表面上看，货币均衡是货币领域内因货币供给与货币需求相互平衡而导致的一种货币流通状态，但从实质上说，则是_____平衡的一种反映。

三、单项选择题

1. 强调永恒收入对货币需求影响的经济学家是（　　）。

A. 马歇尔　　　　　B. 费雪　　　　　C. 凯恩斯　　　　　D. 弗里德曼

2. 下列（　　）方程式是马克思的货币必要量公式。

A. $MV = PT$　　　　　　　　　　B. $M = kPY$

C. $M = PQ/V$　　　　　　　　　　D. $P = MV/T$

3. 在市场经济中，（　　）属于典型的外生变量。

A. 利率　　　　　B. 税率　　　　　C. 汇率　　　　　D. 价格

4. 凯恩斯的货币需求理论非常重视（　　）。

A. 恒久收入的作用　　　　　　　　B. 货币供给量的作用

C. 利率的主导作用　　　　　　　　D. 汇率的作用

5. 弗里德曼的货币需求函数强调的是（　　）。

A. 恒久收入的影响　　　　　　　　B. 汇率的主导作用

C. 利率的作用　　　　　　　　　　D. 人力资本的影响

6. 在市场经济中，下列（　　）变量不属于内生变量。

A. 价格　　　　　B. 基础货币　　　　　C. 利率　　　　　D. 汇率

7. 货币均衡的实现具有（　　）的特点。

A. 绝对性　　　　　B. 相对性　　　　　C. 长期性　　　　　D. 短期性

8. 在市场经济中，货币均衡主要是通过（　　）来实现的。

A. 基础货币调控　　　　　　　　　B. 汇率机制

C. 利率机制　　　　　　　　　　　D. 金融监管调控

9. 在正常情况下，市场利率与货币需求（　　）。

A. 正相关　　　　　　　　　　　　B. 负相关

C. 正负相关都可能　　　　　　　　D. 不相关

10. 下列关于货币均衡与市场供求均衡关系表述错误的是（　　）。

A. 市场总供给决定货币需求　　　　B. 货币供给形成市场总需求

C. 货币供给决定货币需求　　　　　D. 市场总需求决定市场供给

11. 商业银行派生存款的能力（　　）。

A. 与原始存款成正比，与法定存款准备金率成正比

B. 与原始存款成正比，与法定存款准备金率成反比

C. 与原始存款成反比，与法定存款准备金率成正比

D. 与原始存款成反比，与法定存款准备金率成反比

12. 基础货币 = （   ）。

A. 存款准备金 + 商业银行库存现金　　　B. 存款准备金 + 流通中的现金

C. 存款准备金 – 商业银行库存现金　　　D. 存款准备金 + 活期存款

四、多项选择题

1. 根据马克思的货币需求理论，货币需求量取决于（   ）。

A. 商品价格　　　　　　　　　　B. 商品数量

C. 货币价值　　　　　　　　　　D. 货币储藏量

E. 货币流通速度

2. 凯恩斯认为，人们持有货币的动机主要有（   ）。

A. 投资动机　　　B. 投机动机　　　C. 交易动机　　　D. 预防动机

E. 消费动机

3. 影响我国货币需求的主要因素有（   ）。

A. 价格　　　　　B. 收入　　　　　C. 利率　　　　　D. 货币流通速度

E. 金融资产收益率

4. 下列（   ）属于中央银行基础货币的投放渠道。

A. 中央银行购买办公楼

B. 中央银行购买外汇、黄金

C. 中央银行购买企业债券

D. 中央银行向商业银行提供再贷款和再贴现

E. 中央银行购买政府债券

5. 商业银行创造存款货币时的制约因素有（   ）。

A. 法定存款准备金率　　　　　　B. 储蓄率

C. 超额准备金率　　　　　　　　D. 现金漏损率

E. 再贴现率

五、判断并改正

1. 货币需求就是人们持有货币的愿望，而不考虑人们是否有足够的能力来持有货币。

2. 当人们预计利率下降时，货币需求会大量增加，甚至形成流动性陷阱。

3. 凯恩斯在其货币需求理论中提出，预防性货币需求与利率水平的关系是正相关的。

4. 一定时期内，货币流通速度与货币总需求呈正向变动的关系。

5. 存款准备金率是中央银行通过影响商业银行借款成本来调控基础货币的。

6. 当外汇市场上外币供给增加时，会产生外汇升值的压力也即人民币贬值的压力，为保持外汇供求平衡，中国人民银行将向市场投放按汇率计算的相应数量的基础货币。

7. 货币当局可以直接调控货币供给数量。

8. 原始存款是由商业银行的库存现金和商业银行在中央银行的准备金存款之和两部分构成的。

9. 在公开市场业务中，中央银行主要是通过增减商业银行借款成本来调控基础货币的。

六、简答题

1. 如何理解凯恩斯的流动偏好理论？

2. 什么是基础货币？它对货币供给量有什么重要作用？

3. 如果中国人民银行向中国建设银行出售 1000 万元的国债，这对基础货币有何影响？

七、计算题

假设有原始存款 1000 万元，法定存款准备金率为 10%，超额存款准备金率为 5%，提现率为 5%，试计算整个银行体系创造的派生存款总额。

第八章　通货膨胀与通货紧缩

本章提要

通货膨胀是指因货币供给过多而引起货币贬值、物价持续上涨的货币现象。

衡量通货膨胀的指标主要有居民消费价格指数（CPI）、工业生产者出厂价格指数（PPI）和国内生产总值平减指数。

我国发生的通货膨胀具有短期性和非政策性特点。

不同时期不同国家通货膨胀产生的原因有许多，但总结起来，造成通货膨胀的最根本原因只有一个，就是货币供给过多。具体到为什么会产生货币供给过多，原因则比较复杂，既有政治和经济方面因素，也有人为因素。

通货紧缩是指由于货币供给不足而引起货币升值、物价水平持续下跌的经济现象。

通货紧缩的衡量指标除了居民消费价格指数、工业生产者出厂价格指数、国内生产总值平减指数等物价总水平指标外，在实践中还有经济增长率、失业率和有效需求不足等指标。

第一节　通货膨胀的定义及分类

从有关货币供给与需求、货币供求均衡与社会总供求均衡之间的关系中可知，如果总需求增加能代表实际收入的增加，那是一件好事，但如果仅仅是价格的上涨，就不一定了。通货膨胀作为货币失衡的基本市场形态，是目前普遍存在于世界各国的一种经济现象。

一、通货膨胀的含义及类型

(一) 通货膨胀的含义

关于通货膨胀，经济学界有多种理解。目前，比较普遍接受的定义是：所谓通货膨胀，是指在纸币流通条件下，因货币供给过多而引起纸币贬值、一般物价水平持续上涨的现象。

理解这个定义要注意以下几点：一是从纸币流通的角度看，"货币供给过多"是指与流通中纸币的实际需要量相比显得过多；二是从货币的价值看，"纸币贬值"表示每单位纸币所代表的价值量不断减少；三是从商品价格看，表现为"一般物价水平"的不断上涨，而非偶然的价格跳动。

小思考

纸币流通条件下一定会发生通货膨胀吗？

答：通货膨胀一定发生在纸币流通条件下，但并不表示纸币流通条件下一定会发生通货膨胀。

与纸币流通相比，金属货币流通的稳定性具有多重保证：(1) 金属铸币不会超过流通中的客观需要，因为过多的货币会自动退出流通领域而进入贮藏领域。(2) 银行券不可能过多发行，因为过多的银行券可通过自由兑换黄金而回笼到银行。(3) 支票流通也不会过度地超出流通的需要，因为过多的支票流通只有在银行大量创造派生存款的基础上才能实现，而派生存款的创造在金属货币流通条件下是受银行库存现金数额所制约的。基于这些原因，在金属货币流通条件下，虽然也有货币符号如银行券的存在，但由于金属货币具有内在价值，通过发挥贮藏手段可以自发地调整流通中的货币供给量，而货币符号的可自由兑换则保证了对金银的不贬值。所以，在金属货币流通条件下不会发生通货膨胀。

（二）通货膨胀的类型

在经济分析过程中，根据不同的标准，可以对通货膨胀进行以下分类。

(1) 按表现形式，通货膨胀可分为公开型通货膨胀和隐蔽型通货膨胀。公开型通货膨胀，又称开放型通货膨胀，是指完全通过一般物价水平上涨形式反映出来的通货膨胀。在这种类型的通货膨胀中，物价总水平明显地、直接地上涨，通货膨胀率就等于物价上涨率。隐蔽型通货膨胀，又称抑制型通货膨胀，是指物价水平的上涨并没有完全通过公开物价指数上涨而表现出来的通货膨胀。在这种通货膨胀的过程中，价格被政府管制而不能完全地、充分地上涨，因此，有可能出现商品普遍短缺、有价无货、凭票证供应、"黑市"猖獗等现象，一旦政府管制撤销，物价上涨就会公开表现出来。隐蔽型通货膨胀在我国、苏联和原东欧曾经实行计划经济的国家都出现过。

(2) 按物价上涨的幅度，通货膨胀可分为爬行式通货膨胀、温和式通货膨胀、奔腾式通货膨胀和恶性通货膨胀。爬行式通货膨胀是指物价指数以缓慢的趋势上升，一般物价水平年上涨率在1%~3%。西方大多数学者认为，这种逐步提高的物价水平对经济发展和国民收入的提高有积极意义，基本不会引起通货膨胀预期，所以也称最佳通货膨胀。温和式通货膨胀是指物价水平年上涨率在3%以上，但尚未达到两位数的通货膨胀。此时经济一般暂时不会有什么问题，但随着通货膨胀率的不断上涨，往往也是一种提醒的信号。奔腾式通货膨胀则指一般物价水平上涨幅度和范围都较大，一般年平均上涨率达到两位数的幅度。与前两种情况不同，这时社会公众预期更严重的通货膨胀随时有可能发生，会导致抢购等恐慌心理。恶性通货膨胀，又称超级通货膨胀，是指物价上涨率相当大，通常超过了20%，如旧中国的100元法币，在1937年可以买2头黄牛，到1949年连一粒米都买不到。[①] 可见，一旦物价急剧上涨，货币大幅度贬值，正常的经济关系就会遭到破坏，最终有可能造成一国货币信用制度及经济生活的崩溃。

（3）按发生的原因，通货膨胀可分为需求拉上型通货膨胀、成本推动型通货膨胀、结构失调型通货膨胀和体制型通货膨胀。需求拉上型通货膨胀是由于社会总需求过度增加，超过社会总供给而拉动物价总水平上涨。成本推动型通货膨胀是由于生产成本增加而引起的物价总水平上涨，主要有工资成本推动的通货膨胀和利润成本推动的通货膨胀。结构失调型通货膨胀是由于国民经济部门结构或比例结构失调而引起的通货膨胀，这时也许整个经济的总需求与总供给处于均衡状态，但仍会有通货膨胀发生。体制型通货膨胀是指一国因体制原因导致社会经济中的有效供给增加与有效需求增加不成比例的通货膨胀，因为需求的过度积累必然推动物价上涨。

（4）按对通货膨胀的预期与否，通货膨胀可分为预期通货膨胀和非预期通货膨胀。预期通货膨胀是指国家以一种比较正面的方式让公众可以提前预期到物价可能上涨的程度，这种类型的通货膨胀一般较为稳定，公众可以根据过去的经验对未来的物价上涨率作出预期。例如，为避免经济损失，人们在各种交易、合同投资中可将未来的通货膨胀预先计算进去。非预期通货膨胀指公众无法正确地预期到物价上涨率的通货膨胀，这种通货膨胀一般是多变的、不稳定的，容易受到各种难以估计到的因素影响，因而公众难以根据过去的经验对未来的通货膨胀率作出正确预期。

以上对通货膨胀的划分并不是绝对的，它们之间常常互有交叉。例如，需求拉上型通货膨胀可能是公开型通货膨胀，也可能是恶性通货膨胀；结构失调型通货膨胀可能是公开型通货膨胀，也可能是温和式通货膨胀。对它们的区分只是为了更好地认识通货膨胀。

二、通货膨胀的衡量指标

判断一个国家或地区是否发生了通货膨胀及通货膨胀的程度如何，需要借助一些经济指标来度量。一般来说，衡量通货膨胀程度的指标主要有以下几个。

---

① 谭文熙. 中国物价史 [M]. 武汉：湖北人民出版社，1994.

1. 居民消费价格指数

居民消费价格指数（consumer price index，CPI），是根据部分商品零售价格编制的指数，主要用于综合反映一定时期内一国居民生活消费品和服务项目价格变动趋势及程度的指标。由于直接与社会公众的日常生活相联系，该指数具有资料收集容易，能直观反映消费者价格负担的优点，且每月一次的公布也能较快地反映价格趋势。缺点是观测的范围较窄，仅限于大部分的消费品和服务项目，不能反映生产资料价格和劳务费用等的变动，需结合其他指标一起使用。

◆ **补充阅读材料**

我国 CPI 指数的数据大致来自近 13 万户城乡居民家庭（城镇近 6 万户，农村近 7 万户）的消费习惯，调查内容涵盖食品和烟酒、居住、教育文化与娱乐、交通和通信、医疗保健、衣着、生活用品及服务、其他用品及服务八大类，共 260 多个基本分类，约 700 种商品和服务项目。CPI 的统计权重一般每五年调整一次，表 8-1 所示为我国最近 2 次 CPI 各组成部分的权重，其中 2016 年的为国家统计局正式公布的，2021 年的统计权重方案根据 2020 年的消费组合预估。

表 8-1　　　　　　2016 年/2021 年我国 CPI 中各组成部分的权重

年份	类别	居住	教育文化与娱乐	交通和通信	医疗保健	生活用品及服务	衣着	食品与烟酒	其他用品及服务	合计
2016	权重	20.20	14.2	10.35	10.34	4.74	8.51	28.19	3.4	100
2021	权重	23.15	14	13.41	8.32	6.05	6.46	29.24	2.36	100

2. 工业生产者出厂价格指数

工业生产者出厂价格指数（producer price index，PPI），又称生产者价格指数，是用来衡量工业产品出厂价格水平变动趋势与幅度的指标，反映了一定时期内生产领域的价格变动情况。生产者价格指数调查燃料、有色金属及材料、黑色金属及材料化工原料、木材及纸浆、建材、农副产品、纺织原料、工控产品等九大类商品的综合价格变动，涵盖包括原材料、中间品和产成品三个生产渐进过程的价格信息，其变动有助于预测未来商品市场的价格走势。如当经济状况良好时，人们消费意愿上升，企业的库存就会减少，企业就会购买原材料扩大生产经营，最后就会导致 PPI 抬升，反之就会导致 PPI 下降。

3. 国内生产总值平减指数

国内生产总值平减指数，又称国内生产总值冲减指数，是衡量一国在不同时期内所生产和提供的最终产品和劳务价格总水平变化程度的经济指标，它等于以当年价格（现价）计算的本期国内生产总值和以基期不变价格（基期价）计算的本期国内生产总值之比，其公式如下：

$$国内生产总值平减指数＝（按现价计算的国内生产总值÷按不变价计算的国内生产总值）×100\%$$
$$＝（名义 GDP÷实际 GDP）×100\%$$

国内生产总值平减指数作为一个能综合反映物价水平变动情况的指标，其优点是计算的商品和劳务范围较广，反映全面；不足之处是要收集大量的资料，一般每年只能公布一次，难以及时反映价格的变动情况。

一般情况下，许多国家都同时编制和公布居民消费价格指数（CPI）、工业生产者价格指数（PPI）和国内生产总值平减指数，其中 CPI 和 PPI 每月公布一次，如我国基本上是在每个月的第二周公布上一个月的 CPI 和 PPI，具体数据可以去国家统计局网站上查询。

◆ 补充阅读材料

CPI、PPI 和国内生产总值平减指数三个指标主要用于测定公开型通货膨胀程度，而对于隐蔽型通货膨胀，则采用货币购买力指数等指标来测定。

货币购买力指数是指一定时期内单位货币实际能买到的商品和服务的数量。如果物价下跌，单位货币实际能买到的商品和服务就增多，货币购买力提高，货币升值；反之，如果物价上升，单位货币实际能买到的商品和服务就减少，货币购买力下降，货币贬值。在这里，物价起着决定性的作用。一般来说，货币购买力＝$\dfrac{1}{物价指数}$
（注意：这里的物价指数一般指居民消费价格指数）。

三、我国通货膨胀概况

纵观我国经济的发展历程，从新中国成立至今已发生过数次通货膨胀，较为明显的有以下几次。

（1）新中国成立初期发生的通货膨胀。由于经历了十四年抗战（1931～1945 年）和三年内战（1946～1949 年），新中国成立初期的经济受到物质短缺和投机势力等因素的影响，物价飙升，通货膨胀严重。但在中国共产党的领导下，仅用了三年时间（1950～1952 年）就制止了通货膨胀，基本解决旧中国遗留下来的问题，整个社会经济秩序步入正常轨道，为实行我国第一个五年计划奠定了基础，这一成就令世界各国刮目相看。

（2）20 世纪 50 年代末至 60 年代初（1958～1962 年），由于"左"倾错误思想的指导而造成国民经济比例严重失调，引发了通货膨胀。1958 年 5 月，党的八届二次会议通过了社会主义建设总路线，在反映党和人民迫切希望甩掉贫穷落后帽子这一愿望的同时，也表现出忽视客观规律、急于求成的"大跃进"思想。在"以钢为纲"的总方针下，1958 年钢产量被毫无根据地要求比上一年翻一番，由此形成了全国的经济过热。这种一哄而上的过度增长，造成了经济结构比例的严重失调，而三年困难时期更使经济雪上加霜，经济增长率由 1958 年的 22% 下降到 1961 年的 −29.7%，出现了中外经济发展史上罕见的大起大落。①

（3）"文化大革命"期间（1966～1976 年），由于大规模的政治运动使国家处于经济衰退、社会动荡之中，给国民经济带来了极大灾难。这一期间涵盖我国的"三五"计划和"四五"计划，因部分生产力遭到破坏，刚刚恢复的经济结构比例又开始失调，导致商品供应匮乏，出现了以几百种商品凭票供应为特征的隐蔽型通货膨胀。②

（4）改革开放后，我国经济走上了快速发展的道路，通货膨胀也呈加速发展趋势。1978～1997 年，中国经济经历了"发展——通货膨胀——紧缩——再发展——再通货膨胀"的周期，直到 1997 年才成功地实现国民经济"软着陆"，如表 8−2 所示。在经历了几年的紧缩以后，从 2003 年 8 月开始到 2007 年 3 月，我国逐步进入了一个相对温和的通货膨胀时期，2008 年 2 月通货膨胀率达到这几年的峰值，随后政府与中央银行采取了一系列有效的宏观调整措施，CPI 指数又逐渐回落，如表 8−3 所示。

表 8−2　　　　　　　　　1978～1997 年中国经济的增长和通货膨胀程度　　　　　　　　单位:%

项目	1978 年	1980 年	1981 年	1982 年	1983 年	1984 年	1985 年	1986 年	1987 年	1988 年
GDP 增长率	11.7	7.8	13.2	11.5	11.3	4.2	9.1	14.1	13.1	12.6
CPI	0.7	2.0	6.0	2.4	1.9	2.8	8.8	6.0	7.3	18.5
项目	1989 年	1990 年	1991 年	1992 年	1993 年	1994 年	1995 年	1996 年	1997 年	
GDP 增长率	9.0	9.7	9.2	14.2	13.5	12.6	10.5	9.6	8.8	
CPI	7.8	2.1	2.9	5.4	13.2	21.7	14.8	6.1	0.8	

资料来源：历年的《中国经济年鉴》。

表 8−3　　　　　　　　　1998～2008 年中国通货膨胀程度　　　　　　　　单位:%

年份	1998	1999	2000	2001	2002	2003	2004	2005	2006	2007	2008
CPI	−0.8	−1.4	0.4	0.7	−0.8	1.2	3.9	1.8	1.6	4.8	5.9

资料来源：历年的《中国经济年鉴》。

从表 8−2 中可知，经过 1984 年、1985 年的增长，1986 年本来是想实行经济的"软着陆"，但受到企业困难、经济滑坡等因素的干扰，政府反而在短期内采取了松动银根、增加货币投入、放松消费基金控制等宽松政策，这样，从 1986 年底开始，经济再度升温，到 1988 年，国内生产总值增长率达到 12.6%，物价指数也达到新中国成立后的最高点 18.5%，引起了全国上下高度关注。在这种形势下，中央于 1988 年底再度采取严格的治理整顿措施和紧缩性政策，最终在经济降温的同时也使 1989 年的通货膨胀指标迅速回落。

---

①②　资料来自历年的《中国经济年鉴》。

1992 年，邓小平的南方谈话确立了建立社会主义市场经济体制的伟大目标，从而极大地激发了全国人民发展经济的热情。但是，面对市场经济这个崭新的课题，已经习惯了传统计划体制的人们，仍然沿袭以往注重规模和速度的经济发展模式，通过投资、集资和贷款、拆借等方式，从而造成了投资膨胀、消费基金膨胀，1994 年全国零售物价指数达到21.7%（见表 8 - 2），成为改革开放以来物价指数最高的一年，而后，国家采取了财政"约法三章"和金融"约法三章"对经济活动进行治理整顿，1997 年我国经济顺利地达到了"软着陆"目的。

◆ **补充阅读材料**

1993 年 7 月，国务院相继召开了全国金融工作会议、全国财政和税务工作会议，提出了两个"约法三章"。

金融"约法三章"：一是立即停止和认真清理一切违章拆借资金，已违章拆出的资金要限期收回。二是任何金融机构不得变相提高存贷款利率，不准用提高利率的办法搞"储蓄大战"，不得向贷款对象收取回扣。三是立即停止银行自己兴办各种经济实体且与银行彻底脱钩。

财政"约法三章"：一是严格控制税收减免，近年内不再出台新的减免税政策，各地越权自定的减免税政策，要立即停止执行并进行清理。二是严格控制财政支出，停止向银行挂账。财政赤字要通过发行国债来解决，不能向银行透支，地方财政不能安排赤字。三是今后财税部门及所属机构，未经人民银行批准，一律不准经营商业性金融业务，财税部门办的各种公司，特别是金融性公司，一律要限期与财税部门脱钩。

从以上通货膨胀的发生和治理过程可以看出，我国的通货膨胀具有短期性和非政策性特点。

（1）短期性。由于我国是社会主义国家，经济运行总体上按计划进行，所以，一旦出现通货膨胀问题，国家都立即采取一系列的措施予以制止，使通货膨胀持续的时间较短。

（2）非政策性。从我国几次发生的通货膨胀看，20 世纪 50 年代初产生的通货膨胀是历史原因形成的；20 世纪 50 年代末至 60 年代的通货膨胀是由于"左"倾思想导致头脑过热、决策失误、违背客观经济发展规律造成的；改革开放后出现的通货膨胀则带有鲜明的时代变革背景，主要在于体制转型造成计划经济和市场经济并存，而完善的经济法规和经济秩序尚没有建立起来，为各种商品的上涨提供可乘之机，另外，决策失误、价格改革、增长速度过快等也是造成通货膨胀的原因。所以，我国的通货膨胀都不是因国家有意采取通货膨胀政策而造成的。

第二节　通货膨胀的成因及对策

一、通货膨胀的成因

不同国家在不同时期产生通货膨胀的原因有许多，既有政治和经济方面的因素，也有人为因素，但总结起来，造成通货膨胀的最终原因只有一个，那就是货币供给过多。

（一）需求拉上型通货膨胀

所谓需求拉上型通货膨胀，通常是指经济运行中因总需求过度增加，超过了既定价格水平下商品和劳务等方面的供给，从而引起货币贬值、物价总水平上涨的现象，即所谓"过多的货币追逐过少的商品"。一般说，引起需求拉上型通货膨胀的因素主要有如下3个。

（1）财政赤字。当一国因举办公共基础工程等原因导致政府开支增加而使财政出现赤字时，通常的弥补方式不外乎有三种——增加税收、扩大公债发行、向中央银行透支或借贷，其中后两种都迫使中央银行增加货币供应。因财政支出绝大部分为非生产性支出，在增加货币供给量的同时不能相应增加生产，只能通过物价上涨来寻求新的对应点，从而引发通货膨胀。我国20世纪80年代以后的几次通货膨胀都与此有关。

（2）信用膨胀。信用膨胀是指人为地刺激经济而使信用过度扩张，货币供给量超过了客观需要量，引起物价上涨，出现通货膨胀。自第二次世界大战以后，许多国家出现信用膨胀的原因在于政府的有意识行为，如降低存款准备金、降低利率、扩大工商业信贷和消费信贷就是政府为扩大有效需求、缓解经济危机的一种方法。而工商企业在激烈的市场竞争中，靠商业信用推销商品，靠银行信用扩大经营，也使银行信用、商业信用一并膨胀。

（3）投资需求膨胀和消费需求膨胀。投资需求膨胀通常是引起财政赤字和银行信用膨胀的主要因素，企业的过度投资必然会引起资本市场和商品市场的紧张。随着货币投入的增加，大量商品从流通中被抽走，结果在增加了货币量的同时减少了商品量，而投资的扩张在短期内并不能形成必要的社会产品，从而导致货币与商品配比的严重失调。固定资产投资膨胀导致我国银行贷款的猛升和财政赤字不断扩大就是我国20世纪80年代后期通货膨胀发生的重要原因之一。而消费需求膨胀是由于人们收入水平的上升导致消费需求猛增，但这时生产基本饱和，资源已被充分利用，没有更多的消费品满足需求，只能引起物价上涨。

（二）成本推动型通货膨胀

成本推动型通货膨胀理论产生于20世纪50年代后期，主要从供给与成本方面来解释物价水平持续上升的原因。其观点是：即使没有过度总需求的存在，也会由于生产成本的增加而引起通货膨胀。引发这种通货膨胀的根源可以归纳为两个方面：一是市场上存在垄断，即垄断行业的企业为追求利润制定了垄断价格；二是工会力量对工资提高要求。因此，由成本推动引起的通货膨胀又可分为工资推动引起的通货膨胀和利润推动引起的通货膨胀。

（1）工资推动型通货膨胀。它是指因工资的提高导致生产成本增加、物价上涨而引发的通货膨胀，它的产生前提是存在强大的工会组织和不完全竞争的劳动力市场。按市场经济规律，在完全竞争的劳动力市场条件下，工资取决于劳动力的供求，而只有在不完全竞争的劳动力市场条件下，工资才由工会和雇主双方协定。例如，在有工会的部门，迫于工会的压力，雇主不得不提高工人工资，但由于工资决定中的"攀比原则"，没有工会的部门也不得不提高工资，这样，一个部门工资的提高最终会扩展到所有部门，为维持原有的盈利水平，厂商必然提高产品的价格。而在最初的工资上升引起通货膨胀之后，工会为了抵制实际工资的下降，会再次要求提高工资，从而产生新一轮工资成本推动的通货膨胀，如此循环现象，被称为"工资—价格螺旋上升"。为此，西方许多国家都采取了以控制工资为中心的收入政策。

小贴士

收入政策是政府为了降低物价水平的上涨幅度而采取强制性或非强制性限制货币工资和价格的政策，其目的在于控制通货膨胀而又不陷于"滞胀"。收入政策一般包括以下几方面内容：一是确定工资－物价指导线，限制工资－物价的上升。二是对工资进行管制（或冻结工资），即强制推行控制全社会职工货币工资增长总额和幅度，或政府强制性规定职工工资在若干时期内的增加必须固定在一定水平上。三是实行以纳税为基础的收入政策，对过多地增加工资的企业按工资增长超额比率征以特别税，这实际上是对超规定幅度的工资增长进行税收罚款。

（2）利润推动型通货膨胀。这是生产投入品或要素的价格因市场垄断力量的存在而提高引发的通货膨胀。在不完全竞争的商品市场上，由于存在完全垄断或寡头垄断，产品价格并不是直接由产品的供求关系决定，而是由垄断者操纵的价格即垄断价格决定。垄断者为了赚取垄断利润，往往使产品价格上涨的速度超过成本支出上涨的速度，当这种垄断作用大到一定程度，就形成了利润推动型通货膨胀。一般来说，存在垄断的行业往往是经济中一些重要经济部门（如钢铁、汽车、石油）或公用事业领域（如煤气、电力、铁路、通信），它们在经济生活中的地位十分重要，这样，尽管垄断行业不是所有的行业，但由这些行业产生的利润推动通货膨胀会使整个经济出现通货膨胀。因此，制止这种通货膨胀的办法就是要实施限制垄断的反托拉斯法，并由政府对这些产品的价格进行适当限制。

成本推动型通货膨胀与需求拉上型通货膨胀的区别主要是形成物价上涨的领域不同，

前者是在生产领域中形成，而后者更多的是在流通领域中形成。事实上，现实中发生的通货膨胀往往包含了需求与供给两方面的因素，是与其他因素共同作用的结果。

（三）结构型通货膨胀

结构型通货膨胀是指在没有需求拉动和成本推动的情况下，因为经济结构因素的变动也会出现一般价格水平的持续上涨。即某些时候虽然整个经济体系中的总供给与总需求大体处于均衡状态，但仍可能会产生通货膨胀。例如，在社会总需求不变的情况下，由于需求的构成结构发生变化，需求增加部门或地区的物价和工资上涨，需求减少部门和地区的工资和物价由于工资的刚性而没有相应下跌，从而造成物价总水平的上涨。结构型通货膨胀具体又可细分为需求转化型、部门差异型、二元经济结构型、开放小国型等类型。

总之，通货膨胀是一种非常复杂的经济现象，除了需求拉上、成本推动和结构因素外，还有一些诸如供给不足、预期不当、体制等因素对通货膨胀产生的影响也很大。

二、通货膨胀的影响

通货膨胀的发生给社会经济生活各个方面带来了程度不同的影响，至于影响程度如何，经济学家提出了许多看法，且仁者见仁，智者见智，至今也没有一致的意见。大致而言，可分为三种观点：一是促进论，认为从总体来看，通货膨胀能对经济增长起到积极的促进作用；二是促退论，认为持续的通货膨胀最终会降低效率，损害经济发展；三是中性论，认为由于社会公众存在合理预期，在一定时间内会对物价上涨作出自己合理的行为调整，从而使通货膨胀对经济产生影响的各种正、负效应相互抵消。

从世界各国经济发展的实践来看，由于发生通货膨胀时各种价格是在生产、流通、消费和分配领域内不断游移的，所以肯定会对全社会经济产生很多影响。以下从通货膨胀对收入分配、投资分配和财富分配的影响进行分析。

（一）通货膨胀的收入分配效应

由于收入来源不同，通货膨胀对社会各阶层成员的收入分配也产生不同的影响。（1）就工资收入者和利润收入者而言，由于物价上涨总是先于工资的上涨，所以一般依靠固定工资收入生活的社会成员最先成为通货膨胀的受害者，包括工人、政府雇员、院校教师以及拿养老保险的退休老人，而那些具有垄断地位的企业厂商则是受益者，它们可以通过提高价格使产品的利润率大于通货膨胀率。另外，在流通领域哄抬物价的不法企业和个人也能在通货膨胀中得到好处。（2）就债权人与债务人而言，通货膨胀有利于后者而不利于前者。这是因为债权债务一般是根据当时的名义利率签约，如果在偿还期间发生了通货膨胀，由于贬值的货币使债权人的利息收入实际减少，债务人所付的实际利率也就相对降低。所以，通货膨胀因使社会成员的收入占有比例发生变化而产生收入分配效应。

（二）通货膨胀的强制储蓄效应

这里的"储蓄"是指用于投资的货币积累。通货膨胀的强制储蓄效应是指在支出不变时由于物价上涨而减少了居民部门的实际消费与储蓄。

具体来说，用于投资的货币积累（储蓄）来源于家庭、企业和政府三个投资主体，其中家庭的储蓄来源于收入剔除消费支出，企业储蓄来源于利润和折旧基金，而政府的储蓄则来源于增加税收或向中央银行举债。在通货膨胀情况下，三个主体如果按原来的模式与数量进行消费和储蓄，两者的支出实际均随物价的上涨而相应减少，这减少部分等于被强制储蓄了。

（三）通货膨胀的财富分配效应

通货膨胀的财富分配效应又称资产结构调整效应，主要取决于社会各成员所拥有实物资产与货币资产的比例。一般而言，以实物资产保存财富的社会成员，如果资产的物价上涨率大，则其将成为受益者，反之将成为受害者；而以货币资产保存财富的社会成员都将因货币贬值而成为通货膨胀的受害者，但对于那些原来以货币形式负债的人，却由于币值下降减少了其实际债务而成为受益者。

三、通货膨胀的治理

由于通货膨胀的产生给商品与货币流通带来了诸多弊端，不利于社会稳定和经济发展，因此需要采用多种政策与措施相互配合，进行综合治理。对通货膨胀的治理可从控制货币供给与调节需求等方面进行。

（一）控制货币供给量

由于通货膨胀的直接原因是货币供给过多，因此，治理通货膨胀一个最基本的对策就是控制货币供给量，使之与货币需求相适应。而要控制货币供给量，必须采取适度从紧的货币政策控制货币投放，稳定币值以稳定物价。

采取紧缩性货币政策的主要方法有以下几种：（1）提高存款准备金率，缩小货币乘数。商业银行上缴的法定准备金增加，贷款能力被压缩，从而达到减少投资、压缩货币供给量的目的。（2）提高利率。一方面是提高再贴现率，促使商业银行也提高贴现率，导致企业利息负担加重，利润减少，抑制企业的贷款需求；另一方面是提高存款利率，鼓励居民增加存款储蓄，把消费基金转化为生产基金，减少通货膨胀压力。（3）在公开市场业务中出售有价证券。中央银行在金融市场向商业银行等金融机构出售手中持有的有价证券以回笼资金，从而达到减少市场货币供给量的目的。（4）中央银行通过规定基础货币投放等指标来达到减少市场货币供给量的目的。（5）道义劝告，即中央银行通过口头要求减少贷款规模等形式去影响商业银行，实现其紧缩贷款总规模，压缩市场货币供给量的目的。通过以上方法，保证货币供给量增长率与经济增长率相适应。

（二）财政、价格政策的协调配合

治理通货膨胀仅仅靠控制货币供给量是不够的，还必须针对产生通货膨胀的深层因素对症下药。除了坚持以上紧缩性的货币政策以外，还要综合运用财政、收入紧缩等其他经济政策手段，多管齐下控制通货膨胀。

财政政策是指政府根据既定目标，通过财政收支的变动以影响宏观经济水平的经济政策，通常有紧缩性、扩张性和中性三种，通货膨胀情况下以采取紧缩性财政政策为主。紧缩性财政政策的基本内容是增加税收和减少政府支出，增加税收包括提高税率和增加税种，这样可以压缩企业和个人可支配的货币收入，增加财政收入，减少财政赤字或财政向中央银行的借款量；减少财政支出的办法主要是大力压缩财政支出，例如削减财政投资的公共工程项目、减少各种社会救济和补贴等，坚持收支平衡，不搞财政赤字；并通过与货币政策相配合，控制固定资产的投资规模和控制消费基金过快增长，以此来实现控制社会总需求的目的。

收入紧缩政策是政府采取强制或非强制手段来限制工资与物价上涨的政策，其目的在于降低通货膨胀率的同时不造成大规模的失业。它是对付成本推进型通货膨胀的有效方法，具体包括温和办法与强硬措施两种。温和办法，即政府通过采取"协商恳谈"或"道德规劝"等方式劝说工会降低工资要求，进而限制企业提高商品价格；强硬措施，即政府通过制定法令来冻结工资和物价，使工资和物价增长率固定在一定水平上，哄抬物价和乱涨价将受到严厉惩罚，20世纪60年代，西欧、日本和美国都曾采取过这种政策。

（三）调整和改善供给结构

治理通货膨胀的另一个有效手段是调整经济结构，在抑制总需求的同时增加商品的有效供给，运用刺激生产力的方法来同时解决通货膨胀与失业问题。一般情况下，可采取提高企业技术创新能力、反对垄断、鼓励竞争、扶持小企业或民营企业发展、降低企业税负等措施，通过发展新质生产力以改善供给结构。

（四）医治通货膨胀的其他政策

除了控制货币投放、平衡总供给与总需求、调整结构之外，还有指数化、外汇等其他治理通货膨胀的政策。

指数化是指将主要经济变量（如收入水平、利率水平等）与物价水平的变动直接挂钩，以抵销通货膨胀影响的政策。指数化的范围包括工资、政府债券和其他货币性收入，具体实施办法是把各种收入同物价指数挂钩，使各种收入随物价指数变动而调整。这样可抵销或缓解物价波动对个人收入水平的影响，避免分配不公、抢购商品保值等加剧通货膨胀的行为。我国曾在20世纪80年代末90年代初的高通货膨胀期间实行利率保值补贴政策。当然，对指数化政策也有许多反对意见，如任何政府都难以实施包罗万象的指数化政策，收入指数化也会造成工资、物价的螺旋上升，进一步加剧通货膨胀等。

在外汇政策方面，当国内供求矛盾比较尖锐时，可动用黄金、外汇储备进口商品，增加供给总量；当国内市场上某种商品供给过多，而另一些商品供不应求时，则通过进出口贸易，适当调节供给结构。另外，外汇政策还可用来防止国外通货膨胀对本国经济的影响。

总之，通货膨胀是一个十分复杂的经济现象，其产生原因是多方面的，治理时要根据不同的原因对症下药，多方配合，才能迅速有效地遏制通货膨胀，达到货币流通状况的根本好转。

第三节　通货紧缩

自第二次世界大战以来，许多国家都为通货膨胀的频繁发生而困扰，特别是20世纪70～80年代，一些采用凯恩斯宏观经济政策的西方发达国家更是出现物价上涨和经济停滞现象，因而大多数经济学家都把精力集中于解决通货膨胀问题。直到20世纪末的最后几年，全球股市不断出现暴跌，经济面临二次衰退的风险，世界各国才对通货紧缩这一问题重视起来。

一、通货紧缩含义及衡量指标

（一）通货紧缩的含义

与通货膨胀完全相反，通货紧缩是指由于货币供给不足而引起货币升值、物价水平持续下跌的经济现象。理解这个定义应注意以下几点。

一是从纸币流通的角度看，通货紧缩虽然在多数情况下直接表现为流通中的实际货币量不能满足商品流通的要求，商品多、货币少，货币升值，但在特殊情况下并不必然表现为货币供给量的显著减少。二是从商品价格看，通货紧缩表现为物价总水平持续不断地下降，而非个别商品价格的下降或一次性下降，且需要强调的是，这种价格的下降不是因技术进步和劳动生产率提高引起的。三是从经济发展状况来看，虽然短期内的物价下跌可能不会对经济造成太大影响，但通货紧缩发生一段时间后，随之而来的往往是经济发展的萎缩或衰退。

（二）衡量通货紧缩的主要指标

与通货膨胀一样，通货紧缩也可用居民消费价格指数、工业生产者出厂价格指数、国内生产总值平减指数等物价总水平指标来衡量。在实践中，衡量通货紧缩还有经济增长率、失业率和有效需求不足等指标。

（1）经济增长率。通货紧缩发生后，随着市场萎缩、价格下降、企业订单减少、利润降低甚至发生亏损，往往会导致经济的衰退或萎缩。因此，判断通货紧缩程度可以通过经济增长率的变化来把握。

（2）失业率。这个指标也与通货紧缩有着较高的相关性。通货紧缩导致了经济增长率下降，而经济增长率的下降必然要导致失业率提高。20世纪30年代西方发生社会经济危机后，许多国家的工人纷纷失业。

（3）有效需求不足。通货紧缩往往发生在通货膨胀得到抑制以后，这时因政策的时滞与延续效应，被政策刺激扩大了的商品供给与被压抑而萎缩的有效需求出现矛盾，以货币计量的商品总需求随之降低，整个社会出现有效需求不足。

需要注意的是，单纯从经济增长率、失业率或有效需求不足等的变化还不足以完全确定是否出现通货紧缩，需要结合其他指标进行综合评价。这是因为通货紧缩归根到底只是一种货币现象，经济增长与失业问题不仅仅取决于货币供给，而要由供给与需求等多种因素来决定。

二、通货紧缩的成因

通货紧缩产生的最直接原因正好与通货膨胀相反，即是货币供给不足，但造成货币供给不足的深层原因却很复杂，一般可从以下几方面分析。

（一）有效需求不足

有效需求不足是从供求关系解释通货紧缩发生机理的一种传统方法。具体如下：（1）在通货紧缩时期，中央银行采取的紧缩性货币政策的作用发挥有一定滞后性，这时货币供给不足导致大量相对"过剩"的商品追逐货币，使物价处于持续下跌状态，发生经济萧条。在现实经济中，有效需求不足主要表现为投资需求不足和消费需求不足。投资需求不足主要源于信贷紧缩和货币供给减少，企业因生产成本增加而导致投资意愿下降，并出现裁员减薪现象，波及消费领域，人们本能的反应是缩减消费，而同时由金融或房地产泡沫引起的财富缩水更使人们的消费意愿下降。当上述两种需求不足交织在一起，就使供求关系陷入了一个恶性循环，即：有效需求不足—物价连续下跌—企业裁员—公司破产—通货紧缩加重—经济衰退—有效需求更加不足。（2）有效需求不足还与政府削减支出有关。政府在出现大量财政赤字情况下，可能采取紧缩性的财政政策，大量削减公共开支，减少转移支付，使社会总需求进一步减少，加剧了市场的失衡状态。

（二）供给能力相对过剩

通货紧缩也可能因供给能力相对过剩而引起。例如，由于劳动生产率的提高、技术进步或采取新的组织管理方式等原因而使生产成本下降，导致市场产品价格下跌并可能出现供大于求的状态。另外，在通货紧缩的情况下，较低的融资成本会引起生产总成本的下降和生产者对高利润的预期，这也是加剧供给能力相对过剩的重要因素。

（三）结构性因素

在结构性通货紧缩的情况下，社会总需求与社会总供给基本处于相对均衡状态，只是因部门经济结构或产业结构等方面因素导致部分商品的物价水平持续上涨或下跌。（1）结构性通货紧缩首先由经济部门间供求关系的不均衡引起，例如，因需求转变导致某些商品的供给"过时"、某些商品的供给空缺。（2）部分原有市场占有率较高的产业没有跟上时代步伐，面临被淘汰的危险。例如，改革初期我国许多产业在扩张中偏重较为便宜的初级技术、适用技术，随着互联网和高科技数字技术的发展，许多厂家被迫选择在固定资产被彻底淘汰之前尽量收回部分投资的降价战略。（3）由于目前全球经济、金融一体化趋势发展迅速，世界市场价格联动效应显著，很容易受到其他国家的经济危机传染，从而加剧通货紧缩状况。

（四）其他原因

除了以上分析的有效需求不足、供给能力相对过剩和结构性因素外，通货紧缩产生的原因还有许多，如制度因素、金融体系效率低下因素等。

制度因素是因体制转轨引起社会经济关系的调整，这在很大程度上影响了人们的消费行为和对未来的预期，进而产生通货紧缩现象及随之伴生的其他问题。

金融体系效率低下主要是指在通货紧缩情况下，由于银行的不良贷款和呆账、坏账损失增多，导致银行不再愿意贷款，或者片面提高贷款利率，出现以"惜贷"为特征的信贷紧缩，进一步加深了通货紧缩。如1990年以来，日本就是因泡沫经济的后果使银行业普遍存在严重的不良贷款，最终导致了通货紧缩的发生及长达十多年的经济衰退。

三、通货紧缩的危害

和通货膨胀一样，通货紧缩也会对经济产生影响。通货紧缩对经济的危害主要表现在以下几方面。

（一）经济增长率下降，失业增加

由于通货紧缩破坏了社会总体价格水平的稳定性，使厂商的平均利润率降低，并普遍处于不景气状况，同时，由于消费者的有效需求意愿不足，更使这种状况雪上加霜。为了改变这种状况，厂商必然通过削价等手段降低库存才能使商品的销售如期实现，从而加剧了厂商之间的无序竞争；而银行方面出于对资金安全性和收益性考虑，有"惜贷"现象。这些都会使一部分本就因存货增多而缺乏流动性资金的企业倒闭，造成工人失业人数增加，而失业率的增加又使社会整体的消费力下降，有效需求减少，进一步加重通货紧缩。可见，通货紧缩常常与经济衰退相伴随，造成经济增长率下降，失业率上升，因而被称为经济衰退的加速器。

（二）破坏信用关系

值得注意的是，在通货紧缩比较严重的情况下，社会信用关系也会受到很大破坏。在价格大幅下跌、货币不断升值环境下，债权人与债务人之间原有的权利义务关系失去了平衡，就债务人来说，一方面因货币升值导致实际利率过高，偿债负担加重，另一方面因价格下跌、销售困难而使偿债能力降低；就债权人而言，则是原有债权的回收困难增加，给正常经营带来影响。所有这些因素在增加市场销售困难、信用关系不畅的同时，也使人们的科技创新和对新项目投资的信心受到打击，经济发展内在动力严重不足，其结果就是经济增长速度下滑，加剧经济衰退。

（三）影响社会消费和投资

从消费角度看，物价下跌对消费需求有价格效应和收入效应两种。价格效应虽然使消费者可以用较低的价格得到同等数量和质量的商品与服务，但在习惯和心理上，等待价格再跌的预期促使他们推迟消费。收入效应是指通货紧缩带来的经济衰退使人们的收入减少，就业压力增大，紧缩消费支出。可见，在通货紧缩情况下，价格效应使消费者缩减消费，收入效应则使他们缩减支出。同时，经济的紧缩或衰退使失业人数增加，就业难度加大，人们的实际生活水平难以提高，特别是低收入阶层，导致社会矛盾不断加剧。

从投资来看，首先，通货紧缩会使实际利率上升，导致社会投资成本增加，不利于投资需求增长。其次，在价格持续下跌和货币升值的趋势下，投资项目预期的未来重置成本也趋于下降，推迟当期投资有利于降低成本。最后，在名义利率不变的情况下实际利率增加，相对来说就是减少了投资的实际利润，投资者的预期收益率下降，投资的增长就会受限。

总之，通货紧缩也许在短期内会给消费者带来一定的好处，但从长远看，不利于社会消费提升和投资发展，会给国民经济带来一系列的负面影响。

四、治理通货紧缩的对策

（一）扩大有效需求

在通货紧缩的原因分析中可知，有效需求不足是其产生的主要原因之一，因此，扩大有效需求就成为治理通货紧缩的一项最直接的措施。一般说，扩大有效需求可从投资需求和消费需求两方面进行。

（1）增加投资需求。增加投资需求主要从增加政府投资需求和启动民间投资需求两条途径着手。增加政府投资需求的主要手段是通过发行各种国债来增加政府直接投资和公共支出，通常多投向基础设施建设和科技成果转化等方面，目的是在政府扩大投资的同时，带动民间投资的增加。启动民间投资需求则需要通过改善投资环境，降低利率等多种手段来实现。

（2）增加消费需求。由于居民消费支出主要取决于对未来收入的预期，因此，积极扩大消费需求，首先必须努力增加城乡居民的收入水平，刺激居民对未来收入的预期。例如，通过加强税收征管来缩小居民收入差距，通过提高就业水平和增加失业补助标准刺激低收入阶层的消费需求，等等。其次是稳定居民支出预期，扩大即期消费。要从教育、医疗、住房、养老等方面入手，加大国家财政投入和政策支持，加大社会事业改革发展步伐，完善社会福利保障制度，解除人们在增加消费时的后顾之忧。最后要积极培育新的消费热点，促进居民消费结构升级。要积极开发旅游、文化、健身等服务性消费领域，提倡正确的消费观念和消费方式，引导居民科学消费、合理消费和健康消费。

（二）调整和改善供给结构

在扩大有效需求的同时，还要调整和改善供给结构，以形成有效供给扩张和有效需求增大相互促进的良性循环。因经济条件和社会体制不同，各国采取的具体方法也有差异，但一般情况下，可采取提高劳动生产率、技术进步、扶持小企业或民营企业发展、降低税负等"补短板"措施来调整与完善。

（三）调整宏观经济政策

宏观经济政策主要包括财政政策与货币政策。针对通货紧缩现象，应采取积极的财政政策和货币政策。积极的财政政策包括增支减税，是促进企业投资、扩大消费支出的法宝。实行积极的财政政策不仅要在数量上扩大财政支出，更重要的是优化财政支出结构，增加社会总需求。积极的货币政策需要适度增加货币供给量，降低利率水平，扩大贷款规模，只有这样，才能在增加货币供给量和刺激经济复苏方面发挥重要作用。

总之，改变通货紧缩状况的根本出路在于扩大国内的有效需求，在保持投资适度增长的同时，重点扩大消费需求，从而实现经济增长由主要依靠投资拉动向投资与消费、内需与外需协调拉动的转变。

基本训练

一、名词解释

通货膨胀 通货紧缩 成本推动型通货膨胀 需求拉上型通货膨胀

二、填空题

1. 通货膨胀按其表现形式，可分为＿＿＿＿＿型通货膨胀和＿＿＿＿＿型通货膨胀。

2. 通俗地说，需求拉上型通货膨胀是"过多的＿＿＿＿＿追求过少的商品"。

3. 成本推动型通货膨胀可分为＿＿＿＿＿推进通货膨胀和＿＿＿＿＿推进通货膨胀。

4. 治理通货紧缩的主要宏观政策包括：积极的＿＿＿＿＿政策和＿＿＿＿＿政策。

5. 在通货紧缩条件下，一般物价水平＿＿＿＿＿其合理的水平，因此治理通货紧缩的直接目标是促使一般物价水平回到其正常的水平。

6. 为衡量通货膨胀及变化情况，大多数国家都同时编制和公布＿＿＿＿＿、＿＿＿＿＿和国内生产总值平减指数。

7. 通货膨胀时期对于债务关系中的＿＿＿＿＿有利，而对＿＿＿＿＿不利；而通货紧缩时期对于债务关系中的＿＿＿＿＿有利，而对＿＿＿＿＿不利。

三、单项选择题

1. 物价总水平明显、直接地上涨属于（　　　）。

A. 预期通货膨胀 　　　　　　　　B. 公开型通货膨胀

C. 非预期通货膨胀 　　　　　　　D. 隐蔽型通货膨胀

2. 如果物价上涨率达到两位数，则可认为发生了（　　　）。

A. 温和式通货膨胀 　　　　　　　B. 奔腾式通货膨胀

C. 恶性通货膨胀 　　　　　　　　D. 爬行式通货膨胀

3. 中性论认为，通货膨胀对产出、对经济成长（　　　）。

A. 正效应小于负效应 　　　　　　B. 正效应大于负效应

C. 正效应与负效应基本相当 　　　D. 既无正效应也无负效应

4. 提高利率的政策属于治理通货膨胀的（　　　）。

A. 积极政策 　　B. 扩张政策 　　C. 消极政策 　　　D. 紧缩政策

5. 下列关于通货膨胀的表述中，不正确的是（　　　）。

A. 通货膨胀是物价持续上涨 　　　B. 通货膨胀是物价总水平的上涨

C. 通货膨胀是纸币流通所特有的   D. 通货膨胀是指物价的上涨

6. 债权人在通货膨胀时期将（　　　）。

A. 增加收益   B. 不受影响

C. 损失严重   D. 短期损失比长期收益更大

7. 调节和控制（　　　）是抑制需求拉上型通货膨胀的关键。

A. 社会总需求   B. 财政收支

C. 收入分配   D. 经济结构

8. （　　　）在完全竞争市场上是不可能产生的。

A. 需求拉上的通货膨胀   B. 成本推进的通货膨胀

C. 结构型通货膨胀   D. 预期型通货膨胀

9. 以下（　　　）是属于治理通货膨胀的收入政策。

A. 降低个人所得税政策   B. 采取工资指数化政策

C. 实施利率指数化政策   D. 采取工资 – 物价管理政策

10. 冻结工资和物价属于治理通货膨胀措施中的（　　　）。

A. 需求管理政策   B. 指数化政策

C. 结构调整政策   D. 收入政策

四、多项选择题

1. 度量通货膨胀的程度，主要可采用的标准有（　　　）。

A. 居民消费价格指数   B. 零售物价指数

C. 综合物价指数   D. 工业生产者出厂价格指数

E. GDP 平减指数

2. 按形成原因不同可将通货膨胀分为（　　　）。

A. 需求拉上型通货膨胀   B. 体制型通货膨胀

C. 成本推动型通货膨胀   D. 结构型通货膨胀

3. 通货膨胀对经济发展影响的观点有（　　　）。

A. 促进论   B. 中性论   C. 促退论   D. 不影响

E. 以上都对

4. 成本推动型通货膨胀可以分为（　　　）两类。

A. 工资推进   B. 价格推进   C. 利润推进   D. 结构调整

E. 生产效率

5. 收紧银根的手段主要有（　　　）。

A. 提高再贴现率   B. 提高法定准备金率

C. 降低再贴现率   D. 降低法定准备金率

6. 下面关于通货膨胀描述正确的有（　　　）。

A. 在纸币流通条件下的经济现象　　　B. 货币流通量超过货币必要量

C. 物价普遍、持续上涨　　　D. 生产过剩

E. 货币贬值

7. 治理通货膨胀可采取紧缩性货币政策，主要手段有（　　）。

A. 在公开市场购买各种政府债券　　　B. 提高再贴现率

C. 在公开市场出售各种政府债券　　　D. 提高法定准备金率

E. 降低再贴现率

8. 隐蔽型通货膨胀可能形成的条件有（　　）。

A. 市场价格发挥调节作用　　　B. 严格的价格管制

C. 单一的行政管理体制　　　D. 过度的需求压力

E. 价格双轨制

9. 衡量通货膨胀程度的指标主要有（　　）。

A. 居民消费价格指数　　　B. 工业生产者出厂价格指数

C. 国内生产总值平减指数　　　D. 就业率

10. 下列关于通货膨胀的说法正确的有（　　）。

A. 通货膨胀是一种货币现象

B. 通货膨胀是一般物价水平的持续上涨

C. 居民消费价格指数是衡量通货膨胀程度的重要指标

D. 通货膨胀是少数几种商品价格的上涨

E. 纸币流通必然产生通货膨胀

11. 衡量通货紧缩的指标有（　　）。

A. 经济增长率　　　B. 失业率

C. 有效需求不足　　　D. 居民消费价格指数

E. 工业生产者出厂价格指数

五、判断并改正

1. 使用国内生产总值平减指数衡量通货膨胀的缺点在于其不能度量各种商品价格变动对价格总水平的影响。

2. 需求拉上型通货膨胀的解释是以总供给给定为前提的。

3. "工资－价格螺旋上升" 引发的通货膨胀是需求拉上型通货膨胀。

4. 所谓通货膨胀中性论是指通货膨胀具有正、负相当的产出效应。

5. 一般说来通货紧缩有利于债权人而不利于债务人。

6. 通货紧缩时物价下降，使货币购买力增强，使居民生活水平提高，对经济有利。

7. 限价政策可以解决通货膨胀中收入分配不公的问题。

8. 由于隐蔽型通货膨胀没有体现物价的上涨，所以无法用物价指标来衡量。

9. 我国过去的计划经济体制下没有通货膨胀。

六、简答题

1. 通货膨胀的定义包含哪些要点？

2. 通货膨胀对经济有什么影响？如何治理？

3. 通货紧缩会造成什么后果？如何治理？

第九章　货币政策与金融调控

本章提要

货币政策是中央银行为实现既定经济目标，运用各种工具调节货币供给量，以稳定经济运行的方针和措施。它主要由货币政策目标、货币政策中介指标、货币政策操作指标和货币政策工具四个要素构成。

货币政策工具，又称货币政策手段，是中央银行通过调控中介目标进而实现货币政策目标所采用的政策手段。货币政策工具主要有三类：一般性货币政策工具、选择性货币政策工具和其他货币政策工具。

一般性政策工具是指那些经常运用并对整体经济运行产生影响的工具，主要包括法定存款准备金政策、再贴现政策和公开市场业务，又称"三大法宝"。一般性货币政策工具主要用于调节货币总量。

选择性货币政策工具是对某些特殊领域或特殊对象的信用活动采取一系列措施的政策工具。选择性货币政策工具主要用于调节货币结构。

货币政策和财政政策都是国家宏观经济的重要调控手段，但两者具有各自的调控方向。所以，各国政府在利用货币政策和财政政策干预国家宏观经济时，常以"松紧搭配"四种方式进行匹配运用，以达到调控的最佳效果。

第一节　货币政策与货币政策目标

近几十年来，面对全球经济的风云变幻，诸如货币政策、财政政策、汇率政策等宏观经济调控手段被各国政府频繁地使用。这里主要就货币政策问题进行探讨。

一、货币政策的含义

货币政策的含义一般有广义和狭义两种之分。广义货币政策是指政府、中央银行及其他宏观经济部门制定的所有与货币运动相关的各种规定及采取的一系列影响货币数量和货币收支的各项措施总和。狭义货币政策则是指中央银行为实现既定的经济目标，运用各种工具调节货币供给量，以稳定经济运行的方针和措施。本章的货币政策是指狭义货币政策，实施的主体为中央银行。

狭义货币政策主要由四个要素构成，即货币政策目标、货币政策中介指标、货币政策操作指标和货币政策工具。它们之间的关系为：中央银行运用货币政策工具，直接作用于货币政策的操作指标；而货币政策操作指标的变化又引起货币政策中介指标的变化，在这过程中，中央银行需要对操作指标和中介指标进行不断监测和及时调整，以最终实现中央银行的政策效果，即货币政策目标。因此，货币政策诸要素是一个协调、统一的有机整体，每一个环节都是构成货币政策运行的关键因素。货币政策的基本框架如图9-1所示。

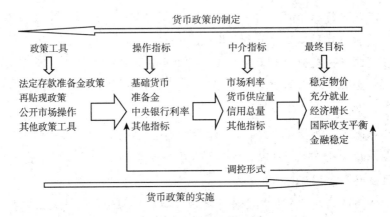

图9-1 货币政策基本框架

由于市场经济运行始终与货币资金流通紧密结合，所以，货币政策对经济的影响作用主要体现为四点：一是调节货币供给量，维护社会总供求的平衡；二是控制通货膨胀与紧缩，保持物价总水平的稳定；三是调节消费与储蓄的比重，实现资源的合理配置；四是促进国际收支平衡，保持汇率相对稳定。

小思考

货币政策就是金融政策吗？

答：不是。金融政策作为大家日常生活中经常使用的一个词组，它包括货币政策、信贷政策、外汇政策、支付清算政策以及与证券市场和保险市场等运行和发展相联系的所有政策和法规。由于金融业涉及银行、证券、保险、信托、租赁等十分宽泛的内容，所以在我国，金融政策是个含义甚广的概念，货币政策可以说是金融政策的一部分，并居于核心的地位。

二、货币政策的目标

货币政策目标是指中央银行通过货币政策的制定和实施所期望达到的最终目的。由于货币政策目标客观上体现了货币当局的调控意图与政策取向，因此，一般被认为是货币政策制定与实施中最重要的一项。目前，世界各国基本上都把稳定币值（或稳定物价）、充分就业、经济增长、国际收支平衡和金融稳定作为货币政策的最终目标。

（一）货币政策目标的内容

（1）稳定物价。稳定物价是指中央银行通过货币政策的实施，使物价总水平保持基本稳定，在短期内不发生显著或急剧的波动。衡量物价稳定与否的标准主要是以物价指数来表示的物价上涨率，但对于物价上涨多少才是物价稳定问题，各国具有不同的标准，通常认为物价每年的上涨控制在3%～5%是可行的。当然，引起物价上涨的原因多种多样，对中央银行来说，如何进行判断并通过货币政策予以防范与控制是其主要任务之一。另外，随着经济全球化的迅速发展，汇率对各国商品价格的影响也越来越大，稳定汇率也成为稳定物价中需关注的因素。总之，通货膨胀和通货紧缩是各国经济生活中最常碰到的问题，将稳定物价作为各国货币政策的首要目标，表明任何国家都不愿意看到物价的大幅波动，希望将物价波动限制在一定幅度以内，既要控制通货膨胀，也要预防通货紧缩。

（2）充分就业。充分就业是指凡有工作能力的人都可以在较为合理的条件下找到工作，通常以失业人数与愿意就业的劳动力之比——失业率的高低作为衡量指标。失业是指在劳动年龄内，具有劳动能力的人在一个较长时间内找不到工作，失业一般包括摩擦性失业、自愿失业和非自愿失业三种（见表9-1），这里的失业主要是指非自愿失业。各国中央银行在制定货币政策时，一般认为将失业率控制在4%左右比较合理，即为充分就业。将充分就业作为货币政策目标就是要保持良好的经济发展环境，消除因总需求不足而引起的失业现象。

表9-1　　　　　　　　　　　　　　　　　失业的分类

分类名称	说明
摩擦性失业	由于季节性或技术性等原因造成短期内劳动力供求失调而产生的失业
自愿失业	具有劳动能力的人不愿意接受现行的工资水平或工作条件而造成的失业
非自愿失业	具有劳动能力而又愿意接受现行一般工资条件下的任何工作但仍然失业

（3）经济增长。经济增长是指一国在一定时期内所生产的商品和劳务总量的增长，也可以用人均国内生产总值的增加来衡量。保持经济增长是各国政府追求的最终目标，一般情况下，中央银行为实现既定的目标，可以凭借其掌控的各种货币政策工具，在调节货币

流通和物价稳定的基础上保持较高的投资率，最终通过为经济运行创造良好的货币环境来达到促进经济增长的目的。

（4）国际收支平衡。国际收支平衡是指一个国家在一定时期内对其他国家的全部货币收支相抵后基本平衡，略有顺差或略有逆差。在开放经济情况下，国际收支平衡与否对国内货币供给量与总物价水平的影响日益增大，如国际收支顺差，就会使国内货币供应增加，易造成通货膨胀的压力；反之，大量的国际收支逆差则会增加国内商品供给量，造成通货紧缩的压力。中央银行一般通过稳定利率、调整汇率等货币政策手段来解决和预防国际收支的失衡问题。所以，国际收支平衡也是一国经济稳定增长的重要条件。

（5）金融稳定。金融具有高风险，金融安全关系到国家的安全。因此，作为经济和社会稳定的重要条件，许多国家将金融稳定作为重要的政策目标。中央银行通过货币政策工具进行适当的决策与操作，避免出现因货币危机、银行危机而导致的金融危机，在保护社会公众利益的基础上共同维护本国及国际金融的稳定。

◆ **补充阅读材料**

> 货币政策目标并不是同时确立的，而是随着经济与社会发展的变化先后出现的。20 世纪 30 年代以前，各国中央银行的货币政策目标主要是稳定币值。经历了 20 世纪 30 年代初的社会经济危机后，西方国家经济处于萧条阶段，工厂倒闭，工人失业。在这种情况下，凯恩斯的国家干预政策受到青睐，西方各国相继将充分就业作为其货币政策目标之一，试图用扩大供给、增加就业的方法来恢复经济的繁荣。这样，货币政策目标就由原来稳定币值一项转化为稳定币值与充分就业两项。20 世纪 50 年代后期，基于日本、联邦德国以及苏联等国家经济的快速发展，英、美西方国家为保持自身的经济实力和国际地位，又将经济增长确定为货币政策目标之一。到 20 世纪 60 年代以后，美元泛滥并不断贬值，国际经济动荡不定，许多西方国家的国际收支状况恶化，特别是 20 世纪 70 年代初布雷顿森林体系解体，使不少国家又将国际收支平衡列为货币政策目标之一。20 世纪 80 年代后期至今，随着全球经济金融的一体化，金融风险与金融危机不断爆发，金融作为经济发展的核心，如何保持其稳定也被许多国家重点关注并列为货币政策目标之一。因此，稳定物价、充分就业、经济增长、国际收支平衡和金融稳定成为当前许多国家中央银行货币政策的目标之选。

（二）货币政策诸目标间的矛盾

由于货币政策各目标间的关系比较复杂，很难同时兼顾，因此在承认这些目标间互补性的同时，也要注意各目标间的矛盾性与冲突性。

（1）物价稳定与充分就业的矛盾。物价稳定与充分就业之间存在着一种此高彼低的交替关系，即如果失业率过高，货币政策要实现充分就业目标，就必须采取扩张信用和增加货币供给量政策，刺激社会总需求，才能达到扩大生产规模，增加就业人数的目标，但这在一定程度上必然引起一般物价水平的上涨。反之，如果要降低物价上涨率，就必须采取紧缩信用和减少货币供给量政策，这又会导致就业人数减少，失业率增加。因此，物价稳定与充分就业之间存在着矛盾，很难做到同时兼顾。由于这一现象是英国经济学家菲利普斯通过考察 1861～1975 年英国的失业率与物价变动率之间关系后证明的，所以又称为菲利普斯曲线。

（2）物价稳定与经济增长的矛盾。既然物价稳定与充分就业之间存在着矛盾，而充分就业与经济增长又具有一致性，因此物价稳定与经济增长也就有冲突。如要刺激经济增长，就应鼓励投资，促进信用和货币发行的扩张，结果会带来物价上涨和通货膨胀；反之，为了稳定物价，必然需要采取信用收缩和控制货币供给量增长的政策，这在一定程度上又抑制了经济增长。所以，物价稳定是经济增长的前提，经济增长则是物价稳定的基础，两者既统一又矛盾，中央银行只有根据实际经济情况，才能在物价稳定与经济增长之间找到一适当的组合点。

（3）物价稳定与国际收支平衡的矛盾。伴随着全球经济、金融发展的一体化趋势，一国的经济状况与其他国家的经济状况联系日益密切，并会在一定程度上受到影响。如果本国发生通货膨胀，其他国家的物价稳定，表明本国货币对内贬值，在一定时期内购买外国商品便宜，会导致本国出口减少，进口增加，结果使国际收支发生逆差；相反，如果外国发生通货膨胀，本国物价稳定，则使本国的出口商品价格相对低于外国的商品价格，导致本国进口减少，出口增加，结果使国际收支出现顺差。因此，从理论上讲，只有世界各国都维持基本相同的物价稳定水平，且在贸易状况不发生大变动的情况下，物价稳定与国际收支平衡才能同时存在，否则，两个目标之间就可能出现矛盾。

（4）经济增长与充分就业的一致性。1962 年，美国经济学家奥肯提出了"经济增长与失业率之间具有反向变动关系"的"奥肯定律"，那么作为失业率的对立面，充分就业就与经济增长具有同向变动关系。即中央银行通过增加货币供给量政策使市场利率下降，刺激企业增加投资，扩大生产规模，而生产规模的扩大必然伴随着就业人数的增加，进而带来产出增加与经济增长。

（5）经济增长与国际收支平衡的矛盾。经济增长与国际收支平衡之间也存在矛盾。例如，随着经济增长，人们的收入水平提高，对进口商品的需求通常也会相应增加，进而促进了进口贸易的增长，其结果是出现贸易逆差，导致国际收支情况恶化。而为了平衡国际收支，消除贸易逆差，需要采取紧缩信用和减少货币供给政策来抑制国内的有效需求，其结果是在消除国际收支逆差的同时也可能带来国内经济的衰退。可见，经济增长与国际收支平衡之间也难以同时兼顾。

总之，货币政策目标之间有一致性，但更多地表现为矛盾性，所以，对政府来说，一项政策若要单纯地达到某一目标，并不是很困难，但要同时实现几个互相矛盾的目标，就会出现顾此失彼现象，于是就出现了货币政策目标的选择问题。目前绝大多数国家一般根据本国社会经济发展的实际需要，重点选择并确定一两个目标作为最终目标的侧重点，例如，在经济衰退时以经济增长为主要目标，在经济高涨时以稳定物价和国际收支平衡为主要目标。

三、中国货币政策目标的选择

我国理论界对于货币政策的最终目标一直存在争论，主要有单一目标论、双重目标论和多重目标论。

（1）单一目标论。在单一目标这一观点中，国内多数学者主张将稳定物价作为货币政策的唯一目标，并且从不同角度对此进行了论证。从我国改革开放后的实践来看，虽然在1984～1995年，我国实行的是"发展经济、稳定货币"双重货币政策目标，但在大多数情况下，双重目标并没有能够同时实现。在支撑经济增长的同时，却伴随着较为严重的通货膨胀，所以，在1988年的"抢购风潮"以后，理论界基本形成一致的观点，即只有在通货稳定的环境中才能使整个社会经济正常运行并保持经济的稳定持续增长。于是，1995年3月颁布的《中华人民共和国中国人民银行法》（以下简称《中国人民银行法》）第三条对"双重目标"进行了修正，规定货币政策目标是"保持货币币值的稳定，并以此促进经济增长"，明确了以稳定币值为主的单一目标。这也是当今世界各国的共同发展趋势。

（2）双重目标论。双重目标论认为，货币政策应同时兼顾发展经济和稳定币值的要求，不能偏废，我国在1995年以前也一直奉行这种双重目标。应该说，这种做法符合中国过去的计划经济体制。那时，多存不能多贷，少存不能少贷，信贷资金作为一种资源，货币总量控制与信贷投向都由计划安排，所以，发展经济与稳定货币这两个目标比较容易协调。但在目前市场经济条件下，国家对经济的运行主要从宏观角度进行调控，因此，双重目标在中国实际上就很难实现。

（3）多重目标论。多重目标论认为，随着我国经济体制改革的不断深化和对外开放的进一步扩大，失业问题越来越严重，国际收支对经济的影响也越来越大，因此，货币政策最终目标除了稳定物价、经济增长外，还应包括充分就业、国际收支平衡等方面。由于多重目标之间的矛盾是显而易见的，这种观点响应者寥寥无几，而事实上，大部分国家也都避免推行多重目标的货币政策，以免影响政府政策的公信度。

应当说，单一目标论是目前的主流观点。

2003年12月，重新修订的《中国人民银行法》再次确认了"保持货币币值的稳定，并以此促进经济增长"这一货币政策目标。目标体现了两方面的要求：第一，稳定币值是我国中央银行货币政策的出发点和归宿点，即使在短期内兼顾了经济增长的要求，仍必须坚持稳定币值的基本立足点。第二，稳定币值和经济增长这两个目标不是并列的，而是有层次和主次之分。从层次看，稳定币值是货币政策目标的第一个层次，而促进经济增长是货币政策目标的第二个层次；从主次看，稳定币值始终是主要的，中央银行应在保持币值稳定的基础上促进经济增长。可见，《中国人民银行法》对货币政策目标并没有局限于单一目标、双重目标或多重目标，而是创造性地将其表述为有层次和主次之分的单一目标。

第二节　货币政策工具

货币政策目标是通过货币政策工具的运用来实现的。货币政策工具，又称货币政策手段，是一国中央银行为实现货币政策目标而使用的各种策略手段。货币政策工具主要有三类：一般性货币政策工具、选择性货币政策工具和其他货币政策工具。

一、一般性货币政策工具

一般性货币政策工具，又称常规性货币政策工具或传统货币政策工具，是指中央银行经常采用并能对社会信用货币总量及经济运行产生影响的工具。目前一般指，法定存款准备金政策、再贴现政策和公开市场业务三大政策工具，也称"三大法宝"。一般性货币政策工具主要用于调节货币总量。

（一）法定存款准备金政策

法定存款准备金政策是一国中央银行在法律赋予的权利范围内，通过规定或调整商业银行等金融机构缴存中央银行存款准备金比率，从而影响商业银行等金融机构的信贷资金供应能力，最终达到间接调控社会货币量的一种政策工具。它是建立在法定存款准备金制度基础上的。

所谓法定存款准备金，是指商业银行等金融机构将吸收的全部存款按一定比例缴存到中央银行的存款资金。法定存款准备金率则是商业银行等金融机构缴纳的存款准备金占其存款总额的比例。美国是世界上最早以法律形式建立法定存款准备金制度的国家。最初实行的目的是防止商业银行盲目发放贷款，保证客户提取和资金清算需要，维持整个金融体系的正常运转。但自20世纪30年代西方经济危机以后，由于法定存款准备金率的变动可以影响到商业银行的放款规模，于是，有些国家就通过法律赋予中央银行自由调节法定存款准备金率的权力，并最终成为中央银行调节和控制信用规模的工具。目前，世界上凡是实行中央银行制度的国家，一般都实行法定存款准备金制度，法定存款准备金政策也成为货币政策中的重要工具。

（1）法定存款准备金制度的基本内容。不同国家中央银行对法定存款准备金制度的各项内容都有不同的具体规定。但总体来说，它包括下列基本内容：一是确定法定存款准备金制度的适用对象。关于哪些金融机构应该缴存法定存款准备金，各国的规定并不相同，如我国的法定存款准备金制度适用于各种银行、信用社、信托投资公司及财务公司等。二是规定法定存款准备金比率。各国对法定存款准备金比率的规定各不相同，有的国家按不同存款类别，如定期存款和活期存款规定不同的准备金比率，也有一些国家按存款金额大小、存款银行的规模等规定不同的存款准备金比率。三是规定法定存款准备金的构成。多数国家规定法定存款准备金只能是在中央银行的存款，但也有一些国家将商业银行库存现金及高流动性资产也视为法定存款准备金。四是规定存款准备金的付息标准。一般规定法定存款准备金是无息的。

（2）法定存款准备金政策的作用机制。法定存款准备金率的变动会对商业银行的信用创造能力产生显著的影响。法定存款准备金政策具体的作用路径是：当中央银行降低（提高）法定存款准备金率时，一方面减少（增加）了商业银行应上缴中央银行的准备金数量，从而提高（降低）了商业银行的派生存款能力或者说是信用创造能力；另一方面，在其他情况不变的条件下，商业银行增加（减少）贷款或投资，引起存款的倍数扩张（收缩），导致市场中的货币供给量增加（减少）。所以，法定存款准备金率的变动影响了经济中流通的货币数量，进而也就对整个社会经济产生影响。

（3）法定存款准备金政策的效果。调整法定存款准备金政策通常被认为是货币政策中最猛烈的工具之一，通过调整存款准备金率来调控货币供给量的最大优点在于：第一，作用速度快而有力。它通过改变货币乘数来影响货币供给，即使准备率调整的幅度很小，也会引起货币供给量的巨大变动，对商业银行信贷规模产生直接的作用。第二，呈中性，对所有存款机构起到同样的作用。第三，强化了中央银行资金实力和监管金融机构的能力，为其他货币政策工具的顺利运行创造有利条件。

但法定存款准备金政策也存在明显的局限性：一是由于作用过于猛烈，对经济震荡较大。存款准备金调整很小的幅度都会引起货币供给量的数倍变动，对整个经济和社会心理预期都会产生显著的影响，所以不宜作为日常性调控工具频繁使用。二是易于受到商业银行等金融机构的反对。由于存款准备金工具对银行信贷规模的作用过分敏感，频繁调整会扰乱银行自身原本的经营计划，并且其"一刀切"的变动对各类银行的影响不完全一致，导致最终结果因情况的复杂而不易把握。

（二）再贴现政策

再贴现政策是指中央银行通过制定或调整再贴现率来干预、影响市场利率及货币市场的供给与需求，进而调节信用规模和货币供给量的政策措施。再贴现率则是中央银行对商业银行持有未到期票据向中央银行申请再贴现时所使用的利率。

（1）再贴现政策的内容。作为中央银行最早拥有的货币政策工具，再贴现政策的内容主要包括以下几点：一是规定适合本国国情的再贴现对象。二是规定再贴现票据的条件。早期再贴现政策规定，再贴现票据主要为真实票据，即源于真实货物和服务交易的短期商业票据。随着经济的发展，再贴现票据的种类开始放宽，经审查合格的商业票据、政府债券等都可以进行贴现或以此为抵押品而取得中央银行的贷款。三是确定再贴现率。再贴现实际上是商业银行向中央银行借款的一种方式，再贴现率则是这种借款的利率，所以它的高低直接影响商业银行的筹资成本。

（2）再贴现政策的作用机制。中央银行调整再贴现率的目的有三方面：一是对基础货币的影响。作为中央银行投放基础货币的一个渠道，再贴现业务直接影响中央银行的基础货币供应。当中央银行提高再贴现率时，市场利率与贴现率之间的利差缩小，一些银行会认为从贴现窗口归还它们欠中央银行的债务是有利可图的。这样，减少贴现，归还贷款，将使基础货币减少，进而影响到货币供给量的减少。如果中央银行降低再贴现率，就会增大市场利率和再贴现率之间的差额，商业银行受利益驱动便会增加贴现窗口的贴现，从而使基础货币和货币供给量都增加。二是影响商业银行取得资金的成本。当中央银行认为经济形势的发展有放松银根的必要时，它就降低再贴现率，使商业银行取得资金的成本降低，商业银行必会增加对中央银行资金的需求；当中央银行认为经济形势的发展有收缩银根的必要时，它就提高再贴现率，达到与上面相反的效果。三是起到"告示"作用。这在一定程度上反映了中央银行的政策意向。例如，中央银行提高再贴现率，意味着未来的银根将紧缩；反之，降低再贴现率，则意味着未来的银根将放松。

（3）再贴现政策的效果。从再贴现政策的作用机制中可知，其优点在于：一是有利于中央银行发挥最后贷款人作用，维持银行体系的稳定性。二是通过对再贴现对象选择及贴现票据的规定，起到抑制或扶持作用，改变金融结构和资金流向。

但再贴现政策也有局限性：一是再贴现政策的主动权在商业银行。再贴现政策是否有效，很大程度上取决于商业银行的意愿，无论中央银行是提高还是降低再贴现率，如果商业银行不愿意进行再贴现，这一政策的效果就无法体现。二是再贴现政策的调节作用有限，即变动再贴现率只对那些向中央银行借款的金融机构发生直接作用，对其他金融机构只是发生间接作用。例如在美国，再贴现工具是美联储取消恐慌、防止银行因出现财务困难而突然崩溃的工具，而非日常政策工具的重要组成部分。

（三）公开市场业务

公开市场业务是指中央银行在公开市场上买进或卖出有价证券（多为政府债券或央行票据），以此来调节和影响市场货币供给量的政策工具。

（1）公开市场业务的由来。公开市场业务是20世纪20年代美国联邦储备体系在买卖政府债券活动中偶然发现的。美国联邦储备体系创建后，主要依靠再贴现政策作为货币政策工具，通过再贴现和再放款向银行体系注入基础货币，并获取利息收入，当时严重的经济危机影响了通过再贴现和再放款向银行体系的基础货币注入。为了改变这一状况，美国联邦储备银行开始购买美国政府债券，通过这一操作发现，购买政府债券可以使市场货币供给量扩大，导致利率下降和信用扩张。这样，一个新的货币政策工具就产生了。此后，许多国家利用持有政府债券的有利条件，开始在公开市场上买卖政府债券来调控经济，公开市场业务成了中央银行最重要的货币政策工具。

（2）公开市场业务的作用机制。中央银行公开市场业务买卖的证券主要是政府公债和国库券。根据对经济形势的判断，当中央银行认为应通过增加货币供给来放松银根，它就在金融市场上买进有价证券，如果售出者是商业银行，则其超额准备金增加；如果售出者是社会公众，他会得到中央银行签发的支票并将支票存入商业银行。因此，无论中央银行向商业银行还是向社会公众购进证券，都会使商业银行的超额准备金增加，即基础货币增加，通过存款派生过程，使货币供给量增加。相反，当中央银行认为应该收缩银根，减少货币供给时，它就在金融市场上出售证券，回笼一部分基础货币，减少金融机构可用资金数量，使基础货币和货币供给量都减少，进而也降低了金融机构的放贷能力。

除了上述主要政策效果以外，中央银行还在公开市场上通过影响利率水平和利率结构来达到调控经济的目的。例如，中央银行在证券市场上购入有价证券，基础货币的投放使货币供给量增加，有利于利率水平下降，这是一种间接的影响。同时，中央银行的购入行为增加了有价证券市场上的需求量，有可能推动有价证券的价格上涨，这是一种直接的影响。

（3）公开市场业务的效果。作为最重要的货币政策工具，公开市场业务受到各国中央银行的普遍重视，其与前两种货币政策工具相比具有明显的优越性。一是主动权掌握在中央银行手中。因公开市场业务目标是调控货币量而不是营利，所以中央银行可以根据不同的经济形势主动出击，既可以用高于市场价格的价格买进，也可以用低于市场价格的价格卖出，并且中央银行可以通过买卖政府债券准确而有力地控制银行准备金和基础货币，提高中央银行货币政策的精确性。二是灵活方便，富有弹性。公开市场业务买卖规模大小皆宜，中央银行可以利用公开市场业务进行经常的、连续的、日常的货币政策操作。同时，万一经济形势出现变化，中央银行在公开市场业务上也可以迅速进行反方向的操作。三是调控效果和缓，震动性小。由于公开市场业务以交易行为出现，不是强制性的，加之中央银行操作灵活，所以对经济的影响比较平缓，不像调整法定存款准备金那样震动大。

当然，公开市场业务也存在一定的局限性。一是运用公开市场业务必须具备一些条件。例如，中央银行必须具有强大的、足以干预和控制整个金融市场的金融实力；需要有一个发达、完善的金融市场；政府债券的种类和数量均需达到一定的规模；相关的法规应健全，等等。二是各种干扰因素较多，如社会存在大量"脱媒"现象①、资本外流、国际收支逆差等都会对其产生抵销作用，缺乏预期影响力。三是公开市场业务的操作虽然灵活性强，但随时发生也导致其告示效果较弱。

---

① "脱媒"现象一般指供需双方在交易时跳过中间人直接进行的现象，如金融"脱媒"就是指在金融管制情况下，资金纷纷离开或绕开商业银行这一金融中介，直接进入资金需求方的现象。

总之，中央银行传统的三大政策工具各有特色和利弊，中央银行只有根据本国经济发展的具体态势和实际需要协调配合使用，才能更好、更贴切发挥货币政策工具的效果。

二、选择性货币政策工具

选择性货币政策工具是中央银行对某些特殊领域或特殊对象的信用活动采取一系列措施的政策工具。如果说一般性货币政策工具着眼于货币总量调节，那选择性货币政策工具则着眼于货币结构调节，即有选择地采取影响银行资金运用方向和信贷资金利率结构的措施对个别行业、部门的经济活动加以调节和影响。选择性政策工具主要包括以下五种。

（一）消费信用控制

消费信用控制，是指中央银行根据经济运行状态对商业银行或其他金融机构发放的用于购买耐用消费品的融资行为进行控制。如在需求过旺及通货膨胀时期，通过提高分期付款的比例、缩短分期付款的期限来抑制需求，而在需求不足及通货紧缩时期，则放松分期付款的首付比例、期限等来刺激消费。但这种管制的范围比较大，中央银行容易失去控制。

（二）证券市场信用控制

证券市场信用控制，是中央银行为稳定证券市场，抑制过度投机而对有关证券交易的各种贷款、信用交易保证金进行限制。如证券投资者在金融市场上购买有价证券，其中一部分以现款支付，其余部分可以向证券公司请求担保，其中以现款支付金额与证券交易额的比例称为证券保证金比例，证券市场信用控制的主要内容就是调整保证金比例。中央银行降低证券保证金比例意味着扩大证券市场的交易规模；反之，提高证券保证金比例则意味着缩小证券市场的交易规模，抑制投机。

（三）不动产信用控制

不动产信用控制，是中央银行为抑制房地产市场的投资行为，对商业银行及其他金融机构发放的房地产信贷采取的限制性措施。由于房地产交易带有很大投机性，易引起泡沫经济，中央银行通过采取一些措施，如规定房地产贷款的最高限额、最长期限和首付比例等，来稳定货币和需求，减弱投机的副作用。

（四）优惠利率

优惠利率，是中央银行着眼于产业结构或产品结构的调整，对国家重点发展的经济部门或产业，如出口、农业等采取的鼓励性措施。例如，美国联邦储备系统对商业银行的定期存款和储备存款利率规定利率高，以限制商业银行为了争夺业务而进行的竞争。在我国，中央银行对农业、出口工业都制定了较低的贷款利率，以鼓励这些部门的发展。

（五）预缴进口保证金

预缴进口保证金，是中央银行要求进口商预缴相当于进口商品总值一定比例的存款，以抑制进口过快增长或保护国内某些产业。预缴进口保证金多为国际收支经常项目出现逆差的国家所采用。

三、其他货币政策工具

其他货币政策工具主要有两大类——直接信用控制和间接信用指导。

（一）直接信用控制

直接信用控制是中央银行依据有关金融法令，以行政命令方式直接对商业银行及其他金融机构的信用活动进行控制，其特点是不借助市场机制，而是依靠行政进行干预。比较重要的措施有：

（1）信用分配。它指中央银行根据金融市场状况和客观经济发展的需要，对商业银行等金融机构的贷款进行分配和限制的各项措施。英格兰银行最早采用这种办法将本国有限的资金优先分配到急需开发的产业或地区。我国也曾经有过一段时期采取国家综合信贷计划进行信用分配。

（2）直接干预。它又称直接行动，是指中央银行对商业银行等金融机构的信贷业务进行直接干预和控制。例如，直接限制贷款额度、直接干预商业银行等金融机构吸收活期存款，直接规定或限制商业银行等金融机构的放款或投资范围，对业务经营不当的商业银行等金融机构拒绝再贴现或再贷款，等等。

（3）流动性比率。为限制商业银行的信用扩张，中央银行会规定商业银行等金融机构的流动性资产占全部存款的比例。一般说，流动性比率与收益性成反比，中央银行的流动性比例规定是为了保障存款人的安全，限制商业银行等金融机构的长期性贷款与投资规模。而商业银行等金融机构为达到流动性比率，必须采取缩减长期放款、扩大短期放款、增加应付提现的流动性资产等措施。

（4）利率最高限。它是中央银行依据一定的金融条例，规定各商业银行定期存款和储蓄存款所能支付的最高利率，防止商业银行为了争夺业务而以高利率吸收存款进行的竞争。

（5）特种存款。在非常时期，中央银行为了控制货币供给量过多，利用行政手段要求商业银行将超额准备金缴存中央银行。如英格兰银行在 1960 年曾要求在英格兰境内的商业银行存入其总存款的 2%，苏格兰境内的商业银行存入其总存款的 1% 作为特种存款，后于 1962 年废止。

（二）间接信用指导

间接信用指导是中央银行利用自己在金融体系的特殊地位和影响，通过道义劝告、公开宣传等办法来间接影响商业银行等金融机构行为的做法。间接信用指导比较灵活，且在感情上易为商业银行所接受。

（1）道义劝告指中央银行利用其在金融体系中特殊的地位和影响，通过向商业银行和金融机构说明自己的政策意图，以影响商业银行贷款的数量和贷款方向，从而达到干预和调节银行业务的目的。道义劝告虽然不具有强制性，实施的有效性主要取决于各商业银行的合作程度，但事实上金融机构都会采取合作态度。

（2）窗口指导指中央银行根据产业行情、市场趋势等数据，要求商业银行将每季度的贷款增减额控制在恰当范围内，有时又称"资金运用平衡量指导"。窗口指导的目的在于调节银行信用总量，虽然没有法律约束力，但在金融紧缩期或市场机制不能完全发挥的情况下，其作为一种调控政策起的作用有时候也很大。

（3）公开宣传指中央银行利用各种机会向社会各界（特别是金融界）说明其金融政策的内容和意义，以求各方的理解和支持，使金融活动按中央银行预期的方向发展。

总之，判断一国的货币政策工具是否有力，主要看它能否控制货币供给量，能否影响利率及商业银行等金融机构的行为，是否具有充分的伸缩性。同时，由于各国的实际情况不同，货币政策的侧重点也不同，因此，中央银行只能根据不同时期的经济与金融环境及客观条件选择合适的货币政策工具。

四、我国的货币政策工具

在过去高度集中的计划经济管理体制下，我国的货币政策工具比较单一，中国人民银行主要依靠信贷计划和现金计划直接规定当年的现金发行额和贷款总规模。经济体制改革以后，货币政策工具有了很大的变化。目前，中国人民银行使用的货币政策工具主要有法定存款准备金政策、公开市场业务、再贴现与再贷款政策、利率政策、信贷政策等。

（一）法定存款准备金政策

自1984年中国人民银行开始执行中央银行职能后，我国就开始实行存款准备金政策。一直到1998年存款准备金制度改革之前，我国存款准备金制度的主要功能不是调控货币总量，而是集中资金用于中央银行的再贷款，所以存款准备金率的调整次数不多。1998年以后，中国人民银行将各金融机构在央行的"准备金存款"账户和"备付金存款"账户合并，并将存款准备金率从13%调整到8%。我国的存款准备金政策在实际运用中具有调整相对频繁、有同有异、对准备金存款付息的特点，在货币政策调控中发挥了积极的作用。图9-2所示是2007年1月至2024年1月我国法定存款准备金率的变动情况。

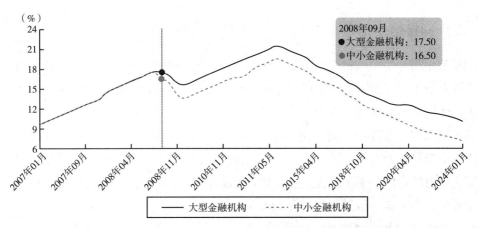

图 9 - 2　2007 年 1 月至 2024 年 1 月中国法定存款准备金率变化情况

资料来源：东方财富网数据中心。

（二）公开市场业务

《中国人民银行法》规定，我国中央银行的公开市场业务主要是在公开市场上买卖国债、其他政府债券和金融债券及外汇。我国的公开市场业务操作具体包括人民币公开市场业务操作和外汇公开市场业务操作两部分，由于一些历史原因，开展得较晚，1994 年 3 月启动外汇公开市场业务，1998 年 5 月恢复人民币公开市场业务，并选择一批能够承担大额债券交易的商业银行作为交易对象，之后规模逐步扩大。表 9 - 2 所示为目前中国人民银行公开市场业务债券交易的主要品种。

表 9 - 2　　　　　　　　　中国人民银行公开市场业务债券交易主要品种

交易名称		说明	作用
回购交易	正回购	中国人民银行向交易商卖出有价证券，并约定在未来某一特定时期买回有价证券的交易行为	央行从市场收回流动性操作，到期则是央行向市场投放流动性
	逆回购	中国人民银行向交易商购买有价证券，并约定在未来某一特定时期将有价证券卖给一级交易商的交易行为	央行向市场投放流动性操作，到期则是央行从市场收回流动性
现券交易	现券买断	央行直接从二级市场买入债券	一次性投放基础货币
	现券卖断	央行直接到二级市场卖出持有债券	一次性回笼基础货币
中央银行票据		中国人民银行发行的短期债券	发行票据回笼基础货币，票据到期则为投放基础货币

（三）再贴现与再贷款政策

自 1984 年中国人民银行专门行使中央银行职能以来，再贷款一直是最重要的货币政策工具。中央银行通过适时调整再贷款的总量及利率实现对信贷货币总量的控制，在我国的宏观经济调控中发挥了重要的作用。1998 年以后，随着我国市场经济的逐步完善，中央银行的宏观调控手段不断由直接调控向间接调控转变，法定存款准备金政策、公开市场业务等政策工具运用越来越普遍，再贷款作为货币政策工具的地位和作用开始逐渐弱化。2013 年以后，为保证信贷结构调整与货币合理增加，中国人民银行又创新出一些具有再贷款特征的新型货币政策工具，如常备借贷便利、中期借贷便利和抵押补充贷款等。

常备借贷便利（standind lend facility，SLF）被戏称为"酸辣粉"，是中国人民银行借鉴国际经验于 2013 年创设的一种贷款方式。SLF 的对象主要为政策性银行和全国性商业银行，以抵押方式发放，合格抵押品包括高信用评级的债券类资产及优质信贷资产等；贷款期限为 1～3 个月，通常在 6 月和年末 12 月等流动性异常波动时采用；利率水平根据货币政策调控、引导市场利率的需要等综合确定。作为中国人民银行正常的流动性供给渠道，SLF 主要功能是满足金融机构短期的大额流动性需求。

中期借贷便利（medium-term lend facility，MLF）被戏称为"麻辣粉"，2014 年由中国人民银行创设、提供中期基础货币的政策工具。MLF 的对象是通过招标方式进行的商业银行和政策性银行；其发行方式为质押，国家债券、中央银行票据、政策性金融债券、信用等级较高的债券等优质债券均可作为合格质押。MLF 的期限一般是 3～12 个月，但临近到期如果有需要可以重新约定利率并展期。

与传统再贷款不同，这些新工具都以抵押方式发放资金，这些对金融机构的债权又成为中央银行吞吐基础货币的重要渠道之一。

再贴现是中央银行对金融机构持有的未到期已贴现商业票据予以贴现的行为，中国人民银行于 1986 年正式开展此项业务。由于历史原因，我国的商业信用欠发达，票据市场发展相对滞后，所以再贴现业务没有像法定存款准备金政策、公开市场业务这些政策工具发挥的作用大。

（四）利率政策

利率政策是中央银行在利率方面所采取的方针、政策与措施的总称。就我国而言，虽然利率政策一直是货币政策的重要组成部分，但其发挥作用的途径和西方国家仍有一定的区别。一般西方国家金融市场较发达，主要通过设定目标利率在公开市场上增加或减少准备金数量来影响市场利率。我国采用的利率工具主要有：（1）调整央行基准利率，包括存款准备金利率、再贷款利率和再贴现利率；（2）调整金融机构存贷款基准利率，制定金融机构存贷款利率的浮动范围；（3）制定相关政策对各种利率结构和档次进行调整，等等。

近年来，随着利率市场化改革的推进，中国人民银行对利率工具的运用更频繁，方式更灵活，我国的利率政策调控机制也逐步从对利率的直接调控向间接调控转化。

（五）信贷政策

信贷政策主要着眼于解决结构问题，即通过引导信贷投向来促进地区、产业、产品结构的调整，实现国民经济的协调持续发展。改革开放以前，与计划经济相匹配，我国使用的货币政策工具中最主要的是信贷计划。信贷计划包括三个层次：第一，国家信贷计划；第二，中央银行信贷计划；第三，各专业银行的信贷计划。信贷政策内容为确定贷款规模与贷款额度。改革开放以后，为适应市场经济发展的需要，我国对信贷政策内容进行了不断的修正与完善。例如，配合国家产业政策，通过贷款贴息等多种手段引导信贷资金向国家政策需要鼓励与扶持的地区与行业流动；采取一些与货币信贷总量有关的措施来影响货币乘数与货币流动性；通过"窗口指导"等手段引导商业银行通过调整授信额度、信贷风险评级、风险溢价等方式，限制信贷资金向某些产业、行业及地区过度投放，体现"扶优限劣"原则等。特别是近几年，按照国家宏观调控的需要，中央银行在引导金融机构优化信贷投向方面进行了强化与改进，从而更好地发挥了信贷政策工具的积极作用。

总之，当前的世界经济形势严峻复杂，而我国目前仍处于经济转型时期，所以只有通过直接、间接等多种调控手段的协调配合，才能实现货币政策的最终目标，促进我国经济更好更快地向前发展。

第三节　金融调控机制

金融调控机制是指中央银行运用货币政策工具到货币政策目标最终发生变化的过程。由于货币政策目标是一种长期的、非量化指标，所以在实现过程中会出现许多不确定性的因素，为保证货币政策工具的有效执行，避免偏差，中央银行在期间设置了一些短期的、数量化指标作为实现最终目标的中介和桥梁，这就是货币政策的中间性指标，主要由操作指标和中介指标两个层次构成。

一、中间性指标选取标准

作为货币政策作用过程中的一个重要中介环节，对中间性指标选取得正确与否关系到货币政策目标的最终实现，一般认为要符合以下标准。

（1）可测性。作为中间性指标的金融变量应能够数量化，应在统计上易于客观、方便地取得，中央银行能够迅速准确地得到这些数据并进行分析，以便随时校正与最终目标之间的偏差。

（2）可控性。作为中间性指标的金融变量必须能够由中央银行进行控制和调节，要能直接处于中央银行政策工具运用的范围之内。

（3）相关性。作为中间性指标的金融变量必须同货币政策的最终目标高度相关，中央银行通过观测这一指标的变动能够预示最终目标的变动趋势，促使最终目标的实现。

（4）抗干扰性。货币政策在实施过程中会受到许多外来因素或非政策因素的干扰，只有选取那些受干扰程度较低的指标变量，才能通过货币政策工具的操作达到最终目标。

总之，由于经济及金融环境不同，各国中央银行采取的政策工具会因为其货币政策目标不同而有所不同，所以选择的中间性指标金融变量也必然有差异，但总体应符合以上"四性"要求。

二、货币政策的中间性指标

根据货币政策中间性指标选取的标准，目前比较有影响的中间性指标包括市场利率、货币供给量、存款准备金和基础货币。根据对货币政策工具的反应先后和作用过程，可将中间性指标分为两类：一类是货币政策操作指标，距离货币政策工具较近，中央银行对它们的控制力较强，如准备金、基础货币等；另一类是货币政策中介指标，距离货币政策目标较近，中央银行对它们的控制力较弱，如市场利率、货币供给量等。

（一）可作为操作指标的金融变量

货币政策操作指标是中央银行通过货币政策工具操作能够有效准确实现的政策变量，如存款准备金、基础货币等。它有两个特征：一是直接性，即通过货币政策工具的运用可以直接引起这些指标的变化；二是灵敏性，即对货币政策工具的运用反应灵敏，反馈结果迅速。

（1）存款准备金。存款准备金是指商业银行按规定存放在中央银行的那部分保证金，主要有三种计算口径：存款准备金总额、法定存款准备金和超额存款准备金。存款准备金总额是法定存款准备金与超额存款准备金之和；法定准备金的多少取决于法定存款准备金率；超额准备金是商业银行存放在中央银行超过法定准备金的部分，它是商业银行扩大贷款规模的基础，也是判断银根松紧、市场利率高低、货币供给量大小的指示器。由于法定存款准备金是商业银行必须保有的准备金，一般不经常调整，中央银行平时可直接操作的指标是超额存款准备金，即通过政策工具来调节、监控商业银行及其他金融机构的超额准备金水平。但超额准备金的增减和使用主要又由商业银行自己的意愿和财务状况决定，对中央银行来说不如法定准备金那样易于控制，所以，作为操作指标，超额准备金的可测性、相关性较好，但可控性、抗干扰性较弱。

（2）基础货币。基础货币又称强力货币和高能货币，是指处于流通界为社会公众所持有的通货及商业银行等金融机构存于中央银行的存款准备金之和。作为整个银行体系内存款扩张、货币创造的基础，基础货币数额大小对货币供给量具有决定性的影响。中央银行利用对国外的资产和负债、对政府的资产和负债、对商业银行和其他金融机构的资产和负债等渠道进行货币政策工具操作，通过改变再贴现率、存款准备金率或从事公开市场业务活动，直接增加或减少银行系统的准备金，改变了借款主体的金融资产总量及其结构，使货币供给总量发生波动，从而影响市场利率、企业投资及社会总供给与总需求之间的对比关系，拉动物价水平上升或抑制物价水平下降，进而把物价水平稳定在货币政策目标范围以内。所以，作为操作指标，基础货币体现了较强的可测性、可控性和相关性。

（3）其他指标。在可选择的货币政策操作指标中，除了准备金和基础货币以外，还有一些金融变量可作为指标。例如，由于中央银行的货币政策操作主要在货币市场上进行，因此，同业拆借市场利率、回购协议市场利率、票据市场贴现率等市场利率也可以作为操作指标，但有一定的前提条件，即需要发达的货币市场。

（二）可作为中介指标的金融变量

中介指标处于货币政策最终目标与操作指标之间，是中央银行通过货币政策操作指标及其传导后能够以一定的准确度达到的传导性金融变量。市场经济国家通常选用的中介指标主要有利率和货币供给量。

1. 利率

利率包括短期利率与长期利率，选择利率作为中介指标主要有三个原因。（1）利率资料容易获得。绝大部分经济货币化程度较高的国家主要盯住以国库券利率为代表的短期利率，政府对它的买卖可以传导进而影响整个市场利率，中央银行在任何时候都可以观察到货币市场上的利率水平及其结构。（2）利率水平可由中央银行运用政策工具加以调节与控制。短期利率的另一个代表是再贴现率，它在一定程度上反映了中央银行宏观调控的政策意图，而且国库券利率、再贴现率等本身都是中央银行自主决定的，具有很好的可测性、可控性。（3）作为一个内生变量，利率为经济运行所决定，利率的升降波动能灵活地反映资金的供求关系，反过来也影响经济的运行，所以与经济运行的相关性也很好。中央银行根据经济金融环境和金融市场状况提出预期理想的利率基准水平，若偏离这一水平，就可以进行控制与调节。

但利率作为货币政策中介目标也有不足之处。主要原因是影响利率的因素很多，除货币政策调节外，资本收益率、企业和居民行为预期，甚至某些重大政治事件都可能成为引发市场利率变动的主要因素，人们很难准确判断和区分哪些变动属于政策调控的效果，哪些属于其他偶发因素产生的效果。特别是在通货膨胀或通货紧缩情况下，中央银行能够观察和控制的是名义利率，而不是实际利率，这就降低了利率作为观测指标的有效性，需要通过其他指标来弥补其不足。

2. 货币供给量

货币供给量是目前被认为最适宜的中介指标，已被各国普遍采用。货币供给量作为货币政策中间目标的理由是：（1）操作便利。在现代信用社会，社会经济活动可以抽象为实物运动和货币运动两个过程，货币运动与实物运动的不相适应就会造成通货膨胀或通货紧缩，而中央银行可以通过各种手段对其进行直接控制。（2）可测性强。货币政策的松紧变动正好是通过货币供给量增减变动表现出来的，而货币供给量的变动都可通过 M_0、M_1、M_2 等指标反映出来，与最终目标的相关程度高。（3）货币供给量不会受其他因素的影响而使调控效果发生混淆，进而传递出错误的信号。例如，中央银行想将货币供给量增长率控制在 5%，但由于通货膨胀因素的影响，可能会使货币供给量实际增长 8%，这种情况下，中央银行不会由于信号的误导而认为政策已经奏效，反而会继续采用紧缩的政策。总之，中央银行可根据经济金融环境和商品市场供需状况提出货币供给量的期望值，并通过政策工具的调节实现所期望的水平。

但作为中介指标，货币供给量指标也有不足之处。例如，由于不同层次货币流动性的差别，它们对经济活动总量和结构的影响是不同的；此外，影响货币供给量变动的因素很多，除了一些是中央银行可以控制的，还有一些诸如现金比率、超额准备金率等因素中央银行也无法完全把握。

3. 其他指标

除了利率和货币供给量以外，还有一些金融变量可作为中介指标，主要是贷款量和汇率。贷款量又称贷款规模，是利用行政手段而非经济手段控制货币规模，一般在计划经济或金融市场不发达的国家使用。汇率则在一些对外经济依赖性大的小国或将本国货币与某主要国家货币挂钩的国家中作为中介指标。

◆ **补充阅读材料**

与货币政策最终目标选择一样，货币政策中介指标也随着经济金融环境的变化而处于一个动态的变化过程中，西方国家货币政策中介指标的发展，大致可分为三个阶段。

第一阶段：20 世纪 30 ~ 60 年代。20 世纪 30 年代，西方各国普遍陷入了大萧条时期，古典经济学家所倡导的市场会自发地调节经济的理论受到了前所未有的质疑。西方各国政府开始采纳凯恩斯提出的政府干预经济理论，对经济进行宏观调控，扩大有效需求。与此相对应，各国在货币政策中介指标的选择上也大致接受凯恩斯的货币政策传导机制理论，一般都将利率、信贷总量作为货币政策中介指标。

第二阶段：20 世纪 70 年代。早在 20 世纪 60 年代，以米尔顿·弗里德曼为代表的货币主义经济学家就提出了凯恩斯主义宏观经济调控理论不适应的观点，随后，这些观点逐渐被 70 年代的经济"滞胀"现象印证。这样，在高通货膨胀的压力和频繁发生的石油危机等冲击下，70 年代中后期，西方国家在货币政策方面，纷纷选择货币供给量作为中介指标并实施紧缩政策。

第三阶段：20 世纪 80 年代。进入 20 世纪 80 年代以后，西方工业化国家尽管在反通货膨胀方面取得了成效，但由于经济长期不景气，加之金融自由化浪潮模糊了传统货币供给指标与产出、物价之间的稳定关系，于是各国纷纷探索新的货币政策中介指标。如一些国家重新重视并运用利率作为货币政策中介指标，并把高利率作为反通货膨胀的重要武器；还有一些国家虽然运用货币供给量作为中介指标，但在具体指标的选用上有不同层次的区分；甚至有些国家放弃了货币供给量为中介指标的做法，宣传其货币政策是没有中介指标的货币政策，而以多种经济、金融变量作参照来确定货币政策的最终目标。

三、货币政策传导的主要环节

综上所述，货币政策传导过程一般为"货币政策工具→货币政策中间性指标→货币政策最终目标"，也就是说，中央银行通过运用货币政策工具来影响操作指标和中介指标，经过传递，再作用到最终政策目标的过程。在市场经济发达的国家，货币政策传导途径一般经过三个基本环节，其顺序是：

（1）从中央银行到商业银行等金融机构和金融市场。从货币政策工具的分析中可知，中央银行的货币政策工具操作，首先影响的是商业银行等金融机构的准备金指标、信用扩张能力、融资成本以及金融市场上货币供给与需求的状况。

（2）从商业银行等金融机构和金融市场到企业、居民等非金融部门的各类经济行为主体。根据中央银行的政策操作及意图，商业银行等金融机构及时调整自己的操作行为，从而对企业和居民等非金融部门的消费、储蓄、投资等经济活动产生影响。

（3）从非金融部门经济行为主体到社会各经济变量。针对金融机构对资金供应调节的变化，企业和居民等非金融部门的经济行为主体也开始调节自己的投资与消费行为，进而影响到包括总支出量、总产出量、物价、就业等社会各经济变量。而社会各经济变量又通过市场，将信息反馈到中央银行和各金融机构，影响到货币政策工具的调节，再一次引起货币供给的变化。中央银行的货币政策通过这三个环节的层层递进来实现货币政策的目标。

我国的货币政策传导过程同样包括三个环节，即从中央银行到商业银行等金融机构和金融市场，再到企业、居民等非金融部门的各类经济行为主体，最终影响到国民经济各变量。但与西方发达国家相比，还是有很大的差别，主要原因是：我国目前的金融市场还不够发达和完善，通过金融市场进行的直接融资占比相对较低，绝大部分还是通过金融机构的间接融资进行，因此在整个货币政策的作用过程中，金融市场的作用还有待今后进一步的提高。

小思考

为什么西方国家的金融市场在货币政策传导过程中起着重要的作用？

答：因为在西方国家，中央银行主要通过金融市场实施其货币政策手段，如在公开市场业务、再贴现业务中通过利率的变动使金融机构感受到中央银行的政策调控意图；金融机构又通过金融市场上利率的变化对货币资金进行调节，影响企业与个人改变投资与消费行为；国民经济各经济变量的变化，也通过市场的信息反馈来影响中央银行与金融机构的行为，从而引起货币供给的变化。所以说，金融市场在整个货币政策的传导过程中起着重要的作用。

四、货币政策传导的时滞效应

从货币政策的传导环节可知，货币政策调控机制是一个连锁的运行过程。为了衡量一个货币政策是否有利于目标的实现，需要从效用发挥的快慢和产生效果的大小两个方面去考虑。事实上，中央银行从实施货币政策开始到最终目标发生变动，必须经过一段时间，这段时间就称为时滞。所谓货币政策时滞，是指从经济形势需要采取货币政策到货币政策最终影响各经济变量，实现政策目标所经过的时间，即货币政策从制定、实施到获得全部效果所需要的时间。货币政策时滞可分为内部时滞和外部时滞，如图 9 - 3 所示。

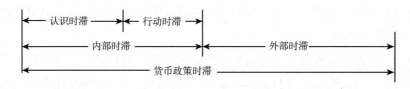

图 9 - 3　货币政策时滞构成

（一）内部时滞

内部时滞是指中央银行从货币政策的制定到采取实际行动所经过的时间，也就是中央银行内部认识、讨论、决策的时间。内部时滞可以分为两个阶段：（1）从客观需要中央银行采取行动到中央银行认识到这种必要性所经过的时间，称为认识时滞。（2）从中央银行认识到这种必要性到实际采取行动所经过的时间，称为行动时滞。内部时滞的长短取决于中央银行本身，例如，中央银行对经济形势发展变化的预见能力及作为决策依据的各种信息占有程度，中央银行制定政策的效率和行动的决心与速度，等等。

（二）外部时滞

外部时滞是指从中央银行采取行动到政策对经济运行产生影响所经过的时间，也就是货币政策对经济起作用的时间。外部时滞的长短主要由客观的经济和金融条件决定。一般说，外部时滞总是长于内部时滞，因为货币政策的实施要经过多个层次与环节的传导，最后才作用到所需达到的目标。内部时滞可以通过中央银行工作效率的提高而缩短；对于外部时滞，中央银行则很难控制。所以，研究货币政策的外部时滞更加重要。

货币政策时滞是影响货币政策效果的重要因素，因为它实际上体现了货币政策在其运行各环节上的运行效率与运行质量。如果货币政策时滞较短，说明货币政策的实施在短期内取得了效果；反之，货币政策的有效性就被打了折扣，可能使政策意图与实际效果脱节，而且还有可能导致经济金融形势的进一步恶化。因此，如何将货币政策的时滞降到最低程度，更好地完成货币政策的预期目标是各国中央银行不断探索的问题。

第四节 货币政策与财政政策的协调配合

一、财政政策

财政政策是国家根据客观经济规律要求，为实现一定宏观经济目标而制定的指导财政工作的基本方针及调整财政收支规模、收支平衡的措施，也是政府追求经济与社会发展目标、实施宏观经济调控的重要政策手段。从世界各国经济发展历程看，财政政策在弥补因市场失灵而导致的资源配置效率低、维护稳定的社会收入再分配、保持经济健康可持续发展等方面，都发挥了积极的作用。

财政政策从其构成要素看，主要包括财政政策目标、财政政策工具及财政政策传导机制三方面的内容。所谓财政政策目标，就是指政府通过财政政策的制定和实施所期望达到的最终目标。从目前世界发展情况来看，财政政策目标一般可概括为 5 项：经济适度增长、物价相对稳定、收入合理分配、资源有效配置和社会生活质量逐步提高。财政政策工具又称财政政策手段，是指政府为实现财政政策目标而在实施财政政策时所采用的各种财政手段，主要包括财政收入政策（主要是税收政策）、财政支出政策（主要是购买支出政策和转移支付政策）、公债政策和财政预算政策。在市场经济发达的国家，财政政策传导途径通常是从政府的财政部影响到市场各经济行为主体，然后再从市场各经济行为主体影响到社会各经济变量，包括收入分配、货币供应和价格等几个基本环节，进而实现国家财政政策的最终目标，达到宏观经济调控的目的。财政政策传导过程可以表现为：财政政策手段→收入分配变化→社会总需求改变→财政政策目标实现。

二、货币政策与财政政策的作用差异

货币政策和财政政策虽然都是国家宏观经济的重要调控手段，但它们仍具有各自的调控方向。

（1）货币政策主要包括信贷政策和利率政策。收缩信贷可以减少信贷资金的投放量，提高利率又可增加企业或个人使用资金的成本，所以，"紧"的货币政策在一定时期内对货币供给量、物价、投资、社会总需求的增长有较大的抑制作用。放松信贷会增加信贷资金的投放量，降低利率又可以减少企业和个人使用资金的成本，所以，"松"的货币政策能够增加货币供给量，扩大社会总需求，在一定时期内对刺激投资和促进经济的发展有利，但容易引起通货膨胀。

（2）财政政策主要包括国家税收政策和财政支出政策两个方面。增加税种和提高税率可以使企业的利润和个人的可支配收入减少，减少财政支出则直接减少了政府的消费需求、投资需求和行政支出，所以，"紧"的财政政策可以减少社会需求总量，但对投资不利。减少税种和降低税率可以使企业的利润与个人持有的货币量增加，增加财政支出直接扩大了政府需求，所以，"松"的财政政策有利于投资，但社会需求总量的不断扩大又容易导致通货膨胀。

从以上货币政策与财政政策的作用差异中可知：首先，两者政策目标的侧重点不同。财政政策的侧重点主要是通过税收与财政支出政策来解决财政赤字和结构性平衡问题，而货币政策则通过信贷的紧缩与利率的升降来调节货币供求总量，解决通货膨胀问题。其次，两者透明度不同。财政政策的透明度较高，财政的一收一支，是结余还是赤字，都是非常清楚的；相对来说，银行信贷的透明度就较差，银行信贷收支与平衡的真实状况很难立刻看得清楚。最后，两者的可控性不同。财政政策可以由政府通过直接控制和调节来实现。货币政策通常需要中央银行通过操作工具的传导来实现最终目标，这中间有一个传导过程，随时需要中央银行作出调整，以防可能出现偏离最终目标的情况。图 9 - 4 所示是货币政策与财政政策的作用差异。

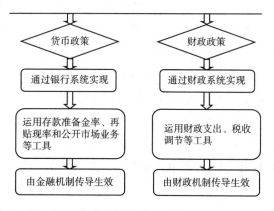

图 9 - 4　货币政策与财政政策的作用差异

小思考

政府在某一时期既增加税收，如开征新税和提高税率等，又削减财政支出规模，请问这是扩张性还是紧缩性的财政政策？

答：提高税率可以使企业的利润和个人的可支配收入减少，而削减财政支出规模则直接减少了政府的消费需求、投资需求和行政支出，所以说是紧缩性的财政政策。

三、货币政策与财政政策协调配合的必要性

在调节宏观经济过程中，货币政策与财政政策的运用是互为条件和相互补充的。主要

表现在：一是两者的政策目标基本相一致，最终都是保持充分就业、防止通货膨胀、促进经济增长。二是政策的实现手段具有交叉性，由于它们本身所固有的特点，两者都具有一定的局限性，无论是用财政政策来调节还是用货币政策来调节，仅仅靠某一项政策很难全面实现宏观经济的管理目标，所以，货币政策能否顺利实施并取得成效与财政政策的配合密不可分。三是两者在作用机制上都是通过调节社会资金进而影响国民经济运行，只是财政政策更具控制性，而货币政策更具灵活性。因此，无论是货币政策还是财政政策，单个政策的实施都将大大削弱其效果，只有两者相互协调，密切配合，才能充分发挥它们的综合优势，达到调控的最佳效果。

一般说，货币政策与财政政策的协调配合包括政策工具、政策时效和政策功能的协调配合。政策工具的协调配合主要是政府通过税收、转移支付、直接投资、采购、补贴等手段来调节社会总需求与总供给，影响产业、投资结构的发展方向，同时中央银行再通过银行存款准备金率、再贴现利率、公开市场业务等手段调节货币供给量，最终达到促进经济稳定、持续和健康发展的目的。政策时效的协调配合主要是指，财政政策通过直接增减公共支出和税收调节经济，货币政策通过利率变动影响企业的投资活动，抑制通货膨胀。由于财政政策认识时滞短，决策时滞长；而货币政策认识时滞长，决策时滞短，因此，当经济因特殊情况出现临时失衡时，短期内采用货币政策见效快，但长期调整还要靠财政政策来实现。政策功能的协调配合主要是两者在处理公平和效率的矛盾时各有侧重。财政政策体现政府运用税收手段，缩小各种收入分配差距，防止两极分化，保持社会稳定，注重公平；而货币政策则侧重效率，中央银行通过政策工具的运用促使商业银行偏重从盈利目标考虑信贷投向。

四、货币政策与财政政策的搭配方式

为达到更好的调控效果，通常各国政府在利用货币政策和财政政策干预国家宏观经济时，会以"松紧搭配"的方式进行匹配运用。松紧搭配一般有四种组合：（1）财政政策、货币政策"双松"；（2）财政政策、货币政策"双紧"；（3）"紧"货币政策、"松"财政政策；（4）"紧"财政政策、"松"货币政策。在这几种组合中，政府究竟采取哪一种组合主要取决于政府对当时客观经济环境的判断。一般来说，解决结构问题主要使用"一松一紧"的组合，而解决总量问题则需要使用"双松"或"双紧"组合。

在社会总供给与总需求基本达到平衡的情况下，调整经济结构和政府与公众间的投资比例，一般采取货币政策和财政政策"一松一紧"的办法。当整体经济状况良好时，为了促使经济更快地发展，采取"紧"财政、"松"货币的政策选择。"紧"财政，使政府的支出和投资直接减少；"松"货币，使公众能够以较低的成本获得较多的资金，从而将有限的经济资源更合理地配置到生产经营领域，以促进经济快速增长。但当经济出现滞胀的情况时，采取"紧"货币"松"财政的政策选择。"紧"货币，使企业和公众的借贷数额减少和借贷成本增加，其结果是企业投资和居民的一般性投资减少；"松"财政，直接扩大了政府的支出和投资，即通过"紧"货币抑制通货膨胀，但为了不造成经济进一步衰退，需要适当减税、提供投资优惠待遇和增加财政支出的扩张性财政政策，促进经济回升。

在社会总供给与总需求临时失衡的情况下，一般单独使用财政或货币政策进行微量调整。短期内采用货币政策见效快，但长期调整还要靠财政政策来实现。

在社会总供给与总需求失衡较为严重的情况下，政府要达到"紧缩"或"扩张"的经济目的，一般同时使用"双松"或"双紧"的财政政策和货币政策。在社会总需求过度膨胀，通货膨胀严重，经济生活极不安定的情况下，选择财政、货币"双紧"政策。财政采取增加税收和减少支出的方式压缩社会需求；中央银行则采取提高存款准备金率、提高利率、减少贷款和再贴现等方式减少货币供给量。两者配合共同对经济产生紧缩效应。在经济萧条后期，当社会有效需求严重不足时，为刺激生产和投资，启动闲置的生产能力，一般选择财政、货币"双松"政策。财政增支减税；中央银行降低利率、扩大信贷，增加货币供给量，两者配合对经济产生扩张效应。

若出现总量失衡与结构失调并存的情况，各国政府一般采用先调总量，后调结构的办法，在放松或紧缩总量的前提下调整结构，使经济在稳定中恢复均衡。

总之，随着世界经济发展的一体化和资金流动的全球化，货币政策和财政政策的政策效应在一定程度上会受到影响，因此，在实际运用货币政策与财政政策时，应根据当时的宏观经济运行状况及政府的宏观调控目标来不断地进行调整。

基本训练

一、名词解释

货币政策　财政政策　法定存款准备金政策　再贴现政策　公开市场业务

二、填空题

1. 货币政策工具中的"三大法宝"是指_____、_____、_____。

2. 菲利普斯曲线是用于反映_____与_____之间此增彼减的交替关系。

3. 间接信用控制的货币政策工具主要有_____和_____。

4. 我国目前的货币政策目标是_____。

5. _____通常被认为是货币政策工具中最猛烈的工具之一。

6. 内部时滞与外部时滞的划分是以_____为界限的，_____时滞中央银行很难控制。

7. 在货币政策和财政政策中，"一松一紧"主要是解决_____问题，使用"双紧"

或"双松"主要是解决_____问题。

8. 货币政策的调节对象主要是_____。

三、单项选择题

1. 下列属于货币政策操作指标的是 (   )。

A. 基础货币   B. 充分就业   C. 经济增长   D. 物价稳定

2. 愿意接受现行工资水平和工作条件，但仍然找不到工作的是 (   )。

A. 充分就业   B. 非自愿失业

C. 自愿失业   D. 摩擦失业

3. 一般情况下，代表国家实施货币政策的机构是 (   )。

A. 国务院   B. 中央银行   C. 财政部   D. 银保监会

4. 目前，多数国家中央银行普遍运用的、最灵活有效的货币政策工具为 (   )。

A. 法定存款准备金政策   B. 再贴现政策

C. 公开市场业务   D. 窗口指导

5. 在下列货币政策手段操作中，能引起货币供给量增加的是 (   )。

A. 提高法定存款准备金率   B. 降低法定存款准备金率

C. 提高再贴现率   D. 中央银行卖出债券

6. 公开市场业务是中央银行在金融市场上买卖 (   )。

A. 股票   B. 债券   C. 商业票据   D. 有价证券

7. 紧缩性货币政策的功能在于 (   )。

A. 刺激投资与消费   B. 刺激投资、压抑消费

C. 压抑投资与消费   D. 压抑投资、刺激消费

8. 下列货币政策工具作用中，(   ) 的作用最猛烈。

A. 法定存款准备金政策   B. 再贴现政策

C. 公开市场业务   D. 证券市场信用控制

9. 中央银行如果在公开市场上大量吸收有价证券，意味着货币政策 (   )。

A. 放松   B. 收紧   C. 不变   D. 不一定

10. (   ) 属于中央银行间接信用指导工具。

A. 公开市场业务   B. 再贴现政策

C. 道义劝告   D. 信用配额

11. 以下表述不属于再贴现政策的是 (   )。

A. 具有告示效应

B. 中央银行政策操作的主动性强

C. 既可以调节货币总量，又可以调节信贷结构

D. 中央银行能够利用它来履行"最后贷款人"的职责

12. 以下关于存款准备金政策的表述错误的是（　　）。

A. 中央银行是法定存款准备金政策的制定者和实施者

B. 通过影响货币乘数作用于货币供给

C. 通常被认为是中央银行最猛烈的货币政策工具之一

D. 20 世纪 90 年代以后许多国家逐步提高了法定存款准备金的要求

四、多项选择题

1. 选取货币政策中介目标的一般要求有（　　）。

A. 抗干扰性　　　　B. 可测性　　　　C. 相关性　　　　D. 可控性

E. 适应性

2. 狭义的货币政策主要包括四个方面的内容，即（　　）。

A. 传导机制　　　　B. 政策工具　　　　C. 中介指标　　　　D. 政策目标

E. 操作指标

3. 货币政策的最终目标一般表述为（　　）。

A. 经济增长　　　　　　　　　　B. 充分就业

C. 稳定物价　　　　　　　　　　D. 国际收支平衡

E. 金融稳定

4. 自 1995 年《中国人民银行法》颁布之前，我国一直奉行的是双重货币政策目标，即（　　）。

A. 充分就业　　　　　　　　　　B. 稳定物价

C. 经济增长　　　　　　　　　　D. 国际收支平衡

E. 金融稳定

5. 下列各项中，（　　）属于货币政策中介指标。

A. 货币供给量　　　　　　　　　B. 基础货币

C. 利率　　　　　　　　　　　　D. 超额准备金

E. 税率

6. 公开市场业务具有（　　）的优点。

A. 调控效果猛烈　　　　　　　　B. 主动性强

C. 灵活性高　　　　　　　　　　D. 影响范围广

E. 对经济产生的副作用小

7. 扩张性货币政策的主要内容包括（　　）。

A. 提高利率　　　　B. 降低利率　　　　C. 放松信贷　　　　D. 收紧信贷

E. 增加货币供给量

8. 在货币政策诸目标之间，表现为矛盾与冲突的目标有（　　）。

A. 充分就业与经济增长　　　　　　B. 充分就业与物价稳定

C. 稳定物价与经济增长　　　　　　D. 经济增长与国际收支平衡

E. 物价稳定与国际收支平衡

9. 货币政策的内部时滞包括（　　　）。

A. 认识时滞　　　　B. 决策时滞　　　C. 行动时滞　　　　D. 影响时滞

E. 反应时滞

10. 属于选择性货币政策工具的有（　　　）。

A. 消费信用控制　　　　　　　　　B. 证券市场信用控制

C. 窗口指导　　　　　　　　　　　D. 道义劝告

E. 优惠利率

五、判断并改正

1. 充分就业是指失业率降到极低的水平，所有可能存在的失业例如自愿性失业、非自愿性失业、摩擦失业等都不存在了。

2. 我国货币政策目标是"保持货币的币值稳定，并以此促进经济增长"，其中经济增长是主要的，放在首位。

3. 在总量平衡的情况下，调整经济结构和政府与公众间的投资比例，一般采取货币政策与财政政策"双松"或"双紧"的办法。

4. 我国宏观经济调节的首要目标是实现社会总供求的总量平衡。

5. 调整法定存款准备金率在一定程度上反映了中央银行的政策意向，发挥"告示"效应，但调节力度有限。

6. 货币政策目标中的经济增长与国际收支平衡之间呈一致性的关系。

7. 货币政策的中介指标距离货币政策工具较近而离最终目标较远，中央银行对它们的控制力较强，如准备金、基础货币等。

8. 内部时滞是指中央银行从认识到制定实施货币政策的必要性，到研究政策措施和采取行动经过的时间，中央银行很难控制。

9. 任何信用活动都会导致货币的变动：信用的扩张会减少货币供给，信用紧缩则增加货币供给，最终信用资金的调剂将影响货币流通速度和货币供给的结构。

10. 我国曾经实行粮食直补、良种补贴、农机补贴和减免农业税的"三补一减"政策属于货币政策范围。

六、简答题

1. 简述货币政策的目标及其相互关系。

2. 试分析一般性货币政策工具的政策效果。

3. 简述财政政策与货币政策调控经济的搭配方式。

第十章　金融创新与金融监管

📖 **本章提要**

　　金融创新是为适应经济发展的要求，金融业内部通过各种要素的重新组合和变革所创造或引进的新事物。金融创新内容主要包括金融制度的创新、金融业务的创新和金融组织结构的创新。

　　金融监管是政府或金融管理机构对金融工具、金融机构和金融市场等活动进行的监督与管理，其目的在于通过一些行为规则，如法律、法规、条例、原则、政策及处罚赔偿等来减少市场失灵、保护投资者权益、促进市场竞争及实现金融资源的优化配置。

　　按监管机构的监管范围划分，金融监管体制可分为集中监管体制和分业监管体制。

　　从整个运作过程看，金融监管的内容主要包括市场准入的监管、市场运作过程的监管和市场退出的监管。

　　《巴塞尔新资本协议》提出的"三大支柱"包括最低资本要求、监管当局的监督和市场约束，目的在于通过"三大支柱"的构建来强化商业银行风险管理，这也是该协议区别于1988年《巴塞尔协议》的核心所在。

第一节　金融创新

金融创新起源于20世纪50年代，到80年代已形成全球化趋势与浪潮。特别是近几十年，随着新型金融机构的创立和信息技术在金融领域内的广泛应用，大量金融新产品不断涌现，在推动全球金融业日新月异的同时，对一国经济发展也产生了巨大而深远的影响。

一、金融创新的含义与特点

对"金融创新"这一含义的理解，虽然有些争论，但基本上是衍生于创新理论倡导者、奥地利学者约瑟夫·熊彼特的观点。熊彼特认为，创新是在原有的体系里引入"新的组合"，是"生产函数的变动"，即通过引入新技术、采用新方法、开辟新市场、构建新组织来改变生产函数的构成，引起效率提高和产出增长。根据这一基本思路来定义，所谓金融创新，就是为适应经济发展的要求，金融业内部通过各种要素的重新组合和变革所创造或引进的新事物。作为一种活动，金融创新大致可归纳为以下三类。

（1）金融制度创新。金融制度创新是指金融体系与结构制度的新变化，包括各种货币制度、信用制度、金融监管制度等与制度安排有关的金融创新。

（2）金融业务创新。金融业务创新是将创新概念进一步引申到金融业务的经营领域，包括金融工具的创新、金融市场的创新、金融交易方式和服务的创新，等等。

（3）金融组织结构创新。它包括金融业组织结构的创新、金融机构的创新、内部经营管理结构的创新，等等。

当代金融创新具有新型化、电子化、多样化、持续化的特点。新型化是指金融创新活动中推出了大量具有创造性意义的现代新业务、新工具、新交易、新服务，以适应现代社会经济发展的要求；电子化是指金融创新充分地运用当今先进的电子计算机和电信技术等现代科技成果；多样化则是指金融创新品种繁多，范围广泛，几乎涉及了金融活动领域的方方面面；持续化是指金融创新活动自20世纪50年代开始到目前为止，其间的活动一直十分活跃，未有低落的迹象。

总之，创新就是创造与更新，过去没有的东西被创造出来，过去已有的东西被不断地更新和完善。金融创新就是在制度安排、机构设置、市场构建、产品技术、金融服务等多方面进行创新与变革。

二、金融创新的成因

经济学家对当代金融创新的成因解释众说纷纭，各有道理，这里主要从宏观与微观两个角度对金融创新的成因进行简单分析。

从金融创新的宏观角度来看，金融创新是与经济发展阶段和金融环境密切联系在一起的。20世纪60年代，各国对金融实行严格管制，但随着技术的进步、需求的更新、供给的变化，原有的管制已不能适应经济、金融的发展要求，管制的副作用开始增大，这时金融机构就通过创新来抵消管制的副作用。如在美国，活期存款不准付利息，为了规避限制，银行给客户同时开立储蓄账户与活期账户，平时钱放在储蓄账户上计利息，取款时再将钱从储蓄账户转入活期账户。70年代初期，由于计算机技术和电子通信等新科技成果的应用，大大地降低了金融创新的成本，使金融机构的经营效率和业务处理能力迅速提高，金融创新活动在金融行业得到迅速推广。70年代中后期以后，西方国家普遍出现"滞胀"及随之而来的高利率，同时，"石油危机"造成全球能源价格大幅上涨，形成金融"脱媒"现象，风险加剧，从而引发了期权、期货、掉期等各种转移价格风险、利率风险的创新，这不仅在一定程度上分散和减少个别风险，而且缓解了经济发展中的矛盾。80年代后，经济自由主义思潮更是为金融创新提供了思想武器和理论基础，在这种情况下，各国金融监管当局普遍放松管制，金融自由化增强，出现了利率自由化、金融机构自由化、金融市场自由化，从而又进一步地促进了金融创新。

从金融创新的微观角度来看，金融创新的主体是金融家，他们是金融活动的策划者、发起者和维护者，所以，每一个金融创新都是创新主体内在动因和外在动因的一种体现。内在动因方面，创新主体有"获利性"需求，因而会产生"获利性创新"，如20世纪50年代末发行的欧洲债券、欧洲美元；在逐利本性下，又会产生"避管性"创新，如60年代的大额可转让定期存单，就是为了规避"不准对活期存款支付利息"的规定，由美国花旗银行创造的；由于金融业的高风险特性，还会诱发"避险性创新"，这就催生创造了可变利率的债权债务工具，如浮动利率债券、利率期货等。外在动因方面，由于经济发展与市场的变化，金融主体内部竞争加剧，会诱发"扩源性创新"，如可转让存款单等；而"服务性创新"则是受信息科学技术革命推动的影响而产生的，如 ATM 的普及等。表 10-1 列举了 20 世纪 50~80 年代世界上一些金融创新产品（工具）的成因。

表 10-1　　　　　　20 世纪 50~80 年代世界上一些金融创新产品（工具）的成因

创新原因	创新时间	创新内容	创新目的	创新者
20 世纪 50~60 年代的"避管性"创新	1958 年	欧洲债券	突破管制	国际银行机构
	1959 年	欧洲美元	突破管制	国际银行机构
	1961 年	可转让定期存单	突破管制	美国
	60 年代末	混合账户	突破管制	英国
20 世纪 70 年代的"转嫁风险"创新	1970 年	浮动利率票据（FRN）	转嫁利率风险	国际银行机构
	1970 年	联邦住宅抵押贷款	信用风险转嫁	美国
	1972 年	外汇期货	转嫁汇率风险	美国
	1973 年	外汇远期	转嫁信用、利率风险	国际银行机构
	1974 年	浮动利率债券	转嫁利率风险	美国
	70 年代中期	与物价指数挂钩之公债	转嫁通胀风险	美国
	1975 年	利率期货	转嫁利率风险	美国
20 世纪 80 年代的"防范风险"创新	1980 年	债务保证债券	防范信用风险	瑞士
	1981 年	零息债券	转嫁利率风险	美国
	1982 年	期权交易、期指期货	防范市场风险	美国
	1983 年	动产抵押债券	防范信用风险	美国
	1984 年	远期利率协议	转嫁利率风险	美国

资料来源：笔者根据公开资料整理。

当然，金融创新活动对金融经济发展的影响是双重的。（1）从积极的推动作用来看，金融创新有利于提高金融机构、金融市场的运作效率，增强金融产业的发展能力，使金融对整体经济运作和经济发展的作用能力大大增强；（2）从产生的新矛盾和挑战来看，金融创新突破了金融业多年形成的传统经营格局，并在很大程度上改变了货币政策的决策、操作和传导路径，进而使市场货币供求机制、总量和结构等都发生了深刻变化，中央银行调控力度削弱，金融风险增大，金融业的稳定性下降，这都对一国的金融运作和宏观调控产生了重大影响。

◆ **补充阅读材料**

金融风险是指在金融活动中，由于多种因素发生不确定性的变化，从而导致行为人蒙受损失的可能性。具体可从三方面理解：一是金融活动中蕴含着金融风险，金融风险是金融活动的内在属性；二是金融风险的承受者不仅仅是金融机构，还包括参与金融活动的个人、企业、政府及其他主体；三是金融风险可能导致的损失不仅包括本金的损失，还要考虑资本收益的损失，虽然投资者收回了本金，但如果投资收益低于市场平均收益率，投资者实际上仍遭受机会成本损失。

按影响范围不同，一般将金融风险分为系统性风险和非系统性风险。系统性风险来自经济个体所处的外部环境，起因于经济个体无法控制的外在不确定性，如经济周期变化、通货膨胀、战争等，所以无法完全抵消，只能通过某些手段来规避。非系统性风险是某个企业或行业所独有的风险，具有个性特征，如企业管理能力、生产规模、人事任命、行业竞争能力、行业生命周期等，所以可以通过充分有效的分散投资来降低甚至消除。

按风险发生领域进行分类，金融风险可以分为微观金融风险、中观金融风险和宏观金融风险。微观金融风险又称个体风险，是个别金融机构的风险；中观金融风险又称行业风险，是金融行业内部某一特定行业的风险；宏观金融风险又称金融业风险，是整个金融业存在或面临的风险。

按风险的来源和性质分类，金融风险可以划分为信用风险、利率风险、汇率风险、流动性风险、财务风险、操作风险、诈骗风险等。

按金融机构的类别来分，金融风险可以分为银行风险、证券风险、保险风险、信托风险等。

综上所述，当代金融创新不是某一因素导致的，而是在特定的经济背景下由多种因素共同作用和影响的结果。金融创新利弊皆存，但总的来说利大于弊，并且其"利"始终是主流性的。对各国金融监管当局来说，只有适应现代社会市场经济的发展要求，加强监管，正确引导，才能将金融创新中蕴含的金融风险降低到最低限度。

第二节　互联网金融

2013 年 6 月，天弘基金与支付宝合作推出"余额宝"，将非常热门的互联网金融推进实质性业务发展阶段，所以这一年又被称为"互联网金融元年"。Wind 资讯数据显示，2004 年 11 月成立的天弘基金，其 2012 年年中的资产管理规模为 136.47 亿元。凭借着余额宝的强势扩张，截至 2014 年一季度末，天弘基金资产规模达到 5536.56 亿元，打破了行业老大多年的垄断，一跃成为规模最大的基金公司。应该说，互联网金融的蓬勃发展就是一个"倒逼"机制，它在促进我国传统金融机构和金融市场不断改革与创新的基础上，提高了整体的金融效率。

当时，"余额宝"最大卖点是"收益远超活期存款"，它通过专业投资机构与海量客户在互联网上的成功对接实现"碎片化"理财。一直以来，我国普通市民对理财的要求不外乎为存取款、结算、买基金等简单化的产品，而这些产品原来都是由银行来垄断的，随着余额宝等互联网金融工具的不断涌现，无疑瓜分了银行的"蛋糕"，金融市场格局面临新的变化。因此，从另一个角度来看，传统商业银行如何在互联网金融席卷之时立于不败之地既是挑战也是机遇。

一、互联网金融的基本内涵

互联网金融（internet finance，ITFIN）是指以依托于支付、云计算、社交网络以及搜索引擎等互联网工具，实现资金融通、支付和信息中介等业务的一种新兴金融。互联网金融不是互联网和金融业的简单结合，而是在实现安全、移动等网络技术水平上，被用户熟悉接受后（尤其是对电子商务的接受）自然而然为适应新的需求而产生的新模式及新业务。互联网金融的发展经历了网上银行、第三方支付、个人贷款、企业融资等多个阶段，目前已深入很多传统金融业务的核心领域，如提供支付及资金融通等方面。

与传统金融业相比，互联网金融具有交易成本更低，信息更加透明，操作更加便捷等优点，让参与者体会到互联网"开放、平等、协作、分享"的精髓。互联网金融的特点主要表现在三方面：（1）手机客户端软件技术的应用，淡化了金融业的分工和专业性，使得风险定价、期限匹配等复杂的交易简单化，从而降低了很多交易成本；（2）云计算带来超强的数据分析和挖掘能力，有效降低了信息的不对称性；（3）互联网与通信技术的发展在增加操作便捷性的同时，也为互联网金融的发展提供了技术保障。

目前，随着信息技术的快速发展，传统金融机构如银行、保险、证券机构等也纷纷以互联网为依托，在创建线上平台的同时对业务模式进行重组改造，各种新产品、新业务不断涌现。而移动互联网的发展，更是顺应了现代社会的消费与交易要求，手机成了更方便的支付终端工具。

二、互联网金融在我国的发展

从历史的发展来追溯，美国是互联网金融的创始者。我国的互联网金融则是在 2013 年开始迅猛发展。目前来看，网络支付、网络融资、网络理财和移动金融已成为我国互联网金融发展的四条主线。

（1）网络支付。2010 年，中国人民银行颁布《非金融机构支付服务管理办法》，对第三方支付机构的业务范围、监督管理等进行了规范。近年来，发展迅猛的第三方支付市场已经成为网络购物、缴费还款、线上收单等小额支付结算领域的主要渠道。易观分析发布的《中国第三方支付市场专题分析 2023》数据显示，2022 年我国第三方移动支付市场交易规模已达到 309 万亿元人民币。随着支付渠道的逐步拓宽，支付方式的不断革新，行业应用的深入挖掘，以及跨界创新的不断突破，在巩固小额支付领域的先发优势后，第三方支付今后对商业银行传统支付业务的渗透将更加深入。而商业银行在加强线上线下支付渠道融合的同时，与第三方支付机构的合作也将得到加强，实现优势互补，共赢发展。

（2）网络融资。以互联网为依托的融资模式主要包括网络小贷公司、众筹融资、银行网络信贷等模式（见表 10 – 2）。网络小贷公司通过数据库、分布式存储、云计算等信息科学技术进行数据挖掘，去粗存精对客户进行信用评价，发放网商小额贷款。众筹融资是一种新型的互联网股权融资模式，集中众人的资金、能力和渠道，主要为小企业、艺术家及个人从事某项活动提供必要的资金资助。银行网络信贷则是各家商业银行针对中小微企业和个人推出的低成本、个性化、高效率的线上信贷服务。

表 10 – 2　　　　　　　　　　网络融资主要模式及特征

网络融资模式	特征
网络小贷公司	资金来源与资金发放渠道相对独立，以小贷公司为独立法人从事融资及贷款业务，并承担相应风险
众筹融资	以项目为筹资对象，向公众公开募集资金。目前国内的众筹融资为避免非法集资的法律风险，主要以产品体验等作为回报，为创意募资
银行网络信贷	传统商业银行业务的网络化，放款主体为银行

从长期发展来看，由于在成本、效率及风险分散等方面的天然优势，目前已倒逼许多商业银行实施信贷经营管理的智能化转型，线上线下相结合的融资服务模式成为主流。

（3）网络理财。它是通过互联网平台进行投资理财的一种活动方式，具有收益率高、信息收集全面、选择范围广、操作方便快捷等优势。目前，以"淘宝理财"为代表的第三方支付机构理财平台已汇集了多种保险、基金及理财产品，可为客户提供理财产品的一站式交易与管理服务。还有部分股份制商业银行捷足先登，通过自有网银渠道、自建网络互动理财平台等方式，出售或代销定期存款、基金、保险、债券、贵金属、期货等理财产品。总之，随着互联网在人们生活中的逐渐渗透，网络理财将日益获得普通大众的认可，发展前景广阔。

（4）移动金融。借助移动终端和移动互联网开展的金融业务，主要有移动支付和手机银行两种形式。自 2011 年 3 月中信银行率先在国内推出移动银行业务，将智能手机的特点和移动银行功能相融合，为客户提供银行账户查询、基金交易、转账汇款、银证转账、缴费等多项综合金融服务后，各大银行、第三方支付企业及通信运营商都加大了对移动金融产品的开发，纷纷推出手机客户端、NFC 支付、"空中办卡"等产品来抢夺市场和客户。总之，从近些年的使用情况看，移动金融在资费、便利度及成本等方面优势明显，随着一些政策法规的落实与完善，我国的移动金融已进入快速发展阶段，前景广阔，潜力无限。

三、互联网金融的功能

从互联网金融在我国的发展来看，其具有以下功能：

（1）平台功能。通过互联网企业搭建的网络金融平台，客户可以自行选择金融产品并进行支付、贷款以及投资等金融活动。此方式突破了时间、地点的限制，可以免除客户跑腿以及等待的痛苦，具有方便快捷的特点。目前，由于商业银行在网络理财平台的安全保障机制方面要好于第三方支付平台，所以，网上银行依然并将是投资者选择的主要渠道。但同时，拥有大量客户资源、多方理财产品、强大数据挖掘能力、成熟运作系统的第三方支付平台也将在互联网金融市场中占据一席之地。

（2）资源配置即融资功能。通过互联网金融模式，不仅能够方便地查询交易记录，找到合适的风险管理与分散工具，更重要的是能够通过信息技术分析数据，全面深入掌握客户的信息而提高资源配置率，进而从交易数据中挖掘并形成新的信用评价体系。所以，从本质上讲，互联网金融是一种直接融资方式，随着社会进步、科技发达、信息对称和个性化的觉悟，传统金融业的经营模式已逐渐从"价差"时代走向"服务"时代。

（3）支付功能。通过第三方支付平台可以完成商家和客户之间的支付。目前，大部分的中小微企业和居民个人在电子商务交易和网购中通过支付宝、微信等平台进行支付。同时，有越来越多的电子商务平台如苏宁易购、京东商城、当当网等都开通了自己的支付功能。凭借跨行支付平台、良好支付体验和突出创新能力，互联网金融强大的支付能力对商业银行在传统支付结算中的主渠道地位发起了有力挑战。

（4）信息搜集和处理功能。在传统金融模式下，因信息资源的分散庞杂，所以对数据进行快速收集与有效处理并应用是十分困难的。但在互联网模式下，人们可以通过互联网的"云计算"技术实现海量金融数据的存储与高效处理，扁平化不对称及金字塔形信息，实现数据的标准化和结构化，从而进一步提升数据的管理和利用能力，这也为互联网金融的快速发展提供了有效支撑。

第三节　金融监管

金融业是一个高风险性行业，金融安全关系到国家社稷的安全，因此，世界各国都非常重视对金融部门的监管，不断完善与强化金融风险的防范措施。

一、金融监管的含义及必要性

金融监管是政府或金融管理机构对金融工具、金融机构和金融市场等活动进行的监督和管理，其目的在于通过一些行为规则，如法律、法规、条例、原则、政策及处罚赔偿等来减少市场失灵，保护投资者权益，促进市场竞争及实现金融资源的优化配置。

从金融监管的发展历史可以看到，最初的金融监管主要集中于货币发行，随着经济、金融环境的变化，尤其是 20 世纪 30 年代的世界性大经济危机爆发后，金融风险的防范成为各国金融监管的重心。关于金融监管的必要性问题可从以下两方面分析。

（一）市场经济的内在要求

在现实经济运行过程中，由于存在垄断、市场信息不对称、外部负效应等状况，促使竞争有效发挥作用的外部条件在现实中得不到满足，从而导致市场失灵。在这种情况下，为了使市场运行实现规范合理和效率最优，需要借助政府的力量，从市场外部通过法令、政策和各种措施对市场主体及其行为进行必要限制，以弥补市场缺陷。金融业在市场经济中处于核心地位，作为拥有信息优势的一方完全可能利用这一优势来损害信息劣势的投资者利益。例如，对于银行和保险公司的经营者或员工来说，他们对自己所在金融机构的风险会比普通存款者或保险人了解得更清楚，在某种情况下就有可能利用这一信息优势将风险与损失转嫁给外部投资者。所以，为了矫正、改善市场机制，给投资者创造公平、公正的投资环境，政府有必要制定一些法律、法规对市场的一些金融行为加以规范和约束。

（二）金融行业的特殊性要求

与现代市场经济中的其他行业相比，金融业属于高风险性行业。首先，其风险性体现在行业风险。由于金融业经营的是特殊的货币商品，其破产或倒闭所带来的后果往往超过对其自身的影响。这主要体现在：第一，金融业具有很高的负债比率，自有资金少，营运依靠外部资金来源，一旦来源不足，整个行业就会出现问题。第二，金融业具有内在不稳定性。金融机构在吸收社会闲置资金的同时就成为债务人，它必须随时满足客户提款或其他的支付需要，这种经营特点使其生存严重依赖于社会公众的信任，一旦碰到挤兑等失信情况极易破产倒闭。特别在当今社会，金融创新工具不断涌现，金融资本的趋利性和逐利性更是加剧了金融行业的这种内在不稳定性。其次，在金融机构营运过程中还面临着其他各种风险，如利率风险、流动性风险、信用风险、汇率风险和政策风险等。由于金融活动直接与货币资金有关，所以金融风险带来的损失直接表现为货币资金的损失，最终因金融业内部与其他部门、国内外市场之间存在着盘根错节的相互依赖性而使这种损失扩大，直接威胁着金融业及整个国家社会经济的安全。所以，良好的金融秩序是保证金融安全的重要前提。

总之，作为现代经济的核心，金融安全维系着国家经济安全。金融监管当局只有加强金融监管工作的前瞻性、精确性与有效性，不断提高金融治理体系与治理能力的现代化水平，才能保证金融运行的安全和稳健。

二、金融监管的目标与原则

（一）金融监管目标

简单地说，金融监管目标就是为国家维持一个稳定、健全、高效的金融运行体系。具体讲，金融监管目标有三个层次：一是保证保护存款人的利益、金融机构的正常经营活动和金融体系的安全与稳定，防范金融风险；二是创造公平的竞争环境，规范金融企业行为，鼓励金融业在竞争的基础上提高效率；三是通过监管，使金融企业的经营活动与中央银行货币政策目标保持一致，确保国家宏观经济的健康、持续发展。由于金融业在社会经济发展中举足轻重的地位和作用，这三个目标层层递进，最终达到金融与经济发展之间形成一种互相促进和互为推动的良性循环。

（二）金融监管的原则

由于法律、体制及发展历史不同，各个国家在金融监管的具体实施环节如监管的主体、对象、内容和方式等方面可能存在着不少差异，但有些基本原则却是相似的。这些原则主要有以下几方面：

（1）依法监管原则。一般来说，市场经济国家的金融监管作为一国金融体制的有机组成部分，都是通过国家立法程序确定的，因此，在监管过程中必须依法进行管理。依法管理具体包括两重含义：一是金融机构必须无条件地接受国家金融管理当局的监督管理，不能有例外；二是金融管理当局在对金融机构实施监管时，必须以法律、法规为依据行事，必须保持监管的权威性、严肃性、强制性和系统性，从而达到监管的有效性。

（2）监管主体的独立性原则。它主要指参与监管的各个机构在有明确的目标和责任前提下，享有操作上的自主权和一些先决条件。金融监管的关键是信息的真实性，如果金融监管主体不能保持其相对独立性，那么在各级政府部门的干预下就很难保证监管过程的真实性。国际上有关监管主体独立性的权威表述可从巴塞尔银行监管委员会公布的《有效银行监管的核心原则》上查到，其中的第一条原则就强调：在一个有效的银行监管体系下，参与银行监管组织的每个机构要有明确的责任和目标，并且享有工作上的自主权和充分资源。

（3）"内控"与"外控"相结合的原则。监管过程中要坚持内部监督与外部监督的有机结合，因为外部监管即使再严格，如果管理对象不配合、不做自我约束，而是千方百计通过逃避、对抗等手段应对，那么外部监管往往难以达到预期效果；反之，如果将希望全部放在金融机构本身的自我约束上，则一系列为追求利润而进行的冒险经营行为与道德风险就难以避免。因此，在监管过程中坚持"内控"与"外控"相结合原则是非常必要的。

（4）风险防范与经济效益相结合原则。金融监管的基本目标就是要求金融机构安全稳健地经营，为此所有的金融法规和监管技术等一系列指标体系的设计都着眼于金融业的风险防范。但金融业作为现代经济中的服务业，其发展的最终目标毕竟要在满足社会经济发展需求的基础上兼顾到经济效益。因此，在对金融机构进行监管时必须考虑到风险防范和经济效益的有机结合。

（5）综合监管原则。首先，随着社会经济的不断发展，对金融监管的要求也越来越高，这就要求在监管过程中将行政、经济、法律等管理手段配套使用，达到监管的系统化和最优化。其次，跨国银行的日益增多，金融业务的迅猛发展使金融一体化已成为必然趋势，而以国界为范围的监管则难以满足这一全球化监管要求。为维护国际金融业的安全与稳健，保护国际投资者的利益，各国需要在监管内容、监管方式和对象等方面进行全方位的联手，才能逐步实现金融监管的国际化。

小贴士

美国银行评级制度体系之所以被通称为"骆驼评级体系"，是因为该评级制度主要从5个方面考察、评估银行的经营状况，即资本状况（capital adequacy）、资产质量（asset quality）、管理水平（management）、收益状况（earmings）和流动性（liquidity）。这5个部分的英文词第一个字母分别是C、A、M、E、L（骆驼），所以世界各国的人们就将美国评级制度称为"骆驼银行评级体系"。目前，世界上主要国家的银行评级制度基本上都以美国的"骆驼银行评级体系"为基础制定的。

三、金融监管的组织体系与内容

（一）金融监管的组织体系

金融监管的组织体系是根据监管模式而确立的一整套监管机构。从广义监管角度看，金融监管组织体系一般包括四个部分：一是监管主体系统，如中央银行或独立于中央银行的其他政府监管金融部门；二是金融机构内部控制系统，主要包括内控机构、内控设施和内控制度；三是金融业行业自律系统，主要由行业公会或协会组成；四是体制外金融机构监管系统，主要包括社会舆论监督体系、社会监督机构和有关政府部门。

（二）金融监管的内容

金融监管的内容很多，包括对金融机构设立的监管；对金融机构资产负债业务的监管；对金融市场的监管，如市场准入、市场融资、市场利率、市场规则等；对会计结算的监管；对外汇外债的监管；对黄金生产、进口、加工、销售活动的监管；对证券业的监管；对保险业的监管；对信托业的监管；对投资黄金、典当、融资租赁等活动的监管。这里仅从金融机构市场准入、业务运营和市场退出三方面的监管进行简单阐述。

1. 市场准入监管

市场准入监管指政府行政管理部门按市场运行规则设立或准许某一行业及其所属机构进入市场的一种管制行为，基本上所有的国家对银行等金融机构的监管都是从市场准入开始。一般市场准入的监管内容主要包括：（1）确定金融机构设立的程序。（2）规定金融机构设立的组织形式。（3）审查批准申请设立金融机构的可行性报告。（4）审查批准金融机构拟定的章程。（5）规定最低的资本金要求，如我国商业银行法就规定：设立全国性商业银行的注册资本最低限额为 10 亿元人民币，设立城市商业银行的注册资本最低限额为 1 亿元人民币，设立农村商业银行的注册资本最低限额为 5000 万元人民币。注册资本应当是实缴资本。（6）审查批准金融机构的经营方针和营业场所。（7）审查法定代表人及主要负责人的任职资格。（8）确定金融机构的设立制度，如我国对商业银行的设立就规定：未经国务院银行业监督管理机构批准，任何单位和个人不得从事吸收公众存款等商业银行业务，任何单位不得在名称中使用"银行"字样。只有经监管当局审查批准后，才能颁发给新设立金融机构法人许可证或营业许可证，凭许可证到管理部门办理登记，并领取营业执照才行。

2. 业务运营过程监管

业务运营过程监管指为了维护经济、金融的稳定，监管当局对经批准开业后的金融机构的各项运营行为进行监管。虽然各国对金融机构市场运作过程监管的具体内容有可能并不完全相同，但一般都将监管的重点放在以下几个方面：（1）金融机构业务经营的合规性。这主要包括监管与被监管金融机构是否严格遵守国家和地方政府颁布的各种金融法律、法规及其他有关规定，被监管金融机构是否严格执行政府监管当局颁布的各种规章制度两方面，可以说，合规经营与合规性监督检查，是金融风险防范和治理的两个基本点。（2）资本充足性。资本充足性主要指银行资本的数量足以承受可能发生的意外损失，使银行在遭遇风险损失时不致破产。（3）资产质量。资产质量是衡量一家金融机构经营状况最重要的依据，主要由金融监管当局通过已设定的相关指标来对其进行监管。（4）盈利能力。通过一些指标的设定，监管部门对金融机构的盈利能力进行评估，使金融机构具备抵御风险和自我积累发展的条件，同时也在一定程度上保证了金融机构股东的权益。（5）管理水平和内部控制能力。这是金融机构竞争能力的重要体现。建立科学的内部管理和控制能力体系有利于资源的优化配置，有利于效益的提高和风险控制，进而提高金融机构的核心竞争力。

3. 市场退出监管

市场退出监管指监管当局对金融机构退出金融业、破产倒闭或合（兼）并、变更等的管理。按不同的原因和方式，金融机构退出市场可以分为主动退出与被动退出。主动退出是指金融机构因分立、合并或者出现公司章程规定的事由需要解散而退出市场。被动退出则是指由于经营不当（如因严重违规、资不抵债而由法院宣布破产等原因）而遭关闭，监管当局取消金融机构经营金融业务的资格而退出市场。金融机构的破产不仅给社会稳定带来严重影响，也将使大量金融机构的股东收入得不到保障。因此，无论选择采用哪种形式，金融监管当局都要对金融机构的市场退出过程进行监管，保证其退出的合理性和平稳性，将事件对社会和公众的损害降低到最低限度。

◆ **补充阅读材料**

在实际操作中，金融监管当局对金融机构的监管手段一般有预防性监管、存款保险制度、紧急援助与制裁，俗称金融监管的"三道防线"。

（1）预防性监管手段。它是指在金融机构成立之前，金融监管当局对其设立条件、组织、经营项目、营业区域、资本要求和金融预警系统等所做的规定。这是主要的、经常使用的手段，是监管体制的第一道安全防线。其内容主要包括：一是注册登记管理，目的在于防止不合格成员进入金融体系，从而保证金融业的安全与稳定。二是资本充足性管理，即保持银行正常营运和健康发展所必需的资本比率，包括资本与总资产的比率、资本与负债的比率、资本与风险资产的比率、坏账准备金与贷款总额的比率等。这些比率从不同角度反映银行的风险抵御能力。三是清偿能力或资产流动性管制，重点是资产与负债在时间上的配合，对付资金风险和利率配合不当、寸头周转不灵而产生的风险。四是业务分工模式的选择，实质上是银行业务经营活动范围的界定。五是贷款集中程度管制，规定银行对单一借款者的贷款不得超过贷款银行资本的一定百分比，以避免风险过度集中在某一客户身上。六是外汇风险的管制，主要是规定外汇交易额占金融机构资本的百分比。七是贷款的国家风险限制，主要是指与外国政府直接关联的国际贷款风险，它反映了一国对外负债的程度和偿债能力等潜在风险，近年来，各国普遍加强了这方面的信息交流与合作。八是管理评价，即在综合分析一系列经济指标、现场检查和实际观察的基础上，判断银行内外部管理的情况，包括管理机构的能力与胜任程度、内部组织机构、决策过程和效率以及工作程序等。九是定期进行报表报备与分析，各国普遍规定银行必须定期向中央银行提供有关的财务报表如资产负债表和损益计算书等，金融监管当局依此从自有资本是否充足、资产质量的高低、资产流动性以及收益等多方面进行分析以了解相关情况，从中发现潜在的问题及今后的整改方案。

（2）存款保险制度。它是金融监管当局为了维护存款者的利益，维护金融体系的安全和稳定，规定各吸收存款的金融机构必须将其存款按一定的比例到存款保险公司投保，以便在非常情况下，由存款保险公司对金融机构支付必要保险金的一种制度。存款保险制度是预防性监管手段后为整个金融体系建立了又一道安全防线，提高了金融体系的信誉和稳定性。

（3）紧急援助与制裁。紧急援助是金融监管当局对发生清偿能力困难的金融机构实施紧急援助。紧急援助的方法有四种。一是直接贷款。中央银行以最后贷款人的身份出现，给商业银行提供一笔贷款以缓解其支付危机。二是组织大银行援救小银行。由于小银行往往容易出现安全问题，这时中央银行出面或联合几家大银行集资援助，或者安排大银行向小银行提供贷款，或者按一定条件让大银行兼并小银行。三是存款保险机构出面提供资金，以帮助有问题的银行渡过难关。四是政府出面援助，将陷入危机的银行收归政府所有，全部债务由政府清偿。

同时，金融监管当局对金融机构违背有关政策、规定的行为和经营活动中存在的问题，要提出改进意见，甚至发出整改命令，对不遵从或拒绝的则要采取一定的制裁措施。例如，给予经济惩罚，实行惩罚性利息或直接罚款等；停止对其贷款和贴现；建议撤销某些高级管理人员；撤销该行存款保险公司的保险权，降低其社会信誉；提出诉讼，交法院审理，迫使其倒闭；等等。

紧急援助和制裁手段有时也统称为抢救行为。

四、金融监管体制

金融监管体制是金融监管的职责划分和权力分配的方式和组织制度。由于经济、法律体制和经济发展水平等各方面的不同，世界各国金融监管机构在设置及职权的实施上存在着差异。按监管机构的设立划分，金融监管体制可分为单一监管体制和多元监管体制，单一监管体制即由一家监管机构，通常为中央银行独家行使金融监管职责；多元监管体制则是由中央银行和其他金融监管机构共同承担监管职责。按监管机构的监管范围划分，金融监管体制可分为集中监管体制和分业监管体制。一般实行单一监管体制和混业经营的国家多实行集中监管体制，而实行多元监管体制与分业经营的国家大多实行分业监管体制（见图10-1）。

图10-1　金融监管体制不同类型间的关系

（一）集中监管体制

集中监管体制即由一家金融监管机构承担对金融机构、金融市场和金融业务等监管的所有职责，有时又称为"一元化"监管体制。目前，实行这一体制的既有英国、日本等发达的市场经济国家，也有巴西、泰国、印度等发展中国家，且绝大部分国家都是由中央银行来承担监管职责。

高度集中的监管体制优点在于：（1）金融管理集中，金融法规统一，金融机构不容易钻监管的空子；（2）有助于提高货币政策和金融监管的效率，克服其他模式下那种相互扯皮、推卸责任的弊端，为金融机构提供良好的社会服务。缺点则是：在这种体制下易产生过多的行政干预；管理部门易养成官僚化作风与滋生腐败现象。

（二）分业监管体制

分业监管体制是根据金融业内不同的机构主体及其业务范围的划分而由不同的监管机构分别进行监管的体制。我国目前的"一行一局一会"就属于这类监管体制。"一行"是中国人民银行，主要负责货币政策执行与宏观审慎监管；"一局"是国家金融监管总局，主要负责微观审慎监管与消费者权益保护；"一会"是中国证券监督管理委员会，主要负责资本市场监管。各监管机构既分工负责，又协调配合，共同构成我国的金融监管体制。

分业监管体制的优点是：（1）能较好地提高金融监管的效率；（2）防止金融权力过分集中，因地制宜地选择监管部门；（3）有利于金融监管专业化，提高对金融业务服务的能力。缺点则是：（1）管理机构交叉重叠，易造成重复检查和监督，影响金融机构业务活动的开展；（2）金融法规不统一，易使不法金融机构钻监管空子，加剧金融领域的矛盾和混乱，最终降低货币政策与金融监管的效率。

总之，金融监管体制是各国历史和国情的产物，具体的监管体制是各国根据其实际情况制定并不断修正的，但确立监管体制的基本原则是一致的，即必须实行科学合理的监管权力划分和职责分工，既要提高监管的效率，避免过分的职责交叉和相互掣肘，又要注意权力的相互制约，避免权力过度集中。只有这样，才可以保证监管权力的正确行使，实现一国经济与金融的稳定。

第四节　银行国际监管

20 世纪 90 年代以来，随着世界经济一体化进程的不断加快以及科学技术的突飞猛进，金融自由化、全球化趋势日益明显，金融创新层出不穷，极大地推动了金融业的发展。银行作为金融业中的主体机构，在世界及各国经济中发挥着日益重要作用的同时，风险也急剧放大，银行危机频繁发生。在这种情况下，增强抵御风险的能力，维护国际金融体系的稳定已成为国际金融界刻不容缓的任务。

一、巴塞尔协议

作为国际上最具权威的银行监管协调组织，巴塞尔银行监管委员会所发布的资本协议——《巴塞尔协议》，是国际银行资本标准中运作最成功的。

（一）巴塞尔银行监管委员会

1975 年 2 月，来自比利时、加拿大、法国、联邦德国、意大利、日本、卢森堡、荷兰、瑞典、瑞士、英国和美国等 12 个国家的代表聚集于瑞士巴塞尔，商讨并成立了"巴塞尔银行监管委员会"，简称巴塞尔委员会。

巴塞尔委员会设立的背景是 20 世纪 60 年代以后，跨国银行和跨国集团的涌现及国际离岸市场的形成打破了传统的金融格局，迫切需要一个银行监管合作组织来维护国际社会银行业的稳定。

巴塞尔委员会设立的宗旨是为其成员国在银行监管问题上的合作提供一个正式讨论场所，以便加强世界各国金融监管当局间的交流与合作。在巴塞尔委员会中，各成员的代表机构为其中央银行，如果中央银行不负责银行业的监管，那么该成员的银行监管当局也可作为代表机构。比如，日本银行与大藏省就同为委员会的成员机构，而美国方面的代表更多达四个：联邦储备理事会、货币监理署、联邦存款保险公司以及纽约联邦储备银行。一般巴塞尔委员会每年定期召开 3 ~ 4 次会议。

目前，巴塞尔委员会主要围绕三方面开展工作：一是交换世界各国有关监管安排方面的信息；二是提高国际银行业务监管技术的有效性；三是建立资本充足率的最低标准及其他相关领域标准制定的研究。虽然巴塞尔委员会并不具备任何凌驾于国家之上的正式监管特权，其文件也从不具备任何法律效力，但由于巴塞尔委员会提出的原则影响到全球主要发达国家的跨国银行，且代表是各成员的中央银行或银行监管当局，因而在事实上这些原则已经成为大多数国际性银行遵守的共同原则。

（二）《巴塞尔协议》

20 世纪 80 年代，由于高科技技术和电子通信被迅速引入金融业，再加上金融政策自由化等因素，各种金融业务互相渗透，各银行竞相推出新的融资工具和融资形式，随之而来的是各种银行风险越来越大。80 年代初爆发的发展中国家债务危机，牵连了世界上许多国家商业银行的破产，严重威胁到国际银行业的稳定与发展。在对这次债务和银行危机的反思中，巴塞尔委员会强烈意识到需要制定一个多边协议，形成比较一致的资本充足率衡量标准，以消除国际金融市场上各国银行间的不平等竞争，促进国际银行体系的健康发展。于是，1988 年 7 月由巴塞尔委员公布了《关于统一国际银行的资本计量与资本标准的协议》，即著名的《巴塞尔协议》（以下简称"1988 年协议"）。该协议的主要内容由以下三个部分组成：

（1）关于资本的组成。1988 年协议将银行总资本分为两大部分，即核心资本和附属资本。核心资本包括实收股本金和公开储备，协议要求核心资本在银行总资本中所占的比率不低于 50%。附属资本包括未公开的准备金、资产重估准备金、普通准备金和呆账准备金。

（2）关于风险加权的计算。1988 年协议将银行风险分为 8 种，分别为信用风险、国家或转移风险、市场风险、利率风险、流动性风险、操作风险、法律风险、声誉风险，并根据银行资产负债表上各类资产及以表外项目的风险程度来划分不同的资产风险权重，通过计算资本金的风险加权比率评估银行的资本是否充足，经营规模是否适当。

（3）关于标准比率的目标。为了使国际银行拥有一个统一稳健的资本比率，巴塞尔委员会在征求各国的意见后要求从事国际业务的银行经过 5 年的过渡期，在 1992 年底，银行的资本与加权风险资产的比例必须达到 8%，其中核心资本不低于 4%。

1988 年协议建立了一套国际通用的、以加权方式衡量表内、表外风险的资本充足率标准。其面世后，不仅跨国银行的资本金要求符合协议规定的标准，而且许多国家的金融监管当局也要求本国银行遵循这一标准，甚至以立法的形式明确下来。如《中华人民共和国商业银行法》就明确规定，商业银行的资本充足率不得低于 8%。这在一定程度上消除了因各国监管当局对资本要求的不同而产生的不平等竞争，增强了国际银行系统的稳定性，影响广泛而深远。

二、有效银行监管的核心原则

为了应对国际金融界出现的诸多新情况、新问题，巴塞尔委员会做了大量的工作，并发布了一系列文件作为对 1988 年协议的修订与补充，其中最具影响力的是 1997 年 9 月发布的《有效银行监管的核心原则》。

《有效银行监管的核心原则》为规范银行监管提出了国际统一准则，共有 7 大类 25 项原则。7 大类分别是：（1）有效银行监管的先决条件；（2）发照和结构；（3）审慎法规和要求；（4）持续性银行监管手段；（5）信息要求；（6）正式监管权力；（7）跨国银行业。应该说，一个有效监管系统所需要的基本条件与内容都包含在内。

在该文件中，巴塞尔委员会认为：银行业的风险由信用风险、国家风险、转移风险、市场风险、利率风险、流动性风险、操作风险、法律风险、声誉风险组成，银行经营者应按照监管当局制定的审慎性法规要求来控制风险，例如可通过资本充足率、信贷风险管理、市场风险管理、其他风险管理、内部控制等手段来控制银行风险。巴塞尔委员会还强调，核心原则只是最低要求，各国需要针对其国家金融体系的具体情况与风险进行补充或强化。总之，尽管这个文件主要解决监管原则问题，未能提出更具操作性的监管办法和完整的计量模型，但它为此后巴塞尔协议的完善提供了一个具有实质性意义的监管框架，为新资本协议的出台留下了宽广的空间。

三、《巴塞尔新资本协议》

（一）新资本协议建立背景

新资本协议是国际银行业加强风险控制，规范竞争的最新产物，是建立在一定时代背景和技术发展基础上的。具体来说，主要体现在以下几点。

1. 国际金融环境的变化

20 世纪 90 年代以后，由于金融技术不断进步，金融创新非常活跃，新的金融衍生产品不断涌现，且复杂程度越来越高，银行与金融市场的交互影响越发显著。随着以金融衍生商品交易为主的市场风险逐渐加大，国际银行业中发生多起重大银行倒闭和巨额亏损事件，由此促使银行监管的理念开始发生重大变化，传统的以资产大小为实力象征的观念受到挑战，取而代之的是"资本是上帝"的新理念，《巴塞尔新资本协议》也正是在这一背景下产生并推广的。

2. 1988 年协议的局限性日益突出

时间的推移和国际金融环境的变化使得 1988 年协议的局限性逐渐暴露出来，主要表现如下：

（1）1988 年协议忽视了银行自身稳健经营的内部动力，导致银行过分强调资本充足的倾向，仅仅注意到信用风险而相应忽视银行业的盈利性及其他风险。另外，风险之间的转化重视不够，例如，银行可通过采用各种不同形式的证券化将信用风险转化为市场风险或其他风险来降低资本金的要求，采用控股公司的形式来逃避资本金的约束等，从而规避协议中对资本充足率的要求，降低了协议的有效性。

（2）从具体的风险资产的计算看，1998 年协议中的资产风险权重充其量只是对经济风险进行了粗略的估值，没有考虑同类资产不同信用等级的要求，无法有效识别各层次信用风险的程度，因此不能合理有效地区分不同借款人不同程度的违约风险，从而也就无法十分准确地反映银行资产的真实情况。

（3）1988 年协议对于国家信用的风险权重的处理比较简单化，且存在某些歧视性政策。这主要表现在国家风险在确定风险资产中的影响过大，对成员的主权风险都视为零，而非经合组织的主权风险却被规定为 20%。

3. 技术的进步

近年来，无论是银行界还是学术界都在金融风险的衡量和计算方面作了大量有效的探索性工作，建立了许多较为科学可行的理论和模型，这在技术上为巴塞尔委员会重新制定新资本框架提供了可能性。

总之，尽管 20 世纪 90 年代巴塞尔委员会对 1988 年的协议进行了多次补充修订，但仍难以保证资本充足率要求与银行实际的风险状况相匹配。在这种背景下，重新修订国际金融监管标准，以便能更敏感地反映银行的各种风险，维护国际金融体系的稳定，已经是国际银行业刻不容缓的任务了。2004 年 6 月，《巴塞尔新资本协议》（以下简称"新资本协议"）最终定稿，根据委员会的安排，2004～2005 年是实施新资本协议的过渡阶段，2007 年开始正式实施。

（二）新资本协议的主要内容

新资本协议在延续 1988 年协议中以资本充足率为核心、以信用风险控制为重点的风险监管思路基础上，最重要的就是吸收了《有效银行监管的核心原则》中的全面风险管理原则，提出并强调互为补充的"三大支柱"在现代监管体系中的协调运用，并试图通过"三大支柱"的构建来强化商业银行的风险管理，这也正是新资本协议区别于 1988 年协议的核心所在。

第一支柱：最低资本要求。最低资本充足要求仍然是新资本协议的重点。新资本协议在继续使用 1988 年协议中统一的资本定义和资本对风险加权资产 8% 的最低比率基础上，将资本要求的内容扩大为对信用风险、市场风险和操作风险的总体资本要求，基本涵盖了现阶段银行业经营所面临的所有风险，以保证银行的资本充足率对银行业务发展和资产负债结构变化引起的风险程度变化有足够的敏感性。此外，新资本协议还重点改善了风险加权资产的度量方法，对信用风险、市场风险、操作风险均提供了难度不同的度量方法，并允许银行根据自身的风险管理水平和业务的复杂程度灵活运用。

第二支柱：监管当局的监督。监管当局的监督是为了确保各银行建立起有效的内部评估体系。在 1988 年协议中，监管当局基本上是一种被动的执行机构，监管内容也主要是全球统一的资本充足率最低要求。而实际上，如果缺乏健全的风险管理制度，资本充足率即使达到或者超过最低要求，也难以抵御内部监控制度缺陷带来的经营风险。所以，在新资本协议中，巴塞尔委员会明确并强化了各国金融监管当局的职责，提出了较为详尽的配套措施，要求监管当局在监管过程中担当起三大职责：全面监管银行资本充足状况；监督并鼓励银行建立和完善内控机制；加快银行风险管理的制度化进程。

第三支柱：市场约束。在新资本协议中，市场约束的作用得到了空前的重视，它成为继最低资本金约束以及监管当局的监督后的第三大支柱，充分肯定了市场约束在现代金融企业治理结构中具有强化资本监管、提高金融体系安全性和稳定性的潜在作用。

市场约束的运作机制主要是依靠利益相关者的利益驱动，包括存款人、债权人、银行股东等在内的银行利益相关者出于对自身利益的关注，会在不同程度上关注其利益所在银行的经营情况，并根据自身掌握的信息和对于这些信息的判断，在必要的时候采取一定的措施。

市场约束的核心是信息披露，其有效性直接取决于信息披露制度的健全程度，这就要求建立健全银行业的信息披露体系，提高信息的透明度。新资本协议在应用范围、资本结构、风险披露的评估和管理以及资本充足状况等四个方面对银行业关键信息的披露提出了定性和定量的要求。巴塞尔委员会强调，对于活跃的国际性大型银行，每季度要进行一次信息披露；对于市场风险，在每次重大事件发生后都要进行披露；对于一般银行，要求每半年进行一次信息披露。信息披露主要包括核心信息和附加信息披露两种情况，核心信息披露的建议适用于所有银行，但出于竞争方面的考虑，银行在某些方面的专有信息则无须披露。

总之，由于监管思想和理念较为新颖、考虑范围较为全面以及制定手段和方法的科学合理，无论是1988年协议还是目前的新资本协议，对于维持国际金融体系的稳定和有效运行、促进国际银行业的公平竞争都发挥了重要作用。在相当长的时期内，新资本协议将一直是国际银行业影响最大、最具代表性的监管准则，并将随着金融业的实际发展状况得到不断的补充和完善。

基本训练

一、名词解释

金融创新　金融监管　资本充足率

二、填空题

1. 金融创新是为适应经济发展的要求，金融业内部通过各种要素的重新组合和创造性变革所创造或引进的新事物。金融创新包括_____的创新、_____的创新和_____的创新。

2. 金融监管的具体监管内容主要有三个方面：市场准入的监管、_____、市场退出的监管。

3. 2013年6月，天弘基金与支付宝合作推出余额宝，将非常热门的互联网金融推进实质性业务发展阶段，所以这一年又被称为_____。

4. 1988年的《巴塞尔协议》关于核心资本与风险资本的比率规定为_____。

5. 《巴塞尔新资本协议》提出并强调互为补充的"三大支柱"是_____、_____和_____。

6. 参加巴塞尔委员会的代表机构一般是各国的_____。

三、单项选择题

1. 金融监管最基本的出发点是（　　）。

A. 维护国家阶级利益　　　　　　　B. 维护社会公众利益

C. 控制金融机构经营风险　　　　　D. 维护金融秩序

2. 目前我国采用的金融监管体制是（　　　　）。

A. 分业监管　　　　　B. 集中监管　　　　　C. 混合监管　　　　　D. 交叉监管

3. 金融创新对金融与经济发展的作用是（　　　　）。

A. 利大于弊　　　　　B. 利小于弊　　　　　C. 有利无弊　　　　　D. 利弊均衡

4. 1988 年 7 月，巴塞尔委员会正式颁布了当时最重要、影响力最大的文件《巴塞尔协议》，该协议的核心内容是（　　　　）。

A. 资产风险　　　　　B. 资本分类　　　　　C. 市场纪律　　　　　D. 监督检查

5. 依法监管原则是指（　　　　）。

A. 金融监管必须依法而行　　　　　　B. 金融机构必须依法经营

C. 金融运行必须依法管理　　　　　　D. 金融调控必须依法操作

6. 当代金融创新的（　　　　）特点大大刺激了创新的供给热情。

A. 高收益低成本　　　　　　　　　　B. 投机性

C. 安全性　　　　　　　　　　　　　D. 灵活性

四、多项选择题

1.《巴塞尔新资本协议》提出并强调互为补充的"三大支柱"有（　　　　）。

A. 风险防范　　　　　　　　　　　　B. 最低资本要求

C. 监管当局的监督　　　　　　　　　D. 事后救援

E. 市场约束

2. 按监管机构的监管范围可把金融监管体制分为（　　　　）。

A. 单一监管体制　　　　　　　　　　B. 多元监管体制

C. 集中监管体制　　　　　　　　　　D. 分业监管体制

E. 混合监管体制

3. 世界各国金融监管的一般目标有（　　　　）。

A. 建立和维护一个稳定、健全和高效的金融体系

B. 保证金融机构和金融市场健康的发展

C. 保护金融活动各方特别是存款人利益

D. 维护经济和金融发展

E. 促进各国银行法或证券法等金融法规的趋同性

4. 下面属于对市场运作过程监管的有（　　　　）。

A. 规定最低资本金要求　　　　　　　B. 对资本质量监管

C. 对流动性监管　　　　　　　　　　D. 对盈利能力监管

E. 依法关闭金融机构

5. 当代金融创新包括（　　　　）。

A. 金融业务的创新　　　　　　　　　B. 金融制度创新

C. 金融组织结构创新　　　　　　D. 新业务和新交易大量涌现

6. 当代金融创新具有（　　）的特点。

A. 新型化　　　　B. 电子化　　　　C. 多样化　　　　D. 持续化

E. 标准化

五、判断并改正

1. 英国是实行多元化监管体制的代表，其金融监管是由多个监管机构承担的。

2. 我国目前规定商业银行的资本充足率不得低于8%，次级债务不可计入附属资本。

3. 目前中国的金融监管机构主要有银监会、证监会、保监会。

4. 各国因历史、经济、文化背景和发展的情况不同，导致各国的金融监管目标也不相同。

5. 当代金融创新在提高金融宏观、微观效率的同时，也减少了金融业的系统风险。

6. 金融监管从对象上看，主要是对商业银行、金融市场的监管，而对非银行金融机构则不属于其范围。

7. 当代金融创新虽然改革了传统的业务活动和经营管理方式，加剧了金融业竞争，形成了放松管制的强大压力，但并未改变金融总量和结构。

六、简答题

1. 当代金融创新主要表现在哪几方面？有哪些主要特征？

2. 举一例子谈谈你对互联网金融的看法。

3. 简述《巴塞尔新资本协议》出台的背景及主要内容。

第十一章　国际货币与国际金融

📖 本章提要

外汇是指外币或以外币表示的可用于国际债权债务结算的各种支付手段，包括外国货币、外币有价证券、外币支付凭证和其他外汇资金。

汇率，又称汇价，是用一国货币来表示另一国货币的价格。

在金本位制下，各国政府均规定了本国货币的含金量，铸币平价是决定两种货币汇率的基础；在纸币流通条件下，马克思认为两国货币之间的汇率一般由两国纸币各自所代表的价值量来确定。

汇率制度是指一国货币当局对本国汇率水平的确定以及汇率变动方式等问题所作的一系列安排与规定。从国际金融发展历史来看，汇率制度的演进大致经历了金本位体系下的固定汇率制、布雷顿森林体系下的固定汇率制和牙买加体系下的浮动汇率制三个阶段。

国际收支是一个国家（地区）的居民和非居民之间在一定时期内（通常为1年）进行全部经济交易的系统记录。

国际储备是指一国官方所拥有的可随时用于弥补国际收支逆差及保持汇率稳定的国际上可以接受的一切资产，一般包括黄金储备、外汇储备、储备头寸和特别提款权四部分。

第一节　外汇与汇率

社会化大生产与国际分工的发展，促进了国与国之间的贸易往来，进而产生了国家间的货币支付与结算。由于世界上各个国家的货币不同，进行国际支付与结算时必将产生本国货币与外国货币的兑换，这就需要了解外汇与汇率。

一、外汇

外汇起源于国际汇兑，是指外币或以外币表示的可用于国际债权债务结算的各种支付手段。现实生活中人们说到外汇，首先会想到的是某种外国现钞和伴随着现钞流通的硬币，如美元、日元、英镑等，但事实上，外汇有多种多样的形态，我们这里采用的是 2008 年 8 月 1 日修订通过的《中华人民共和国外汇管理条例》第一章第三条对外汇的定义：外汇是指以外币表示的可以用作国际清偿的支付手段和资产，具体包括：（1）外币现钞，包括纸币、铸币；（2）外币支付凭证或者支付工具，包括票据、银行存款凭证、银行卡等；（3）外币有价证券，包括债券、股票等；（4）特别提款权；（5）其他外汇资产。

（一）外汇的种类

按不同分类标准，外汇主要可分为以下几种：

（1）按可自由兑换的程度划分，外汇可分为自由外汇和记账外汇。自由外汇是指无须货币发行国的管理部门批准可以随时动用、自由兑换成其他货币，或向第三者办理支付的外汇。记账外汇是指未经货币发行国的管理部门批准，不能自由兑换成其他货币或对第三者进行支付的外汇，又称协定外汇或清算外汇。

（2）按外汇的来源和用途划分，有贸易外汇和非贸易外汇两种。贸易外汇是因商品的进出口而引起收付的外汇，一般是一个国家最主要的外汇来源。非贸易外汇则是因非贸易往来而引起收付的外汇，如劳务外汇、旅游外汇等。

（3）按外汇买卖交割的期限划分，有即期外汇和远期外汇两种。即期外汇又称现汇，是指外汇买卖成交后马上办理收付或交割的外汇，一般规定的时间必须在两个工作日内。远期外汇又称期汇，是指买卖双方先按商定的汇价签订合同，但要在未来某一天办理交割的外汇。

（二）几种主要的国际货币

1. 美元

美元的英文名称为"UNITED STATES DOLLAR"，是由美国的中央银行即美国联邦储备银行发行，货币符号为 USD，辅币进位采取百进位，即 1 美元 = 100 分，主币面额有 1 美元、2 美元、5 美元、10 美元、20 美元、50 美元、100 美元七种。以前曾发行过 500 美元和 1000 美元的大面额钞票，现在已不再流通。辅币有 1 分、5 分、10 分、25 分、50 分等。

美元主币的正面人像印有美国历史上的著名人物，基本情况如表 11-1 所示。

表 11-1　　　　　　　　　　美元不同面额的正面人像和背面图景

面额	正面人像	背面图景
1 元	乔治·华盛顿（美国第 1 任总统）	正中大写"ONE"，左右两颗大印
2 元	托马斯·杰弗生（美国第 3 任总统）	1776 年宣告独立图
5 元	亚伯拉罕·林肯（美国第 16 任总统）	林肯纪念堂

面额	正面人像	背面图景
10 元	亚历山大·汉密尔顿（美国开国元勋之一）	美国财政部
20 元	安德鲁·杰克逊（美国第 7 任总统）	白宫
50 元	尤里西斯·辛普森·格兰特（美国第 18 任总统）	美国国会
100 元	本杰明·富兰克林（美国开国元勋和发明家）	美国独立堂

美元是外汇交换中的基础货币，也是国际支付和外汇交易中的主要货币，在国际外汇市场中占有非常重要的地位。

小贴士

美元又被人称为"绿背"，是因为美国最早的纸币需由 13 个殖民地的联合政权"大陆会议"批准发行，称为"大陆币"。1863 年美国财政部被授权开始发行钞票，背面印成绿色，为区分早期的"大陆币"，所以被称为"绿背"，一直沿用至今。

2. 英镑

英镑的英文名称为"POUND""STERLING"，是由英国的中央银行英格兰银行发行，货币符号为 GBP，辅币进位采取百进位，即 1 英镑 = 100 便士，钞票面额有 5 英镑、10 英镑、20 英镑、50 英镑。

英国是世界上最早实行工业化的国家，曾在国际金融业中占有统治地位，英镑也曾是国际贸易结算业务中使用最广泛的货币。第二次世界大战以后，英镑在世界贸易中的使用量不断减少，但由于历史的原因，英国金融业还是很发达，英镑在世界外汇交易结算中仍然占有一定的地位。

3. 欧元

欧元的英文名称为"EUROPEAN DOLLAR"，1999 年 1 月 1 日诞生，是由欧洲中央银行发行，货币符号为 EUR，辅币进位采取百进位，即 1 欧元 = 100 欧分，钞票面额有 5 欧元、10 欧元、20 欧元、50 欧元、100 欧元、200 欧元、500 欧元七种，铸币有 1 欧分、2 欧分、5 欧分、10 欧分、20 欧分、50 欧分、1 欧元、2 欧元共 8 种面值，目前已成为许多国家继美元之后的第二大官方储备货币。

4. 日元

日元的英文名称为"JAPANESE YEN"，由日本银行发行，货币符号为 JPY，钞票面额有 500 日元、1000 日元、5000 日元、10000 日元，铸币有 1 日元、5 日元、10 日元、50 日元、100 日元等。日元的印制水平较高，特别在造纸方面，采用日本特有的物产"三亚皮浆"为原料，纸张坚韧有特殊光泽，为浅黄色，面额越大颜色越深。作为二战以后经济发展最快的国家之一，日元在世界贸易中也发挥着重要的作用。

二、汇率

（一）汇率的含义

汇率是指外汇市场上一国货币与另一国货币之间相互交换的比率，或者说是以一国货币表示的另一国货币的价格，又称外汇牌价、外汇行市。简单地说，汇率就是两种不同货币之间的比价。

在信用货币制度下，一国货币在该国国内的购买力即是一国货币的对内价值，其价值大小由单位货币所能购买的商品和劳务决定。然而在开放经济下，一国货币的价值还可以用另一国货币来表示，也就是通常所说的货币对外价值。货币的对内价值是决定货币对外价值的基本依据，对外价值围绕对内价值这条轴上下浮动。因为货币的对外价值还要受外汇市场上货币供求状况变化的影响，所以，货币的对内价值、对外价值和货币的供求状况等因素直接影响着一国汇率的高低。

汇率的表示通常可用以下三种方式，以某日美元兑人民币为例：

USD100 = CNY680. 12　　USD1 = CNY6. 8012　　USD/CNY = 6. 8012

一般将写在前面的货币 USD 称为单位货币或基准货币，写在后面的货币 CNY 称为报价货币，汇率的数值 6.8012 通常用 5 位有效数字来表示。当美元对人民币的汇率由 USD100 = CNY680. 12 变为 USD100 = CNY670. 12，意味着 USD 贬值，CNY 升值。要注意的是，贬值、升值在这里是相对的，美元对人民币的贬值意味着人民币对美元的升值。

（二）汇率的标价方法

一个国家的外汇汇率，可以用外国货币表示本国货币的价格，也可以用本国货币表示外国货币的价格。这种标明或表示外国货币价格的方法，称为外汇标价法。目前主要有直接标价法和间接标价法两种。

直接标价法是用一定单位的外国货币为标准，折算成若干单位的本国货币的标价方法。其特点是：外币的数额固定不变，汇率的升降，都是以本币数额的变化来表示。在直接标价法下，汇率的升降与本国货币价值的高低成反比例变化。目前世界上包括我国在内的大多数国家都采用直接标价法。

间接标价法是以一定单位的本国货币折算成若干单位的外国货币的标价方法。其特点是：本国货币数额固定不变，汇率的升降，都是以外币数额的变化来表示。在间接标价法下，汇率的升降与本国货币价值的高低成正比例变化。目前，英国、美国、澳大利亚和新西兰使用这种标价方式。

对于一些经常与国外进行业务往来的企业单位或个人来说，了解外汇价格是非常重要的。随着我国对外开放的不断扩大，目前在许多大城市的银行、机场、宾馆等处都可以看到外汇牌价表，表11-2选择了中国银行2024年4月13日公布的主要货币外汇牌价。由于汇率是在不断变动的，所以牌价表均标明发布日期和时间。

表11-2

100 单位外币对人民币的外汇牌价
（中国银行 2024 年 4 月 13 日公布）   单位：元

货币名称	现汇买入价	现钞买入价	现汇卖出价	现钞卖出价	中行折算价	发布时间
英镑	898.85	881.07	904.88	907.49	895.48	05：30：00
港币	92.27	91.79	92.62	92.62	90.55	05：30：00
美元	723.04	719.33	725.92	725.92	709.67	05：30：00
瑞士法郎	789.62	774.56	795.16	797.38	783.75	05：30：00
新加坡元	530.24	520.13	533.91	535.45	526.99	05：30：00
瑞典克朗	66.24	64.98	66.78	67.1	66.53	05：30：00
泰国铢	19.67	19.27	19.83	20.14	19.65	05：30：00
韩国元	0.5222	0.512	0.5264	0.5347	0.5253	05：30：00
日元	4.7111	4.6203	4.7427	4.7446	4.6654	05：30：00
加拿大元	524.19	514.09	527.71	529.23	521.94	05：30：00
澳大利亚元	466.49	457.5	469.62	470.98	467.08	05：30：00
欧元	768.38	753.18	773.76	775.77	765.29	05：30：00
澳门元	89.61	88.82	89.97	90.89	89.74	05：30：00

资料来源：中国银行网站。

◆ **补充阅读材料**

　　现钞与现汇的区别：现钞通常指外币的钞票和硬币或以钞票、硬币存入银行所生成的存款。现汇主要指以支票、汇款、托收等国际结算方式取得并形成的银行存款。由于一般国家都不允许外国货币在本国流通，只有将外币兑换成本国货币，才能够购买本国的商品和劳务，外币现钞只能运送到国外才能起到支付作用，而运送现钞又需银行承担运费、保费、利息等费用，所以银行要在个人外汇买卖价格上予以一定的区别。一般银行在收兑外币现钞时的汇率要低于外汇买入汇率；卖出外币现钞时的汇价则与外汇卖出价相同，即通常所说的"汇转钞"不需手续费，而"钞转汇"就需交一定的手续费。

（三）汇率的种类

按不同的分类标准，汇率主要有以下几种分类。

1. **按制定汇率的方法划分，有基准汇率和套算汇率**

因外币种类很多，通常将本国货币与国际上某一基准货币或关键货币之间所确定的汇率称为基准汇率。所谓关键货币，是指在本国对外经济交往中使用最多的货币，被广泛用于计价、结算、储备，也是国际上普遍接受的货币。各国一般都将美元当作制定汇率的关键货币，即把对美元的汇率作为基本汇率。套算汇率是指通过基准汇率换算出来的本国货币对其他国家货币的汇率，又称交叉汇率。我国目前作为基准汇率的货币主要是美元、欧元、日元、港币和英镑五种，人民币对其他外币的汇率均为套算汇率。假设：1 美元 = 7.0527 人民币，纽约外汇市场 1 美元 = 31.1 泰铢，则可套算出 1 泰铢 = 7.0527 人民币 ÷ 31.1 泰铢 = 0.2267 人民币，即 100 泰铢 = 22.68 人民币。

2. **从银行买卖外汇的角度划分，有买入汇率和卖出汇率**

银行作为一个企业，是以追求利润为其经营目标，在外汇买卖方面就是通过贱买贵卖来赚取差价。买入汇率也称买入价，即外汇银行向同业或客户买入外汇时所使用的汇率。采用直接标价法时，外币折合本币数较少的那个汇率是买入价；采用间接标价法时则相反。卖出汇率也称卖出价，即外汇银行向同业或客户卖出外汇时所使用的汇率。采用直接标价法时，外币折合本币数较多的那个汇率是卖出价；采用间接标价法时则相反。

另外，一些新闻、报刊报道汇率消息时常用中间汇率，它实际是所有的报价机构在向外汇交易中心报价后，外汇交易中心剔除最高价与最低价后再按一定的方法计算的平均值，所以有时就被简单地理解为买入价与卖出价的平均数。以人民币汇率中间价为例，它指的是中国人民银行每天早上定点公布的当天人民币的基准汇率，主要目的是帮助确定当天人民币交易的波动范围。

3. **按外汇交易的交割期限划分，有即期汇率和远期汇率**

即期汇率也叫现汇汇率，是指外汇买卖双方成交后，交易与交割在两个营业日以内完成所使用的汇率。表面看即期外汇似乎是同时支付，没有风险，但由于各国清算制度与技术的不同，且亚洲、欧洲、美洲各大洲之间存在时差，有的只能在一天后才知道是否已经支付，因此也有一定的风险。远期汇率是买卖双方事先签订合同，交割却在未来一定时期进行而达成协议的汇率。到了交割日期，由协议双方按预定的汇率、金额进行钱汇两清。作为一种预约性交易，远期外汇买卖是由于外汇购买者对外汇资金需要的时间不同，以及为了避免外汇汇率的变动风险需要而产生。远期外汇的汇率与即期汇率的差额称远期差价，用升水、贴水和平价来表示，升水是表示远期汇率高于即期汇率，贴水是表示远期汇率低于即期汇率，平价表示两者相等。

4. **按银行汇兑方式划分，有电汇汇率、信汇汇率和票汇汇率**

电汇汇率是经营外汇业务的本国银行，在卖出外汇后，即以电报委托其国外分支机构或代理行付款给受款人所使用的一种汇率。在国际金融市场上，外汇汇率是极不稳定的，有时波动幅度很大。因此，在国际贸易中，进出口商为了避免外汇汇率波动所带来的风险，常常在买卖合同中规定使用交收时间最快的电汇方式。银行同业之间买卖外汇或资金划拨也都用电汇。由于电汇付款快，银行无法占用客户资金头寸，所以电汇汇率较一般汇率高。信汇汇率是用银行开具的付款委托书，用信函方式通过银行寄给付款地银行转付收款人的一种汇款方式。由于付款委托书的邮递需要一定的时间，银行在这段时间内可以占用客户的资金，因此，信汇汇率比电汇汇率低。票汇汇率是指银行在卖出外汇时，开立一张由其国外分支机构或代理行付款的汇票交给汇款人，由其自带或寄往国外取款。由于汇票从卖出到支付一般需要更长的时间，所以，票汇汇率一般比信汇汇率和电汇汇率要低。

5. 按国际货币制度的演变来划分（按汇率是否固定来划分），有固定汇率和浮动汇率

固定汇率是指一国货币同另一国货币汇率固定，汇率的波动基本限制在一定幅度之内，20 世纪 70 年代以后，伴随着布雷顿森林体系的崩溃而在国际上逐渐消失。浮动汇率则是指不规定上下波动幅度的汇率，汇率完全由市场的供求关系来决定。

6. 按银行营业时间划分，有开盘汇率和收盘汇率

开盘汇率又叫开盘价，是外汇银行在一个营业日刚开始营业进行首批外汇买卖时使用的汇率。收盘汇率又叫收盘价，是外汇银行在一个营业日的外汇交易终了时使用的汇率。

7. 按汇率的决定方式来划分，有官方汇率和市场汇率

官方汇率是指由国家有关机关（财政部、中央银行或外汇管理机构等）规定的汇率。市场汇率是指在外汇市场上自发形成买卖外汇的实际汇率，其高低直接取决于外汇市场的供求关系。在外汇管制比较严格的国家，一切外汇交易都以官方汇率为标准，市场汇率实际上是不存在的，但可能会出现"黑市"汇率。而在外汇管制较松的国家，官方汇率则往往有行无市，外汇交易实际上是按照市场汇率进行的。

小思考

"黑市"汇率只存在于外汇管制的国家吗？

答："黑市"汇率是在任何情况下都存在的，严厉的外汇管制只是逼出"黑市"活动，自然就出现"黑市"价格。完全的市场经济条件下也有"黑市"，如为洗钱而进行的外汇交易就属于"黑市"汇率。

第二节　汇率的决定

国与国之间的汇率由什么决定？这是汇率理论中的核心问题。不同货币制度下汇率的决定因素不同。下面分别从国际金本位制和不兑现信用货币制度两方面简单进行阐述。

一、国际金本位制下的汇率决定

在金本位制下，各国政府均规定了本国货币的含金量，两种货币之间的比价（汇率）就由他们各自的含金量之比来决定。如 1 英镑的含金量为 113.0015 格林，而 1 美元的含金量为 23.22 格林，则：1 英镑 = 113.0015/23.22 = 4.8665 美元。[①] 通常将两种铸币含金量之比称为铸币平价或金平价，它就是金本位制下决定两种货币汇率的基础，起着自动稳定器的作用。外汇市场上，汇率因货币供求变化而围绕铸币平价上下波动，但波动的幅度受到黄金输送点的限制，所以国际金本位制下的汇率是比较稳定的。

小贴士

黄金输送点是在金币本位制条件下汇率围绕铸币平价波动的上下界限，这两个界限分别是黄金输出点和黄金输入点。黄金输出点是铸币平价加运金费用，是汇率波动的最高界限，黄金输入点是铸币平价减去运金费用，是汇率波动的最低界限。

当汇价上涨超过黄金输出点，人们就会放弃购买外汇转向使用黄金进行国际清算，进而引起黄金外流，货币流通量减少，通货紧缩，物价下降，从而提高商品在国际市场上的竞争能力；反之，当汇价下跌低于黄金输入点，将引起黄金流入，货币流通量增加，物价上涨，输出减少。所以，黄金输送点和物价之间的机制，把汇率波动局限在一定的范围内，对汇率起到自动调节的作用，从而保持汇率的相对稳定。事实证明，在第一次世界大战前的 35 年间，美国、英国、法国、德国等国家的货币从未发生过幅度过大的升值或贬值。

二、不兑现信用货币制度下的汇率决定

关于论述不兑现信用货币制度下汇率决定因素的理论有许多。首先，由于信用货币——纸币已不再代表或代替金币流通，各国纸币发行量也不受兑换黄金的限制，所以，铸币平价无法成为决定两种货币汇率的基础。而不同种类的货币之所以可以进行对比，是由于他们都具有购买力。马克思的货币理论认为，纸币是价值的一种代表，两国纸币之间的汇率应由两国纸币各自所代表的价值量之比来确定。[②] 其他西方经济学家还从购买力平价、利率平价、汇兑心理学等多方面就汇率的决定因素进行分析，这里就一一赘述了。

① 钱荣堃. 国际金融 [M]. 成都：四川人民出版社，1993.
② 马克思. 资本论（第一卷）[M]. 上海：上海三联书店，2009.

其次，外汇的供求状况也是影响汇率的一个因素。当一国出现外汇供不应求时，本币就会出现贬值的压力，而当外汇供大于求时，则表现出升值的压力。

小贴士

"购买力平价"理论是瑞典经济学家卡塞尔在 1922 年率先提出的。20 世纪 20 年代初，由于金本位制度的结束和纸币本位制的开始，"铸币平价"理论逐渐失去效用，由此涌现了许多新理论，"购买力平价"是其中认可度较高的观点。该理论的基本思想是：人们之所以需要外币，是因为外币在其发行国国内具有购买力，这与人们需要本币的原因相同，即本币在本国国内具有购买力。因此，决定两国货币汇率的基础应是两国货币所代表的购买力之比。而货币的购买力是价格的倒数，所以，两国货币的汇率实际是由两国物价水平之比决定的，这个比就称购买力平价。简单地说，在不考虑交易成本条件下，某种可贸易商品的价格在不同国家中应是一致的。例如，当英镑与美元的汇率为 1：4 时，若一件羊绒衫在美国卖 8 美元，则在英国应卖 2 英镑。

第三节　汇率制度

汇率制度是指一国货币当局对本国汇率水平的确定以及汇率变动方式等问题所作的一系列安排与规定。汇率制度的选择直接影响汇率水平的波动幅度。

一、汇率制度的类型

汇率制度主要有固定汇率制和浮动汇率制两种。

固定汇率制是指一国货币对另一国货币的汇率基本固定，波动幅度被限制在较小范围内。固定汇率制的优点是汇率稳定，即稳定的国际贸易价格有利于成本企业核算与国际债权债务的清偿，也在一定程度上抑制了外汇市场的投机活动。但在固定汇率制下，由于各国有义务维持汇率的基本稳定，在某种情况下可能出现国内经济目标服从于国际经济目标现象，从而削弱了国内货币政策的自主性。

浮动汇率制是指政府不规定本国汇率波动的上下限，允许其随外汇市场的供求关系变化而自由波动。但在现实中，完全的浮动汇率制是不存在的，为了本国经济发展需要，各国的中央银行都会通过各种手段直接或间接地进行干预。浮动汇率制的优点是由于各国不承担维持稳定汇率的义务，所以既可保持本国货币政策的独立性和有效性，避免受国际性通货膨胀及金融危机的传播影响，也可根据本国的实际需要决定外汇储备，自我调整国际收支状况。浮动汇率制的缺点是由于汇率的不稳定性，国际结算困难，计算成本增加，从而不利于国际贸易的正常发展。另外，汇率的自由波动也未必能隔绝国外经济对本国经济的干扰，还有可能助长外汇市场上的投机活动。

总之，自牙买加协定生效以后，国际货币基金组织允许成员自由选择货币制度，固定汇率制和浮动汇率制这种简单的二分法已不符合各国汇率制度安排的实际，由此产生了各种介于固定汇率制和浮动汇率制之间的汇率制度安排，汇率制度的多样性趋势已明显地呈现出来。

二、国际汇率制度的演进

从国际金融发展的历史来看，汇率制度的演进大致经历了金本位体系下的固定汇率制、布雷顿森林体系下的固定汇率制和牙买加体系下的浮动汇率制三个阶段。

（一）国际金本位制下的汇率制度

1880～1914 年，世界上主要的西方国家都实行金本位制，各国在流通中使用具有一定重量和成色的金币作为货币，金币可以自由铸造、自由融化及自由流通。在金本位体系下，各国货币之间的汇率由它们各自的含金量之比决定。只要两国货币的含金量不变，两国货币的汇率就保持稳定。当然，外汇市场上的实际汇率也要受外汇供求、国际收支的影响，但是这种波动仅被限定在黄金输送点之间。

1914 年第一次世界大战爆发以后，为避免财富的外流，各国停止黄金的输出入，典型的金本位体系即告解体。其后，各国货币基本上没有遵守一个普遍的汇率规则，处于混乱的各行其是状态，采用残缺不全的金本位制——金块本位制和金汇兑本位制。

应该说，国际金本位制下的汇率制度是一种较为稳定的固定汇率制。其优点表现为：（1）以黄金作为物质基础，有利于保证各国货币的对内价值和对外价值的稳定；（2）汇率具有自动调节的机制，保障了国际贸易和投资活动的安全，方便了生产成本的核算，避免了国际投资的汇率风险。所以，金本位体系下的 35 年是资本主义经济与贸易发展的"黄金时代"，对世界经济的发展与繁荣起了极大的推动作用。

（二）雷顿森林体系下的汇率制度

布雷顿森林体系下确立的是以黄金－美元为基础的、可调整的固定汇率制。1944 年 7 月，在第二次世界大战即将胜利的前夕，二战中的 44 个国家在美国新罕布什尔州的布雷顿森林召开了一个联合国货币金融会议，讨论了战后国际货币制度的重建问题。最后会议通过了《国际货币基金协定》和《国际复兴开发银行协定》，总称《布雷顿森林协定》，其中在汇率制度方面，确定了各国必须遵守的固定汇率制以及解决各国国际收支不平衡的措施。

这一汇率制度具有两个最基本特征。一是"双挂钩",即美元与黄金挂钩、各国货币与美元挂钩。具体内容是:美国政府保证 1 美元的含金量为 0.888671 克,美元与黄金的兑换比例为:1 盎司黄金 = 35 美元。其他货币按各自的含金量与美元挂钩,确定其与美元的汇率。这就意味着其他国家的货币都必须钉住美元,美元成了各国货币围绕的中心。二是实行固定汇率制,各国货币对美元的汇率只能在平价上下 1% 的幅度内波动,超过这个限度,各国中央银行有义务在外汇市场中进行干预,以维持汇率的稳定,只有当一国的国际收支发生"根本性不平衡"时,才被允许贬值或升值。

总之,初期布雷顿森林体系下确定的汇率制度对于维护和促进战后各国经济的恢复与发展起到了积极作用,但因美元供求与黄金储备之间的内在矛盾不可克服,最终导致了该固定汇率制度的彻底崩溃。有关内容在第一章货币制度中已经介绍。

(三) 牙买加体系下的汇率制度

布雷顿森林体系崩溃后,以美元为中心的固定汇率制度就被牙买加体系下的浮动汇率制度所代替。世界主要工业国(如美国、英国、德国、日本等)基本上实行浮动汇率制度,而大多数发展中国家和地区则采取钉住美元、日元等汇率制度。

1978 年 4 月 1 日,国际货币基金组织通过《国际货币基金协定第二次修正案》并正式生效,实行所谓的"有管理的浮动汇率制"。由于新的汇率协议让各国在汇率制度的选择上具有很大自由度,所以现在各国实行的汇率制度多种多样,有单独浮动、钉住浮动、弹性浮动、联合浮动等。

(1) 单独浮动指一国货币不与其他任何货币固定汇率,其汇率根据市场外汇供求关系来决定。目前,美国、英国、日本等在内的三十多个国家实行单独浮动。

(2) 钉住浮动指一国货币与另一种货币保持固定汇率,随后者的浮动而浮动。一般通货不稳定的国家可以通过钉住一种稳定的货币来约束本国通货膨胀,提高货币信誉。但是,采用钉住浮动方式有时也会使本国的经济发展受制于被钉住国的经济状况,从而蒙受损失。目前全世界约有一百多个国家或地区采用此种方式。

(3) 弹性浮动指一国根据自身发展需要,在一定弹性范围内对钉住汇率实行自由浮动,或按一整套经济指标对汇率进行调整,避免钉住浮动汇率的缺陷,可以在外汇管理、货币政策等方面获得更多的自主权。如巴西、智利、阿根廷、阿富汗、巴林等十几个国家采用弹性浮动方式。

(4) 联合浮动指国家集团对成员国内部货币实行固定汇率,对集团外货币则实行联合的浮动汇率。如欧盟在欧元使用前就采取过联合浮动方式。

在牙买加体系下,汇率制度呈现出复杂化、市场化特性。随着黄金与各国货币的彻底脱钩,黄金已不再是货币汇率的参考物,所以牙买加体系下的汇率制度是以信用货币为基础的,各成员只需事先得到国际货币基金组织的同意,均可自主决定其汇率制度。

牙买加体系下的汇率制度运行至今，已经历了多次冲击，验证了汇率制度安排的灵活性对于现行国际货币体系的稳定具有重要意义。但其不足和缺陷也日益凸显，例如牙买加体系下汇率的波动更频繁、幅度更大，这种过度的波动使一国政府对宏观经济的调控难度加大，易导致金融危机。所以，虽然浮动汇率制是对固定汇率制的一种进步，但在全球经济一体化进程中仍有待于进一步的探索与改革。

三、人民币汇率制度

1994 年外汇体制改革以前，我国的人民币汇率主要由国家根据经济发展的实际需要来制定、调整并公布。1994 年 1 月 1 日以后，我国开始实行新的外汇管理体制，人民币汇率成为以市场供求为基础的、单一的、有管理的浮动汇率制。其中市场供求为基础是指汇率水平波动取决于外汇市场上的供给和需求情况；单一指钉住美元；有管理指的是外汇交易均要以央行公布的中间价为价格基准，波动不能超过一定幅度。在这种制度下，企业和个人按规定向外汇指定银行买卖外汇，外汇指定银行再进入银行间外汇市场进行交易，形成市场汇率。中央银行设一定的汇率浮动范围，并通过调控市场来保持人民币汇率的稳定。因此，决定人民币汇率的基本因素首先是外汇市场的供求状况，再由外汇指定银行根据实际情况加以确定、调整及管理。应该说，这一汇率制度为我国近年经济贸易持续、稳定发展起到了积极的作用。

2005 年 7 月 21 日，人民币汇率制度又进行了一次重要改革，开始实行以市场供求为基础、参考一篮子货币进行调节、有管理的浮动汇率制度。这次人民币汇率不再钉住单一的美元，而是参考一篮子货币（包含与中国贸易、投资密切相关的货币）进行调节，在形成更富弹性的汇率机制同时也使人民币汇率的形成机制更加市场化。当然也不否认，与西方国家相比，由于历史原因我国的外汇管制仍然比较严格，人民币只能在经常项目下自由兑换，某些外汇供给与需求也并未完全反映在汇率上，这些都有待于今后进一步完善与提高。

第四节　国际收支

一、国际收支的概念

国际收支是指一个国家（地区）在一定时期内其居民和非居民之间进行全部经济交易的系统记录。理解国际收支要注意把握以下三点：

（1）国际收支是一个流量概念。当人们提及国际收支时，总是要指明是属于哪一时期的，这一报告期可以是一年，也可以是一个月或半年，完全由各国根据需要及资料来源决定。各国通常以一年为报告期。

（2）国际收支是一个事后概念，反映的是一国已经发生国际经济交易的全部内容，既包括商品、劳务的买卖与交换，也包括资本流动和国际融资交易、各种单方面的无偿价值转移，等等。经济交易的记录日期以所有权的变更日期为准，正在发生的或即将发生的国际经济交易则不包括在内。

（3）国际收支反映的是一定时期内居民与非居民之间的交易。判断一项交易是否包括在国际收支范围内，所依据的是交易双方中是否有一方是该国的居民。只有居民与非居民之间的经济交易才是国际经济交易。

小贴士

国际收支含义中的居民是指在某个国家领土内居住期限达一年以上的自然人和法人，包括个人、企业、政府和非营利团体四类。个人居民是指长期居住在一国的自然人，即使是持有外国护照的外国公民，只要在该国居住期限超过一年，也属于该国的居民；企业属于从事经济活动所在国的居民；政府和非营利团体也属于所在地的居民。根据国际货币基金组织的规定，移民属于其工作所在地国家的居民；逗留时间在一年以上的旅游者、留学生也属所在国居民；但官方外交使节、驻外军事人员一律算所在国的非居民，属派出国的居民；国际性机构如联合国、国际货币基金组织、世界银行等都不是某一国家的居民，而是任何国家的非居民。

二、国际收支平衡表及其记账要求

国际收支平衡表又称国际收支账户，是以某一特定货币为计量单位，全面系统地记录一国国际收支状况的统计报表。编制国际收支平衡表主要是为了全面了解本国的涉外经济关系，并以此进行经济分析、制定合理的内外经济政策。根据国际货币基金组织的章程规定，各会员必须定期向基金组织报送本国（地区）的国际收支平衡表。而为了使各成员的国际收支平衡表具有可比性，国际货币基金组织还在平衡表所采用的概念、准则、惯例、分类方法、标准构成等方面作了统一的规定和说明。

国际收支平衡表的编制有四条记账原理：一是采用复式簿记法，按照"有借必有贷，借贷必相等"原理进行。所有国家（地区）间的资金流入列入贷方，而资金流出列入借方，由于每笔交易都同时分别登记有关的借贷科目、金额相等，因此国际收支平衡表在总额方面原则上是相等的。二是权责发生制，国际经济交易的记录时间以所有权的转移为准，正在发生的或即将发生的则不反映在里面。三是按照当时交易的市场价格记录。四是所有的记账单位要折合为同一种货币，既可以是本币，也可以是外币，如我国的国际收支平衡表记账货币是美元。

三、国际收支平衡表的构成

国际收支平衡表主要由四大部分构成，即经常项目、资本与金融项目、储备资产、错误与遗漏。

（一）经常项目

经常项目是本国与外国交往中经常发生的国际收支项目，反映的是实际资源在国际上的流动，作为国际收支平衡表中最基本、最重要的项目，它包括货物、服务、收入和经常转移四个子项目。

（1）货物包括一般商品、加工物品、货物修理、各种运输工具在港口购买的货物和非货币性黄金。一般商品是指居民向非居民出口或从非居民那里进口的可移动货物；用于加工的货物包括跨越边境运到境外加工的货物出口以及随之而来的再进口；货物修理包括向非居民提供的或从非居民那里得到的对船舶和飞机等交通工具进行修理的活动；各种运输工具在港口购买的货物包括非居民在岸上采购的所有货物，如燃料、给养、储备、物资等；非货币性黄金包括不作为一国货币当局储备资产的所有黄金的进出口。

（2）服务包括运输、旅游、通信、建筑、保险、金融，计算机信息服务等，伴随产业结构的调整和国际经济交易的发展，服务项目在经常项目中所占比重有不断上升的趋势。

（3）收入包括职工的报酬和投资收益两类交易。职工报酬主要指本国支付给非居民工人的报酬，以及本国居民从外国获得的短期性报酬；投资收益则主要表现为直接投资、证券投资等的收入和支出（注意：本金的交易则记在资本与金融项目，收入可理解为一种要素劳务）。

（4）经常转移项目是按照复式簿记原理建立的平衡项目。当实物资产或金融资产的所有权在国际上发生不需要偿还的转移时，为了满足复式记账要求，必须建立一个对应项目。一般经常转移既包括官方的援助、捐赠和战争赔款等，也包括私人的侨汇、赠与等以及对国际组织的认缴款等。

（二）资本与金融项目

资本与金融项目是对资产所有权在国际的流动行为进行记录的账户，包括资本项目和金融项目两大类。其中，资本项目包括资本转移及其非生产、非金融资产的收买与放弃，如固定资产所有权的变更以及债权债务的减免。金融项目包括引起一个经济体对外资产和负债所有权变更的所有权交易，主要包括直接投资、证券投资和其他投资。

（三）储备资产

储备资产是指一国货币当局所拥有的可随时用来干预外汇市场、支付国际收支差额的资产，包括黄金、外汇、国际货币基金组织分配的特别提款权、普通提款权等。当一国经常项目、资本与金融项目出现不平衡时，最终要通过官方储备的增减来平衡。如 2005～2012 年，我国的经常项目与资本和金融项目就出现了双顺差，这使我国积累了大量的外汇储备。

（四）净误差与遗漏

根据复式记账原理编制的国际收支平衡表借贷双方总额最后应该是平衡的，但事实上，由于各个项目的统计数据来源不一，例如，进出口的数据主要来自海关，而相应的进出口收入与支出的数据则主要来自银行；有的数据甚至需要进行估算，因此，国际收支平衡表各项目的借方余额与贷方余额经常是不相等的，其差额就作为净误差与遗漏。由于是一个人为设计的平衡项目，净误差与遗漏一般以余项形式放在最后计算。如果一国的经常项目加上资本与金融项目之后，借方与贷方间有"缺口"，此时，国际收支平衡表上"净误差与遗漏"项目的数字就是该"缺口"数目，方向（正负号）与借贷方"缺口"相反。

我国从 1981 年开始按照国际货币基金组织的要求编制国际收支平衡表，由国家统计局和国家外汇管理局统一制定项目和填表格式。

（五）国际收支平衡表的分析

国际收支平衡表不仅综合记载了一国在一定时期内与世界各国的经济往来情况及数据消长对比信息，而且还集中反映了该国的经济类型和经济结构。一般对国际收支平衡表中各项目的分析主要通过差额进行，以下从贸易收支差额、经常项目差额和国际收支总差额三方面进行说明。

（1）贸易收支差额，即一个国家商品与服务进出口的收支差额。从经济含义来看，贸易收支差额情况综合反映了一国的产业结构、产品质量和劳动生产率状况，体现了该国产业在国际上的竞争能力及国家自我创汇能力。因此，无论是发达国家还是发展中国家，都非常重视贸易收支的差额。贸易收支在国际收支中有特殊的重要性。

（2）经常项目差额，即贸易收支差额加服务、收入和经常转移项目而构成的差额。作为国际收支最重要的构成部分，经常项目收支差额在综合反映一个国家进出口状况（包括服务贸易）的同时，还反映了开放经济条件下资本、劳动力等生产要素在国际上流动而引起的收入差额，所以被各国广泛使用，并被当作制定国际收支政策和产业政策的重要依据。国际货币基金组织等国际金融机构也经常采用这一指标来衡量成员的经济状况。

（3）国际收支总差额，包含了除官方储备以外的所有国际收支项目差额，具体由经常项目差额和资本项目差额以及直接投资、证券投资、其他投资项目的差额构成。由于国际收支总差额的变化必然导致官方储备的反方向变动，所以，通常用它来衡量国际收支对一国储备带来的压力。当一国实行固定汇率制时，国际收支的各种行为将导致外国货币与本国货币在外汇市场上的供求变动，进而影响到两个币值的比价。为了保持外汇市场汇率的稳定，政府必须利用官方储备介入市场以实现供求平衡，所以，国际收支总差额在固定汇率制时是政府维护外汇市场的一个重要依据。而在浮动汇率制度下，原则上政府不能干预汇率变动，只能有条件地使用官方储备调节外汇市场，因此对这一差额的分析也就相应有所弱化。

总之，作为一国经济分析的重要工具，国际收支平衡表能全面、及时地掌握本国对外经济交易的综合情况，找出造成国际收支顺、逆差的原因，进而有利于国家采取正确的调节措施。

四、国际收支的失衡与调节

（一）国际收支平衡与否的判断

如前所述，国际收支平衡表是根据复式记账原理来编制的，一笔经济交易总是会产生金额相等、方向相反的借贷记录，因此，一国的国际收支平衡表在账面上总是平衡的。但这种平衡是会计意义上的平衡，在实践当中，国际收支是否平衡需要通过自主性交易和调节性交易来进行判断。

（1）自主性交易是指那些基于交易者自身利益或其他方面的考虑而独立发生的交易，主要包括经常项目、资本与金融项目中的交易。这些交易出自生产经营、投资和单方面支付，交易所产生的货币收支并不必然相抵，由此可能导致对外汇的超额需求或超额供给，进而引起国际收支的失衡。

（2）调节性交易是指为弥补自主性交易所造成的收支不平衡而进行的交易，因此也被称为弥补性交易。可以说，调节性交易是自主性交易的附属物，其本质是为弥补自主性交易收支不平衡而进行的一种融通性交易。

通常，判断一国的国际收支是否均衡主要看自主性交易所产生的借贷金额是否相等。如果一国国际收支的自主性交易本身是平衡的，不必依靠调节性交易来弥补，就是国际收支最理想的状态；反之，就要对国际收支平衡表中的各个项目进行分析，从中找出各项目之间的相互关系及其对国际收支失衡产生的影响。

（二）国际收支失衡的调节

按引发国际收支失衡的不同原因，一般将国际收支不平衡分为五类（见表11-3）。

表 11-3 　　　　　　　　　　五种国际收支不平衡的基本定义

类型	定义阐述	特点
周期性不平衡	因一国经济发展处于不同的周期阶段而引起的国际收支不平衡	最常见、最普遍
收入性不平衡	因国民收入相对快速增长而引起进口需求增长超过出口增长所导致的国际收支不平衡	诱发原因多样化

类型	定义阐述	特点
结构性不平衡	因国内生产或经济结构不能适应世界市场变化而产生的国际收支不平衡	具有长期性，扭转比较困难
货币性不平衡	在一定汇率水平下，因国内通货膨胀或通货紧缩引起的进出口变化，最终导致国际收支出现顺差或逆差	可以是短期，也可以是中长期
临时性不平衡	短期的、由非确定或偶然因素引起的国际收支不平衡	程度轻，时间短，具有可逆性

由于一国国际收支失衡现象是经常的、绝对的，而平衡却是偶然的、相对的，因此，为使经济能稳定、协调和健康地发展，国际收支的调节也就无时不在地进行着。国际收支的调节大体可分为两类，一类是市场自动调节，另一类是人为的政策调节。

1. 市场自动调节

国际收支的自动调节机制是指在商品经济条件下，一国的国际收支一旦出现不平衡，受市场价值规律作用的影响，一些经济因素也会出现变动使国际收支不平衡自动地得到相应的矫正。

在不同的货币制度下，自动调节机制是有差异的。

（1）国际金本位制下的自动调节机制。在国际金本位制度下，各国的国际收支是自发调节的。这一观点 1752 年由英国经济学家休谟·大卫提出，所以又称"休谟机制"。如果一国的国际收支出现逆差，则外汇供不应求，黄金就会大量流出。在其他条件不变的情况下，黄金外流导致本国货币供给量减少，从而使物价下跌，而物价下跌使得出口成本降低，本国商品的出口竞争力增强，出口增加，进口减少，逐渐使国际收支恢复平衡；反之，在国际收支发生顺差的国家，则因黄金的流入而导致货币供给量增加，物价水平上升，削弱了本国商品的出口竞争力，进口增加，出口减少，国际收支逐渐恢复平衡。这样，国际收支的不平衡完全能够被自发调节，用不着任何人为的干预。

（2）纸币流通条件下的自动调节机制。在不兑现纸币流通制度下，黄金流动虽已不复存在，但汇率、利率等经济变量对国际收支自动恢复平衡仍发挥着一定的作用。

首先看利率的自动调节机制。利率的自动调节机制以纸币本位制下的固定汇率制度为背景。当一国国际收支出现顺差时，表明该国银行所持有的外国货币存款或其他外国资产增多，负债减少，为防止本币的升值，一国货币当局可以通过增加货币供给量使利率水平出现下降趋势，进而导致本国资本流出增加与外国资本流入减少，资本与金融项目的顺差逐渐减少甚至出现逆差。同时，利率下降使国内投资成本下降，国内总需求上升，国外商品的进口需求也随之增加，出口减少，贸易顺差也会减少，整个国际收支趋于平衡。反之，当一国国际收支出现逆差时，表明该国银行所持有的外国货币或其他外国资产减少，负债增加，于是为保证本国货币的稳定，一国政府就会通过外汇储备来干预外汇市场汇价的变化，降低外汇储备和本国货币供给量，银根相应地趋紧，利率出现上升趋势，这样国内资金不再外流，外国资金为谋求高利也纷纷流入，从而国际收支中的资本与金融项目逆差开始减少。另外，利率提高会减少社会的总需求，进口减少，出口增加，贸易逆差也逐渐改善，整个国际收支又趋于平衡。

其次看汇率的自动调节机制。在浮动汇率制下，一国货币管理当局一般不轻易动用外汇储备干预外汇市场，而是任由汇率变化来自动调节国际收支的失衡。当一国国际收支出现顺差时，外汇供给大于外汇需求，本币汇率上升，进口商品以本币计算的价格下跌，而出口商品以外币计算的价格上涨，因此，出口减少，进口增加，贸易顺差减少，国际收支不平衡得到缓解。反之，当一国国际收支出现逆差时，外汇需求大于外汇供给，本币汇率下跌，出口商品的价格以外币计算下跌，而以本币计算的进口商品价格上升可以刺激出口，抑制进口，有利于贸易收支逆差的逐渐减少，国际收支从不平衡趋向平衡。

要注意的是，由于自动调节机制作用的充分发挥是有一定的前提条件，但从目前的经济条件看似乎不可能完全存在，所以，完全靠国际收支自动调节机制也有很大的局限性，对此，各国政府需要再运用其他各种不同的经济政策对国际收支加以调节。

2. 人为的政策调节

人为的政策调节是指国际收支不平衡的国家通过运用其宏观经济政策与加强国际经济合作等措施，主动对本国的国际收支进行调节。表 11-4 列举了一些国家在采取政策调节国际收支不平衡时常用的一些政策工具。

表 11-4　　　　　　　　　　调节国际收支不平衡的主要政策工具

政策	主要政策工具	具体操作	效果
财政政策	财政收入政策、财政支出政策、公债政策等	逆差时采取紧缩性财政政策，减少财政支出，提高税率。顺差采取扩张性财政政策，增加财政支出，降低税率	过程和缓，副作用小
货币政策	法定存款准备金率、再贴现率等	逆差时采取紧缩性货币政策，提高利率，抑制需求。顺差采取扩张性货币政策，降低利率，扩大需求	过程和缓，副作用小
汇率政策	公开宣布本国货币的法定升值与贬值	逆差时则实行货币贬值，刺激出口，抑制进口。顺差时则实行货币升值，抑制出口，增加进口	直接和迅速，但可能带来较大的副作用
直接管制政策	外汇管制和贸易管制	（1）国家通过颁布外汇管理法令、法规和条例，对一切涉及外汇的经济活动进行严格管制，以控制外汇市场的供求，维持本国货币对外汇率的稳定 （2）贸易管制是指一国政府以行政干预方式，对商品的输出、输入进行管制，主要内容是奖出限入	直接和迅速，但可能带来较大的副作用

总之，一国国际收支状况的好坏，根本上取决于该国经济增长率高低及经济运行是否处于良性循环状态，任何调节国际收支不平衡的方法与机制，都只能起到局部的、暂时的和有限的作用。因此，对于各国政府来说，只有稳定、高效地发展本国经济，才能在开放的世界经济环境中获得竞争优势。

第五节　国际储备

一、国际储备及其构成

国际储备是指一国官方所拥有的可随时用于弥补国际收支逆差及保持汇率稳定的国际上可以接受的一切资产。作为国际储备的资产必须同时具备三个特征：（1）可得性，即它能随时、方便地被一国货币当局所持有；（2）流动性，即作为国际储备的资产须容易兑现并随时可以动用，只有这种资产才能迅速地用来弥补国际收支逆差，或干预外汇市场；（3）普遍接受性，即作为国际储备的资产，必须能同其他货币相兑换，并在国际上被普遍接受。

国际储备的具体内容在不同的历史时期有所不同。目前，根据国际货币基金组织的表述，一国国际储备主要包括黄金储备、外汇储备、会员在国际货币基金组织的储备头寸和基金组织分配给会员尚未动用的特别提款权四个部分。

（一）黄金储备

黄金储备是指一国货币当局作为金融资产而持有的黄金。在金本位制时期，黄金是世界上最主要的储备资产，在信用货币制度下，黄金的非货币化使它本身不再充当货币，但由于自身的特点，即作为一种价值实体，黄金完全可以不受任何超国家权力的支配和干扰，持有黄金储备就被认为是保障国家信用货币支付的一个重要手段。况且目前世界黄金市场交易频繁，各国货币当局随时都可将自己手中持有的黄金在市场上出售兑换成可用于国际交易与结算的外汇，所以，黄金储备仍然是各国国际储备的重要组成部分。

（二）外汇储备

外汇储备是指各国货币当局持有并可以自由兑换的外币及其短期金融资产。外汇是目前各国国际储备构成中最主要、最活跃的部分，也是各国国际储备资产管理的主要对象。

能够作为国际储备的外汇也在不断地变化。在金本位制下，外汇储备处于极其次要的地位，只是在后来，英镑代替黄金执行国际货币的职能，英镑才成为各国主要的储备货币。二战后布雷顿森林体系下的货币制度创立，美元成为唯一的外汇储备货币。布雷顿森林体系崩溃以后，随着世界经济呈现多元化的发展格局，国际储备货币也转向多元化方向发展，美元、英镑、日元和欧元都成为主要的储备币种。从表 11-5 可知，外汇储备在国际储备总额中的比重迅速提高，1970 年达 48.6%，超过黄金储备的比重而占首要地位，1980 年扩大至 82.5%，1995 年为 91.4%，截至 2001 年底达到了 93.74%。

表 11-5　　　　　　　　　　　　　国际储备结构　　　　　　　　　　　　　单位：亿 SDR

项目	1950 年	1970 年	1985 年	1995 年	2000 年	2001 年	2002 年	2003 年
国际储备总额	484.4 (100.0%)	931.80 (100.0%)	4385.00 (100.0%)	9800.26 (100.0%)	15784.67 (100.0%)	17276.84 (100.0%)	18817.65 (100.0%)	21465.57 (100.0%)
黄金储备	334.4 (69.1%)	370.27 (39.7%)	332.29 (7.6%)	317.62 (2.86%)	332.72 (2.1%)	329.50 (1.9%)	325.69 (1.7%)	319.59 (1.5%)
外汇储备	133.3 (27.5%)	453.33 (48.6%)	3483.25 (79.4%)	8958.31 (91.4%)	14794.05 (93.7%)	16183.62 (93.74%)	17634.58 (93.8%)	20281.72 (94.5%)
在 IMF 中储备头寸	16.7 (3.4%)	96.97 (8.3%)	387.31 (8.8%)	366.73 (3.74%)	473.77 (3.0%)	568.61 (3.3%)	660.64 (3.5%)	665.08 (3.1%)
SDR	——	31.24 (3.4%)	182.13 (4.2%)	197.73 (2.0%)	184.89 (1.2%)	195.57 (1.1%)	196.72 (1.0%)	199.15 (0.9%)

注：1. 括号内数字表示该项占当年国际储备总额的百分比。
2. 黄金按每盎司 35 特别提款权（SDR）计算。
资料来源：国际货币基金组织网站公布的数据，https：//www.imf.org/en/Data。

（三）储备头寸

基金组织中的储备头寸也称普通提款权，它指国际货币基金组织的会员按规定从基金组织提取一定数额款项的权利，它是国际货币基金组织最基本的一项贷款，用于解决会员国际收支不平衡，但不能用于会员贸易和非贸易的经常项目支付。

按国际货币基金组织章程规定，当一个国家加入该组织时，必须按一定的份额向该组织缴纳一笔资金，作为入股基金，称为份额。会员认缴份额中的 25% 必须以可兑换货币缴纳，其余 75% 用本国货币缴纳。当会员发生国际收支困难时，有权向基金组织申请动用在基金组织中的储备头寸进行对外支付。

（四）特别提款权

特别提款权是国际货币基金组织分配给各会员用以归还基金组织的贷款以及会员政府间偿付国际收支赤字的一种国际储备资产。

特别提款权自 1969 年由基金组织创设，并于 1970 年按会员认缴份额开始分配。与其他储备资产相比，特别提款权具有以下几个特点：第一，特别提款权是一种有名无实的资产，既不像黄金那样具有内在价值，也不像美元、英镑那样以一国政治、经济实力作为后盾，而仅仅是一种用数字表示的记账单位。第二，普通提款权的融通使用需要按期偿还，而特别提款权无须偿还，是一种额外的资金来源。第三，特别提款权使用范围很窄，任何个人和私人企业不得持有和运用，不能直接用于贸易和非贸易支付，只能在基金组织与各国之间进行官方结算。

总之，一国在对外经济交往中，不可避免地会发生国际收支不平衡，如果这种不平衡得不到及时弥补，将不利于本国国内经济和对外经济关系的发展，为此政府可以通过国际储备予以适当纠正。其一，通过国际储备可以弥补国际收支差额，维持对外支付能力。其二，政府可通过动用国际储备干预外汇市场，稳定本国货币汇率。其三，国际储备作为外债还本付息的最后信用保证，有助于提高一国政府的国际资信。因此，随着国际储备在国际经济活动中作用的日渐加强，充足的国际储备无论从客观上还是心理上都能为本国货币价值的稳定提供信心支持，并有利于提高本国在世界上的经济地位。

二、国际储备管理

国际储备管理主要涉及两个方面：一是量的管理，即国际储备适度规模管理；二是质的管理，即国际储备资产的构成和营运管理。

（一）国际储备的规模管理

与各种储备一样，国际储备也存在一个适度规模问题。国际储备作为一国调节国际收支逆差、稳定外汇市场的实现能力，规模过小，容易发生支付困难和危机，不利于一国经济的稳定增长；规模过大，则将人为地减少本国国民经济对其资源、物资的有效利用，易带来通货膨胀的压力。例如20世纪80年代初期，非洲和拉丁美洲的一些国家和地区就因国际储备不足，不具备充足的对外支付能力而引发了一系列的债务危机。因此，在对国际储备进行管理时必须考虑适度规模的确定问题。

国际储备适度规模管理指各国根据自身条件疏通、改变以至开拓国际储备的来源。一般说，国际储备主要来源于以下渠道：

（1）国际收支顺差。这是所有国家增加国际储备最主要和最直接的来源，因此，世界各国纷纷采取各种措施来促进商品出口，同时抑制进口，争取国际收支的顺差。

（2）购买黄金。作为国际储备的黄金，其增加主要来自国内收购及国际黄金市场的购买。20世纪70年代以来，随着黄金非货币化的推进，黄金在国际储备总量中的比重不断减少。从世界范围看，黄金产量有限，而黄金其他用途的需求又在逐步增加，因而，利用黄金补充国际储备的余地不大。

（3）干预外汇市场。一国货币当局干预外汇市场也会增加或减少其国际储备量。当外汇市场上外汇供应过多，外汇汇率有下跌趋势，而本币汇率有上升势头时，货币行政当局为了维持本国货币汇率，可以抛出本国货币收买外汇，这部分外汇就可列入外汇储备中，增加国际储备。

（4）国际货币基金组织的分配。各会员按规定运用普通提款权所得到的贷款也是国际储备的一个重要来源。但相对而言，这部分所占的比重较小且稳定，因而也很难通过这种渠道来改变国际储备的持有规模。

（5）国际储备资产自身的增值。一国所拥有的外汇及黄金储备资产在国际金融市场上的汇价或金价发生变动时，其价值也将相应发生变化。例如，通过恰当地安排调换外汇储备资产中不同货币的比重，以及根据黄金价格的变动适时地购入和抛出黄金，可以保持国际储备的增值，不过，采取这种方法会增加国际储备的风险性。

总之，一国需要扩大国际储备规模时，可采取鼓励出口、限制进口、吸引外资流入等经济政策；反之，则采取扩张性的经济政策，刺激国内有效需求，鼓励对外投资。那么，一国的国际储备究竟以多少为宜？世界上并没有统一的标准。因为一个国家在不同的发展阶段、不同国家在相同发展阶段等情况下，对国际储备的需求都会不同，各国必须根据本国的具体情况决定适度储备量。一般来说，在考虑到持有国际储备的成本、进出口规模及其差额、汇率制度、国际收支自动调节机制和调节政策效率、金融市场的完善程度和国际政策协调等主要因素的基础上，一国储备水平的确定通常满足以下条件，即一国的国际储备能够保证在一定的概率（如95%）条件下，该国一年内不必借贷新的外债。

（二）国际储备的结构管理

国际储备结构管理主要是指确定和调整国际储备合理结构的过程，一般包括安排好合适的外汇储备币种构成和对储备资产进行合理营运两方面。

1. 外汇储备的币种结构管理

如前所述，储备资产主要包括黄金、外汇、各会员在国际货币基金组织的储备头寸和特别提款权四个部分，其中，后两个部分各国无法自主增加，而黄金储备虽然一直是国际储备的主要组成部分，但由于产量低、持有成本高和流动性差等因素，它在国际储备中所占比重也呈不断下降的趋势，因此，合适的国际储备管理实际上主要是对外汇储备币种的结构管理。

一般来说，各国在进行外汇储备币种结构管理时应该遵循安全性、流动性和营利性原则。（1）安全性原则，即能够实现储备货币币值的稳定性或保值性。这需要及时了解储备货币发行国的经济、金融状况，包括该国经济、金融实力、货币供给量、经济发展趋势、国际收支动态等，通过了解上述因素的发展状况可以较准确地预测各储备货币汇价变动的中长期趋势；从短期来看，汇率受利率以及政治、经济等偶发事件的影响很大，因此应注意主要储备货币发行国家的利率动向，同时也应密切注视世界上热点地区事态的发展，这对避免某些储备货币的贬值风险非常重要。（2）流动性原则，即进行币种结构的管理时应考虑到本国对外经济交往的便利程度，分析外贸商品的流向、数量及历来的支付惯例，力求使外汇储备币种结构与国际支付所使用货币的结构相一致。选择储备货币的结构时还应考虑在外汇市场上实行干预时所需货币的类型和规模。这是由于国际储备的作用之一就是干预外汇市场，一旦本国货币受到某种储备货币的冲击出现汇率下跌时，为了使本币汇率趋于稳定，金融当局必须抛售该种储备货币换购本国货币以支持本币的汇率，所以这也是外汇储备币种管理的重要内容。（3）营利性原则，即要求通过恰当的币种组合和资产运用方式，使外汇储备获得较高的收益。但在现实情况下，高收益和低风险往往是不相容的，因此，在收益和风险之间确定一个最佳的币种结构是非常重要的。

2. 国际储备资产运营管理

国际储备资产运营管理就是一国在已确定外汇储备的币种分配组合以后，如何权衡安全性、流动性和营利性三者关系而展开的运用形式。一般情况下，任何一种投资方式都不能同时具备较高的流动性和营利性。例如，将外汇储备资产存放于国外银行的活期账户，虽能使外汇储备资产有较强的流动性，但却达不到营利性的要求，因为活期账户存款一般没有利息或只有低息。再如，将外汇储备资产运用在收益较高的证券投资上，虽能获得较多的收益，但证券投资与活期存款比较起来，流动性较差，风险较大。因此，一般根据流动性强弱将储备资产划分为几个档次，当外汇储备达到一定存量时，再在流动性和营利性之间作出利弊得失的权衡。

总之，作为一国信誉与实力的体现，保持充分的国际储备特别是外汇储备对维护一国货币或区域性货币的稳定具有非常重要的意义。

基本训练

一、名词解释

外汇　汇率　直接标价法　间接标价法　国际收支　国际储备

二、填空题

1. 金本位制下决定两种货币之间汇率的基础是_____。

2. 在直接标价法下，汇率越高，单位外币所能兑换的本国货币越多，表示外币_____而本币_____。

3. 在一定时期内一个国家（地区）和其他国家（地区）进行的全部经济交易的系统记录被称为_____。

4. 国际收支平衡表主要由_____、_____、_____和净误差与遗漏构成。

5. 国际收支平衡表中的经常项目反映的是实际资源在国际上的流动，它包括_____、_____、_____和_____四个子项目。

6. 国际储备是指一国官方所拥有的可随时用于弥补国际收支逆差、维持本国货币汇率的国际上可接受的一切资产，主要由黄金、_____、_____和_____构成。

三、单项选择题

1. 关于国际收支理解正确的是（　　）。

A. 交易双方为同一国居民

B. 交易双方为同一国非居民

C. 记载一个国家某一时点对外全部经济交易状况

D. 记载一个国家某一时期内对外全部经济交易状况

2. 按照国际收支平衡表的编制原理，引起外汇流入的项目应记入（　　）。

A. 借方　　　　B. 贷方　　　　C. 借贷双方　　　　D. 附录

3. 通常判断一国国际收支是否平衡，主要看其（　　）是否平衡。

A. 经常项目　　　　　　　　B. 资本和金融项目

C. 自主性交易　　　　　　　D. 调节性交易

4. （　　）不属于国际收支的经常账户。

A. 货物　　　　B. 服务　　　　C. 证券投资　　　　D. 收入

5. 目前，各国的国际储备构成中主体是（　　）。

A. 黄金　　　　　　　　　　B. 外汇

C. 特别提款权　　　　　　　D. 在 IMF 中的储备头寸

6. 以某一整数的外国货币为标准，折算成若干本国货币的汇率标价方式称为（　　）。

A. 美元标价法　　　　　　　B. 直接标价法

C. 整数标价法　　　　　　　D. 间接标价法

7. 布雷顿森林体系确定的主要国际储备货币是（　　）。

A. 美元　　　　B. 日元　　　　C. 德国马克　　　　D. 人民币

四、多项选择题

1. 本币贬值对一国资本流动的影响有（　　）。

A. 若市场预期贬值幅度不够，则引起资本流出

B. 若市场预期贬值幅度不够，则引起资本流入

C. 若市场预期贬值幅度合理，则引起资本流入

D. 若市场预期贬值幅度过大，则引起资本流出

E. 若市场预期贬值幅度过大，则引起资本流入

2. 国际储备的来源有（　　）。

A. 国际收支顺差　　　　　　B. 国际收支逆差

C. 购买黄金　　　　　　　　D. 干预外汇市场

E. 国际货币基金组织分配

3. 与其他储备资产相比，特别提款权具有的鲜明特征有（　　　）。

A. 它不具有任何内在价值，纯粹是一种账面资产

B. 任何个人和私人企业不得持有和运用

C. 不能直接用于贸易和非贸易支付

D. 只能在基金组织与各国之间进行官方结算

E. 来源途径只有两个，或者源于基金组织的分配，或者源于官方的结算

4. 若其他条件不变，一国货币贬值对进出口的影响有（　　　）。

A. 有利于增加进口　　　　　　　　B. 有利于增加出口

C. 有利于抑制进口　　　　　　　　D. 有利于抑制出口

五、判断并改正

1. 国际储备越多说明国家实力越强，因此，一国的国际储备越多越好。

2. 在金币本位制、金块本位制和金汇兑本位制下，汇率水平波动的幅度受到黄金输出入点的限制。

3. 在直接标价法下，银行买入汇率大于卖出汇率，而在间接标价法下，银行卖出汇率大于买入汇率。

4. 间接标价法指以一定单位的外国货币为基准来计算应付多少单位的本国货币。

5. 对于居民与非居民的界定是判断交易是否应纳入国际收支统计的关键。

6. 国际收支平衡表采用的记账货币是本国货币。

7. 国际货币基金组织分配的特别提款权不仅能用于贸易和非贸易支付，还能在基金组织与各国之间进行官方结算。

六、简答题

1. 试述外汇的含义。

2. 汇率有几种标价方法？我国采用何种标价法？

3. 简述国际收支平衡表的构成。

七、计算题

假设表 11-6 是某年某国的国际收支平衡表简表，试计算贸易账户差额、经常账户差额和国际收支总差额。

表 11-6　　　　　　　　　某年某国国际收支平衡表简表　　　　　　　单位：百万美元

项目	项目差额（出口额 - 进口额）
一、经常项目	
1. 货物和服务	

项目	项目差额（出口额－进口额）
（1）货物	118977
（2）服务	－16657
2. 收益	16936
3. 经常转移	15204
二、资本和金融项目	60995
三、储备资产	
四、净误差与遗漏	－9513

参考文献

1. 陈共 . 证券与证券市场 ［M］. 北京：中国人民大学出版社，1997.

2. 戴相龙 . 中国金融改革与发展 ［M］. 北京：中国金融出版社，1997.

3. 富兰克林·艾伦，等 . 比较金融系统 ［M］. 北京：中国人民大学出版社，2002.

4. 甘培根 . 外国金融制度与业务 ［M］. 北京：中国经济出版社，1992.

5. 郭国有 . 中央银行监管 ［M］. 成都：西南财经大学出版社，1997.

6. 胡关金 . 金融经济学 ［M］. 杭州：浙江人民出版社，1989.

7. 胡海鸥，等 . 当代货币金融理论 ［M］. 上海：复旦大学出版社，2001.

8. 黄达 . 货币银行学 ［M］. 成都：四川人民出版社，1992.

9. 黄达 . 金融学 ［M］. 北京：中国人民大学出版社，2004.

10. 黄燕君 . 新编国际金融 ［M］. 杭州：浙江大学出版社，1997.

11. 姜波克 . 国际金融新编 ［M］. 上海：复旦大学出版社，1997.

12. 瞿建华 . 金融学概论 ［M］. 大连：东北财经大学出版社，2005.

13. 李健 . 金融学 ［M］. 4 版 . 北京：国家开放大学出版社，2020.

14. 李军，等 . 金融学基础 ［M］. 北京：清华大学出版社，2012.

15. 梁英武 . 中华人民共和国票据法释论 ［M］. 上海：立信会计出版社，1995.

16. 刘波，等 . 西方商业银行的经营与管理 ［M］. 上海：复旦大学出版社，1992.

17. 龙玮娟，等 . 货币银行学原理 ［M］. 北京：中国金融出版社，1997.

18. 马克思 . 资本论（第一卷）［M］. 上海：上海三联书店，2009.

19. 马克思 . 资本论（第二卷）［M］. 上海：上海三联书店，2009.

20. 马克思 . 资本论（第三卷）［M］. 上海：上海三联书店，2009.

21. 麦金农 . 经济发展中的货币与资本 ［M］. 上海：上海三联书店，1997.

22. 毛愫璜 . 国有商业银行股份制改革回眸与展望 ［M］. 北京：经济科学出版社，2014.

23. 米什金 . 货币金融学 ［M］. 北京：中国人民大学出版社，1998.

24. 钱晔 . 货币银行学 ［M］. 大连：东北财经大学出版社，2009.

25. 饶余庆 . 现代货币银行学 ［M］. 北京：中国社会科学出版社，1983.

26. 邵春林 . 现代金融概论 ［M］. 上海：上海三联书店，1997.

27. 托马斯·梅耶，等 . 银行、货币与经济 ［M］. 上海：上海三联书店，1988.

28. 王维安 . 现代金融学 ［M］. 北京：中国经济出版社，1998.

29. 魏盛洪. 最新中央银行实务全书 [M]. 北京：中国金融出版社，1995.

30. 吴腾华. 金融市场学 [M]. 上海：立信会计出版社，2004.

31. 肖. 经济发展中的金融深化 [M]. 北京：中国社会科学出版社，1989.

32. 姚遂，李健. 货币银行学 [M]. 北京：中国金融出版社，2000.

33. 章彰. 解读巴塞尔新资本协议 [M]. 北京：中国经济出版社，2005.

34. 郑备军. 财政学 [M]. 杭州：杭州出版社，2006.

35. 周升业，曾康霖. 货币银行学 [M]. 成都：西南财经大学出版社，1997.

36. 周伟文，陈颐. 外国法制史 [M]. 北京：科学出版社，2012.